JN225609

パーソナルな環境で実践的に学ぶ

並列コンピューティングの基礎

北山洋幸◉著

■サンプルファイルのダウンロードについて

本書掲載のサンプルファイルは、一部を除いてインターネット上のダウンロードサービスからダウンロードすることができます。詳しい手順については、本書の巻末にある袋とじの内容をご覧ください。

なお、ダウンロードサービスのご利用にはユーザー登録と袋とじ内に記されている番号が必要です。そのため、本書を中古書店から購入されたり、他者から貸与、譲渡された場合にはサービスをご利用いただけないことがあります。あらかじめご承知おきください。

はじめに

コンピュータの性能追求は永遠のテーマです。特に近年は、高速化の手段として並列化が採用される機会が多くなりました。本書は、並列プログラミングに主眼を置いて解説しますが、結果として高速化にも貢献するでしょう。

近年になり、疎結合の並列化ではないメニーコアやアクセラレータを活用し、粒度が小さく並列化数が多い環境を一般の開発者が利用できる環境が整いつつあります。代表的な例を挙げれば、メニーコアを活用するOpenMP、アクセラレータを活用するOpenCL、CUDA、OpenACC、ベクトル演算を可能にしたSIMD命令などです。これらの環境を廉価、あるいはフリーで使用できる環境が揃ったと言えるでしょう。

そのような環境を一般的なパーソナルコンピュータ上に構築できる時代が到来したことを受けて、これらの並列処理の入門と、それぞれの利点や欠点、あるいは目的の違いを理解するために本書は企画されました。少し前までは、メニーコアを活用するソフトウェアの開発は容易ではなく、また、アクセラレータを活用するのはとても難しい作業でした。ところが今や、開発環境、特に遅れていたソフトウェア側の環境が整備され、比較的容易にこれらのハードウェア環境を活用できるようになりました。

ハードウェアからの観点では、最近のCPUはベクトル命令を標準で装備し、複数のコアを搭載しているのが普通です。さらには、比較的低速なものですがアクセラレータもCPUダイに実装されています。このような背景から、理論だけでなく実際のプログラムを交えた考察が行えるようになりました。

IT技術の発展により、一般家庭に一昔前のスーパーコンピュータ並のシステムを導入できる時代となりました。高速なメニーコアCPU、高速で大容量のメモリ、SSDなどの高速記憶装置、GPGPUを搭載したボード、そして高機能なコンパイラやプロファイラが容易に入手可能です。どうぞ、このような環境を土台にして、並列処理を活用した高度なシミュレーションや科学技術計算に挑戦してください。きっと素晴らしい発見ができるでしょう。この恵まれた環境を活用し、新しい発明や考案、そして発見ができることを期待します。きっと、先人の努力に感謝するとともに、後に続く人の礎となることでしょう。

対象読者

- 並列コンピューティング入門者
- SIMD、スレッド、OpenMP、OpenCL、OpenACCなどのプログラミング入門者
- さまざまな並列化手法の間にある違いを知りたい人
- 並列処理と同期の入門者

謝辞

出版にあたり、お世話になった株式会社カットシステムの石塚勝敏氏に深く感謝いたします。

2019年、平成最後の春 桜満開の東京都東大和南公園にて　北山洋幸

本書の使用にあたって

開発環境、および、実行環境の説明を行います。

環境

本書は開発や環境の解説書ではなく、並列コンピューティングの解説書です。本来なら仕様の説明に終始しても良いのですが、それでは理解が進みません。そこで、解説と実際のプログラムを試しながら理解を進める手法を採用します。ただし、あらゆる開発環境でビルド・実行できることを保証するものではありません。特に、開発環境の変更やバージョンアップによって、動作していたものが動作しなくなったり、あるいはその逆も起きます。

このため、特定の環境について言及しません。筆者のテスト環境では、OpenMPはVisual Studioやg++、OpenACCはgccやg++そしてPGI 社のpgcc、OpenCLはIntel社の環境やNVIDIA社の環境でg++やVisual Studioを、SIMDもg++やVisual Studioを使用しました。いくつかの環境は設定が面倒なものもあります。本書では環境構築については解説しませんので、適切な環境を自身で構築してください。

コンパイラ

前述の通り、本書は特定の言語や開発環境の解説書ではありませんので、開発環境の構築にページは割いていません。紹介したプログラムは、以降に示すいずれかの環境で実験しました。簡単に使用した環境を紹介します。基本的に無償のコンパイラを使用します。もちろん、有償の強力なコンパイラを利用できればそちらを使用すると良いでしょう。以降に示すものの、いずれか、あるいはいくつか併用すると良いでしょう。

Visual Studio

スレッドプログラムやOpenMPの2.0未満、およびOpenCLなどはVisual StudioのC++で開発可能です。主にVisual Studio Community 2017を使用しましたが、Visual Studio Community 2019でも問題は起きないと思います。いくつかのプログラムはVisual Studio Community 2019で確認しました。

pgcc/pgc++

PGI社のPGI Community Editionを使用するのも良い方法です。本書では、PGI Community

Edition 18.4 を使用しました。PGI Community Edition は無償で使用できます。Windows 用のPGI Community Edition は C++ をサポートしていませんので、C 言語で記述しました。Ubuntu へ PGI Community Edition をインストールした場合は、pgc++ を使用すると C++ で書かれたプログラムもビルドできます。本書の執筆時点では、OpenACC の実装は PGI 社のコンパイラが最も進んでいるように感じました。

g++/gcc

g++ を使用すると、ほぼすべてのプログラムを実際に試すことができます。本書では、g++ のバージョンは 7.3.0 や 8.2.0 を使用します。gcc でも可能なプログラムも多いですが、g++ を利用する方が問題は起きにくいでしょう。

OS と、そのバージョン

Windows

Windows 10 Pro/Home を利用しました。Windows 7 などでも問題ないと思われますが確認は行っていません。

Ubuntu

バージョン 18.10 や 18.04 を使用します。他のバージョンでも問題ないと思われますが確認は行っていません。gcc は標準でインストールされている場合もありますが、そうでない場合は案内メッセージが表示されますので、それに従って gcc/g++ をインストールしてください。

ソースコードエンコード

ソースコードには、なるべく UTF-8 を使用します。特にマルチバイト文字が含まれる場合は、エンコードに注意してください。文字化けなどが起きる場合は、英文を使用するかエンコードを確認してください。

URL

本書に記載されている URL は執筆時点のものであり、変更される可能性もあります。リンク先が存在しない場合、キーワードなどから自分で検索してください。

用語

用語の使用に関して説明を行います。

メモリとメモリー

最近は語尾の「ー」を付けるのが一般的になっていますが、本書では従来のように、基本的に「メモリー」は「メモリ」と表記する場合が多いですが、混在するときもあります。

ソースコードとソースファイル

基本的に同じものを指します。まとまったものをソースファイル、ソースファイルの一部を指すときにソースコードと表現します。

指示文、構文、ディレクティブ

本書は、指示文、構文、ディレクティブを混在して使用しています。どれも同じものですので、適切に読み替えてください。

節と指示句

指示文にオプションで指定する copyin などを、copyin 節と記載している部分と copyin 指示句と記載している部分が混在します。節と指示句はどちらも同じものを指しますので、適切に読み替えてください。

リージョンと領域

リージョンと領域という表現も混在して使用しています。単に、カタカナ英語と日本語の違いです。両方とも同じものですので、適切に読み替えてください。

アクセラレータとデバイス

アクセラレータとデバイスも同じものですが、混在して使用します。厳密には異なる用語です。処理をオフロードする際に、一般的にデバイス側へオフロードしますが、アクセラレータと表現する場合もあります。

アクセラレータと GPU

アクセラレータの具体的な例の 1 つが GPU です。アクセラレータと GPU も混在しますが、適切に読み替えてください。

GPU と GPGPU

GPU と GPGPU は同じようなものですが、混在して使用します。厳密には異なる用語ですが、文脈で使い分けています。特に違いはないので、同じものを指します。

目 次

■ 第 4 章　並列化概論 …… 59

■ 第 5 章　スレッド …… 79

■ 第 6 章　OpenMP …… 99

■ 第 7 章　OpenACC …… 123

■ 第 8 章　OpenCL …… 143

1 コンピュータ概論

本章では、コンピュータ（計算機）の概要について解説します。まず、ハードウェア側およびソフトウェア側から観察した構成について説明し、それからデータモデルについて簡単に説明します。

1.1 ハードウェアから観察したコンピュータの構成

コンピュータを一言で表現するのは難しくなってきています。一昔前までは、外見は異なっても単純にモデル化できました。ところが、今日では用途に向けて多様化したコンピュータが現れてきています。しかし、どのようなコンピュータシステムであれ基本的な構成は同じです。

コンピュータの外観を観察しただけでは、各々の役割を判断するのは簡単ではありません。そこで、コンピュータの基本構成をハードウェアの観点から整理してみましょう。

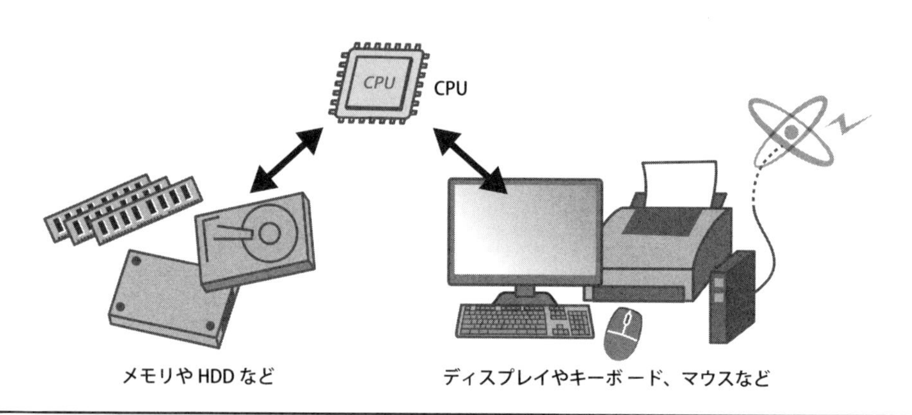

図1.1●ハードウェアから見たコンピュータの基本構成

この図をモデル化すると次のようになります。

図1.2●ハードウェアから見たコンピュータのモデル化

このように、コンピュータのハードウェアをモデル化すると、「処理部」、「記憶部」、および「入出力部」に分類できます。これはどのようなコンピュータにも当てはまります。近年はコンピュータも多様化しており、スマートフォンとブレードサーバーが同じものとは考えにくいですが、モデル化すればどちらも同じです。コンピュータは多数の機器で構成されますが、それらは前述した分類のいずれかに属します。例えば、シリコンディスクやメモリは記憶部に分類され、タッチスクリーンや液晶ディスプレイは入出力部に分類されます。処理部は、演算や判断を受け持つコンピュータの心臓部です。

以降に各部の詳細を解説します。

COLUMN

細かく分類したときのモデル

コンピュータハードウェアのモデル化については、処理部を演算処理部と制御処理部に分離し、入出力部を入力部と出力部に分離して、次のような5つのブロックに分ける考え方もあります。

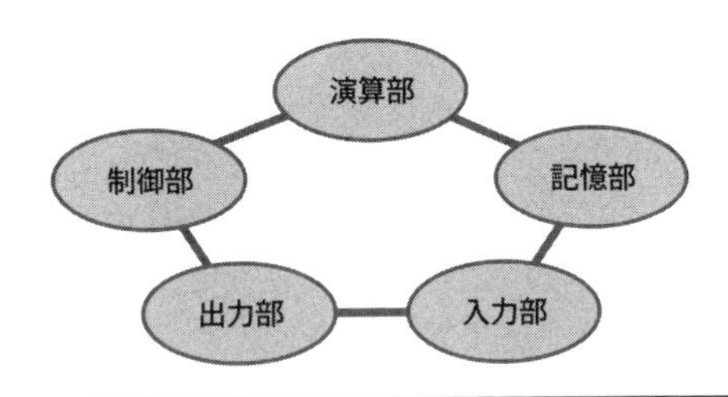

図1.3●細分化したコンピュータハードウェアモデル

1.1.1 処理部

一般に CPU（中央処理装置）と呼ばれる部分です。現在、CPU といえばマイクロプロセッサ、つまり、独立した 1 つのチップ（LSI）を指すことが大半ですが、複数のチップで構成されても構いません。この処理部はプログラムとデータに従い、演算や判断を繰り返すコンピュータの心臓部です。処理部には 2 つの大きな仕事があります。1 つは乗算や論理積などの演算処理です。もう 1 つの大きな仕事は制御処理であり、比較などを行って状況を判断し、制御の流れを変えることです。

1.1.2 記憶部

記憶部とは、先に説明した処理部が必要とするデータや命令を格納する部分を指します。また、処理結果を記憶する目的にも使用します。記憶部は、一般的にメモリと呼ばれる場合が多いです。メモリには大きく分けて、書き込み・読み込み可能なメモリである RAM と、読み込み専用メモリである ROM があります。しかし現代では、どちらも多様化して両方の性格を備えるものも存在し、純粋な ROM を使う機会は減って Flash ROM などの不揮発メモリが使われるようになりました。

ハードディスク（HDD）やブルーレイなども記憶装置に分類されます。これらは、メモリに比べ速度が遅く、用途が異なります。このため、メモリ（一次記憶装置）と区別して外部記憶装置（二次記憶装置）と分類されます。二次記憶装置と一次記憶装置の違いは、速度が異なること、そして大きな違いは、CPU から直接アクセスできないことです。さらに、電源を切っても記憶が消えないことです。外部記憶装置はメモリに比較して、アクセス速度は非常に遅くなります。最近では flash メモリなど外部記憶装置として使用することも多いです。これらはメモリと呼ばれますが、分類としては二次記憶装置です。ところが flash メモリを CPU 空間に実装する場合もあります。これは CPU からアクセスできるが、速度は遅い、電源を消しても内容が消えないなど、一次記憶装置と二次記憶装置の特徴を併せ持ちます。一昔前のように、単純に一次記憶装置、二次記憶装置を分類しにくくなっています。また、flash メモリの速度も、さまざまな改良を経て決して遅いとは言えなくなっています。

1.1.3 入出力部

入出力部は入力部と出力部に分けられます。主に人間とコンピュータの橋渡しを行う部分です。通常のコンピュータでは、コンピュータに指示を与える場合はタッチパッドやキーボードを使います。これらが入力部です。コンピュータが処理した結果は、液晶ディスプレイやプリンタへ出力されます。これらが出力部です。

ネットワークなどは、入力部と出力部を兼ねています。例えば、サーバーなどを人間が操作することはなく、入出力部はネットワークインタフェースと考えれば良いでしょう。ネットワークインタフェースは、入力部と出力部を兼ねた装置です。近年においては、ネットワークは入出力の最も主要な部分を占めるようになり、ネットワークにつながれていないコンピュータは機能がかなり限定されます。

1-2 ソフトウェアから観察したコンピュータの構成

前節では、コンピュータがどのようなハードウェアから構成されているかを解説しました。ここでは、ソフトウェアから観察したコンピュータの構成を解説します。ハードウェアの構成は視覚的に認識できるものがほとんどですが、ソフトウェアは視覚的に認識できません。

大昔、「コンピュータ、ソフトなければただの箱！」という表現が流行したことがあります。しかし、これは正確ではないでしょう。現代のコンピュータは、ハードウェア、ソフトウェア（とネットワーク）がなければただの箱です。これらは優先順位を付けられるものではなく、すべてが揃って初めて機能を発揮します。

さて、話を元に戻しましょう。ソフトウェアもハードウェアと同様、次図のようにモデル化できます。

図1.4●ソフトウェアから見たコンピュータの基本構成

ソフトウェアは、大きく分けてオペレーティングシステム(OS)とアプリケーションソフトウェアに分類できます。OSは、ハードウェア資源を含め、コンピュータ全体を制御します。アプリケーションソフトウェアは、OSとハードウェアの力を借りて、目的とする機能を使用者に提供します。

1.2.1 オペレーティングシステム(OS)

オペレーティングシステム(OS)は、アプリケーションソフトウェアにハードウェアの違いを意識させないために存在します。また、コンピュータハードウェアならびに複数のアプリケーションの管理を一手に引き受けます。

OSと一口に言っても、メインフレームで使われる米IBM社のMVSや、ワークステーションから始まり、サーバー、およびモバイル機器までカバーするUNIX(Linux)など、いろいろなものが存在します。ただ、方式は異なりますが、OSの目的は同じです。

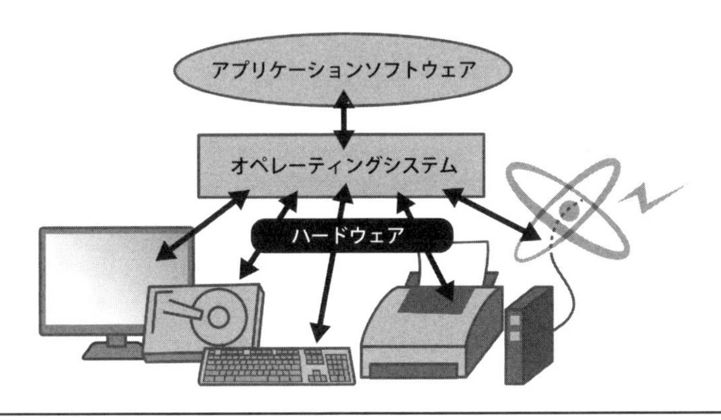

図1.5●OSはアプリケーションソフトウェアとハードウェアを仲介する

1.2.2 アプリケーションソフトウェア

アプリケーションソフトウェアは、文章を編集したり給与計算をするといった具体的な目的を実現する機能を使用者に提供します。応用ソフトと呼ばれることもあります。

現代のアプリケーションソフトウェア

少し昔までは、アプリケーションソフトはパソコンショップなどでパッケージに納められて販売されていました。現代においては、ショップなどでパッケージソフトを購入するのは稀でしょう。現在では、ネット上のストアからダウンロードしたり、オープンソースで開発された無償のアプリケーションソフトウェア、そしてクラウド上で使用するアプリケーションソフトウェアが存在し、一昔前のアプリケーションソフトウェアとは異なります。ただし、アプリケーションソフトウェアがバーチャルマシン上で動作していようが、ネイティブに動作していようが、一番の基礎部分にはOSが存在します。

パッケージソフトウェアに対応する言葉として、特定の目的に沿って開発を依頼して、カスタムメイドで開発したソフトウェアが存在します。一昔前までは、業務アプリケーションはカスタムメイドのソフトウェアが少なくありませんでした。今では、既存のデータベースソフトやブラウザ、これらとプラグインやサーバーサイドのプログラムを組み合わせ、開発は極一部のスクリプトのみで済ませる場合も少なくありません。開発の形態などが違うだけで、ある目的を達成するために開発されたソフトウェアであるという点は同じです。

1-3 データモデル

計算機（CPU）は、それぞれデータモデルを持っています。データモデルは、当然、プログラムに影響を与えます。特にプログラミング間インタフェース（API）や、ライブラリの呼び出し、そしてアドレスやデータの保持などに大きな影響を与えます。これらは、当然ですが採用されているデータモデルに依存します。

1.3.1 データモデルとは

例えば、アドレス（ポインタ）サイズが何バイト必要か、intは、longは、などという疑問です。これらを抽象化データモデルと呼びます。どのようなデータモデルを採用するかで、データサイズが変わるため、いろいろな処理に影響が発生します。以降に、一般的に使用されている32

ビットシステムのデータモデルと、64 ビットシステムのデータモデルを示します。64 ビットシステムでは、異なる抽象化データモデルが採用される場合があります。以降にデータモデルを表で示します。

表1.1●システムのビット数と抽象化データモデル

システムビット数	データモデル	int（ビット）	long（ビット）	アドレス（ビット）
32 ビット	ILP32	32	32	32
64 ビット	IL32P64（LLP64）	32	32	**64**
	I32LP64（LP64）	32	**64**	**64**
	ILP64	**64**	**64**	**64**

32 ビットシステムでは、ILP32 が採用されることが少なくありません。I は int、L は long、P はポインタを指し、それぞれすべてが 32 ビット、つまり 4 バイトで構成されることを示します。一般的に 32 ビットシステムでは、ILP32 が採用されます。

IL32P64 は、LLP64 と表現される場合もあります。文字通り、IL が 32 ビットで、P が 64 ビットです。IL32P64 モデルを採用しているシステムの一例が 64 ビットの Windows です。他に、I32LP64 や ILP64 データモデルが存在します。個人的には I32LP64 もバランスが良い気がするのですが、それを採用すると、32 ビットシステムから 64 ビットシステムへ移行する際に、long を使用したコードをすべて調べなければなりません。このため、単にポインタだけに注意すれば良い IL32P64 を採用するケースも少なくありません。また、I32LP64 を採用すると、long が 64 ビットになるため、不必要にメモリを消費することも考えられます。

1.3.2 データモデルの例

すべてのデータモデルを考えるのは大変なので、一例として身近なシステムである Windows で考えてみましょう。Win32（32 ビットシステム）は ILP32 データモデルを、Win64（64 ビットシステム）は IL32P64 データモデルをそれぞれ採用しています。

表1.2●Windows OSのデータモデル

システム	データモデル	int（ビット）	long（ビット）	ポインタ（ビット）
32 ビット（win32）	ILP32	32	32	32
64 ビット（win64）	IL32P64	32	32	**64**

32 ビットシステムでは、int、long およびポインタすべてが 32 ビット（4 バイト）です。64 ビットシステムでは、IL32P64 データモデルなので、int および long は 32 ビット（4 バイト）、ポ

インタのみが64ビット（8バイト）です。言い換えると、ポインタのみに注意を払えば、普通のソフトウェアは簡単に32ビットシステムから64ビットシステムに移植することができます。

2

CPU 概論

並列化の議論に入る前に、本章で CPU（Central Processing Unit）の概要を解説します。

2.1 CPU とは

CPU（Central Processing Unit）は中央処理装置のことで、コンピュータの心臓部を指します。初期のコンピュータは CPU をたくさんの部品で構成していましたが、現在はワンチップにすべての機能を搭載しています。さらに、近年では複数の CPU や GPU がワンチップに集積されるようになりました。

このような変化は、単に集積度が上がったのが要因ではなく、バスの速度が高速になったため同一チップ上に実装せざるを得なくなっているという側面もあります。

COLUMN

CPU を買う

今は、パソコンの自作で CPU を購入するとワンチップが当たり前ですが、初期の頃は、あの CPU がバラバラの部品から構成されていました。もっとも、一般の人が「CPU を買う」ということ自体に、筆者のようなメインフレームから出発した人間は隔世の感を禁じ得ません。

COLUMN

ワンチップ組込みシステム

汎用ではない、いわゆる組込みシステムに使用するマイコンと呼ばれる小規模CPU（MCU）では、CPUだけでなく、メモリ、A/D変換、ネットワーク、USB、タイマーなどの周辺装置まですべてワンチップに実装しています。このようなLSIでは、ただ1つのLSIを基板上に実装し、それ以外の部品はほとんど要求しないものも少なくありません。

本書では組込み用のシステムについては言及しませんが、近年では組込みシステムでもメニーコアが一般的になっているため、本書の解説が組込みシステムへ適用できる場合も少なくありません。

また、最近のCPUは進化し、搭載コア数も増え、さらにはCPUの構成を静的・動的に変更できるものも出現しています。ハードウェアの進歩に伴い、OSやコンパイラ、各種演算ライブラリなどを開発するソフトウェアエンジニアは、さらにコンピュータアーキテクチャの理解を深めなければなりません。アプリケーションソフトを開発する抽象化された世界に住むエンジニアと、プラットフォームを支えるエンジニアでは、必要とする知識に大きな違いがあります。

2.2 CPUの内部構成

1つのCPUの内部構成を簡単にモデル化した図を次に示します。細かな部分では現代のCPUと異なる箇所もありますが、構成に大きな違いはありません。

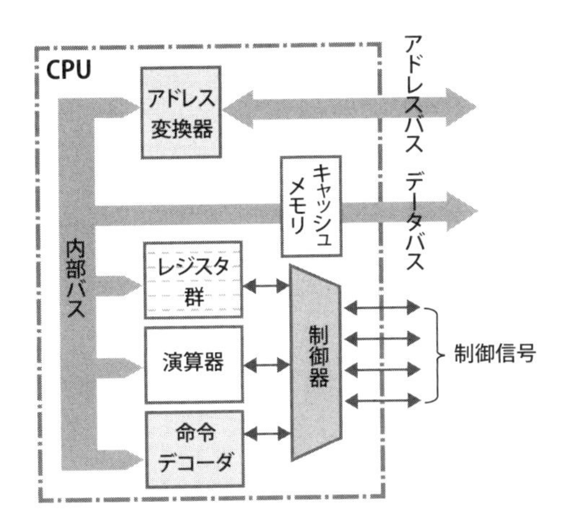

図2.1●単純化したCPUの内部構成

現代の CPU は多数の CPU コア、GPU ユニットなども搭載しているため、それを考慮すると次図のような構成になるでしょう。

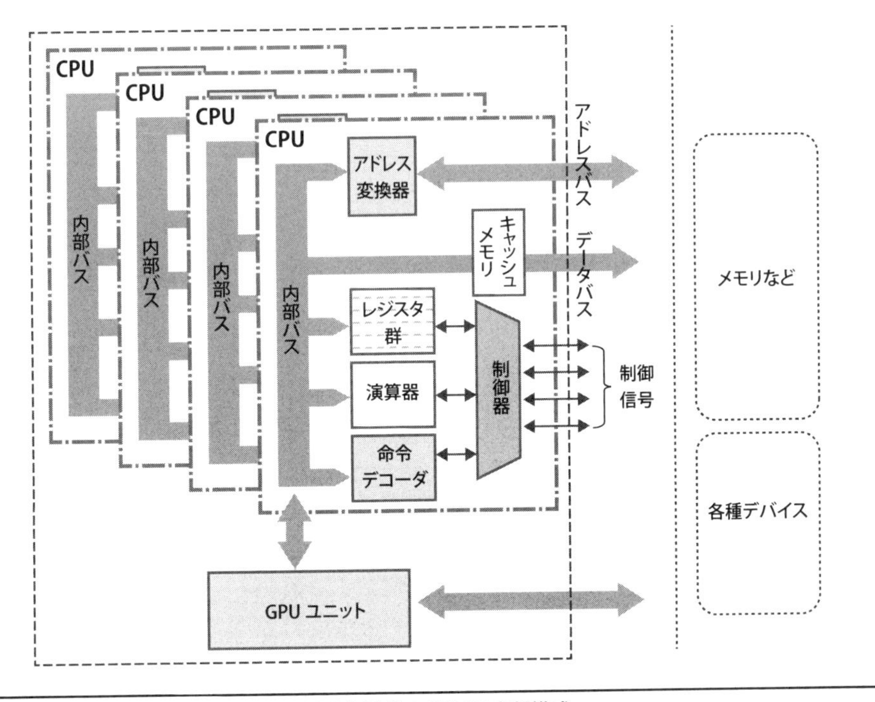

図2.2●現代のCPUの内部構成

2.3 アドレス変換器

CPU は命令やデータを読み書きするため、外部とインタフェースしなければなりません。このとき、CPU は相手を識別するためアドレスを発生します。仮想メモリを使用しない古典的な CPU（Z80、i8086 や MC68000 など）では、ソフトウェアが意識しているアドレスとハードウェアのアドレスは対応しています。しかし、仮想メモリを使用する現在の CPU では、アドレス変換器が仮想メモリのアドレスを実アドレスへ変換します。これはそれほど単純ではなく、OS は、メモリ管理ユニット（MMU）などと連携し、ソフトウェアの保持している論理的なアドレス（ポインタ）を物理アドレスに変換しなければなりません※1。さらに、ヘテロジニアスな CPU 構成では、それぞれの CPU が物理的にメモリにアクセスできるだけでは不十分で、異なるアーキテクチャの CPU が持つアドレス空間が同一であることを要求します。このような機構を持たないシステムでは、メモリアクセスで大きな性能劣化を招きかねません。

2.4 命令デコーダ

命令デコーダは、名前が示すように読み込んだ命令をデコードします。CPU はオペコードで命令を判断し、次にオペランドを解釈します。RISC 型 CPU は、命令に固定長を採用し、かつ命令が単純に作られているため、命令デコーダを単純化することができます。当然、デコード時間も短くなり速度向上が望めます。これに比較して、Intel 社の x86 系のような CISC 型 CPU の命令は、可変長であり、絶え間ない拡張を経て複雑です。もっとも、一時期 CPU は RISC 型に変わっていくだろうと予想されたこともありましたが、現実には今でも多数の x86 系の CPU が使われ続けています。

他の分類では、ワードマシン（ワード指向マシン）と呼ばれるアーキテクチャもあり、これはメモリのアドレス付けがバイト等の小さな単位ではなく、16 ビット、36 ビット等のワード単位で行われます※2。命令もワードに合わされるため固定長の命令を採用するシステムが一般的です。しかし、のちに現れたバイトマシンは、メモリのアドレス付けがバイト単位であり、可変長の命

※1　OS の中核部を開発するソフトウェアエンジニアでない限り、このような機構に配慮する必要はありません。

※2　ワードアドレッシングといいます。

令が使われるようになりました。ワードマシンが命令でコードなどでは有利と言われましたが、現在ではバイトマシンが主流です。

固定長命令

オペコード	オペランド 1	オペランド 2	オペランド 3

可変長命令

図2.3●命令の形式

COLUMN

固定長命令と可変長命令

固定長命令を使うと、命令デコーダは次の命令位置を計算する必要がありません。このため、CPU は効率良く動作できます。また、CPU は、命令デコードが単純化されるため、設計も簡単になるとともに回路規模も低減できます。可変長命令の CPU は、まったく逆になり、構造も処理も複雑になります。ただし、可変長命令の CPU はオペランドを命令に最適化できるため、一概にどちらが優れているとは言えません。

2.5 レジスタ群

CPU は複数のレジスタを装備しています。レジスタは CPU の内部で重要な働きを行います。レジスタは、一種の高速なメモリですが、一般のメモリと違いアドレスを番号で指定できるため、演算などを高速に実行することができます。CPU は一般的に演算や比較などを行う場合、メモリ上のデータを一旦レジスタへ移動してから実行します。

レジスタは目的別に異なる種類が用意されています。例えば、演算やデータ移動などに用いる汎用レジスタ、制御に用いるフラグレジスタ、浮動小数点数計算専用の浮動小数点数レジスタ、ベクトル演算用のレジスタ、そしてOSで使用する特殊なレジスタが存在します。

2.6 制御器

CPUは算術演算や論理演算だけを行っているわけではありません。コンピュータといえば計算のイメージが強いですが、さまざまな判断や割り込み、およびメモリ転送といったイベントの処理も重要な仕事です。また、CPUの全体を管理する作業もあります。このような役割を受け持つのが制御器です。

2.7 CPUはどうやって命令を処理するのか

CPUは命令をメモリから読み込み、それを解釈して実行します。命令を取り込む場合、どの命令を読み込むかをCPUが指示しなければなりません。この命令読み込みのハードウェア的な動作は、通常のメモリ読み込みと同じです。CPUは、次に実行すべき命令のアドレスを特殊なレジスタに保持しており、読み込むべき命令が格納されているメモリアドレスをアドレスバスへ出力します。そして、通常のメモリ読み込みサイクルと同様な手順でCPUに命令を読み込み、それを命令デコーダが解釈します。それから、オペランドを解釈し、オペコードに従ってオペランド間の演算、比較、あるいは制御を行います。

図2.4●CPUの処理

これらの処理は、CPUに与えるクロックに従って順次処理します。一般的にCPUに与えるクロックが速いほど、処理速度は上がります。CPUに限らず、デジタルLSIはすべて入力されたクロックに同期しながら動作します。いわゆる同期回路と呼ばれるものです。このため、クロックを速くすればするほどCPUの処理速度は向上しますが、CPUの製造ルールや製造プロセス、発熱の問題があるので、CPU のクロックを無限に高速化するのは困難です。

2.8 CPU の変遷

CPU には、いろいろな種類があります。古くは米 IBM 社のシステム 360 や 370 で使われていた独自 CPU、同様に国産の大型コンピュータも独自アーキテクチャで設計されていました。その後、ミニコンピュータ全盛の時代が到来しました。その代表が、米 DEC 社の PDP8/PDP11 です。これらも独自に設計された CPU が使われています。この時代はたくさんのコンピュータ企業が、自社コンピュータ用に自社 CPU を開発していました。つまり、CPU はコンピュータの差別化を行う重要な部品でしたが、他のハードウェア同様、コンピュータを構成するコンポーネントの 1 つです。事実、当時はプリンタ、ディスク、ディスプレイなどに限らず、OS や各種ソフトウェアまで、コンピュータに必要なものをすべて単一企業で提供するのが普通でした。いわゆる、シングルベンダーと呼ばれた時代です。

1970 年代以降になると、マイクロプロセッサが出現し、1970 年代の中頃には、主要な 8 ビット CPU だけでなく、それらを利用したパーソナルコンピュータの原型を提供する企業、ならびに周辺機を提供する企業も出現します。

さて、CPU の変遷に話しを戻しましょう。1980 年代になると 16 ビット CPU が現れ、これらを搭載したパーソナルコンピュータやワークステーションと呼ばれるものが出現するようになります。同時にミニコンピュータも提供されるようになりました。以降、CPU の発展を追うようにコンピュータシステムも発展を続け、現在に至っています。32 ビットマイクロプロセッサの出現は、小型機に留まっていたワンチップ CPU の用途を、もっと広範囲なコンピュータシステムの用途にまで広げました。UNIX を搭載したコンピュータもワンチップ CPU を採用したものが多く現れ、現在ではサーバーなどでも使われています。同時に IP（intellectual property）で提供された CPU が出現し、固体の CPU ではなく HDL で記述された CPU が現れ、FPGA などに CPU まで記述するのも珍しいことではなくなりました。

32 ビット CPU から 64 ビット CPU へ移行して久しいですが、16 ビット CPU が 32 ビット CPU に変化したときの市場に対するインパクトに比べ、機能面においては 64 ビット化のインパクトは大きく感じられません。しかし、32 ビット CPU ではメモリ素子の急激な集積度の向上と価格低下がもたらした実装メモリの増加を十分に享受できません。これは、32 ビット CPU がアドレスできる仮想空間を物理的メモリが超えてしまうという現象が発生したためです。64 ビット CPU は、32 ビット CPU と異なり、大きなメモリ空間を管理できます。このように、32 ビット CPU で障害となりつつあったメモリ空間の制限は、64 ビット CPU の出現によって大幅に緩和されました。

COLUMN

コンピュータの一般名称と CPU

一時期はコンピュータをそのパワーとサイズで、メインフレーム、ミニコンピュータ（ミニコン）、ワークステーション、パーソナルコンピュータ（パソコン）、マイクロコンピュータ（マイコン）と分類した時代がありました。分類しただけでなく、現実にこれらの分類に従って用途も分けられていました。これらの CPU は、メインフレームはコンピュータベンダー独自、それ以外はいわゆるマイクロプロセッサを応用しています。つまり、メインフレーム以外は CPU ベンダーが用意したものをコンピュータベンダーが採用しており、コンピュータベンダーは CPU を独自に設計・製造していません。

現代においては、かつてのメインフレームは、いわゆるサーバー（たいていは UNIX サーバーの集合体）に置き換えられています。また、かつてのミニコンのセグメントは消滅し、パーソナルコンピュータやクラウドで提供された機能を、パーソナルコンピュータ、スマートフォン、タブレットなどと適合させたものが使われています。パーソナルコンピュータやマイクロコンピュータは、現在でも多く使われています。それでも専用のシステムは少なくなり、最近はタブレット端末やスマートフォンなど、小型 CPU とネットワークを融合させた機器が、これらのセグメントを浸食しつつあります。IoT などの考えも出現し、違う形で専用の組込みシステムが現れています。

メインフレームが UNIX サーバーに浸食されたように、組込みシステムや CPU も、共通プラットフォームへ統合されていくのでしょう。一昔前の完全な独自システムが使われることは、ほとんどなくなりつつあります。

現代のコンピュータは、ほとんどが CPU を 1 チップ化したマイクロプロセッサを使用しています。例えば、パーソナルコンピュータは、米 Intel 社や米 AMD 社の x86 系 CPU を採用しています。サーバーの CPU も同様の傾向で、x86 系 CPU を採用しています。スマートフォンやタブレットなどは、英 ARM 社の CPU コアが採用されることが多く、数多くの CPU アーキテクチャが存在していた組込みシステムなどにも英 ARM 社の CPU コアが採用される機会が多くなりました。外部から観察すると数多くの CPU が存在するように感じますが、アーキテクチャはかつてのように数多くはなく、いくつかのアーキテクチャへ統合されつつあると考えて良いでしょう。最近は、CPU が物理的に分離したチップで提供されるのではなく IP（Intellectual Property）コアとして提供される場合が多く、ベンダーが異なってもCPUアーキテクチャが同一であることも少なくありません。

パーソナルコンピュータの代表的なベンダーである米アップル社も、以前は米モトローラ社や米IBM社のマイクロプロセッサ（x86アーキテクチャ以外）を採用していましたが、現在は米Intel系のCPUを採用しています。近年においてはパーソナルコンピュータに限らず、ほとんどのコンピュータがマイクロプロセッサを使用しています。このため、一般的にはCPU=マイクロプロセッサと考えて良いでしょう。

パーソナルコンピュータのCPUは、米Intel社の4004、8008、8080などを皮切りに、米ザイログ社のZ80、米モトローラ社の6800、そして米モステクノロジー社の6502など、たくさんのマイクロプロセッサが使われていました。しかし、16ビット時代になると同時に、x86系と68系に収斂されていきました。マッキントッシュ（米アップル社）が68系を、MS-DOSパーソナルコンピュータ（米マイクロソフト社）がx86系を採用し、x86系はMS-DOSからWindowsに至るまで採用され、ついにはサーバー分野も制覇し、ついには米アップル社も採用しました。今日のx86の流れとなっているx86系は、セグメントの扱いなどで出現当時は酷評された時期もありました。しかし、x86系CPUをリアルモードで使う人はすでに忘却の彼方となり、CPU自体もSIMDやレジスタ拡張を繰り返し、もう8086の面影は僅かにしか残っていません。それでも、今のCPUで8086のプログラムを実行できます。これは、現在の米Intel社の最新CPUもx86の子孫であることを明確に示しています。

米モトローラ社の68系CPUは優れた設計のCPUでした。しかし、パーソナルコンピュータの市場がWindowsへ大きく傾くにつれ、68系CPUは新生代のCPU設計が遅れ、ついには完全に止まってしまいました。これにより、米アップル社は、68系CPUの使用を諦め、米IBM社のPowerPCへCPUを変更しました。しかし、省電力で高性能なCPUを次々に誕生させる米Intel社のx86系のCPUを米アップル社が採用しない明確な理由はなくなり、ついにパーソナルコンピュータのCPUはx86系へ統一されてしまいました。それ以降はx86の天下が続くと思われましたが、英ARM社が現れ、パーソナルコンピュータやサーバーなどの分野にもARM社のCPUが採用されつつあります。特に、スマートフォンやタブレットなどはARM社のIPが採用されることが多く、ARM社のIPコアはサーバーやデスクトップ分野まで視界に入れつつあります。とはいえ、デスクトップ分野のx86系を置き換えるのは、それほど簡単ではないでしょう。それでも移り変わりの多いIT分野ですので、何が起きても不思議ではありません。幸い、ハードウェアの抽象化は進んでおり、利用者はもちろん、ソフトウェア開発者にとってもCPUアーキテクチャの変更が及ぼす影響は多くはないでしょう。

COLUMN

x86系CPUの不評

米Intel社の8086が出現したときに、その秩序のなさそうな命令体系やレジスタ命名、そしてレジスタ数の少なさ、それにアドレッシング範囲がセグメントという64 Kバイトに制限されたアーキテクチャはマイクロコンピュータの愛好者から酷評されました。特にアドレッシングの狭さについての酷評は少なくありませんでした。ただ、80286や80386などの登場により、これらのセグメントの制限は仮想記憶を前提としたアーキテクチャであったためと理解され、それほど大きな問題とは思われませんでした。

しかし、ソフトウェアの発展がCPUアーキテクチャの発展に追い付かず、適切なOSが現れないまま80286や80386が単なる高速8086として使われる時代がしばらく続いたため、x86系の評判は改善されませんでした。それに対して、フラットなアドレス空間を持つ米モトローラ社の68Kシリーズは好評を博し、ミニコンやワークステーションに多く採用されました。筆者はメインフレームの開発に従事していたため、64Kバイトという空間は十分なサイズに思えましたが、リアルアドレス中心でマイコンから育ってきたエンジニアが、この問題が長いこと続かないことへ理解を示すには時間が必要でした。

しばらくして、仮想メモリを装備したOSが用意され始めると、レジスタやアドレッシングへの酷評は一気に消えていきました。もちろん、その頃になると開発者であってもアドレッシングやレジスタを意識した開発が必要でなくなったのも大きいでしょう。このように、ハードウェアとソフトウェアの発展にズレがあると、意図した設計も誤解されるのだと感じたのが昨日のようです。

2.9 レジスタとは

CPUは複数のレジスタを装備しており、それらは重要な働きを行います。レジスタは、一種の高速なメモリですが、一般のメモリと違いアドレスを番号で指定することができ、演算などを高速に実行することができます。CPUが演算や比較などを行う場合、一般的にメモリ上のデータをいったんレジスタへ移動してから実行します。レジスタは目的別に異なる種類が用意されています。例えば演算やデータ移動などに用いる汎用レジスタ、制御に用いるフラグレジスタ、浮動小数点数計算専用の浮動小数点数レジスタ、他にも OS で使用する特殊なレジスタが存在します。

2.10 実際のレジスタ

実例として、Intel 社の x86 系 CPU のレジスタについて解説します。x86 系の CPU は、16 ビット CPU である 8086 から始まり、現在の i5 や i7 シリーズに至っています。初期の x86 アーキテクチャではレジスタは貧弱でしたが、64 ビットの x64 も追加され、現代の i7 などのレジスタは大きく拡張されています。

2.10.1 レジスタ一覧

以降に、一般のプログラムで使用するレジスタの一覧を示します。RAX ～ RSP、R8 ～ R15、YMM0 ～ 15 などのレジスタが存在します。他にも制御などに使用されるレジスタが存在しますが、一般のプログラム作成時に意識する必要はないでしょう。条件分岐命令などでは、そのようなレジスタが暗黙的に参照されます。

RAX	YMM0
RBX	YMM1
RCX	YMM2
RDX	YMM3
RSI	YMM4
RDI	YMM5
RBP	YMM6
RSP	YMM7
R8	YMM8
R9	YMM9
R10	YMM10
R11	YMM11
R12	YMM12
R13	YMM13
R14	YMM14
R15	YMM15

図2.5●一般のプログラムで使用するレジスタの一覧

RAX レジスタなどは 64 ビットのレジスタです。RAX レジスタの下位 32 ビットを参照するには EAX レジスタでアクセスします。同様に EAX レジスタの下位 16 ビットは AX レジスタという名前で、AX レジスタの上位 8 ビットと下位 8 ビットを、それぞれ AH レジスタと AL レジスタでアクセスします。

以降に概念図を示します。それぞれ独立したレジスタではなく、レジスタの一部を参照する別名（Alias）であることを理解してください。例えば、AX レジスタに値を設定すると、EAX レジスタの下位 16 ビットが変更されることを意味します。

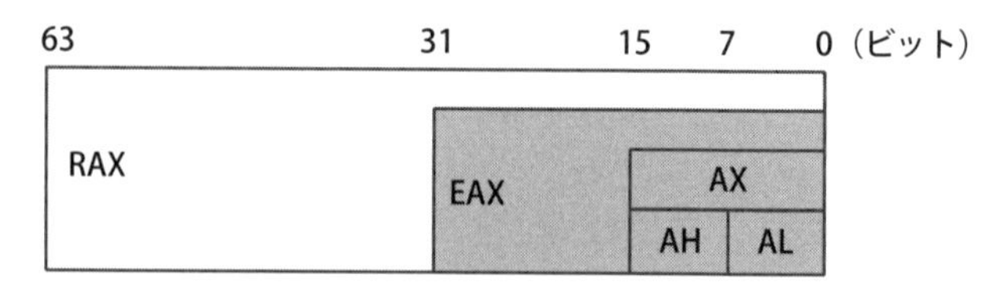

図2.6●64ビットレジスタの下位32/16/8ビット

R8 〜 R15 レジスタは、RAX レジスタなどと同じ 64 ビットレジスタです。それぞれレジスタ名の後ろに D、W、B を付加することによって、下位 32 ビット、16 ビット、8 ビットにアクセスできます。例えば、R8 レジスタの一部にアクセスするには、R8D、R8W、R8B と記述します。

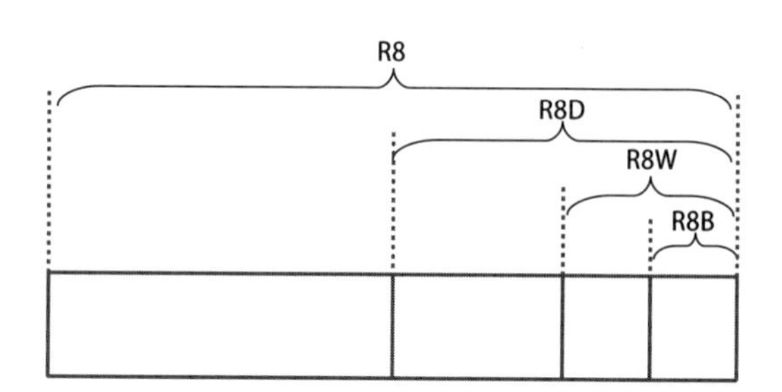

図2.7●R8レジスタの下位32/16/8ビット参照法

2.10.2　レジスタ群

x64 のレジスタ群を以降に示します。8086 系の CPU はレジスタ数が少ないことで有名でしたが、現在では十分なレジスタを備えています。

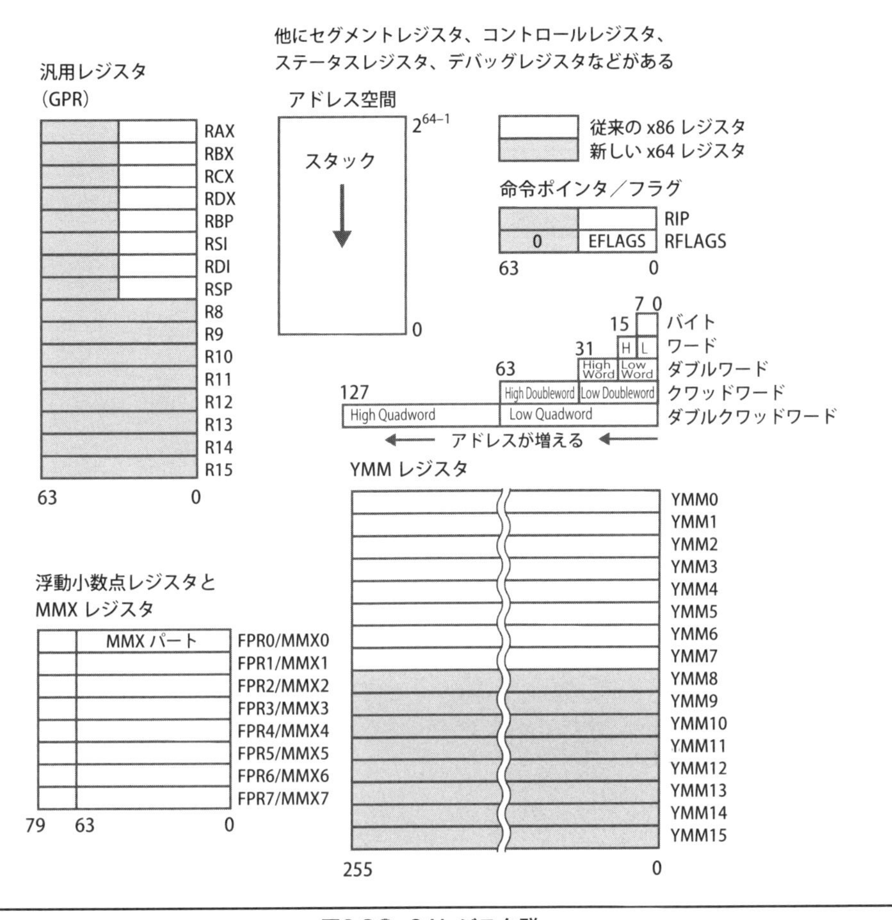

図2.8●x64レジスタ群

以降に、アプリケーションで使用する機会の多いレジスタを抜き出して示します。

255	0（ビット）
YMM0	
YMM1	
YMM2	
YMM3	
YMM4	
YMM5	
YMM6	
YMM7	
YMM8	
YMM9	
YMM10	
YMM11	
YMM12	
YMM13	
YMM14	
YMM15	

SIMD レジスタ

63	31	0（ビット）
RAX	EAX	
RBX	EBX	
RCX	ECX	
RDX	EDX	
RBP	EBP	
RSP	ESP	
RDI	EDI	
RSI	ESI	
R8	R8D	
R9	R9D	
R10	R10D	
R11	R11D	
R12	R12D	
R13	R13D	
R14	R14D	
R15	R15D	

汎用レジスタ

図2.9●アプリケーションで使用する機会の多いレジスタ

2.10.3 SIMD レジスタ

AVX 命令のサポート時に、16 個のレジスタ（YMM0 ～ YMM15）が追加されました。各レジスタは 256 ビットで、下位 128 ビットは 16 個の XMM レジスタにエイリアスされます。AVX 命令は、1 つの命令で最大 3 つのソースと 1 つのディスティネーションを操作するため、既存の一部の命令を拡張しています。

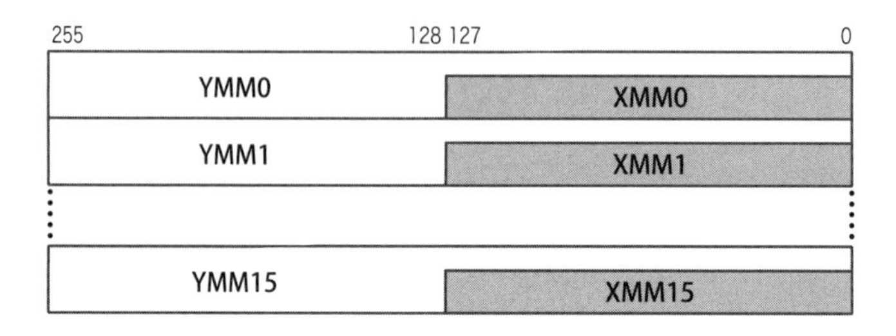

図2.10●AVXレジスタ

近年においては、組込みシステムの開発であっても高級言語を使用するため、レジスタを意識したプログラミングを行う機会は多くなく、レジスタの知識を必要とされる機会も多くないでしょう。本書では、ベクトル化の説明で SIMD 命令を使用するためレジスタを意識する必要があります。現在では SIMD 命令やイントリンシックで記述しますが、コンパイラが対応するのも、そう遠くないでしょう。そうなると CPU やレジスタの知識は不要となりますが、それでも、ベクトル命令の動作の詳細を知ることはプログラミングの幅を広げることになるでしょう。

2.11 CPU の分類

本節以降では、CPU をいろいろな視点から分類します。

2.11.1 シングルコアとメニーコア

ここでは、シングルコアとメニーコアについて解説します。

シングルコア

シングルコアは、その名前通り 1 つのチップに、1 つの CPU が搭載されているものです。近年では 1 つのチップに複数の CPU コアが搭載されるのが普通になりましたが、一昔前まではシングルコアが普通でした。

メニーコア

メニーコア CPU（メニーコアプロセッサと呼ばれる場合もある）は、1 つのチップにたくさんの CPU コアを搭載しています。これらのコアを同時に動作させることによって処理速度を向上させることができます。メニーコアを採用する目的は処理速度向上だけではなく、他にも目的があります。一昔前までは、複数の CPU コアを搭載したシステムは、マルチコアと呼ばれていました。しかし、現在では搭載する CPU コアが増大し、メニーコアと呼ばれるのが一般的です。

一般的にメニーコア CPU とは、ホモジニアスな構成を指します。ヘテロジニアスな構成を採用したものはメニーコアとは呼びません。以降にメニーコアシステムのハードウェアモデルを図で示します。

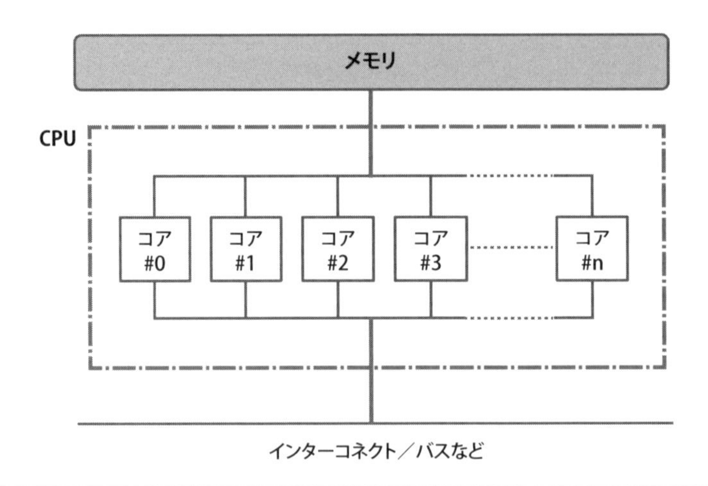

図2.11●メニーコアシステムのハードウェアモデル

同様に、システムに複数の CPU チップを並べたマルチ CPU システムが存在します。マルチ CPU システムは、物理的（空間的）に CPU そのものが分離しています。メニーコアシステムは、同一シリコン上に多数の CPU コアを配します。これには、消費電力、各 CPU のキャッシュ制御、クロック周波数の低減など、さまざまな利点があります。

ソフトウェアから考えた場合、コンパイラやスケジューラが、各処理を効率良く各 CPU コアに振り分ける必要があります。さまざまなコンパイラやライブラリ、そしてツールが現れ、CPU コアを自動で有効に活用する方法が研究されていますが、現在のところプログラマが明確に指示しないと、ハードウェアのリソースを十分に活用できません。

動作概念

まず、シングルコアスレッドで開発したプログラムの動作概念を示します。このプログラムは**処理 A**、**処理 B**、そして**処理 C** が存在し、**処理 B** は分割して並列に処理できますがシングルコア CPU を搭載したシステムは、すべての部分を順次処理します。

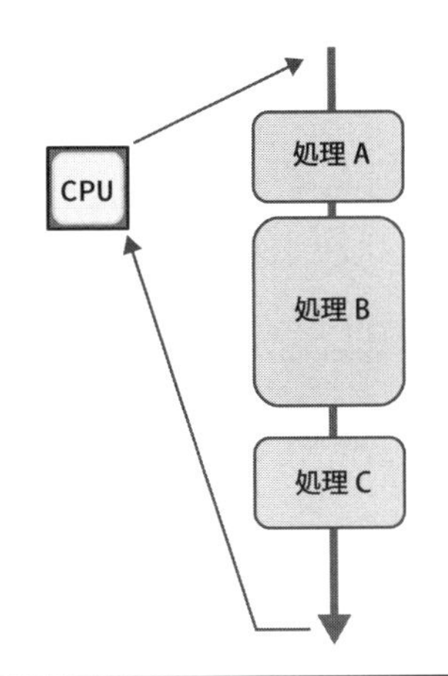

図2.12●シングルコアCPUで処理

メニーコア CPU を実装し、ソフトウェアもメニーコアに対応しているシステムの動作を以降に示します。並列化可能な**処理 B** を分割し、各 CPU コアで並列に処理します。

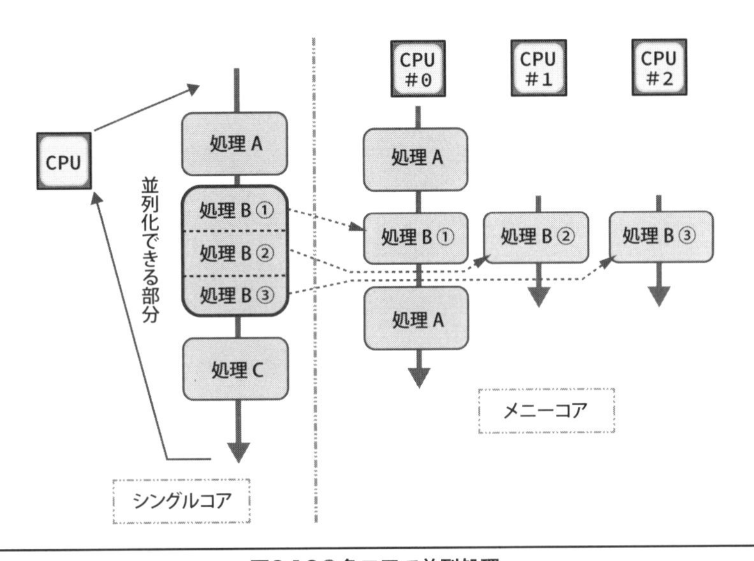

図2.13●各コアで並列処理

図に示すように並列化では、メニーコア CPU では、1 つの塊の処理を複数のコアで分割して処理します。並列化すると、全体の処理時間は短縮され（図では縦方向の長さが短くなり）ます。前図を時間軸で表した図を以降に示します。

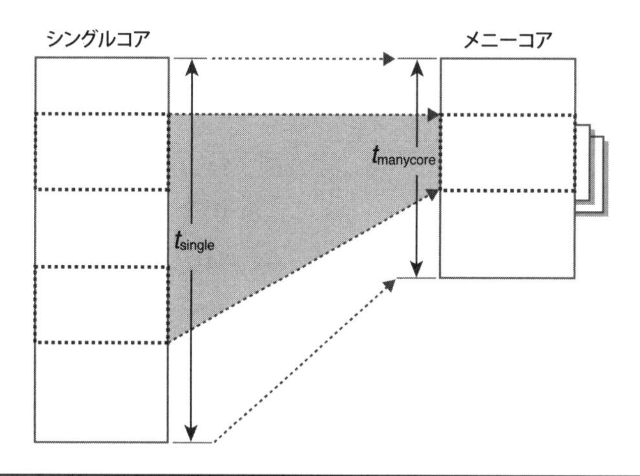

図2.14●シングルコアとメニーコアの処理時間の関係

このように、並行処理できる部分を持つプログラムをメニーコアで処理すると、大幅に処理時間が短縮される場合があります。逐次プログラムで消費する t_{single} を $t_{manycore}$ まで短縮できます。メニーコアシステムを使用しても並列化できない部分は高速化されません。このため、並列化できる部分が少ないソフトウェアは、メニーコアシステムを導入しても全体の処理速度向上は限定されます。

一般的に、並列動作部分や逐次処理部分をリージョンという言葉で表します。以降に示すように、逐次処理する部分を逐次リージョン、並列処理する部分を並列リージョンと呼びます。これまで示した例を、図を用いて逐次リージョンと並列リージョンを示します。

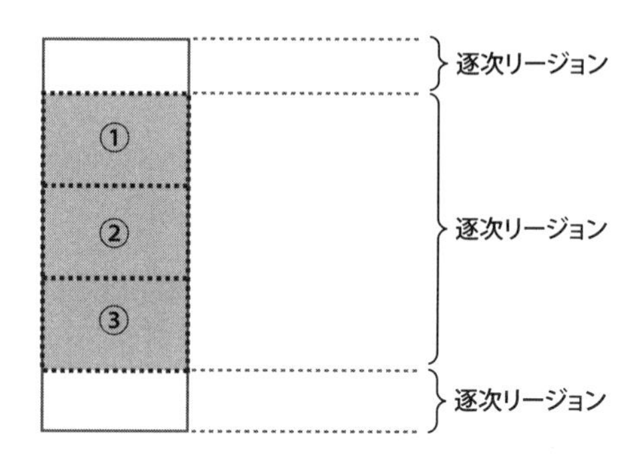

図2.15●図2.13の処理を逐次リージョンと並列リージョンに分類した様子

2.11.2 RISCとCISC

CPUアーキテクチャの分類にRISCアーキテクチャとCISCアーキテクチャがあります。RISC型CPUは、UNIXワークステーションと同時期に現れたアーキテクチャです。RISC型CPUは、構造が単純であるためCISC型CPUを駆逐すると言われた時期もありましたが、現実にはそう単純ではありません。現在では、CISCの代表と言われるx86系のCPUが大量に使われています。

CISC（Complex Instruction Set Computer）

高度な（複雑な、と言い換えても良いでしょう）命令セットを提供するCPUを指します。CISC型CPUは、1命令で高度な処理を行うことができます。ただし、高度な処理を行うため、CPU自体は複雑になります。かつ、1つの命令を処理するのに複数のクロックを要する場合もあります。一般的にCISC型CPUは、これらの要因から性能向上が難しいと言われています。

RISC（Reduced Instruction Set Computer）

命令セットを簡略化することで高速処理を可能にするCPUを指します。UNIXワークステーションと同時期に現れ、UNIXワークステーションといえばRISC型CPUという時期もありました。現在では、サーバーのCPUやスーパーコンピュータのCPUなどにも採用されています。RISC型CPUは、命令が簡単なため高性能化が容易と言われています。ただ、CPUクロックの周波数は随分前に上限に達しており、もうそのような理由で高速化の難易度へ言及するのは意味のないことでしょう。表2.1に、一般的なRISCアーキテクチャとCISCアーキテクチャの違いを示します。

表2.3表●RISCアーキテクチャとCISCアーキテクチャの違い

比較項目	RISC	CISC
命令の数	少ない	多い
命令の長さ	基本的に固定	可変長
命令のクロック数	固定	可変
メモリアクセス	ロード・ストアのみ	多様

2.11.3 スカラーとベクトルによる分類

ここでは、CPU アーキテクチャを、スカラーで処理するアーキテクチャとベクトルで処理するアーキテクチャで分類して解説します。

スカラーコンピュータ

スカラーコンピュータは、単一の実行ユニットでマシン語を逐次実行します。最も単純なアーキテクチャと呼んで良いでしょう。スカラーコンピュータの実行ユニットを増やし、複数の命令をフェッチし、複数の実行ユニットを並列に動作させ、プログラムの持つ命令レベルの並列性を利用して性能の向上を図るアーキテクチャをスーパースカラー（superscalar）と呼びます。性能向上のために並列動作させますが、実行順はスカラーでもスーパースカラーでも同じです。

ベクトルコンピュータ

ベクトルコンピュータは、ベクトル演算を行うことができるコンピュータのことです。一般的には、高性能でパイプライン化された実行ユニットを持ち、その演算能力を最大限発揮できるように設計されたコンピュータを指します。より広い解釈では SIMD 命令によるベクトル演算も含みます。ベクトルコンピュータは、スーパーコンピュータに採用され、ベクトルプロセッサ（Vector Processor）やアレイプロセッサ（Array Processor）で、数値演算を複数のデータに対して次々と実行することができます。

2.11.4 命令並列とデータ並列

ここでは、並列化の手法を、命令を並列化するかデータを並列化するかで分類します。本節では、1 つの命令で複数のデータを処理するデータの並列化と、1 回のクロックで複数の命令を実行する命令の並列化による分類を説明します。

命令を並列処理（VLIW）

複数の短い命令語を 1 つの長い命令語にまとめ、並列実行する方法です。VLIW と呼ばれ、Very Long Instruction Word の略です。現在主流の CPU 内部には、スケジューリング機能が組み込まれており、結果に影響がなければ、プログラムされた命令順の通りではなく、実行可能なものから順次パイプラインに送り込みます。ただし、動的なスケジューリングには限界があります。VLIW は、CPU 自体でこのような動的なスケジューリングを行う必要はなく、あらかじめ並列実行できる命令を生成します。つまり、コンパイラが並列処理の命令を生成します。プログラマは VLIW を意識する必要はなく、コンパイラに任せるのが普通です。

フリンの分類

コンピュータの分類はさまざまな観点からなされていますが、ここでは命令とデータの並列化を体系的にまとめた**フリンの分類**（Flynn's taxonomy）を示します。これは、マイケル・J・フリン（Michael J. Flynn）が 1966 年に提案したコンピュータアーキテクチャの分類法です。フリンが定義した 4 つの分類は、命令の並列度とデータストリームの並列度に基づくものです。

- SISD: Single Instruction, Single Data stream
- SIMD: Single Instruction, Multiple Data streams
- MISD: Multiple Instruction, Single Data stream
- MIMD: Multiple Instruction, Multiple Data streams

以降に分類の概念図を示します。

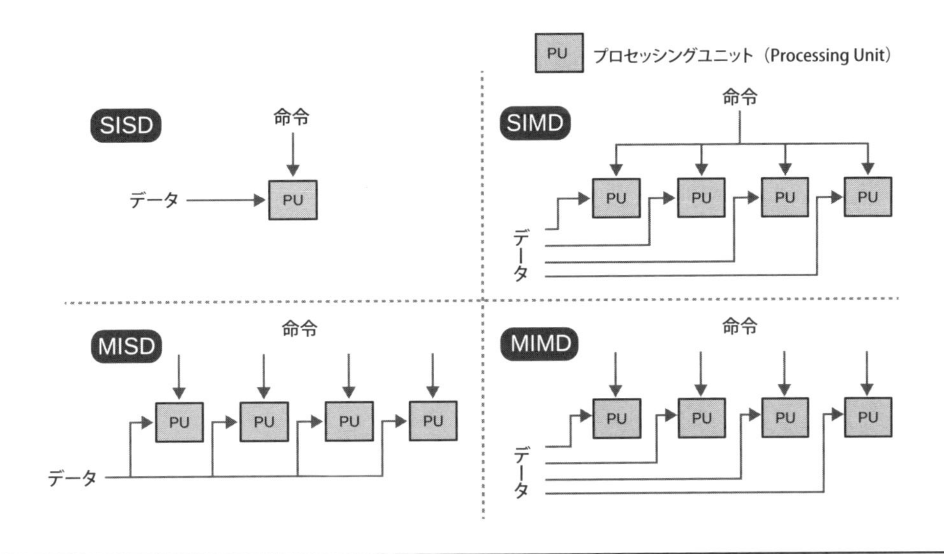

図2.16●フリンの分類による4つの並列化の動作モデル

SISD

1 つの命令で 1 つのデータに対して処理を行う命令形式のことです。最も基本的なアーキテクチャで、命令にもデータにも並列性のない逐次的な方式です。旧式のパーソナルコンピュータや古いメインフレームで採用されています。

SIMD

1つの命令で複数のデータに対して処理を行う命令形式のことです。SISDと異なり、SIMDではプロセッサ内に演算を実行する実行ユニットが複数用意されており、それぞれが異なるデータに対し並列に演算を行います。SIMDでは読み取られた命令が各実行ユニットにブロードキャストされ、各実行ユニットが持つデータに対して同一の演算が実行されます。本書では、SIMD命令の一種であるIntel社のAVX命令などの例を紹介します。

MISD

日本語では複数命令単一データ流などと訳されます。このモデルでは、複数のプログラムカウンタが示す命令が単一のデータに対して適用されます。このモデルは他のものに比べ若干特殊なので、実際にどういったアーキテクチャがこのモデルに属するかといった点に関しては計算機アーキテクチャの教科書に譲ります。

MIMD

独立した複数のプロセッサを持ち、それぞれのプロセッサは異なる命令を使って異なるデータを処理します。MIMDアーキテクチャはさまざまな分野で応用されています。一般に分散システムはMIMD型であると言われ、単一の共有メモリを使う場合と、分散メモリを使う場合があります。近年、一般的になってきたメニーコアCPUとSIMDの組み合わせはMIMDと表現して良いでしょう。

2.11.5 ホモジニアスシステムとヘテロジニアスシステム

現代のコンピュータではプロセッサなどの演算装置を複数並べるのは一般的なことです。同一アーキテクチャのプロセッサだけを使ったコンピュータを**ホモジニアスシステム**、異なるアーキテクチャのプロセッサを組み合わせたコンピュータを**ヘテロジニアスシステム**と呼びます。これまでは、多数の同一アーキテクチャのプロセッサだけを使う方法が主流でしたが、最近はGPGPUなどのアクセラレータと汎用プロセッサを協調して動作させるシステムも多数出現しています。

ホモジニアスシステムは、使用されるプロセッサのアーキテクチャが同一なため構成は単純化でき、コンパイラなどの開発ツール、ならびにプログラミングも比較的単純です。規模は小さいですが、デスクトップ環境で使用されるメニーコア型プロセッサもホモジニアスシステムの一種です。

ヘテロジニアスシステムは、異なるアーキテクチャのプロセッサを組み合わせた方式です。特に最近使われるようになったGPGPUによって一気に一般化されました。ヘテロジニアスなシステムは、異なるアーキテクチャが混在するため、ホモジニアスなシステムに比べコンパイラなどの開発ツール、ならびにプログラミングも比較的複雑化します。特にメモリなどが分散するため、データの扱いも厄介です。それでも、年々、開発ソフトウェアの発展によりプログラミングは容易になりつつあります。

ヘテロジニアスシステムとホモジニアスシステムは、単一アーキテクチャの演算装置を多数搭載したシステムか、あるいは異なるアーキテクチャの演算装置を混在させたシステムかを表す言葉です。

ホモジニアスシステム

共有メモリを採用し、同一プロセッサを複数実装したものです。各プロセッサを同期、通信させながら 1 つの問題を解決する方法です。

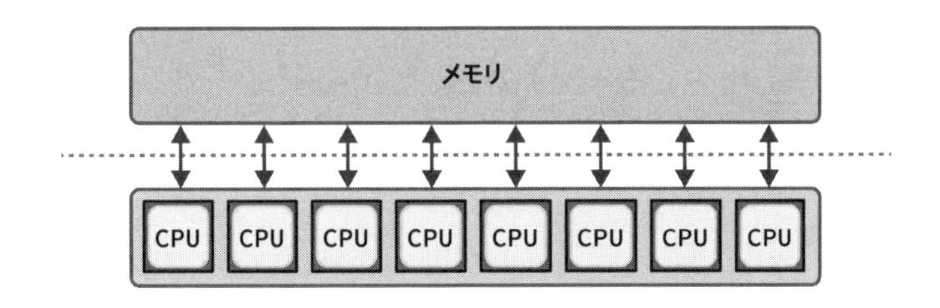

図2.17●ホモジニアスシステムの概念図

マルチプロセッサシステムは物理的にプロセッサが分離しています。最近は同一シリコン上に多数のプロセッサを配したマルチコアプロセッサ（メニーコアプロセッサ）が使われます。論理的には、マルチプロセッサとマルチコアプロセッサに違いはありません。

ヘテロジニアスシステム

この方法は、異なるアーキテクチャのプロセッサを複数搭載してシステムを構成します。異なる処理を異なるプロセッサに割り振って効率良く処理します。

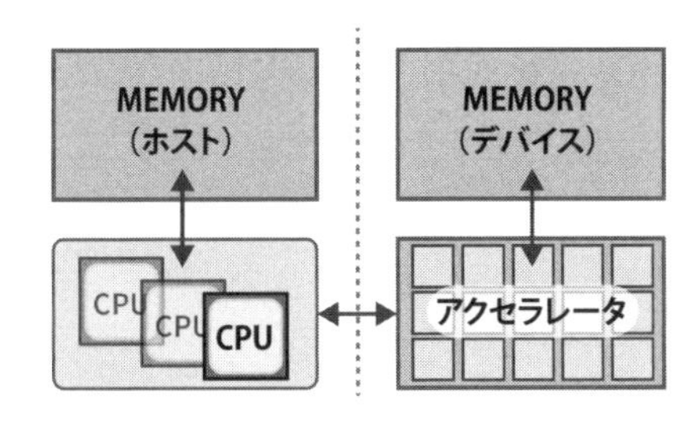

図2.18●ヘテロジニアスシステムの概念図

例えば、浮動小数点数の演算が多い場合、その部分をDSPに任せ、プロセッサは全体の制御を担います。これは、従来から使われる方法で、組込みシステムなどでは負荷の重い処理をハードウェアで処理する代わりにDSPを使用しているものもあります。

メモリが論理的かつ物理的に分離されることが多いのも、ホモジニアスシステムと大きく異なる点です。メモリが物理的に分離されていると、メモリコピーによるオーバーヘッドが大きくなります。たとえ物理的に分離されていなくても、メモリ空間が論理的に分離されているとデータなどのオブジェクトを指しているアドレスを変換する必要が発生し、これもオーバーヘッドの元となります。

さらに、ヘテロジニアスシステムでは、異なるアーキテクチャを採用するため、それぞれに異なる実行バイナリを用意しなければなりません。そのため、ホモジニアスシステムであれば、プログラマは並列化を意識しつつ従来の一般的なプログラム開発手法で対応できますが、ヘテロジニアスシステムを採用した場合は、並列化と各プロセッサ用のプログラムの記述、ならびにメモリの管理を行わなければなりません。また、それぞれのロードバランスや通信も考慮しなければなりません。これらの自動化については、いまだ研究途上です。

最近はヘテロジニアスシステムでGPGPUが採用されることが多く、粒度が小さく、大量の並列処理が必要な分野で大きな成果を収めています。メニーコアシステムも、デスクトップ環境でさえ数十のプロセッサを備えるものが一般市場に現れていますので、並列処理は大きな進歩が予想されます。

2.11.6 アクセラレータ型とメニーコア型

ホモジニアスシステムとヘテロジニアスシステムという分類と重複する分類ですが、CPUは、アクセラレータ型とメニーコア型で分類できます。アクセラレータ型の代表は、通常のCPUとGPGPUを搭載したシステムです。メニーコア型の代表は、現代のプロセッサはほとんどがメニーコアCPUですので、一般的に使われているパソコンなどが当てはまります。アクセラレータ型を活用した開発環境にはOpenCLやCUDA、OpenACCなどがあり、メニーコア型にはスレッドやOpenMPが存在します。アクセラレータ型とメニーコア型の特徴を以降に示します。

メニーコア型
- ホモジニアス
- OpenMP、スレッド
- メモリ共有

アクセラレータ型
- ヘテロジニアス
- OpenACC、OpenCL、CUDAなど
- メモリ分散

メニーコア型のOpenMPと、アクセラレータ型のOpenACCやOpenCLとの間の大きな違いは、並列化部がOpenMPではオフロードされず、OpenACCやOpenCLではオフロードされること、そしてOpenMPではメモリが共有され、OpenACCではメモリが共有されないことです。OpenACCとOpenMPの共通な部分は両方ともディレクティブで容易に並列化できる点です。

ただし、開発環境は徐々にメニーコア型とアクセラレータ型、ならびにベクトル化さえカバーしつつあり、これまでのようにアーキテクチャと開発環境を1対1で論じるのは難しくなりつつあります。それでも、上記の分類は大きく外れた議論ではないでしょう。

それぞれの並列化の概要

並列化の観点から、アクセラレータ型とメニーコア型で並列化がどのように行われるか概念図で示します。

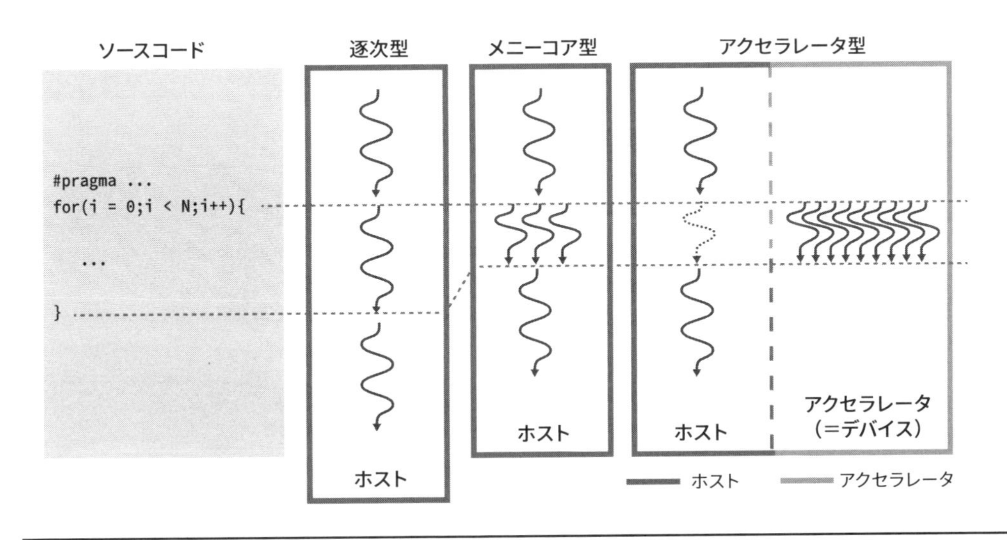

図2.19●並列化の概要

アクセラレータ型では、処理がオフロードされるのが分かります。この例は完全に同期処理する例ですので、並列部が終わるまでアクセラレータ型ではCPUは休止します。

ハードウェアの違い

前図は処理の流れ、つまりソフトウェアから観察したアクセラレータ型とメニーコア型の比較です。今度は、ハードウェアから観察したメニーコア型とアクセラレータ型を図で表します。まず、メニーコア型のハードウェア構成を示します。

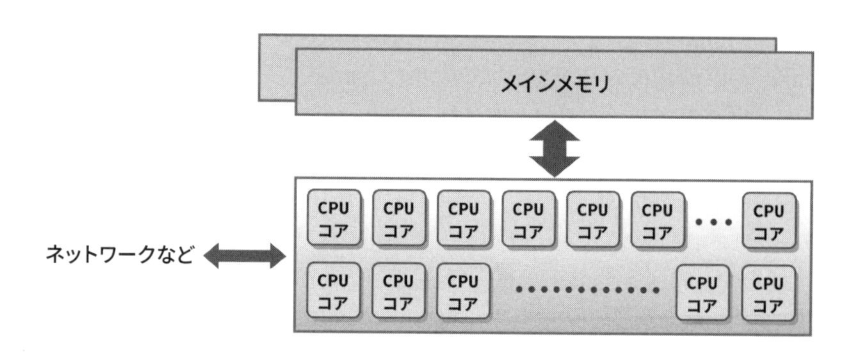

図2.20●メニーコア型のハードウェア構成

メニーコア型では、たくさんのCPUまたはCPUコアで1つの処理を行います。図に示すように、それぞれのCPUは、論理的にも物理的にもメモリを共有します。簡単に言い換えると、ポインタを各CPU間で共有できることを意味します。

次にアクセラレータ型のハードウェア構成を示します。この例ではアクセラレータはGPUです。本書ではアクセラレータをデバイスと呼ぶことが多いです。

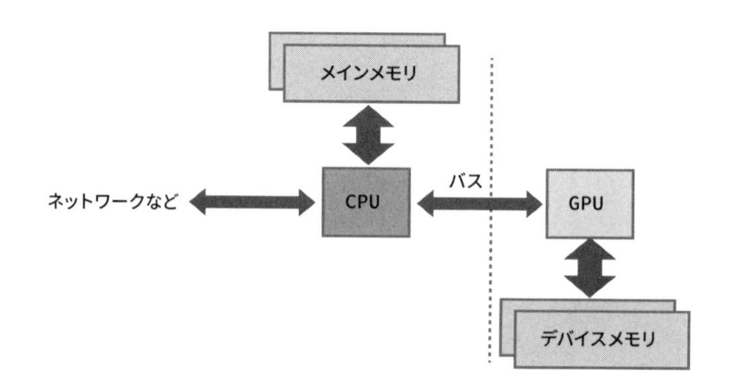

図2.21●アクセラレータ型のハードウェア構成

メニーコア型とアクセラレータ型の大きな違いを以降に示します。

- メニーコア型では、各CPU（コア）が同じメモリ空間を使用する。
- アクセラレータ型ではホストとデバイス（アクセラレータ）ではメモリ空間が論理的・物理的に分離される。
- アクセラレータ型は、並列領域はホストからオフロードされる。

アクセラレータ型で大きな問題となるのは、メモリ空間を共有できないことからメモリコピーが発生する点です。このため、処理そのものは高速でも、メモリコピーで大きな時間を失う可能性が高くなります。ただ、膨大な演算などを必要とする場合、GPU の演算能力の高さや、ホストから処理をオフロードできることから驚異的な性能向上を実現できる場合があります。メニーコア型の問題は、アクセラレータ型ほど粒度が小さくなく、たくさんの並列化がハードウェア的に難しいことです。

Fork-Join モデル

アクセラレータ型とメニーコア型で Fork-Join がどのように行われるかを図で示します。まず、メニーコア型の Fork-Join の概念図を示します。

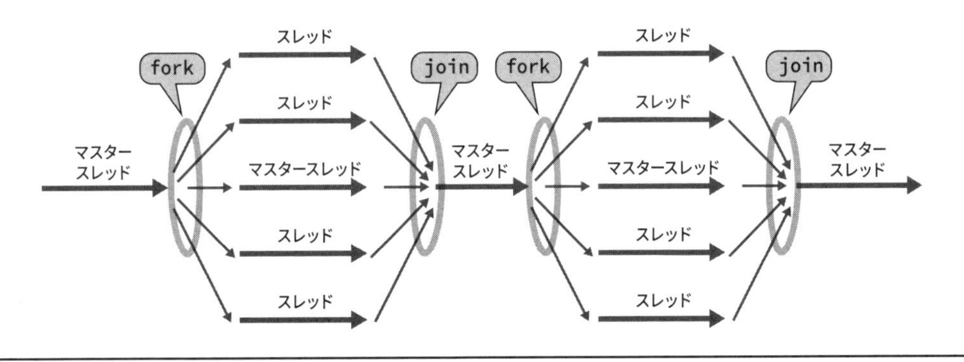

図2.22●メニーコア型のFork-Join概念図

メニーコア型では、Fork するときに各 CPU へ処理を振り分けます。それぞれの CPU は論理的にも物理的にもメモリを共有します。

次に、アクセラレータ型の Fork-Join の概念図を示します。

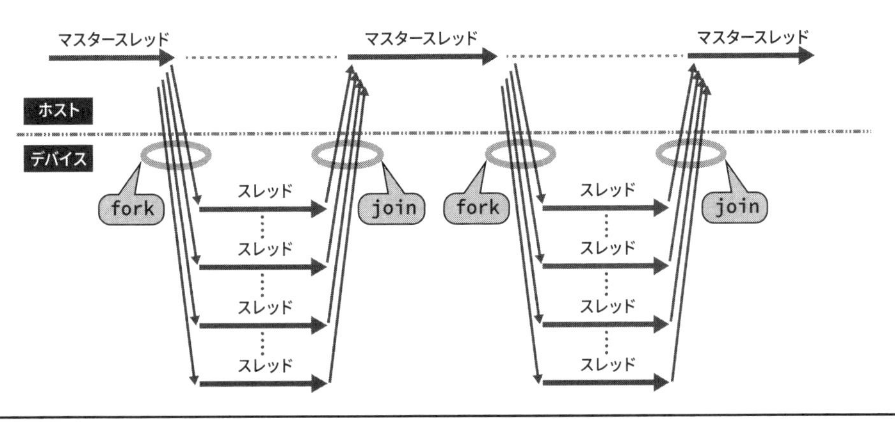

図2.23●アクセラレータ型のFork-Join概念図

アクセラレータ型では、Fork によって処理がアクセラレータへ委譲されます。メモリも、ホストとは別のアクセラレータ側のメモリが使われます。アクセラレータとホストでメモリ空間が物理的・論理的に分離しているため、メモリコピーなどのオーバーヘッドが発生します。

メインスレッドはホストで実行しているため、Fork した後は Join が発生するまで CPU（ホスト）は待ち状態に移行するか、Fork した処理と無関係な処理へ移行します。

2.12 まとめ

いろいろな分類法がありますが、ここではざっくりと以下に示すアーキテクチャによって分類します。

1CPU & スカラー型	メニーコア型
従来からある最も単純なアーキテクチャで、並列化は難しいアーキテクチャです。	代表は、OpenMP やスレッドを利用したプログラムへ向けたアーキテクチャです。
アクセラレータ型	**ベクトル型**
CPU と GPGPU で構成されたアーキテクチャで、OpenCL、OpenACC、そして CUDA などへ対応できるアーキテクチャです。	データ並列へ対応できるアーキテクチャで SIMD 命令などを装備したアーキテクチャです。

図2.24●アーキテクチャで分類

本書は、スレッド、OpenMP、OpenCL、OpenACC、そして SIMD を使った並列化の実際を解説します。それぞれがどの分類に属するかは前図を参照してください。

なお、OpenMP は、メニーコア型の代表ですが、バージョン 4.x でアクセラレータ型やベクトル型まで含むようになりました。また、OpenCL や OpenACC は、ベクトル型も指定できます。したがって、それぞれの守備範囲は次図のように表すことができるでしょう。

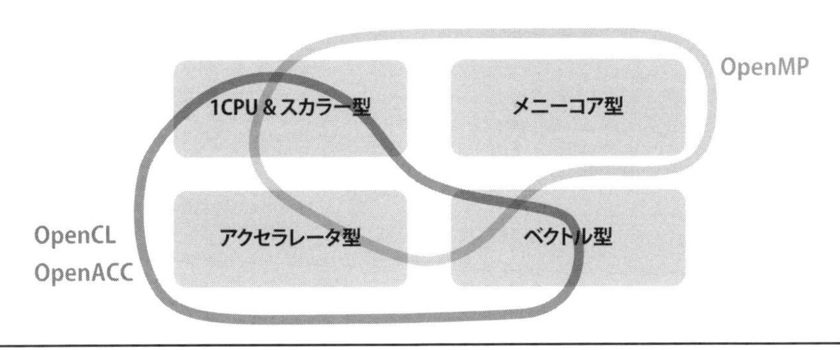

図2.25●OpenMP、OpenCL、OpenACCの守備範囲

このように、各方式は重なる部分もありますが、本書はここで示した分類にそって説明します。

3

メモリ概論

本章ではメモリの概要を解説します。CPU はメモリなしには何もすることができません。メモリには、CPU で実行するプログラムはもちろん、プログラムが使用するデータなども格納されます。ハードディスクや DVD-ROM なども、データを記憶するという意味ではメモリに分類する場合もあります。ところが、これらは二次記憶装置、外部記憶装置、あるいは補助記憶装置と呼ばれ、メモリとは違う扱いを受けることが少なくありません。これは、二次記憶装置などのデータを CPU がアクセスする場合、いったんメモリに転送してアクセスするためと思われます。これに対し、プログラムなどが記憶されるメモリは、一次記憶装置、一次メモリ、あるいはメインメモリなどと呼ばれます。一般的にメモリと表現した場合、このプログラムやデータなどを格納するメモリを指します。

通常、二次記憶装置である CD、DVD、SSD、ブルーレイディスクやハードディスクなどをメモリと呼ぶことはありません。これらの装置を指す場合、装置の一般名詞を使うのが一般的です。例えば、ハードディスクを二次記憶装置（補助記憶装置）と呼ぶことは少なく、そのままハードディスク、あるいは HDD（エッチディーディー）などと呼びます。ただ、これらがコンピュータのハードウェア分類上は、メモリの範疇であることを忘れないでください。

メモリは、論理的、物理的に CPU の近くに配置されます。これは CPU が高速なため、遅延などが問題になるためです。メモリは大別して、ROM（Read Only Memory）と RAM（Random Access Memory）に分類できます。通常、プログラムやプログラムが使用するデータは RAM に配置されます。ただし、モバイル機器や組込み機器などでは、ROM の一種である flash メモリに格納される場合もあります。

3.1 ハードウェアから観察したメモリの構成

広義にはレジスタやハードディスクも記憶装置という意味でメモリに分類できます。これらを速度の遅い順に並べてみます。ハードディスクは、一般的には外部記憶装置とする方が適切でしょう※1。

図3.1●メモリの分類と速度

狭義にメモリと表現した場合、メインメモリからレジスタまでが適切な範囲でしょう。これらと外部記憶装置の関係を、アクセス速度と容量を軸にして示すと次のようになります。

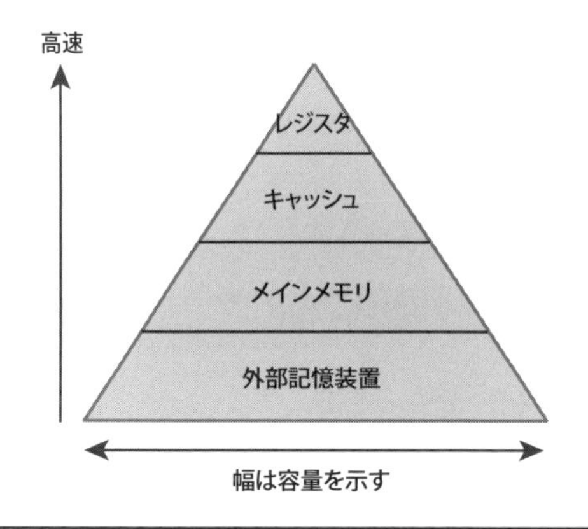

図3.2●メモリの構成

高速化に特に重要なキャッシュメモリを細分化し、さらに外部記憶装置を外して、キャッシュメモリの構成に比重を置いた図も示します。

※1　最近では、ハードディスクドライブ（HDD）の代わりにソリッドステートドライブ（SSD）を搭載するものも増えてきました。

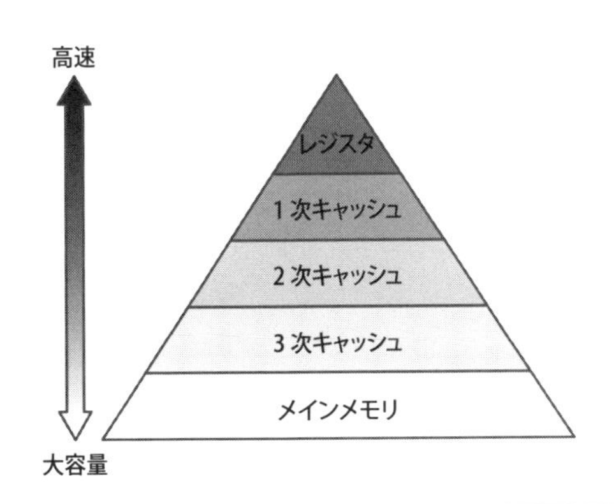

図3.3●キャッシュメモリの構成

それぞれの相対的な速度差は以下の通りです。キャッシュメモリとメインメモリの間には大きな速度差があり、もしデータがキャッシュメモリに存在しない場合、プログラムは大きなペナルティを払わなければなりません。

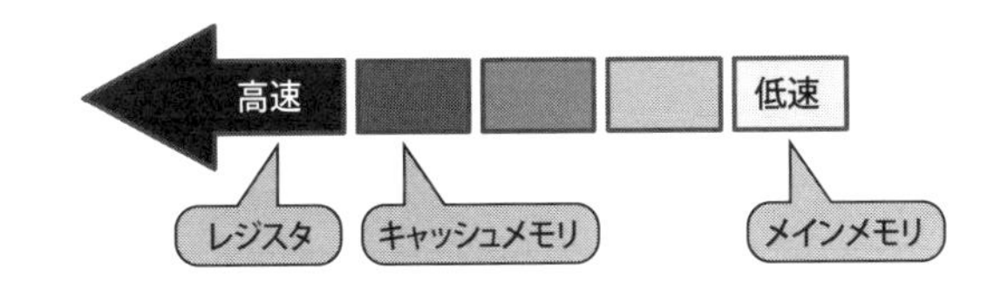

図3.4●キャッシュメモリとメインメモリの速度差

ついでに、それぞれの容量も単なる順序づけではなく、どの程度の容量差があるか図で示します。例えば、以下のようなメモリ構成のシステムをグラフで容量を表示してみましょう。

表3.4●メモリ構成

種別	容量（キロバイト）
L1 キャッシュ	128
L2 キャッシュ	512
L3 キャッシュ	3,072
メインメモリ	4,194,304

グラフで表示すると、メインメモリに比べキャッシュ容量が極端に少ないため、グラフに現れません。一般的には前出の図のように表現しますが、実際のキャッシュメモリ量はメインメモリから見るとごく僅かなので、それを踏まえて視覚的に表せば、次図のようにキャッシュは単なる線になってしまいます。キャッシュの容量がメインメモリに対し、いかに少ないか分かります。

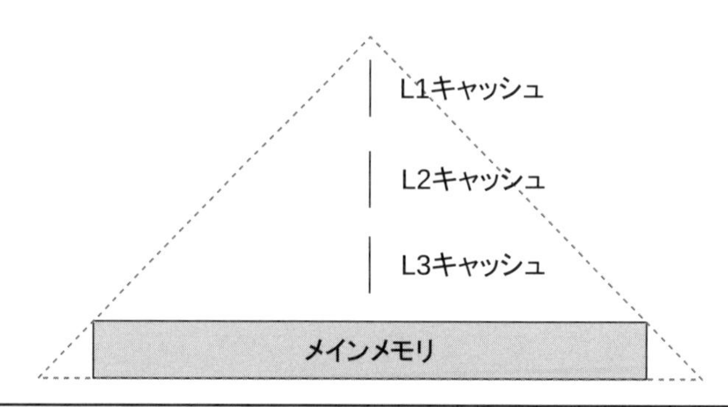

図3.5●実際のメモリ容量

この図からも分かるように、キャッシュメモリの制御は重要です。容量が少ないため、せっかくキャッシュメモリに格納しても、アクセス順が悪いとデータがキャッシュメモリから追い出されます。参考のために、L1、L2、L3 キャッシュの容量を視覚的に捉えてみましょう。

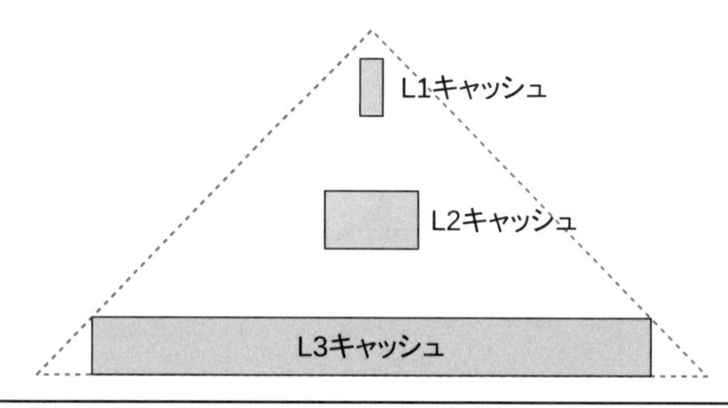

図3.6●L1、L2、L3キャッシュの容量

3.2 メモリの種類

コンピュータに使われるメモリは、主にレジスタ、キャッシュメモリ、そしてメインメモリの3種類です。

- レジスタ
  CPU内にあり、非常に高速にアクセスできますが、容量は数バイトから数十バイトです。レジスタ内のデータしか演算の対象にならない命令が多く、データは一旦レジスタへ格納されるのが一般的です。高水準言語を使ったプログラミングでは、コンパイラが必要なデータをレジスタに移動して演算を行うように機械語へ翻訳するため、レジスタを意識する必要はありません。
- キャッシュメモリ
  メインメモリと比較して非常に容量が小さいですが、レジスタと遜色のない速度でアクセスできます。これを有効に利用できるかどうかでプログラムの実行速度が大きく変わります。3.4節で詳述します。
- メインメモリ
  一般的にメモリといわれる部分です。実行中のプログラムやデータを格納する場所として使用されます。ハードディスクなどよりはるかに高速ですが、CPUのキャッシュメモリやレジスタよりは遅いので、コンピュータを内部から見た場合、中速という表現が適切でしょう。

ハードディスクなどもメモリと分類する場合がありますが、ここでは対象外としました。本章の最後、3.7節で二次記憶装置一般について解説します。

3.3 データの流れ

プログラムを実行すると、まずハードディスクに存在する翻訳されたプログラム（機械語のプログラム）やデータをメインメモリへ読み込みます。CPUはプログラムに従ってデータをレジスタに移動し、処理を行い、その結果をメインメモリへ格納します。プログラムの実行中は、**メインメモリ→レジスタ→演算→レジスタ→メインメモリ**の処理の一連が続きます。

CPUの演算処理速度は数ギガヘルツですが、メインメモリのアクセス速度は数百メガヘルツ程度です。このように、CPUの演算速度とメモリのアクセス速度には大きな乖離があります。CPUは演算の前にデータをレジスタに読み込みますが、演算速度に対し、データ移動に多くの時間を要します。このようなことを繰り返すと、CPUが動作している時間よりデータを待っている時間の方が長くなってしまい、プログラムの実行速度は低下します。これを解決するのがキャッシュメモリの役割です。

先ほど示した、**メインメモリ→レジスタ→演算→レジスタ→メインメモリ**は、**メインメモリ→レジスタ（キャッシュにも）→演算→レジスタ（キャッシュにも）→メインメモリ**と書き換えることができます。キャッシュメモリに一旦格納されたデータは、メインメモリまで取りに行く必要はなく、CPUはフルスピードで動作することができます。書き込み時にもキャッシュメモリに格納しているため、処理結果を参照する場合も高速にアクセスできます。

3.4 キャッシュメモリ

並列化して高速に処理しようとしても、キャッシュメモリを使いこなせなければ効果的ではありません。CPUを並列に多数動作させても、メモリアクセスに時間を奪われる場合があります。メモリアクセスを頻繁に行うプログラムには、とんでもなく遅いプログラムとなってしまいます。それは、アクセスするデータがキャッシュに存在せず、毎回メインメモリにアクセスするような場合です。これを解決するには、キャッシュメモリにデータが存在するようにプログラミングします。最近のコンピュータには、大容量のキャッシュメモリが搭載されています。キャッシュの有効活用を意識してプログラミングすると、データアクセスによる実行速度の低下は避けられます。具体的な方法は後述します。

3.4.1 キャッシュメモリの役割

CPUがデータを要求するとき、メインメモリからレジスタに移す際にキャッシュメモリにも保存します。このとき、キャッシュメモリには、目的のデータだけではなくそれも含めた周辺の一定のデータ※2が同時に格納されます。この仕組みによって、同じデータ、あるいはその周辺のデータへのアクセスが高速に行えます。

プログラムを高速にしたければ、なるべくキャッシュに格納されたデータを利用すると効果

※2　キャッシュラインと呼ばれます。

があります。例えば、メモリアクセスを連続した順にする、あるいはデータを細かいブロックに分割して、特定のデータを集中して処理し、終わったら次のブロックに移るなどの方法です。なお、キャッシュメモリにはデータキャッシュメモリと、命令キャッシュメモリが存在します。「データを要求するとき」という表現は、単にデータだけでなく命令も指します。つまり、プログラム自体も局所化した方が高速に動作します。具体的にデータをブロック化し、キャッシュがヒットしやすくした例を後述します。

3.4.2 メモリアクセスのジャンプ

キャッシュメモリを最大限に利用できればプログラムの実行速度が高められますが、キャッシュメモリが有効でない場合もあります。それはメモリアクセスでアドレスジャンプが頻繁に起きるときです。例えば、行列の積を求めるには行と列にアクセスしますが、このとき、なるべくメモリアドレスが連続するようにアクセスすると、データがキャッシュに存在する可能性が高くなります。ところが、メモリアドレスを飛び飛びにアクセスすると、毎回キャッシュミスが発生し、プログラムは大きなペナルティを課されます。これについても、具体例を後述します。

なお、メモリアクセスが不連続であっても、特定の領域を外れなければキャッシュミスは起きません。そのデータがキャッシュメモリに留まっていれば問題ないので、正確には、「連続して不連続なアドレスにアクセスし続けると、ミスキャッシュが発生し、プログラム速度が低下する」と表現する方が良いでしょう。プログラムがデータにアクセスするたびにキャッシュは汚染され、古いデータはキャッシュメモリから追い出されます。キャッシュを汚染しない方法もありますが、一般的なアプリケーションプログラムから、そのような制御を行うことはできません。

3.4.3 メモリとCPUの速度差

CPUは非常に高速で、メインメモリとの間には大きな速度差があります。このアンバランスを解決するために、現代のコンピュータは階層化した大容量のキャッシュメモリを搭載しています。そのメモリの量は一昔前のメインメモリの量に匹敵しますが、現在のメインメモリは非常に大きく、大容量のキャッシュを搭載していても、キャッシュメモリに目的のデータや命令が存在しないときがあります。このようなケースをキャッシュのミスヒットと呼びます。ミスヒットが頻発すると、コンピュータの処理能力は低下します。

初期のコンピュータは以下のような構成になっており、キャッシュメモリは搭載されていませんでした。

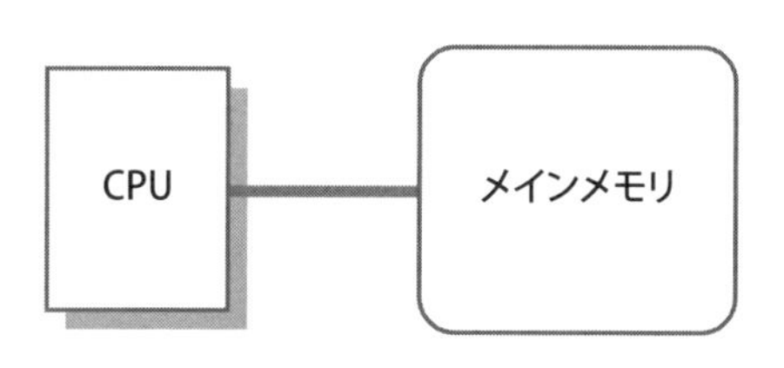

図3.7●初期のコンピュータの構成

CPUの速度が向上すると、メモリの速度やバスのバンド幅がボトルネックとなります。それを解消するために、メインメモリとCPUとの間にキャッシュメモリが導入されました。これにより、メインメモリへのアクセスによる性能低下を回避できる機会が多くなります。

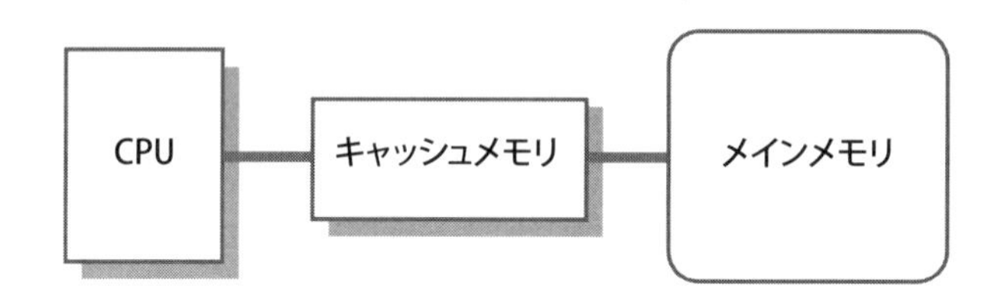

図3.8●現在のコンピュータの構成

3.5 RAMとROM

メモリを構成する素子は、大きく分けてRAM（Random Access Memory）とROM（Read Only Memory）が存在します。ここではそれらの違いについて解説します。

3.5.1 RAM

一般的に、「メモリ」という表現はメインメモリを指して使われることが多いです。他のメモリなら、修飾詞を付けて表現します。現在のコンピュータのメインメモリは、RAMで構成されていると考えて間違いありません。RAMは、名前が表すように、任意のアドレスを高速に読み書きできるメモリです。メモリはRAMで構成され、アプリケーションソフトウェアやOS、そしてこれらが使用するデータなどを格納するのに使われます。RAMとROMの大きな違いは、電源を切ったときに内容が消えてしまうか（揮発性）、そのまま残るかです。RAMは電源を切ると内容がすべて消えてしまいます。

RAMにも多数の種類が存在します。なかでもSRAM（Static RAM）とDRAM（Dynamic RAM）で性格が大きく異なります。DRAMは集積度を上げることができるため、コンピュータのメインメモリなど大容量のメモリが必要な用途に適します。SRAMは集積度を上げにくい性格があり、キャッシュメモリなどに使われます。簡単に説明すると、SRAMがトランジスタで構成され、DRAMはコンデンサで構成されています。このため、DRAMは絶えず充電を行わないと、電源が入っていてもコンデンサの内容が放電され情報が消えてしまう性質を持ちます。情報の喪失を防ぐために、絶えずコンデンサの充電作業を繰り返します※3。このように、DRAMでは余計な作業が必要になり、SRAMに比較するとアクセススピードが遅く、かつ周辺回路が面倒です。しかし、近年では改良が進み、DRAMだからといって特別扱いにくいということはありません。また、アクセススピードも高速化されて、従来の、遅い、扱いにくい、ノイズが乗りやすいといった欠点は過去のものとなりました。これらの多少の欠点の代わりに、DRAMは消費電力が少なく、構成もシンプルで大容量化が容易なので、大容量メモリを必要とする用途に最適です。

SRAMはリフレッシュも不要で扱いやすく、アクセススピードも高速です。しかし、消費電力や集積率でDRAMに劣り、メインメモリに採用されるには至りません。

3.5.2 ROM

ROMは、電源を切った後でも消えてしまっては困るようなプログラムやデータを格納するのに使います。電源を切っても内容が消えないという性格は二次記憶装置（補助記憶装置）と同じですが、ROMはCPUから直接アクセスできるため、ROM上でプログラムを実行できるという点が大きく異なります。一昔前まではROMは大量に使われていましたが、近年になって、フラッシュメモリの低価格化と簡単に何回でも書き換え可能な機能が注目され、これまでのROMの領域をフラッシュメモリが浸食しています。

RAMと同様に、ROMも多数の種類が存在します。代表的なROMの種類と特徴を説明します。

（1）マスクROM（masked ROM）

マスクROMは製造時にデータやプログラムを書き込みます。製造後は内容を変更することはできず、交換するしかありません。これこそ、真のROMといえるでしょう。製造時にデータが書き込まれていますので、内容は永久に変更することはできません。

※3　このような作業をリフレッシュと呼びます。

（2）P-ROM（Programmable ROM）

P-ROMは書き込めるROMで、1回だけ書き込めるものと、消去して何回も書き込めるものが存在します。基本的に内容を消去するときは全内容を消去する必要があります。電気的に消去するEEP-ROMや、紫外線で消去するUV-EPROMなどがあり、一昔前までは大量に使用されていました。

（3）EEP-ROM（Electronically Erasable and Programmable ROM）

電気的に内容を書き換えることができるROMを指します。書き換える場合、印加する電圧を変更するのが一般的です。通常、部分的な変更はできず、全体を消去してから新しいデータを書き込みます。

（4）UV-EPROM（Ultra-Violet Erasable Programmable ROM）

書き込みはEEP-ROM同様、印加する電圧を変更するのが一般的です。内容の消去は、紫外線を使って行います。このため、チップ上面にガラス窓が開いており、内部のチップを直接観察できます。この窓から光が入ると、通常の日光や蛍光灯でも少しずつ内容が消えていきます。このため、書き込んだチップのガラス窓はシールなどで塞ぐのが一般的です。

（5）フラッシュメモリ（flash memory）

何度でも電気的に消去・書き込みができるROMです。現代では、いろいろな機器に採用されています。フラッシュメモリはEEP-ROMの一種ですが、EEP-ROMと違いブロック単位でデータを消去・書き込むことができます。このため、パーソナルコンピュータの半導体ストレージ、デジタルカメラや家庭用ゲーム機などのメモリカード、およびデジタル家電や組込み機器のファームウェア（制御プログラム）を格納するのに広く利用されています。最近のワンチップマイコンではRAMとフラッシュメモリ、周辺装置を集積したものも多く、外付け部品なしで制御機器を構成することが可能になっています。

3.6 メモリとアドレス

メモリとは、情報を一時的に憶えておくために使う格納域のことです。メモリ自体には演算機能やデータ処理機能はありません。コンピュータのメモリには1バイト単位でアドレス（番地）が割り振られていて、それによって何処に何を格納しているか管理します。例えば、あなたのパソコンに12ギガバイトのメモリが搭載されているとします。その1バイト、1バイトに異なる番地が割り振られています。このことは、CPUの発生するアドレスバスのビット数によって識別できる総バイト数が決まることも表します。

0番地	1番地	2番地	3番地
4番地	5番地	6番地	7番地
8番地	9番地	10番地	11番地
12番地	13番地	14番地	15番地

図3.9●メモリとアドレス（1区画が1バイト）

メモリにデータなどを格納する場合、それぞれ異なる場所に格納しないと元のデータを壊してしまいます。このため、コンピュータではアドレスを使ってメモリを管理します。高級言語を使用してプログラミングする現代のプログラマは、アドレスを直接意識する必要はありません。プログラムで変数名を参照すると、コンパイラが変数の参照をメモリの参照へ変換します。現代のプログラミング言語では抽象化がさらに進んでおり、バーチャルマシン上で動作するため、コンパイラがメモリアドレス変換さえ行わない場合もあります。

メモリの最小単位はオンとオフ、あるいは0と1の2つの状態しか表現できません。そのため、コンピュータについて「2進数しか処理できない」と説明されることがよくありますが、この表現は正確とはいえません。人間に当てはめれば、「『あ』から『ん』までの50音でしか話さない」と言っているようなものです。人間は普通の生活でこれらをバラバラに使っている訳ではなく、組み合わせて使うことで多様な意味を持たせています。コンピュータも同じことです。

3.6.1 1ビット

ビットとは、コンピュータの扱う（メモリの）最小単位を示します。オンとオフ、あるいは0と1の2つの状態しか表現できません。コンピュータは、1ビットより小さな単位は表現できません。それでは、0.03や1,000は表現できないのかと考える人もいるでしょうが、ここで説明しているのは数字の大小ではなく、処理系が扱う最小単位のことです。先の数値も、複数のビットを組み合わせることで表現できます。

3.6.2 1バイト

1バイトとは1ビットを8つ集めた単位を示します。ソフトウェアの世界では、1バイトを最小単位で扱う場合が多いです。1ビットで表すことのできる値は0か1ですが、1バイトでは0～255、あるいは単に256種類の状態を表現できます。

3.6.3 1ワード

1ビットや1バイトは、コンピュータの種類等が異なっていても不変です。ところが1ワードと表現されている場合、それが何バイト（ビット）で成り立っているかはシステムごとに異なります。一般的に、CPUのレジスタの大きさを1ワードと表現することが多いですが、必ずそう表現するとは限りません。また、CPUにはいろいろなレジスタが存在し、その大きさも同じとは限りません。

いろいろな解釈が存在しますが、一般的には1ワードはデータバスの幅か、CPUの汎用レジスタのサイズと考えておけば、ほぼ間違いないでしょう。

1バイトは何ビット

大昔、コンピュータ出現の頃には1バイトが8ビットでないものも存在しましたが、それは稀なケースであり、1バイト＝8ビットと考えて支障はないでしょう。

3.6.4 変数はアドレスとサイズを抽象化する記号

プログラミング言語では、メモリを変数やオブジェクトで扱うため、メモリのアドレスを意識することはほとんどありません。より正確には、アプリケーションソフトウェア開発者に代わって、コンパイラやランタイムライブラリ、あるいはバーチャルマシンが自動的にメモリ空間へのマッピングを行います。プログラマは変数の大きさやデータ型を意識する必要はありますが（これさえ抽象化されるものもある）、場所については注意を払う必要はありません。ただ、意識するしないに関わらず、変数やオブジェクトは最終的にはコンピュータのメモリに配置され、メモリ管理上、割り当てたアドレスや大きさは重要な意味を持ちます。次図に、メモリの構成と変数の割り当ての例を示します。

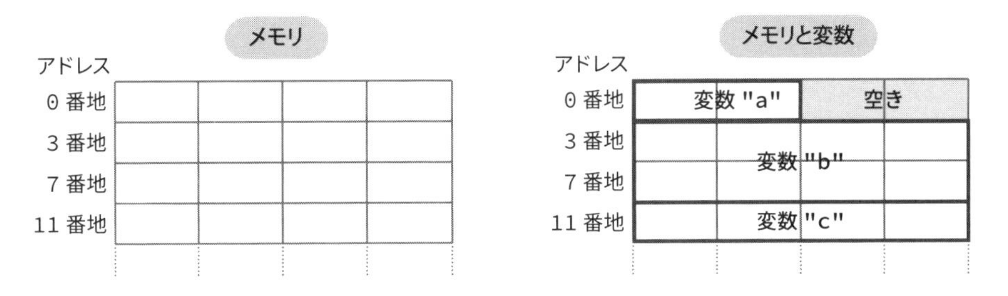

図3.10●メモリの構成と変数の割り当ての例

3.6.5 論理アドレスと物理アドレス

単純にアドレスと表現しましたが、コンピュータが扱うアドレスには論理アドレスと物理アドレスが存在します。アプリケーションソフトウェアが使用するアドレスは、仮想的なアドレス空間を指す論理アドレスです。それに対して物理アドレスとは、文字通り物理的に実装したメモリに割り当てられたアドレスです。初期の原始的なCPUや、現代のCPUでも低機能なものは、物理アドレスのみを使用するものも存在します。現代のCPUは高機能になり、小型のCPUであってもほとんどが仮想アドレスを採用しています。仮想アドレス方式は、物理アドレスと論理アドレスを使い分けてメモリを有効活用します。

一般のプログラミングでは、両者の違いを意識する必要はありません。何も考えずプログラミングしても、OSとCPUによって論理アドレスは物理アドレスに変換されます。論理アドレスを物理アドレスに変換する方法は複雑であり、OSやCPUを設計する人以外は知る必要はありません。これらの変換は、一般的にはメモリ管理ユニット（MMU）とOSが協調して処理します。

アプリケーションソフトウェアのプラットフォーム

近年においては、OSがアプリケーションソフトウェアのプラットフォームと言えるのか疑問です。つまり、ウェブやVMベースの開発環境が（開発者の総人口当たりの比率から）一般的になりつつあり、すでに論理アドレスと物理アドレスを考えること自体が、あまり意味のない事柄のように感じています。

3.7 二次記憶装置とは

コンピュータは処理部、入出力部、および記憶部から構成されています。記憶部はメインメモリ（一次記憶装置）と補助記憶装置（二次記憶装置）から構成されています。すでにメインメモリ（一次記憶装置）については説明しました。ここでは補助記憶装置（二次記憶装置）について説明します。

二次記憶装置には、ハードディスク装置、光ディスク装置などが存在します。二次記憶装置と一次記憶装置には、いくつかの特徴的な違いがあります。以降に主要な違いを列挙します。

3.7.1 CPUとの関係

機能的に考えると、一次記憶装置も二次記憶装置も情報を記憶するという点では同じですが、CPUから考えた場合、一次記憶装置はCPUから直接操作（アクセス）できますが、二次記憶装置は直接操作できないという点が異なります。CPUが直接アクセスできるとは、CPUが出力するアドレスバスがメモリの特定の領域を指していることを指します。二次記憶装置では、CPUが出力するアドレスバスの値と記憶場所が1対1で対応していません。CPUが二次記憶装置上の情報を扱うには、まず二次記憶装置から一次記憶装置に情報を読み込む必要があります。

3.7.2 速度

二次記憶装置と一次記憶装置の性能を比較すると、二次記憶装置の速度は一次記憶装置にはるかに劣ります。もし、二次記憶装置の速度が一次記憶装置と同等なら、コンピュータにはメインメモリは不要でしょう。キャッシュと二次記憶装置で記憶部を構成し、プログラムやデータをキャッシュへ転送し、キャッシュ上でプログラムを動作させて良いはずです。ところが、当面、二次記憶装置の速度が一次記憶装置に追いつくとは考えられません。基本的に二次記憶装置は、一次記憶装置と違い機械的な部品から構成されています。このように、機械的な部分がある限り、二次記憶装置が一次記憶装置の速度に近づくことは難しいでしょう。

ただ、最近は二次記憶装置にフラッシュメモリが採用されつつあり、コンピュータがキャッシュと二次記憶装置で構成されることもあるかもしれません。これにより機械的な部分は排除されます。それでも、インタフェースは従来の二次記憶装置のままであり、メインメモリの代替にはなりえません。組込み用の小規模なCPUでは、プログラムメモリをフラッシュに搭載し、それをキャッシュさせることでフラッシュメモリ上のプログラムをRAMへ転送せず、直接実行する CPU も現れています。

3.7.3　容量

同じ費用で比べた場合、二次記憶装置の容量は一次記憶装置より、はるかに安価で大容量です。二次記憶装置の目的は 2 つ考えられます。1 つは広大な仮想メモリをサポートするためのスワップ用です。もう 1 つは、情報を電源のオン・オフに関係なく保持することです。他にも、大事な情報のバックアップも二次記憶装置が使用されます。後述しますが、二次記憶装置には取り外し可能なものも多く、大量の情報の保管や移動にも利用されます。

3.7.4　揮発性

メインメモリに使用されている RAM は、電源を切ると内容が消えてしまいます。このような性質を揮発性があるといいます。多少の例外的なデバイスは存在しますが、一次記憶装置は揮発性があり、二次記憶装置には揮発性はありません。二次記憶装置に格納した情報は、電源を切っても保持されます。

3.7.5　可搬性

二次記憶装置は、取り外し可能なものが少なくありません。例えば、外付け HDD/SSD や USB メモリは情報交換に利用されます。外付け HDD/SSD には最初から可搬性を謳った製品も多く存在します。他にも、CD-R や DVD-RW などが使われています。これらは、可搬性を利用してデータのバックアップや、別の環境へ情報を移動するのに使われます。しかし、最近は情報の移動はネットワークが強化されたため、大きなデータであってもネットワークで移動したりクラウド上のストレージを使用します。それでも、テラバイト単位になると、やはり二次記憶装置で移動する方が簡単です。

最近はフラッシュメモリを使用したストレージを使用する機会が多くなりました。あくまでも、部品にフラッシュメモリを利用しただけであって、機能的には二次記憶装置に変わりありません。

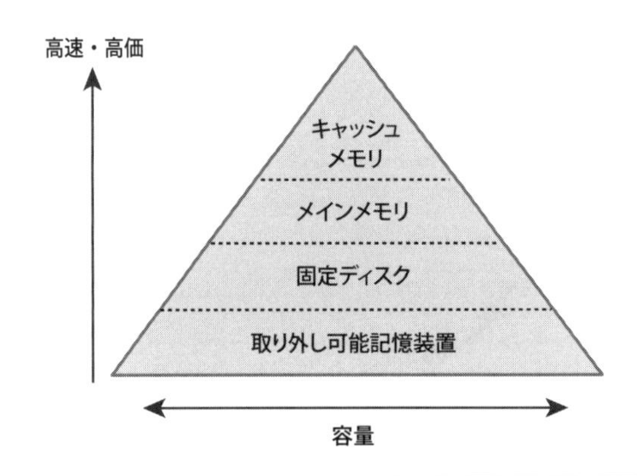

図3.11●記憶装置の速度・容量・価格の関係

3.7.6 二次記憶装置の種類

これまでに広く使われてきた二次記憶装置の代表的なものを以降に列挙します。

- FD（Floppy Disk）

  一般的にフロッピーディスクと呼ばれています。ディスクの大きさによって3.5インチ、5インチ、8インチと違いがありますが、機能的には同じものです。現代では、ほとんど目にすることはありません。一昔前の、3.5インチフロッピーディスクと同じような使われ方をしているのはUSBメモリです。FDの容量の小ささから、現代においては二次記憶装置の特徴を生かせなくなりました。

- HD（Hard Disk）

  一般的にハードディスクと呼びます。現代の二次記憶装置の代表です。磁性体を塗布したアルミニウムやガラスのディスクを記憶媒体として使用します。ディスクは1枚とは限らず、容量によって複数枚で構成することも少なくありません。これをモーターで高速に回転させ、その表面の磁性体に記録された情報を磁気ヘッドで読み書きします。FDと同様にディスクの大きさで、1.8インチ、2.5インチ、3.5インチ、および5インチなどがあります。HDの厚みはディスクの枚数によって異なります。SSDの登場によって、一部の分野ではHDDをSSDが代替しつつあります。

- MO（Magneto-Optical disk）

  光磁気ディスクと呼ぶ場合もあります。CD-RやDVD-Rなどが現れるまでは、情報の交換に使われていました。現在では、ほとんど使われる機会はなくなりつつあります。MO は名前が示すように、磁気記憶方式に光学技術を併用した書き換え可能な記憶装置です。読み出し時はレーザー光のみを用いるため、高速に情報を読み出すことができます。容量は 128 メガバイトから始まり、1 ギガバイトを越えるようなものまで存在しました。

● MT（Magnetic Tape）
一般的に磁気テープと呼ばれます。磁性体を塗ったテープで、メインフレーム登場時は、オープンリールに巻かれていました。その後、カセットに収められて取り扱いが簡単になりました。1 巻あたりの記憶容量が数十ギガバイト程度と安価なため、主にバックアップに使われていました。規格として、QIC、DLT、DAT、および DDS などが存在しました。現在では、外付け HDD や光ディスクの普及により、ほとんど使われなくなっています。

● CD（Compact Disc）
CD-ROM とも呼ばれます。現代でも使用されますが、DVD や BD の登場によって使われることは少なくなりました。しかし、DVD、BD 用のドライブは CD と互換性があるため、それほど大きくないデータは現在でも CD が使用されます。CD は音楽や情報の配布用として非常に普及しましたが、次第に大容量の光ディスクに、その座を明け渡しつつあります。音楽やアプリケーションソフトウェアの配布などには十分ですが、動画やバックアップ装置としては容量が不十分です。

● CD-R（Compact Disk Recordable）
情報を一度だけ書き込める CD で、1 回書き込んだ情報を書き換えることはできません。情報の読み出しの方法は通常の CD と同じです。情報のバックアップや移動などに使われていますが、容量が少ないため、次第に次世代のディスクやネットワークへ、その座を明け渡しつつあります。

● CD-RW（Compact Disk ReWritable）
CD-R と違い、ユーザーが任意の情報を何度でも書き込みや消去ができます。情報のバックアップや交換などに使われていますが、次第に次世代のディスクやネットワークへ、その座を明け渡しつつあります。

● DVD（Digital Versatile Disk）
DVD-ROM と呼ぶ場合もあります。CD と同じ光ディスクメディアで、外観も CD と同じく直径 12 cm の樹脂製円盤です。DVD-ROM の最大記憶容量は片面 1 層で 4.7 ギガバイト、片面2層で8.5ギガバイト、両面各1層記録で9.4ギガバイトであり、CDを大容量化したものです。使われる機会は少なくないですが、次第に次世代のディスクやネットワークへ、その座を明け渡しつつあります。

- DVD-RW

書き換え可能型DVDであり、同じような用途でDVD-RAMが存在します。DVD-RWはDVD-Rと互換性が高く、DVD-Rと同じような性能を持ちます。次第に次世代のディスクやネットワークへ、その座を明け渡しつつあります。

- DVD-RAM（Digital Versatile Disk Random Access Memory）

読み書き・消去のいずれも可能なDVDです。DVD-R/Wと比較してメディアの価格が高く、DVD-R/Wと比較すると若干普及が多くありませんでした。次第に次世代のディスクやネットワークへ、その座を明け渡しつつあります。

- DVD+RW（Digital Versatile Disk ReWritable）

DVD-RWと比べてDVD-ROMと仕様上の互換性がありません。多くのDVD-ROMドライブで読み出せることがメリットとされていますが、すでにDVDのメディアに注意しながら使用している人は多くないでしょう。読み書き可能なDVDの分野は、DVD-R/W、DVD+R/WとDVD-RAMの3つが存在しており、初期の段階では利用者は混乱していましたが、現在では、ほとんどのドライブが全メディアに対応しています。次第に次世代のディスクやネットワークへ、その座を明け渡しつつあります。

- DVD-R（Digital Versatile Disk Recordable）

1回だけ書き込みが行える追記型DVDです。DVD版のCD-Rと考えて良いでしょう。使用される機会は多いですが、次第に次世代のディスクやネットワークへ、その座を明け渡しつつあります。

- DVD+R

基本的にDVD-Rと同じような使われ方をされます。DVD-ROMに近い形での記録を行うため、規格レベルではDVD-RよりDVDとの互換性が高いと言われています。しかし、DVD+RはDVD-Rより後発であり、既存のDVDドライブが先にDVD-Rへ対応したためDVD-Rに対して優位性があるとは思えません。DVD-RにないDVD+Rの機能は、マルチセッションでの書き込みがサポートされていることです。次第に次世代のディスクやネットワークへ、その座を明け渡しつつあります。

- SSD（Solid State Drive）

他の二次記憶装置と異なり、機械的な部分が存在しません。記憶装置に半導体を用いる場合が多く、可動部が存在しないため衝撃や寿命に優れると言われています。現在、SSDと表現された場合、半導体メモリであるフラッシュメモリを使用したソリッドステートドライブを指します。正確にはSSDではなく、Flash SSD（フラッシュエスエスディー、Flash Solid State Drive）です。Flash SSDはSSDの1つの形態です。SSDはハードディスクドライブ（HDD）の機能をエミュレートする仕様であり、外部インタフェースにHDDと同じ仕様を採用して、利用者から見た機能はHDDと同じです。SSDはHDDのようにディスクを持たないため、読み取りや書き込みが高速です。また、モーターなど機械的な部分がないため消費電力や発熱も押さえることができます。価格も低下しており、モバイル機器や小型パソコンのHDDを代替しつつあります。

- BD（Blu-ray Disc）

ブルーレイディスクと呼ばれます。青紫色半導体レーザーを使用する新世代光ディスクです。時代とともに、FDからMO、CD、そしてDVDと光ディスクは移り変わりましたが、BDは記憶容量が飛躍的に向上したため、これからのバックアップ装置などの主役となるでしょう。メディアのサイズはCDやDVDと同じです。このため、CD、DVD、およびBDを扱えるドライブが出現してきており、今後はBD対応の光ドライブが標準で採用されていくでしょう。光ディスクの最新で、動画などの保存や大容量のバックアップに使われますが、ネットワークの高速化やクラウド上のストレージを容易に使用できる環境の普及によって、光ディスクそのものの需要が以前ほどではなくなりつつあります。

4

並列化概論

本章では、並列化の基礎を解説します。並列とは、同時に複数の処理を行うことです。近年、MPI、スレッドプログラミングなどに加え、アクセラレータを用いたヘテロジニアスなシステム、CPU コアを多数搭載したメニーコア CPU なども現れています。また、データ並列化である SIMD 命令を備えたシステムもますます強化され、強力なベクトル演算も可能となりました。このようなアーキテクチャやシステムは、それぞれが別々に存在するのではなく、混在したハイブリッドなシステムとして提供されます。本書ではハイブリッドな環境へも言及しますが、個々のアーキテクチャやシステムを理解しているとハイブリッドなシステムの理解は容易ですので、なるべく個々のシステムに分けた説明を行います。

以降に並列システムの概念図を示します。

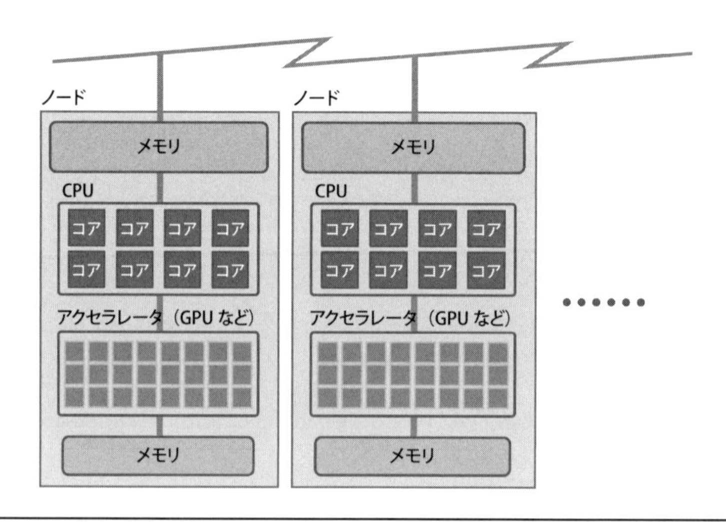

図4.1●並列システムの概念図

まず、ノード内で並列処理を行います。ノード内は密結合しているため、メモリやアクセラレータとの通信は直接メモリ操作などで通信します。

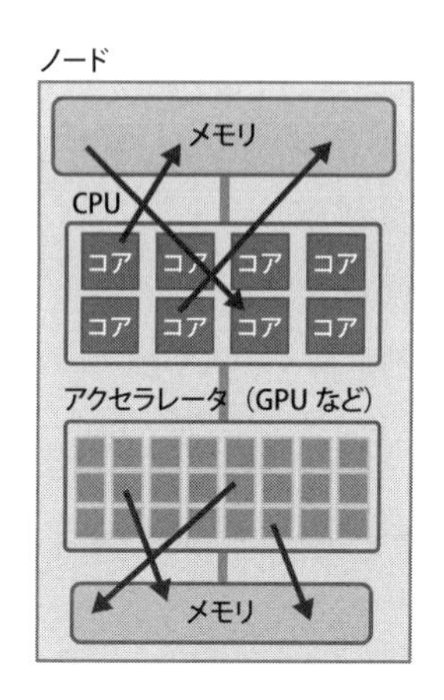

図4.2●ノード内で並列処理

さらに、ノード間で並列処理を行います。ノード間は疎結合、つまりネットワークなどのインターコネクトで接続されているため、メッセージなどで通信します。

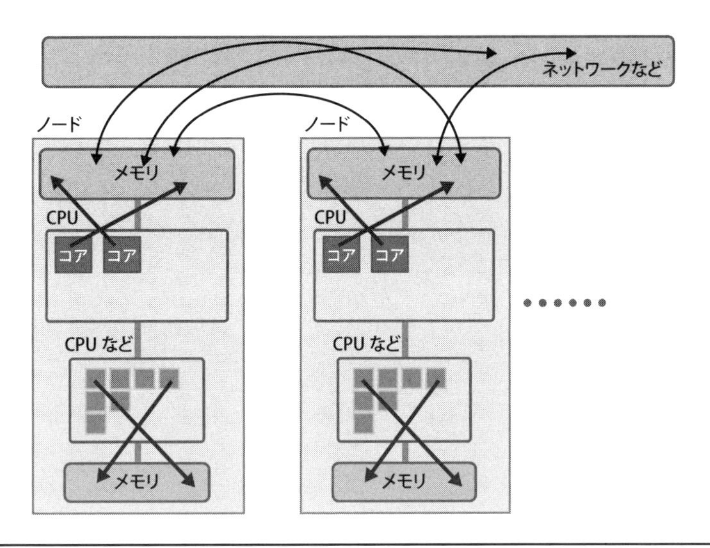

図4.3●ノード間で並列処理

このように、並列コンピューティングでは、ノード内とノード間の両方を並列化して使用するのが一般的です。本書は、ノード間の並列化については解説しません。例えばMPIなどはすでに多くの情報があること、そしてノード間の並列化はスループットなどの高速化やサーバーのワークバランスの平均化などが主眼であると思われるためです。本書ではノード内の並列化について解説します。

具体的な環境として、スレッド、OpenMP、OpenCL、OpenACC、ならびにSIMDに関して説明します。OpenCLやCUDA、OpenACCは、GPGPUなどによる画像や科学技術計算を中心とした粒度が小さく演算量の多い並列化技術です。スレッドやOpenMPは、たくさんのCPUを搭載したメニーコアシステム用の並列化技術です。そして、SIMDは、Cellや多数のCPUが実装するようになったデータ並列による並列化技術です。MPIは、分散メモリ型のメッセージによる並列化で、前記のシステムと比較すると、疎結合な分散システムの並列化技術です。本書は、プロセスによる並列化やMPIなどについての詳細解説は行いません。

OpenMPやOpenACCなどは、次第に守備範囲を広げ、どちらもメニーコアシステムとGPGPUなどによる並列化技術をカバーしつつあり、今後は互いにそれぞれの主領域以外までカバーするようになる可能性があります。とはいえ、当面は別々の分野と考えておいて良いでしょう。

4.1 逐次処理と並列処理

逐次処理は、ある特定の瞬間でシステムを観察したとき、1つの処理しか行っていません。並列処理は、ある瞬間を観察すると、同時に2つ以上の処理を行っています。言葉が示すように、2つ以上のことを並んで処理します。

これを詳しく観察すると、人間のように低速なデバイスには同時に2つの処理を行っているように見えても、実際は高速なデバイスであるCPUが瞬間的にいくつもの作業を時分割で掛け持ちし、並列に実行しているように見せかけている場合があります。このような場合、狭義には並列処理している訳ではありません。しかし、広義にはこのような場合も並列処理と呼びます。例えば、CPUを1つしか搭載していないコンピュータが、同時に2つ以上の処理を行う場合がそれにあたります。

本書で扱う並列処理は、あくまでも狭義の並列です。ある瞬間を観察したとき、同時に2つ以上の処理を行っているものを指します。

4.1.1 逐次と並列

逐次処理は、ある瞬間を観察したときに1つの処理しか実行していません。言葉が示すように、いくつかの処理を、順を追って次々に処理することです。

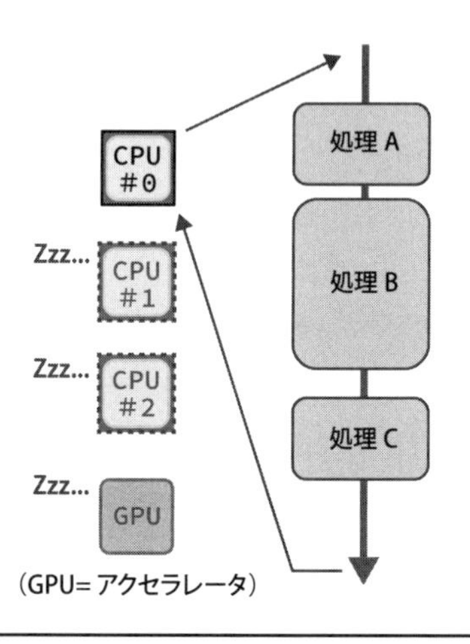

図4.4●単一のプロセッサのみで逐次処理

図に示すように、複数のCPU（プロセッサ）やアクセラレータを実装したコンピュータであっても、並列化しなければ、単一のプロセッサが特定の課題を最初から最後まで逐次的に順序良く処理します。処理を担当しないCPUやアクセラレータは空き状態となり、何もせず無駄に遊びます。

並列処理では特定のブロックを並列化します。逐次処理で記述したプログラムを、複数のCPU（またはアクセラレータ）へ振り分けて並列化したときの概念図を以降に示します。この例では、処理Bが並列化可能な処理であるとします。

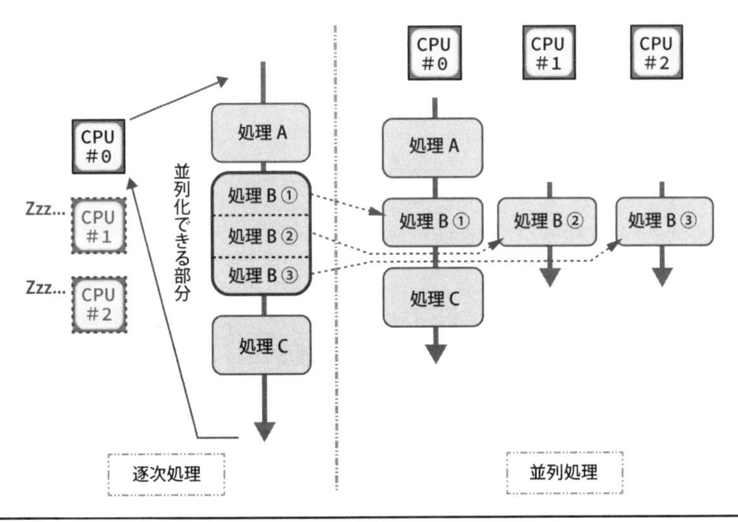

図4.5●多数のプロセッサで並列処理

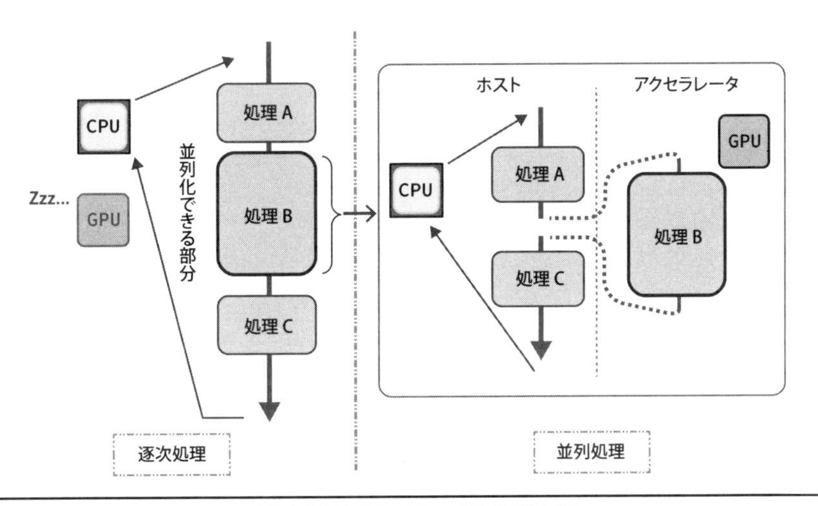

図4.6●アクセラレータで並列処理

これ以降は、メニーコア型を想定した並列化で説明しますが、基本的にアクセラレータ型であっても考え方は同じです。アクセラレータ型とメニーコア型の並列化の概念を図で示します。

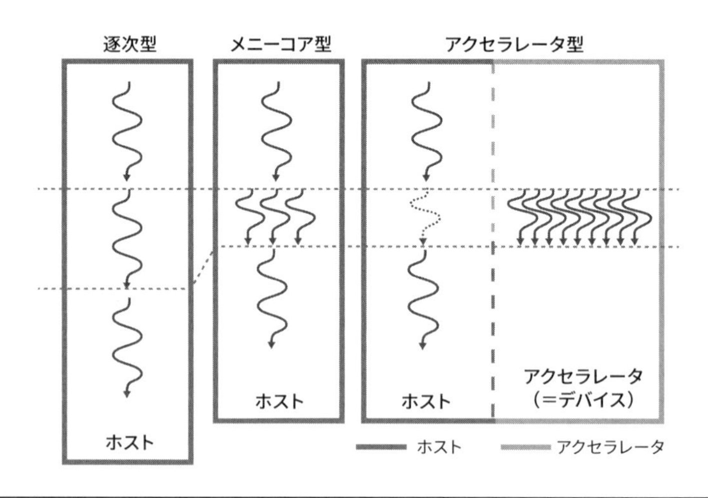

図4.7●並列化の概念

図から分かるように、アクセラレータ型は処理がオフロードされます。この図は同期処理する例ですので、並列部が終わるまでホストは休止します。しかし、実際の並列化では非同期処理を活用しますので、逐次処理に比べ並列化したプログラムは高速化されます。実際の並列化環境では、メニーコア型とアクセラレータ型のハイブリッド型が使われる場合も少なくありません。

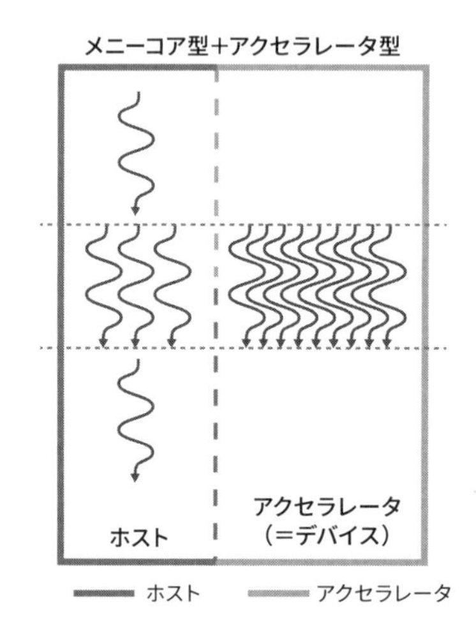

図4.8●メニーコア型とアクセラレータ型のハイブリッド型

次に、逐次処理したプログラムと並列処理したプログラムを時間軸で考察してみましょう。

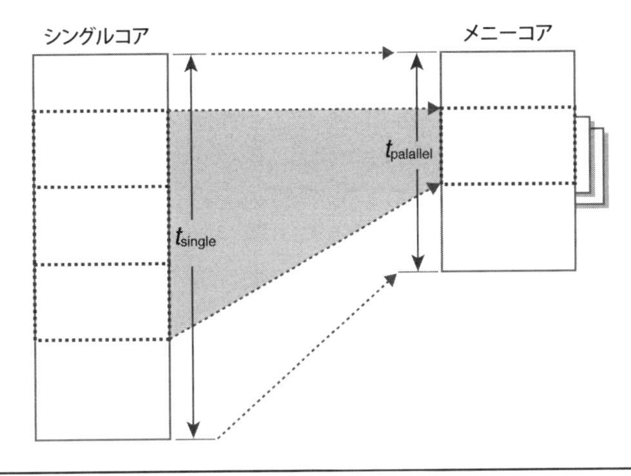

図4.9●処理時間の関係

図に示すように、逐次処理ではすべての処理は順序良く処理されます。並列化したプログラムは、逐次処理でなければならない部分以外を並列に処理します。並列化によって全体の処理時間は短縮されます。

並列化できる部分を多く持つプログラムは大幅に処理時間を短縮できます。図に示すように並列化すると、逐次プログラムで消費する t_{single} を $t_{parallel}$ まで短縮できます。ただし、並列化困難な部分は高速化できません。このため、並列化できる部分が少ないプログラムは、並列化によって得られる速度向上は限定されます。

もう少し時間軸を整理してみましょう。逐次処理する部分を逐次リージョン、並列処理する部分を並列リージョンと定義します。前図の並列化したプログラムを例にすると、以降の図に示すように逐次リージョンと並列リージョンへ分離できます。

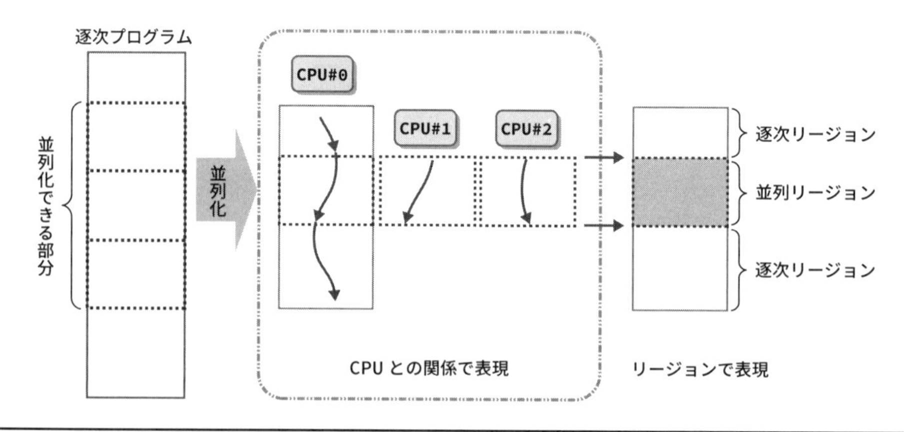

図4.10●逐次リージョンと並列リージョン

これをスレッドから観察した場合も示します。

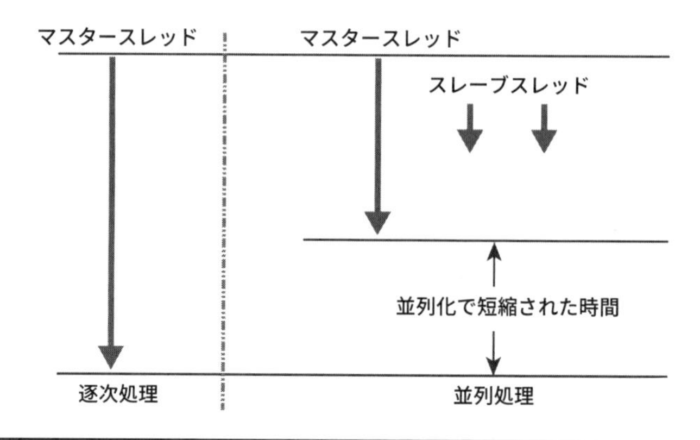

図4.11●逐次処理と並列処理のスレッド

メニーコアCPUやマルチコアCPUシステムでは、並列化した部分でスレッドが生成されます。アクセラレータ型の場合、スレーブスレッドはデバイスで実行され、処理はホストCPUからアクセラレータへオフロードされます。生成されるスレッドの数を意識する必要はありません。古典的なスレッドプログラミングでは、プログラマがスレッドの生成やスレッド数まで管理していましたが、現代の高速化を目的とした開発環境を利用すると、システムが最適なスレッドを生成します。もちろん、プログラムや環境変数などで明示的に並列数を指定することもできます。

古典的なスレッドプログラミングは、目的別で並列処理することが多いです。これは UI 向上や、低速デバイスの待ち時間を有効活用するのが目的であったためです。この時代には、CPU は単一で、かつ GPGPU などのヘテロジニアスな環境も存在しませんでした。広義には、待ち時間を有効活用してスループットを上げることも並列化の目的ですが、どちらかというと UI の向上や低速な非同期デバイスに時間を奪われることを避けるのが目的でした。最近の並列環境では、粒度の小さな並列化が可能になりました。各 CPU や、GPGPU の各 PU へ細かな単位で処理を分担させることで高度な並列化が可能です。開発ツールやコンパイラの機能向上によって、並列化プログラミングも容易になりました。OpenMP や OpenACC、そして SIMD などは #pragma を 1 行追加するだけで並列化できます。しかし、ヘテロジニアスな環境では、いまだにプログラマへ与える影響は多く、開発環境の一層の進歩が必要でしょう。ベクトル化する場合も同様で、コンパイラの自動ベクトル化を一般の開発者が無償、あるいは低価格で入手できるには若干の時間を必要とするでしょう。

4.1.2 並列と並行

並列と並行は、厳密には意味が異なります。簡単に説明すると、並行はいくつかの処理が実行状態にあることで、並列処理は、これに加え同時に並列で実行されていなければなりません。少々分かりにくいので、スレッドと CPU の関係で説明しましょう。

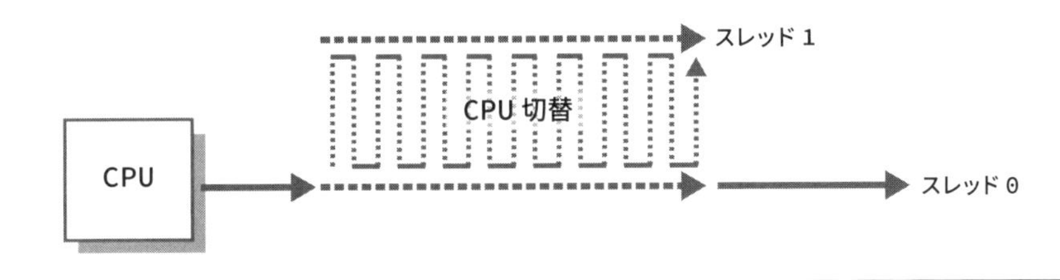

図4.12●1CPUでは時分割でスレッドが切り替わる

CPU が 1 つしかない場合、2 つのスレッドが並行して動作する部分は、実際は時分割でスレッドが切り替わっており、厳密には同時に複数の処理が行われている訳ではありません。ただし、2 つのスレッドはともに実行状態にあります。このような切り替えが発生しても、人間は並列に処理されているように感じます。さて、CPU がスレッドと同じ数だけ存在するとどうなるでしょう。

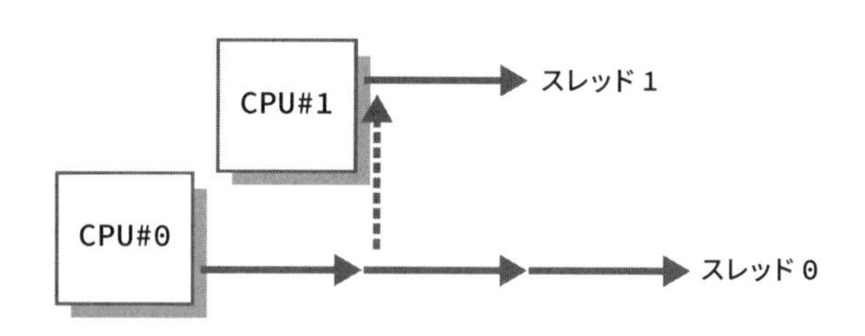

図4.13●CPUがスレッドと同じ数だけあれば並列動作可能

基本的に先の図と同じですが、各スレッドは完全に並列動作しています。このため、2スレッド動作部分の処理時間は先の図に比べ半分になります。正確にはスレッド切り替えのオーバーヘッドなどを考慮すると、CPUを多数搭載しているシステムが、より短時間で処理が完了します。

さて、肝心の並列と平行ですが、本書では、完全に同時に処理されるものを並列、見かけ上並列に動作しているものを並行と呼びます。並行は並列を包含します。簡単に説明すれば、これが並列コンピューティングです。

4.2 並列化の分類

並列化の手法について簡単に考察してみましょう。並列化にはたくさんのアプローチがあります。ここでは、いくつかに分類します。

4.2.1 命令・データによる分類

並列化を命令とデータで分類してみましょう。命令には、1回の命令で複数のデータを処理する**データ並列化**と、1回のクロックで複数の命令を実行する**命令並列化**があります。前者をSIMD、後者をVLIWと呼びます。

データを並列処理（SIMD）

SIMD（Single Instruction Multiple Data）は、1回の命令で、複数のデータを同時に処理します。本書でも具体例を紹介します。詳細は該当する節を参照してください。例えば、SIMDを使用すれば4回の命令が必要だった処理を1回の命令で処理できます。近年のCPUは、ほとんどSIMD命令をサポートしています。便利な技術ですが、データが規則的に並んでいるような場合でないと効果を発揮できません。通常はコンパイラが対応しており、プログラマがSIMD命令を直接記述する必要はありません。ただ、細かな調整を行うためにSIMD命令を直接記述しなければならない場合もあります。そのような場合、性能と引き替えにソースコードのポータビリティは損なわれます。大量のデータを処理するスーパーコンピュータではよく使われる手法ですが、近年は他の技術同様、パーソナルコンピュータはもちろん、組込み機器や携帯電話用のCPUでも採用されています。SIMD命令をさらに発展させた、データも命令も並列化するMIMD[※1]も使われつつあります。

命令を並列処理（VLIW）

複数の短い命令語を1つの長い命令語にまとめ、並列実行する方法をVLIWと呼びます。VLIWはVery Long Instruction Wordの略です。現代のCPUにはスケジューリング機能が組み込まれており、結果に影響がないと判断できた場合、各命令は記述された順番を守ることなく、実行可能な命令から順次パイプラインに送り込みます。ただ、このような方法でも、動的スケジューリングには限界があります。

VLIWは、CPUが動的にスケジューリングを行う必要はなく、あらかじめ並列実行できる命令を生成します。つまり、コンパイラが並列処理の命令を生成します。いわゆるout of orderによるInstructionの実行です。VLIWは、これを拡大し、1回で複数の命令を実行します。通常、プログラマが直接VLIWを操作することはなく、コンパイラがVLIW命令を自動生成します。本書はVLIWの例題や解説は行いません。

4.2.2 メモリの分散・共有による分類

コンピュータの性能に大きく影響する要素の1つがメモリアクセスであることは疑いようがないでしょう。コンピュータの高速化でメモリコピーやキャッシュミスを低減させることは常に課題となります。メモリを共有するか分散させるかで、これらに大きな影響があります。ここでは、メモリの分散と共有で分類してみましょう。

メモリ分散型

メモリ分散型は、論理的に分散したシステムが通信しながら1つの問題を処理します。当然ですが、演算装置は、他の演算装置が管理するメモリを直接操作することはできません。メッセージなどを使用してデータを受け渡す必要があります。

※1 Multiple Instruction/Multiple Data。

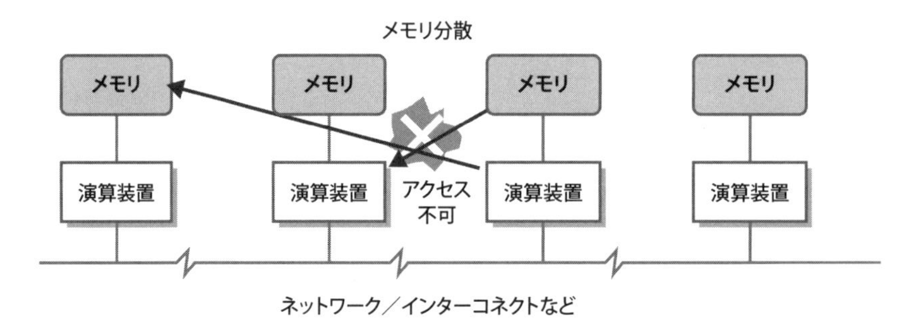

図4.14●メモリ分散型では他の演算装置が管理するメモリを直接操作できない

メモリ分散型は、各処理系間の依存度や結合が疎になるため、耐故障性やスケーラビリティが高くなります。また、空間的・物理的な制約が少なくなります。代わりに、メモリアクセスの自由度が損なわれ性能を高めにくい面があります。メモリなどの参照・更新はメッセージなどの手順を介する必要があるため、共有メモリに比べてメモリアクセスは不利です。MPI などは、このようなシステムの一例です。

メモリ共有型

メモリ共有型は、各演算装置が共通のメモリを使用します。当然ですが各演算装置はメモリ全体をアクセスできます。

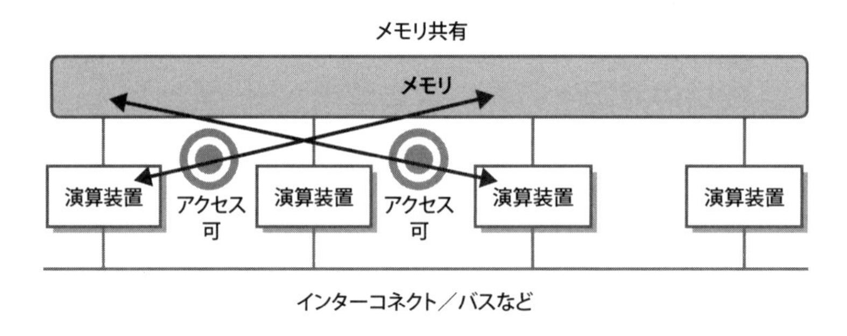

図4.15●メモリ共有型ではメモリ全体にアクセス可能

メモリ共有型は，各処理系間の依存度や結合が密になるため、一般的に高速です。また、同じ空間で動作するためデータ交換はメモリ分散型に比べ面倒なメッセージなどに頼る必要はありません。メニーコア CPU 配下のスレッドや OpenMP が、この方式に分類されます。デメリットとして、演算装置の拡張などスケーラビリティに欠けます。基本的に演算装置などは同一のものでなければなりません。メモリを物理的に共有するため、当然ですが空間的・物理的に近い場所に存在する必要があります。一般的に同一筐体に納められます。メモリ共有型としては SMP※2 が有名ですが、近年では両者を組み合わせたハイブリッド型が多くなっています。

4.2.3 ヘテロジニアス・ホモジニアスによる分類

現代の高速コンピュータは CPU などの演算装置を複数並べるのは一般的なことです。これまでは、多数の同一アーキテクチャのプロセッサやベクトルプロセッサを並べる方法が主流でした。ところが GPGPU の登場によって、パーソナルコンピュータからスーパーコンピュータまで GPGPU と汎用 CPU を組み合わせたシステムが出現しています。

同一アーキテクチャのプロセッサだけを使ったコンピュータをホモジニアス、異なるアーキテクチャのプロセッサを組み合わせた並列コンピュータをヘテロジニアスと呼びます。ホモジニアスなシステムの構成は比較的単純で、規模は小さいですがパーソナルコンピュータなどに使われるメニーコア CPU 型も、この一種です。一方、ヘテロジニアスなシステムは、異なるアーキテクチャのプロセッサを組み合わせた方式です。特に最近使われるようになった GPU（GPGPU）が有名です。GPU は CPU などに比べ多数の演算装置を搭載しており、科学技術計算などの処理は得意です。かつ、メニーコア CPU などで高速化を実現した場合に比べ桁違いに費用を低減できます。

ヘテロジニアス、ホモジニアスと表現しても、ヘテロジニアスにはさまざまな形態が存在するので一概に比較はできません。本書では CPU + GPGPU を想定してヘテロジニアスと表現していますが、本来は、異なるアーキテクチャの演算装置を混在させたシステム一般を表す言葉です。

ホモジニアスなシステムの概念

共有メモリを採用し、同一アーキテクチャの CPU を複数実装したものです。各 CPU を同期・通信させながら 1 つの問題を解決します。

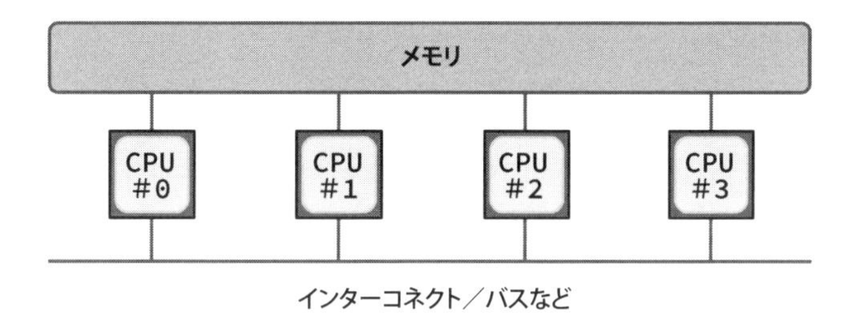

図4.16●ホモジニアスなシステムの概念図

※2　Symmetric Multiprocessing。

メニー CPU は物理的に CPU が分離しています。最近は同一シリコン上に多数の CPU を配したメニーコア CPU が使われています。論理的には、マルチ CPU とメニーコア CPU の構成に違いはありません。

ヘテロジニアスなシステムの概念

異なるアーキテクチャのプロセッサを複数搭載してシステムを構成します。異なる処理を異なるプロセッサに割り振って効率良く処理します。

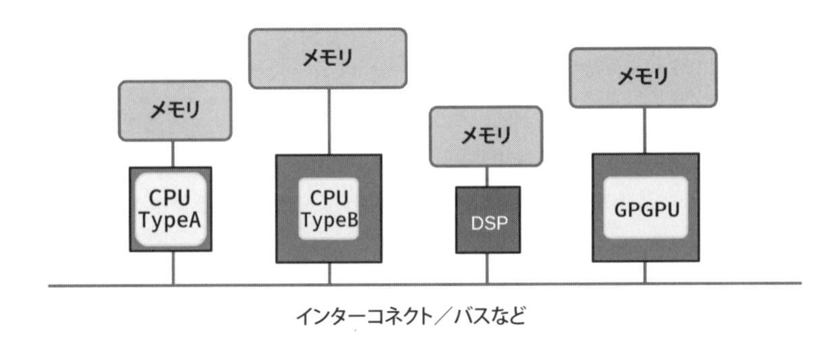

図4.17●ヘテロジニアスなシステムの概念図

例えば、浮動小数点数の演算が多い場合、その部分を DSP に任せ CPU は全体の制御を担います。これは従来から使われる方法で、組込みシステムなどでは負荷の重い処理をハードウェアで処理する代わりに DSP を使用します。ホモジニアスと大きく異なるのは、メモリ空間が同一でない場合が多いことです。このような場合メモリコピーによるオーバーヘッドが大きくなり、メモリ空間も異なるためポインタなどを共通に使用できません。最近は CPU + GPGPU のヘテロジニアスが注目を浴びています。

4.2.4 プロセス・スレッドによる分類

並列化をプロセスとスレッドから分類します。スレッドはコンテキストを切り替えず同一プロセス内で並列処理を実現します。つまり、1 つのプログラム内で並列化を実現します。

プロセスを並列化させる方法は、完全に分離された複数のプログラムが協調しながら 1 つの目的を達成します。プロセスを分離すると、プログラムは論理的に分離された空間で動作するため、並列化された部分は疎結合となり競合などの問題が低減されます。プロセスは、メッセージを使ってデータやコマンドを交換するため、スレッドに比べデータ交換速度は低速ですが、プロセスが同一コンピュータ内に存在する必要はありません。このため、スレッドによる並列化に比ベスケーラビリティは高く、自由度は高いです。

スレッドによる並列化は、同一プロセス内で並列処理を行います。同一コンテキストで動作するため情報交換は高速です。また、同一メモリ空間で動作するため高速な並列処理が実現できます。ただし、データアクセスで競合などが起こります。プロセスによる並列化に比べて同期処理が煩雑になるでしょう。

プロセスによる並列化と、スレッドによる並列化の概念図を次に示します。

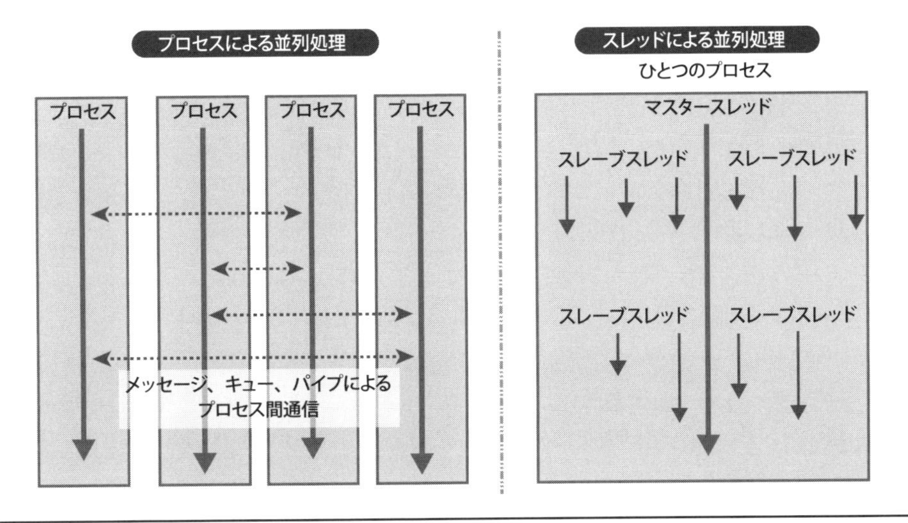

図4.18●プロセスによる並列化とスレッドによる並列化の概念図

4.3 並列化の限界

並列化はいろいろな利点がありますが、高速化への効果が大きい手法です。ところが並列化にも限界があります。プログラム内に並列化困難な部分が多いと、効果的な結果を得られません。これについては有名なアムダールの法則が存在します。

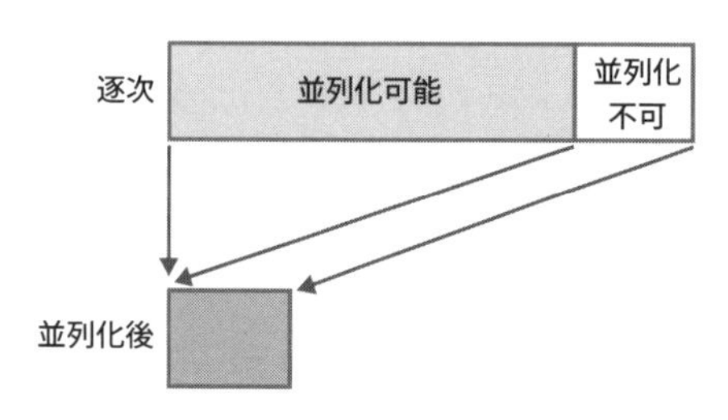

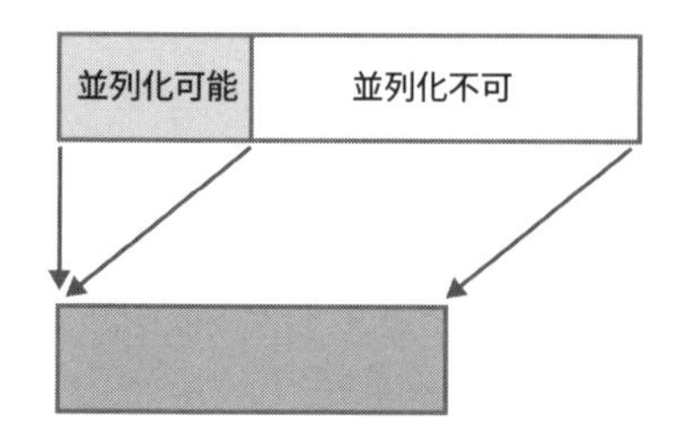

図4.19●アムダールが示す限界

この法則には異論も現れていますが、並列化の限界を明快に説明している法則の 1 つです。アムダールの法則（Amdahl's law）は、プログラムの一部を並列化したとき、全体として期待できる性能向上の程度を説明するために採用されます。この法則は、コンピュータ技術者であるジーン・アムダール氏により提唱されました。

アムダールの法則は収穫逓減の法則の実例です。プログラムの一部を 10 倍に高速化できたとしても、高速化できる部分が全体の 20 % 程度なら，全体としての性能は 1 / (1 – 0.20) = 1.25 の性能向上しか実現できません。

並列化へアムダールの法則を適用してみましょう。並列化できない順次実行部分の実行時間の割合を F としたとき、並列化可能な部分は $1 - F$ です。N 個のプロセッサを使ったときの全体の性能向上率は次の式で表すことができます。

$$\frac{1}{F + (1 - F)/N}$$

N が無限大に近づくと、$(1 - F)/N$ が 0 に近づくため、性能向上率は $1/F$ となります。このことから、並列化できる部分（$1 - F$）が小さなプログラムは、N を増やしても性能が向上しにくくなります。例えば、並列化できる部分が 20 % のプログラムを CPU が 10 個あるシステムへ適用した場合、

$$\frac{1}{0.8 + (1 - 0.8)/10}$$

となり、1.21 倍の性能向上に留まります。理想的には、CPU が 10 個になりましたので最大 10 倍の速度向上が期待できるはずです。しかし、並列化できる部分が少ないと、このように並列化の恩恵を十分に得られず、たった 21 % の性能向上しか見込めません。以降に、F が 10、20、30、50、70 % のときに、並列化を 50 まで変化させたときの、性能向上をグラフで示します。

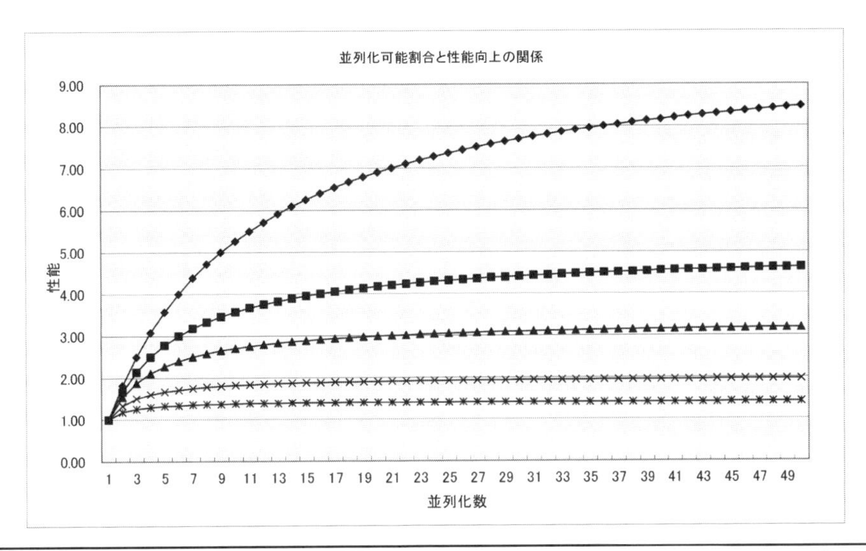

図4.20●並列化可能な割合と性能向上の関係（上から、F=10、20、30、50、70 %）

このように、並列化できない部分が 70 % もあると並列化数をいくら増やしても性能向上は 40 % 程度で頭打ちとなります。並列化(CPU コア数)を 50 にしても性能向上はたったの 40 % では、あまりにも費用対効果が悪すぎます。

並列化できない部分がわずか 10 % あっても、CPU コア数が 50 個で性能向上は 9 倍弱でしかありません。理想的には 50 倍の性能向上が見込めるはずですが、現実的にはそれよりもずっと小さな性能向上しか得られません。逐次処理が全体性能へ与える影響の大きさが分かります。もっとも、並列化数が 10 程度で、並列化できない部分が 20 ～ 30 % 程度であれば、線形とは言えませんが並列化数とともにそれなりに性能が向上します。

このような結果を考えると、昨今のデスクトップコンピュータ用 CPU のコア数を 100 程度まで増やそうという考えが何を根拠に考えて計画されているのか理解できません。一般に、個人が使うデスクトップコンピュータはアムダールの法則から CPU コア数を数十以上に増やしても効果はないと考えられていました。ところが、CPU ベンダーは、メニーコア化されたプロセッサが将来的にデスクトップのアプリケーションにも効果的であるとして、100 以上のコアを供えた CPU の開発にも積極的です（でした）。このような考えは、多数のコアを備えたコンピュータをスループットマシンとして位置づけているようです。つまり、1 つのプログラムの性能向上を図るのではなく、無関係なプログラムを多数走行させることによって、システム全体のスループットを向上させます。そのように考えると、サーバーなどがメニーコア CPU を必要とするのは頷けます。

アムダールの法則にも異論はあります。また、アムダールの法則以前にバスやメモリアクセスがネックになるという説もあります。例えば、Intel 社の Turbo Boost 技術を備えた CPU では、活動している CPU コア数が少ないときに当該コアの動作周波数を引き上げることで、並列されない部分、および並列化が小さい部分の処理速度が向上します。このような例では、アムダールの法則が純粋に適用されません。ただ、動作周波数を上げるといっても数割程度なので、並列化がうまく動作したときと比べると、それほど大きな性能向上は見込めません。あくまでも並列化できない部分の救済的な技術です。本書ではこの話題について深く掘り下げませんが、アムダールの法則にも異論があることは理解してください。

4.4 並列化の課題

並列化によって生ずる、いくつかのメリットはすでに述べた通りです。例えば消費電力を増大させることなく性能を向上できます。並列化は、多くの利点を持つ高速手法ですが、良いことばかりではありません。本節では並列化の課題を示します。単にデメリットではなく、並列化による影響についても述べます。

4.4.1 オーバーヘッド

プログラムを並列化するには、そのための準備が必要になります。これを一般的に、並列化のオーバーヘッドと呼びます。あまりにもオーバーヘッドが大きいと、並列化による速度向上分が相殺され、その結果、並列化したことでかえって遅くなってしまうことさえあります。本書ではそのような点についても解説します。

ホモジニアスなシステムと違い、ヘテロジニアスなシステムは、比較的オーバーヘッドが大きなアーキテクチャです。なぜなら、物理的に近距離、あるいは同じシリコン上にありながら、メモリ空間は分離されているためです。ここで、メモリコピーという性能向上を阻害する永遠の課題に突き当たります。ヘテロジニアスだからメモリ空間が分離されているわけではありませんが、現在の一般的なヘテロジニアスシステムでは分離されています。このため、メモリの交換を頻繁に行う並列化には不利です。

さらに、ヘテロジニアスなシステムでは異なるアーキテクチャを前提としているため、異なるバイナリ（実行ファイル）が必要です。データだけでなく実行ファイルさえ別に用意する必要があるため、比較的オーバーヘッドは大きいと考えて良いでしょう。

4.4.2 データアクセス競合

プログラムを並列化するとさまざまな問題が起こります。その１つとして、並列化された部分からデータアクセスを行うと、複数の部分が同時に動作するためデータアクセスの衝突が発生します。これによって、正常な結果が得られない場合があります。

逐次プログラムでは何の問題も起きない処理が、並列化したために問題を引き起します。プログラムを単純に並列化する場合、性能向上を云々する以前に、正しく処理が行われるか検証する必要があります。例えば、並列に処理する部分で共通のデータを使用する場合、次に示すような方法で処理やデータアクセスが競合しないようにする必要があります。

- 並列化された各コードから排他的にデータアクセスする
- データを複製し、各並列化部を隔離する
- 並列化コードを順番に動作させる

本書では、データアクセス競合についても解説します。

4.4.3 複雑化

基本的に、人間は物事を時系列に捉えるのは得意というか自然なことです。並列処理では、時間の捉え方を変えなければなりません。プログラムコードが、記述されたように上から下へ、順番に実行されると考えてはなりません。さらに、同一時間に複数のコードが動作するため、データアクセスの競合も気を付けなければなりません。処理順に依存性がある場合やデータ間に依存がある場合、同期処理が必要です。

逐次プログラムの場合、プログラムは制御が移った順に処理されます。このため、課題を理論通り処理するだけです。ところが、並列化したプログラムでは、複数のブロックが同時に動作するため、処理順に依存性がある場合はそれらを制御しなければなりません。このように、逐次プログラムでは不要だった諸々の同期処理や排他制御などが必要です。これを誤ると、正常な結果は得られません。

ヘテロジニアスなシステムでは、それぞれのCPUごとの知識やデータ交換の手法も習得しなければなりません。ベクトル化も同様で、各プロセッサの決まりを理解していないとプログラミングできません。

並列化を利用するとシステムを高速化できますが、「データアクセス競合」や「同期処理」を適切に実装しないと、性能以前に処理結果が正常でないという、まったく意味のないことになってしまいます。これらは逐次プログラムでは、まったく必要のなかった処理です。これだけでな

く、並列化部分の通信や、前処理や後処理も必要になります。

基本的に、並列処理は逐次処理に比べ、はるかに複雑度が増します。結果、不具合が増えるだけでなく、開発工数の増大を招きます。開発増大は、開発期間、ひいては開発コストの増大も招きます。

4.4.4 ポータビリティの喪失

並列化プログラムは、CPU依存やコンパイラ依存が存在します。どの程度、汎用性を持たせ、ポータビリティを向上させるかを考えなければなりません。性能を限界まで最適化すると、自ずとシステム依存せざるを得ません。これが並列化の欠点の1つです。例えば、ヘテロジニアスなシステムを採用した場合、その環境に適合したコンパイラとプログラムが必要です。ベクトル化を採用し、ベクトル命令を使用する場合も同様で、システムがサポートするベクトル命令を使用する必要があります。

このような、システム依存のあるプログラムは、他の環境へ移行する場合、何らかの手を加えなければなりません。運が悪いと、単に命令やインタフェースを書き換えるだけでなく全体を作り直す必要もあります。ポータビリティと性能のバランスを、どの程度でバランスさせるかは重要な課題です。

4.4.5 スケーラビリティの喪失

開発する手法によっては、スケーラビリティを失います。とはいえ、逐次プログラムは元々スケーラビリティがあるとは言えないので、これが並列化の欠点かと問われると悩みます。並列化でも、例えばOpenMPを考えてみましょう。OpenMPは、プログラムに手を加えなくても、システムのCPU数が変化すると、自動的にCPUに応じた並列化を行ってくれます。ただ、このようなスケーラビリティを持たないものも少なくありません。

5 スレッド

スレッドとは、単一プロセス内の実行単位のことです。ただ1つのスレッドを持つプログラムのことを、シングルスレッドプログラムと呼びます。シングルスレッドで作られたプログラムは単純ですが、性能改善が難しく、かつ使い勝手の悪いプログラムになる傾向があります。シングルスレッドプログラムに対して、プロセス内で複数の実行単位が並行して動作するプログラムを、マルチスレッドプログラムと呼びます。

スレッドプログラミングとは、明示的にプログラマがスレッドを起動するプログラムのことです。近年は開発言語が拡張されたため、逐次プログラムを自動的に並列プログラムに拡張する言語が存在します。しかし、スレッドプログラミングでは、開発者が自ら明示的にスレッドを起動しなければなりません。開発者が意識的にスレッドを記述しない限り、プログラムはシングルスレッドで実行されます。

シングルコア CPU を搭載したシステムで多数のスレッドを起動すると、それぞれのスレッドは短い単位に時分割して実行されます。メニーコアあるいは、メニー CPU を搭載したシステムで多数のスレッドを起動すると、各スレッドを各 CPU に割り当て、完全に並列動作します。

プロセスによる並列化との違いについては、4.2.4 節を参照してください。

5.1 シングルスレッドとマルチスレッドの基礎

スレッドはプロセスより小さな実行単位で、プロセス内に複数存在することができます。以降に、スレッドが1つしか存在しないシングルスレッドと、スレッドが複数存在するマルチスレッドを示します。

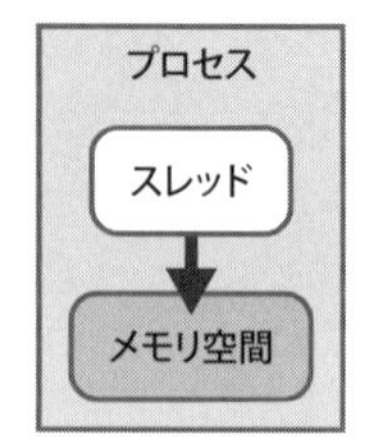

逐次実行中のプロセス
（シングルスレッド）

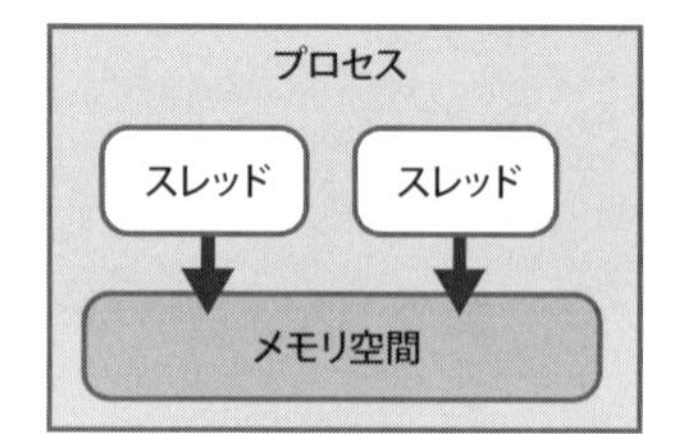

並列実行中のプロセス
（2 スレッド）

図5.1●シングルスレッドとマルチスレッド

シングルスレッドで記述されたプログラムは、単一プロセス内で、処理が逐次的に順次実行されます。マルチスレッドは、単一プロセスでありながら複数の実行単位を持ちます。マルチスレッドは、プロセス内のある部分を並列に処理します。以降にシングルスレッドプログラムの一生をモデル化して示します。太い線が実行単位を示します。プログラムにはループなども含まれますが、モデル化すると時間軸に対し、1本の線で表すことができます。

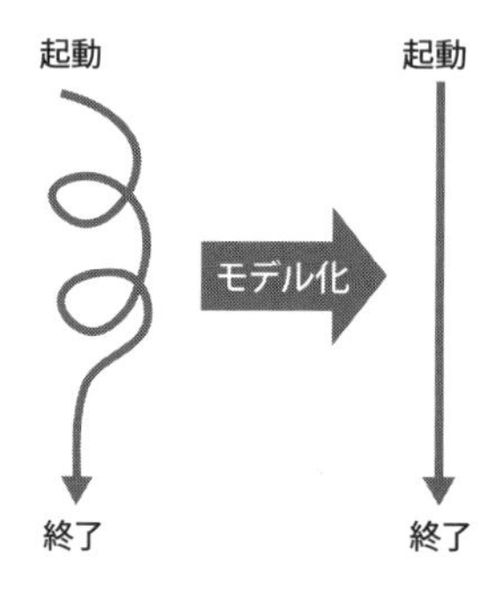

図5.2●シングルスレッドプログラムの一生

以降に、マルチスレッドプログラムの一生をモデル化した図を示します。

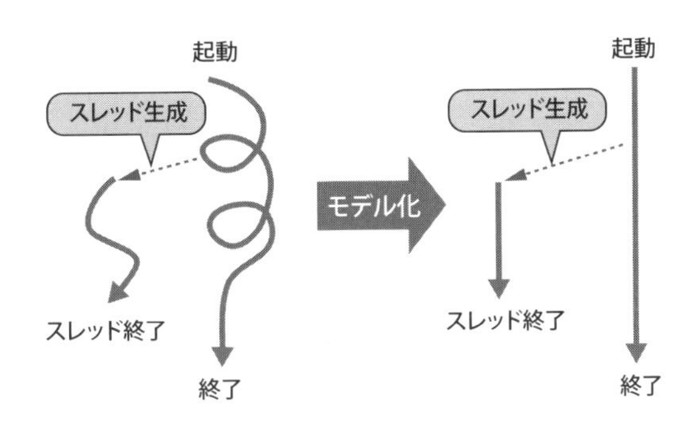

図5.3●マルチスレッドプログラムの一生

シングルスレッドと違い、時間軸に対し実行単位が同時に複数存在します。ここでは、単純化するために同時に存在するスレッド数を２つとしましたが、スレッド数はいくつでも構いません。

5-2 シングルスレッドプログラムとマルチスレッドプログラムの詳細

シングルスレッドプログラムは構造が単純化できるため、開発の手間が省け不具合も低減できます。かわりに性能や使い勝手を犠牲にします。例えば、相関のない２つの処理を実行するプログラムがあるとします。かつ、それぞれの処理は負荷が重いとしましょう。このような場合、それぞれを並列に実行できると処理時間を短縮できる可能性があります。例えば、πを計算する処理と、ある範囲を積分するプログラムが存在したとします。πの計算と積分はまったく独立して動作できます。

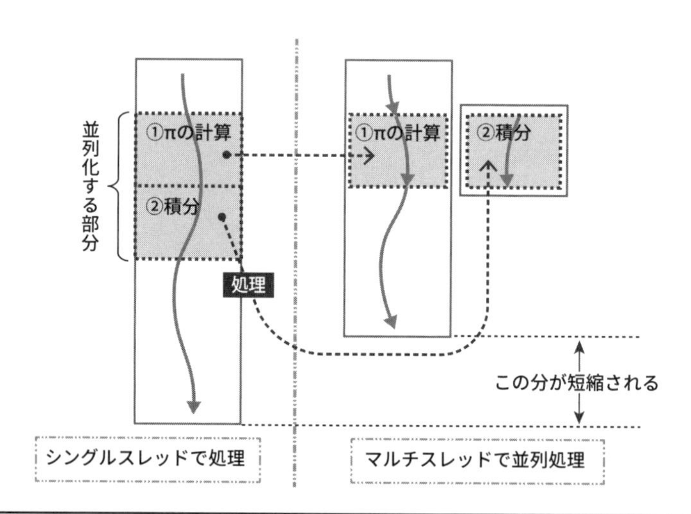

図5.4●マルチスレッド化による処理時間の短縮

πの計算に要する時間を $\mathbf{t}_{pi}$、積分に要する時間を $\mathbf{t}_{inte}$ とした場合、$(\mathbf{t}_{pi} + \mathbf{t}_{inte}) - \max(\mathbf{t}_{pi}, \mathbf{t}_{inte})$ の分だけ全体の処理時間を短縮できます。ただし、実時間に対し本当に並列実行するには、ソフトウェアの対応だけでは不十分で、ハードウェアも並列に動作する必要があります。ハードウェアが同時並列に処理する機構を備えていない場合、それぞれの処理は時分割で処理されます。このような場合、シングルスレッドで処理した方が高速な場合もあります。これは処理切り替えに要するオーバーヘッドが存在するためです。

ハードウェアが並列処理をサポートせず時分割で擬似的に並列化していても、スレッドプログラムには、ユーザーインターフェースなどを改善するという側面もあります。例えば、大きな負荷のかかる処理を含むメソッド（プロシージャ）を持つプログラムがあったとします。このような場合、負荷のかかる処理と、ユーザーインターフェースを別スレッドに割り当てると格段にユーザビリティが向上します。

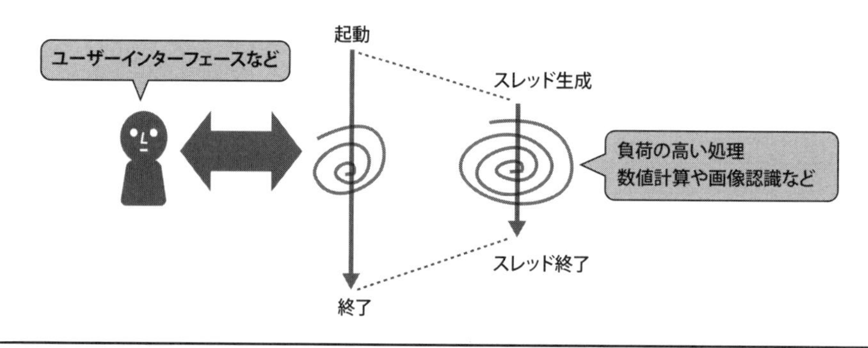

図5.5●負荷のかかる処理とユーザーインターフェースを別スレッドに割り当てる

ハードウェアが並列化されていなくても効果的な場合は他にもあります。例えば、非常に低速で同期制御しなければならない装置を使用する場合、その応答をシングルスレッドで待つとCPUは空いているにも関わらずシステムはロック状態（スピンロック）になります。結果的に、システムはフリーズしたような状態となります。このような場合、装置の監視を別のスレッドに行わせることで、システムのロック状態を回避できます。

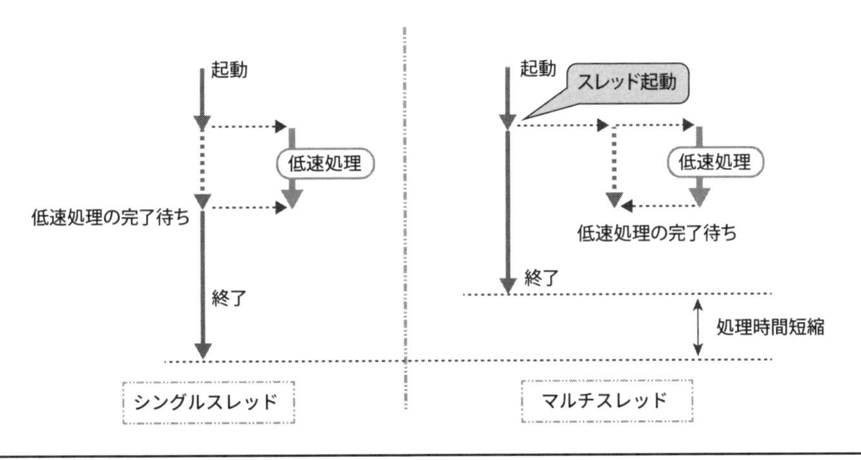

図5.6●低速で同期制御しなければならない装置を別のスレッドで監視

割り込みやシグナルで回避

低速な装置を制御する場合、スレッドに頼らず非同期処理を採用するのも有効です。あるいは、スレッドプログラミングと非同期を組み合わせると、さらに高速化することも少なくありません。

5.3 簡単なスレッドプログラム

まず、最も簡単と思われるスレッドプログラムを紹介します。メインスレッドとワーカースレッドから文字列を出力するプログラムです。

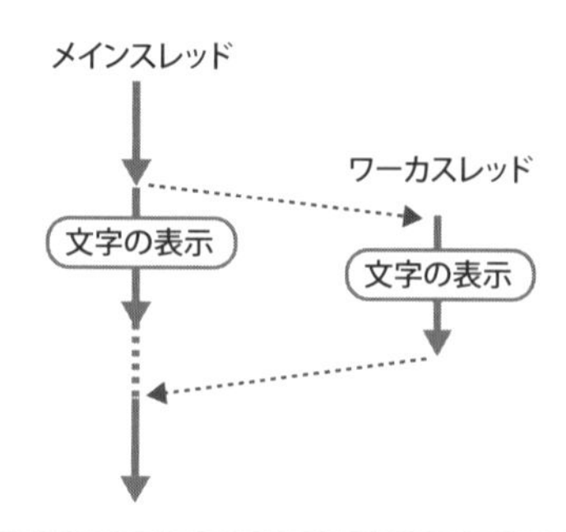

図5.7●メインスレッドとワーカースレッドから文字列を出力

5.3.1 Windows API でスレッド

Windows API でスレッドを使用するプログラムを次に紹介します。

リスト5.1●010 threads/01 hello/Sources/windowsApi.cpp

```
#include <iostream>
#include <windows.h>

void
simpleThread(void *ptr)
{
    std::cout << "hello thread." << std::endl;
}

int
main()
{
    HANDLE thread;
    thread = CreateThread(0, 0, (LPTHREAD_START_ROUTINE)simpleThread, NULL, 0,
                                                                    NULL);
```

```
    std::cout << "main thread." << std::endl;

    WaitForSingleObject(thread, INFINITE);

    return 0;
}
```

main に制御が渡ると、まず Windows API である CreateThread API で simpleThread 関数をワーカースレッドとして起動します。メインスレッドはそのまま文字出力を行い、WaitForSingleObject API 呼び出しでワーカースレッドの終了を待ちます。ワーカースレッドである simpleThread 関数も、文字列を表示後すぐに終了します。このように、文字表示はスレッド間で並列に処理されるため、表示される文字列に順序性はありません。以降にプログラムの実行例を示します。

```
start main thread.
hello thread.
```

この例ではメインスレッドの文字列が先に表示されていますが、表示順序は不定です。

API の説明

本プログラムで使用した API について説明します。

CreateThread

スレッドを作成します。

```
HANDLE CreateThread(
  LPSECURITY_ATTRIBUTES  lpThreadAttributes, // SECURITY_ATTRIBUTES 構造体へのポインタ
  DWORD                  dwStackSize,        // スタックのサイズ
  LPTHREAD_START_ROUTINE lpStartAddress,     // 開始アドレス
  LPVOID                 lpParameter,        // スレッドに渡す値
  DWORD                  dwCreationFlags,    // スレッド作成に関するフラグ
  LPDWORD                lpThreadId          // スレッド ID 変数へのポインタ
);
```

引数

lpThreadAttributes

SECURITY_ATTRIBUTES 構造体へのポインタです。NULL を指定すると、既定のセキュリティ記述子が適用されます。

dwStackSize

スタックの初期のコミットサイズを、バイト単位で指定します。0 または既定のコミットサイズより小さい値を指定すると、呼び出し側スレッドのコミットサイズと同じサイズが、既定のサイズとして割り当てられます。

lpStartAddress

LPTHREAD_START_ROUTINE 型の関数ポインタです。この関数は新しいスレッドで実行されます。そして、新しいスレッドの開始アドレスとなります。

lpParameter

スレッドに渡す LPVOID 値です。

dwCreationFlags

スレッド作成に関する制御フラグです。CREATE_SUSPENDED を指定すると、新しいスレッドは中断された状態で作成されます。0 を指定すると、作成と同時に新しいスレッドが起動します。

lpThreadId

DWORD へのポインタです。この変数に、スレッド ID が格納されます。NULL を指定すると、スレッド ID は格納されません。

戻り値

成功すると、新しいスレッドのハンドルが返ります。

WaitForSingleObject

指定したオブジェクトがシグナル状態になるか、または、タイムアウトが発生するまで待ちます。

```
DWORD WaitForSingleObject(
  HANDLE   hHandle,          // オブジェクトのハンドル
  DWORD    dwMilliseconds    // タイムアウト時間（ミリ秒）
);
```

引数

hHandle

　オブジェクトのハンドルです。

dwMilliseconds

　タイムアウト時間を、ミリ秒で指定します。INFINITEを指定すると、オブジェクトがシグナル状態になるまで待機し続けます。INFINITEはデッドロックのもととなりますので、注意して使用しましょう。

戻り値

成功すると、関数が制御を返した原因が返ります。

WAIT_ABANDONED

　指定されたオブジェクトが、放棄されたミューテックスオブジェクトだった。この関数を呼び出した結果、その所有権は呼び出し側スレッドに移り、そのミューテックスは非シグナル状態になった。

WAIT_OBJECT_0

　オブジェクトがシグナル状態になった。

WAIT_TIMEOUT

　タイムアウト時間が経過しても、オブジェクトが非シグナル状態であった。

関数が失敗すると、WAIT_FAILEDが返ります。

5.3.2　ランタイムでスレッド

前節のプログラムとまったく同じ機能を、Windows APIではなくCのランタイムライブラリで開発します。ランタイムライブラリでは、_beginthreadか_beginthreadexを使ってスレッドを生成します。_beginthreadと_beginthreadexに対応したスレッド終了の関数は、_endthreadと_endthreadexです。本節では_beginthreadexと_endthreadexを使います。プログラムのリストを次に示します。

リスト5.2●010 threads/01 hello/Sources/runtime.cpp

```
#include <iostream>
#include <windows.h>
#include <process.h>
```

```
unsigned int __stdcall
simpleThread(void *ptr)
{
    std::cout << "hello thread." << std::endl;

    _endthreadex(0);

    return 0;
}

int
main()
{
    HANDLE thread;
    thread = (HANDLE)_beginthreadex(NULL, 0, simpleThread, NULL, 0, NULL);

    std::cout << "main thread." << std::endl;

    WaitForSingleObject(thread, INFINITE);

    return 0;
}
```

先のプログラムとほぼ同じです。Windows API である CreateThread API をランタイムの _beginthreadex へ WaitForSingleObject API を _endthreadex へ書き換えただけです。

ランタイムライブラリの説明

本プログラムで使用したランタイムライブラリについて説明します。

_beginthread 関数、_beginthreadex 関数

スレッドを作成します。_beginthreadex 関数は _beginthread 関数よりも CreateThread API に近いです。

```
uintptr_t _beginthread(
   void     ( *start_address )( void * ),   // 新しいスレッドの実行開始アドレス
   unsigned stack_size,                     // スタックサイズ
   void     *arglist                        // スレッドに渡す引数のリスト
);

uintptr_t _beginthreadex(
   void     *security,                      // セキュリティディスクリプタ
   unsigned stack_size,                     // スタックサイズ
   unsigned ( *start_address )( void * ),   // 新しいスレッドの実行開始アドレス
   void     *arglist,                       // スレッドに渡す引数のリスト
   unsigned initflag,                       // スレッドの初期状態
   unsigned *thrdaddr                       // スレッド識別子変数へのポインタ
);
```

引数

start_address

新規スレッドの実行を起動するプロシージャの開始アドレスです。_beginthread の呼び出し規約は __cdecl または __clrcall で、_beginthreadex の呼び出し規約は __stdcall または __clrcall です。

stack_size

新規スレッドのスタックサイズまたは 0 を指定します。

Arglist

新規スレッドに渡される引数リストまたは NULL を指定します。

Security

SECURITY_ATTRIBUTES 構造体へのポインタです。この構造体は、返されたハンドルを子プロセスが継承できるかどうかを決定します。NULL を指定すると、ハンドルを継承できません。

Initflag

新規スレッドの初期状態を指定します。実行は0、一時停止はCREATE_SUSPENDEDを指定します。

Thrdaddr

スレッド識別子を受け取る変数へのポインタです。

戻り値

成功すると、新しく作成したスレッドを指すハンドルが返ります。ただし、新しく作成されたスレッドの終了が早すぎると、_beginthreadが有効なハンドルを返さない場合があります。エラーが発生すると、_beginthreadは-1Lを返し、_beginthreadexは0を返します。

_endthread関数、_endthreadex関数

スレッドを終了させます。

```
void _endthread(
  void
);

void _endthreadex(
  unsigned retval  // スレッドの終了コード
);
```

引数

retval

スレッド終了コードです。

戻り値

戻り値はありません。

5.3.3 pthreadでスレッド

参考のため、Linux系のPOSIX標準であるPthreadsライブラリを使ったプログラムも示します。基本的な動作はこれまでのプログラムと同様です。このプログラムはg++でビルドして動作確認を行います。プログラムのリストを次に示します。

リスト5.3●010 threads/01 hello/Sources/pthread.cpp

```
#include <iostream>
#include <pthread.h>

void*
simpleThread(void*)
{
    std::cout << "hello thread." << std::endl;

    pthread_exit(NULL);
}

int
main()
{
    pthread_t thread;
    int iret;
    iret = pthread_create( &thread, NULL, simpleThread, NULL);

    std::cout << "main thread." << std::endl;

    pthread_join(thread, NULL);

    return 0;
}
```

先のプログラムとほぼ同じです。以降に、プログラムのビルド・実行例を示します。

```
$ g++ -pthread pthread.cpp
$ ./a.out
main thread.
hello thread.
```

この例では、メインスレッドの文字列が先に表示されていますが、表示順序は不定です。

5.4 1次元配列同士の乗算

2つの1次元配列の各要素を乗算し、結果を別の1次元配列へ格納するプログラムを紹介します。処理は単純で、配列の各要素を乗算し、別の配列へ格納するプログラムです。

$$c_i = a_i * b_i \qquad (i = 1 \dots n)$$

なお、プログラムコードはnを0から開始するため、iはn－1まで処理します。以降にプログラムの動作概念図を示します。

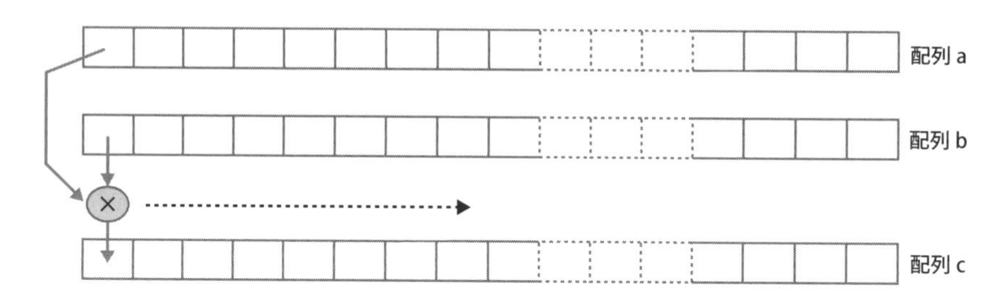

図5.8●1次元配列同士の乗算

5.4.1 逐次プログラム

まず、スレッドを使用せず、普通に逐次処理で記述したプログラムを開発します。ソースリストを次に示します。

リスト5.4●010 threads/04 mul1DArray/mulSingle.cpp

```
#include <iostream>

void verify(const int n, const float* a, const float *x, const float *y);


// main
int
main()
{
    const int N = 4096;
    float a[N], b[N], c[N];
```

```
    int i;

    for (i = 0; i < N; i++)     // initialize array
    {
        a[i] = (float)(i + 1000);
        b[i] = (float)i / 10.f;
    }

    for (i = 0; i < N; i++)
    {
        c[i] = a[i] * b[i];
    }

    verify(N, a, b, c);

    return 0;
}
```

本プログラムは、単にforループを使用して1次元配列の全要素を乗算し、その結果を別の1次元配列へ格納します。特に難しいプログラムではありませんので、処理内容はソースリストを参照してください。

verify関数は処理結果が正常か検査する関数です。ソースリストを次に示します。

リスト5.5●010 threads/04 mul1DArray/verify.cpp

```
#include <iostream>
#include <cmath>

using namespace std;

void verify(const int n, const float *a, const float *b, const float *c)
{
    for (int i = 0; i < n; i++)
    {
        float cc = a[i] * b[i];
        if (fabs(cc - c[i]) > .000001f)
        {
            cerr << "error: cc = " << cc << ", c[" << i << "] = " << c[i] << endl;
            return;
        }
    }
}
```

他のプログラムからも使用するため、この関数は別ファイルへ分離して記述します。浮動小数点数の演算は誤差が発生する場合がありますので、比較には余裕を持たせます。

ソースプログラムと実行ファイルの関係を次に示します。

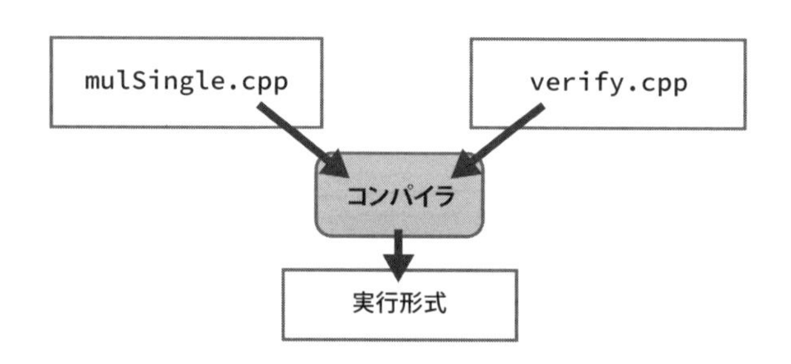

図5.9●ソースプログラムと実行ファイルの関係

本プログラムは、for ループを使用して逐次的に全要素を処理します。このプログラムは、先に示した式を忠実に、かつ逐次的に処理します。

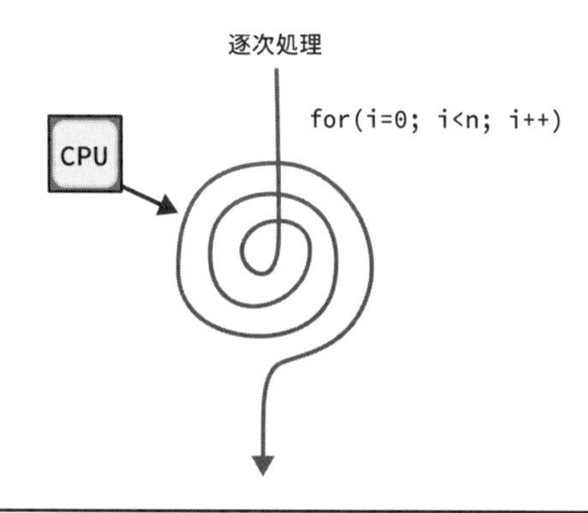

図5.10●逐次プログラムの概念

このプログラムを g++ でコンパイルし、実行した様子を示します。

```
$ g++ -o mulSingle mulSingle.cpp verify.cpp
$ ./mulSingle
$
```

5.4.2 スレッドプログラム

今度は、スレッドを利用したプログラムを示します。本プログラムは g++ と POSIX 標準である Pthreads ライブラリで開発します。Windows で開発する場合は g++ 互換のコンパイラを使用するか、Visual Studio を使用する場合はスレッドの部分を Windows API で書き換えてください。すでに Windows API でスレッドを使用する方法は解説済みですので、そちらを参照してください。ソースリストを次に示します。

リスト5.6●010 threads/04 mul1DArray/mul.cpp

```
#include <iostream>
#include <pthread.h>

void verify(const int n, const float* a, const float *x, const float *y);

static const int N = 4096;
static float a[N], b[N], c[N];
static const int numOfThreads = 4;
static int oneUnit = N / numOfThreads;

void*
simpleThread(void* begin)
{
    for (int i = *(int*)begin ; i < *(int*)begin+oneUnit; i++)
    {
        c[i] = a[i] * b[i];
    }

    pthread_exit(NULL);
}

int
main()
{
    for (int i = 0; i < N; i++)              // initialize array
    {
        a[i] = (float)(i + 1000);
        b[i] = (float)i / 10.f;
    }

    pthread_t thread[numOfThreads-1];
    int begin[numOfThreads-1], iret[numOfThreads-1];
```

```
    for(int i = 0; i < numOfThreads-1; i++)
    {
        begin[i] = i*oneUnit;
        iret[i] = pthread_create(&thread[i], NULL, simpleThread, (void*)&begin[i]);
    }

    int last = (numOfThreads-1) * oneUnit;  // last one
    for (int i = last ; i < last+oneUnit; i++)
    {
        c[i] = a[i] * b[i];
    }

    for(int i = 0; i < numOfThreads-1; i++)
        pthread_join(thread[i], NULL);

    verify(N, a, b, c);

    return 0;
}
```

本プログラムは、ワーカースレッドを３つ起動し、メインスレッドと合わせて処理を４つに分割して並列実行します。verify 関数は先に示したプログラムと同じです。本プログラムの処理の概念を次に示します。

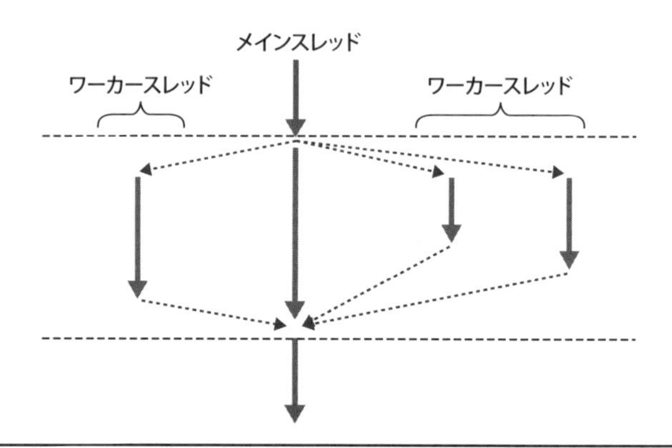

図5.11●スレッドプログラムの概念

本プログラムは、配列の要素数を N へ、そしてスレッド数を numOfThreads へ指定します。示したコードでは N を 4096、numOfThreads を 4 としたため、4 つのスレッドがそれぞれ 1024 の要素を分担して処理します。これらの設定値を変更することで並列化数を変更できますが、N は必ず numOfThreads の整数倍でなければなりません。このプログラムを g++ でコンパイルし、実行した様子を示します。

```
$ g++ -pthread -o mul mul.cpp verify.cpp
$ ./mul
$
```

6 OpenMP

本章では、CPU コアが多数存在するメニーコアで有効な OpenMP を解説します。厳密には、メニーコア = OpenMP ではありませんが、OpenMP の基本的な思想はメニーコアを対象に考えられていますので、OpenMP を中心にメニーコアを説明します。

6.1 概要

OpenMP は並列化に対応していないプログラムを簡単に並列化へ対応させる技術です。OpenMP を使用すると、少しの指示文を追加するだけで逐次プログラムを並列プログラムへ変身させることができます。一般的に、シングルスレッドのプログラムを並列化する場合、マルチスレッド化、ベクトル化、あるいは GPGPU 対応などの手法では、プログラムの基本的な構造を大きく変更する必要があります。ところが、OpenMP による並列化は、前述の通り指示文を追加するだけです。また、プラットフォームや CPU、ベンダーへの依存度が低く、コンパイラが OpenMP に対応していればどのような環境でも使用できます。このため、他の並列化手法より導入の敷居は低く、ポータビリティも高いといえるでしょう。

OpenMP の特徴として、開発したプログラムはコンパイルオプションにより、逐次プログラムとしてコンパイルすることもできます。このため、並列化したときと逐次処理したときの性能比較が簡単です。また、元々のアルゴリズムに間違いがないか逐次プログラムで検証し、その後並列化することもできます。

OpenMPは、スレッドなどを使用したプログラミング経験者ならば容易に習得できます。並列化プログラムの未経験者でも、変数のインスタンスや同期などの理解が進むまで多少戸惑うかもしれませんが、他の並列化手法よりも理解は容易でしょう。

OpenMPは、並列実行のFork-Joinモデルを採用しています。OpenMP指示文によって、暗黙的または明示的に複数のスレッドが定義されたタスクを実行します。OpenMPはメニーコアCPUに適した技術です。近年のプロセッサはメニーコア化が普通のものとなり、入門レベルのパソコンでも8コア程度のプロセッサも珍しくなくなっています。遠くない時期にCPUコア数は劇的に増えていくと予想されます。OpenMPは手軽にメニーコアの特典を享受できる技術です。他の並列化技術と特に異なる点は、並列化しないプログラムと並列化したプログラムのソースコードを共有できる点です。このため、既存のプログラムを容易に並列化できます。ただ、OpenMPを使用したからといって、自動的に間違いのない並列プログラムが開発できるわけではありません。逐次プログラムとしては正しく動作しても、並列プログラムとしては正しく動作するとは限らないのは、他の並列化技術と同様です。同期や資源の競合管理などは開発者に委ねられています。このような基本的な知識は、第5章で説明したスレッドでも同様で、並列プログラム開発の基礎です。OpenMPは、FORTRANでも多用されますが、本書ではC++/C言語で解説します。ただ、OpenMPの思想自体は言語に左右されるものではありません。

6.2 簡単な OpenMP プログラム

まず、最も簡単と思われる OpenMP 対応のプログラムを紹介します。コンピュータ言語の書籍が決まって最初に取り上げる「Hello World!」にならって、OpenMP で同じようなプログラムを紹介します。動作の概要を図に示します。

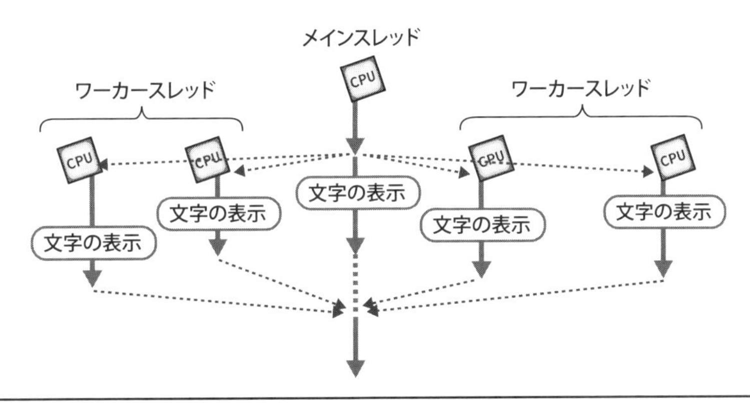

図6.1●複数のスレッドで文字を表示する

プログラムのソースリストを次に示します。

リスト6.1●020 OpenMP/01 hello/Sources/helloOpenMP.cpp

```
#include <iostream>

int
main()
{
    #pragma omp parallel
    {
        std::cout << "hello openMP." << std::endl;
    }
    return 0;
}
```

#pragma omp parallel に続くブロックが並列化されます。OpenMP ではこの部分を**並列リージョン**と呼びます。そして、並列化された実行単位をスレッドと呼び、並列化される以前から

存在するスレッドを**マスタースレッド**と呼びます。スレッドの用語は並列化の手法ごとに異なります。

```
      ⋮
#pragma omp parallel
{
   この部分が並列化される
}
      ⋮
```

図6.2●並列化されるブロック

このプログラムは、正確にはもう少し工夫が必要です。その説明を始めると、説明の趣旨がぼやけますので、ここでは文字表示がスレッド数分実行されることだけ理解してください。実行例を次に示します。

WindowsとVisual Studioを使用した実行例

```
C:¥test>helloOpenMP
hello openMP.
hello openMP.
hello openMP.
hello openMP.

C:¥test>helloOpenMP
hello openMP.hello openMP.
hello openMP.

hello openMP.

C:¥test>helloOpenMP
hello openMP.hello openMP.
hello openMP.hello openMP.
```

Ubuntuとg++を使用した実行例

```
$ g++ -fopenmp helloOpenMP.cpp
$ ./a.out
```

```
hello openMP.
hello openMP.
hello openMP.
hello openMP.
$ ./a.out
hello openMP.hello openMP.
hello openMP.

hello openMP.
```

このように、各スレッドは非同期に動作するため、文字列の表示形式は不定です。

このプログラムの並列化対象コードは、「std::cout << "hello openMP." << std::endl;」の部分だけです。この実行例では、#pragma omp parallel に続くブロックが 4 つのスレッドで並列処理されます。通常、#pragma omp parallel のみを指定し、スレッド数を明示的に指定しないと、搭載 CPU 数と同じだけ並列化されます。この例は、4 コアの CPU を搭載したパソコンを使用したため、4 つに並列化されています。各スレッドは非同期に並列動作するため、必ずしも整然と「hello openMP.」が表示されるとは限りません。この #pragma omp parallel を OpenMP 指示文と呼びます。

OpenMP を利用するには、ヘッダファイル omp.h をインクルードするのが一般的です。ただし、この例では、OpenMP の実行時ライブラリを使用しませんので、インクルードしていません。OpenMP の関数などを利用するときは、omp.h をインクルードしなければなりません。関数を使うか使わないか決めていない場合は、omp.h をインクルードしておいた方が良いでしょう。のちにプログラムを拡張し、OpenMP の関数を使うとも限りません。

OpenMP はスレッドプログラミングなどと違い、並列化の数を明示的に指定する必要はありません。もちろん、明示的に指定することもできます。並列数だけでなく、並列化する部分としない（単一スレッドで実行する）部分を指定する機構も OpenMP で用意されています。

通常、並列数を指定しない方が拡張性に優れます。同じプログラムであっても、CPU の数に従って並列化数が自動で変更されるためです。スレッドプログラミングなどでは、設計時にスレッド数が固定される可能性が高いですが、OpenMP では、使用するコンピュータの CPU 数に最適な並列化が行われます。このため、拡張性に優れたプログラムとなります。スレッドを明示的に記述するプログラムは、設計時にスレッド数が固定されることが多く、CPU のコア数が変わっても最適なスレッド数に追随できません。OpenMP は、明示的に指定しなければ、環境に最適な並列数に最適化されます。このため、環境や時代の変化に柔軟に追随できる手法といえるでしょう。

6.3 OpenMPらしいプログラム

前節でOpenMPの基礎について説明しましたが、先の例ではOpenMPの有用性は理解できず、単に自動的にスレッドが起動できることを理解できただけでしょう。本節では、単純さを保ちつつ、よりOpenMPらしいプログラムを解説します。スレッドプログラミングはタスク並列の解決に重きを置いていますが、OpenMPはタスク並列だけに留まらずデータ並列にも容易に対応できます。本節では、タスク並列とデータ並列の両方について解説します。

6.3.1 ループを並列化

ここでは、実際のプログラミングで頻繁に用いられる、ループを並列化するものを示します。ループをOpenMPに任せると、適当に各イテレーションを並列化し、それぞれの処理を各CPUへ割り振ります。forループの並列化の例を次に示します。

リスト6.2●ソースリスト（020 OpenMP/02 begin/Sources/for01.cpp)

```
#include <iostream>

using namespace std;

int main()
{
    const int N = 10;
    int a[N] = { 1, 2, 3, 4, 5, 6, 7, 8, 9, 10 };
    int b[N] = { 0, 0, 0, 0, 0, 0, 0, 0, 0, 0 };
    int i;

    #pragma omp parallel for
    for (i = 0; i < N; i++)
    {
        b[i] = a[i];
    }

    for (i = 0; i < 10; i++)
    {
        cout << "b[" << i << "] = " << b[i] << endl;
    }
    return 0;
```

```
}
```

本プログラムは、配列 a の各要素を配列 b へ代入する単純なものです。このループ内の処理は同じですので、並列化できると処理速度が向上するでしょう。このように処理そのものが小さく、多数の並列化を行うことを、粒度の小さな並列化と呼びます。OpenMP は粒度の小さな並列化を容易に記述できる技術です。

このようなループは、#pragma omp parallel for を追加するだけで並列に実行できます。逐次的に処理した場合、このループは i を 0 から 9 まで増加させながら、配列 a の内容を配列 b にコピーします。ところが、このプログラムは、0 ～ 9 のいずれかユニークな値を持ったイテレータを、複数の CPU で並列に処理します。説明を簡単にするため、i が 0 から 4 までのループと、5 から 9 までの 2 つのループに分解し、それぞれを 2 つの CPU で並列実行したとします※1。以降に図で示します。

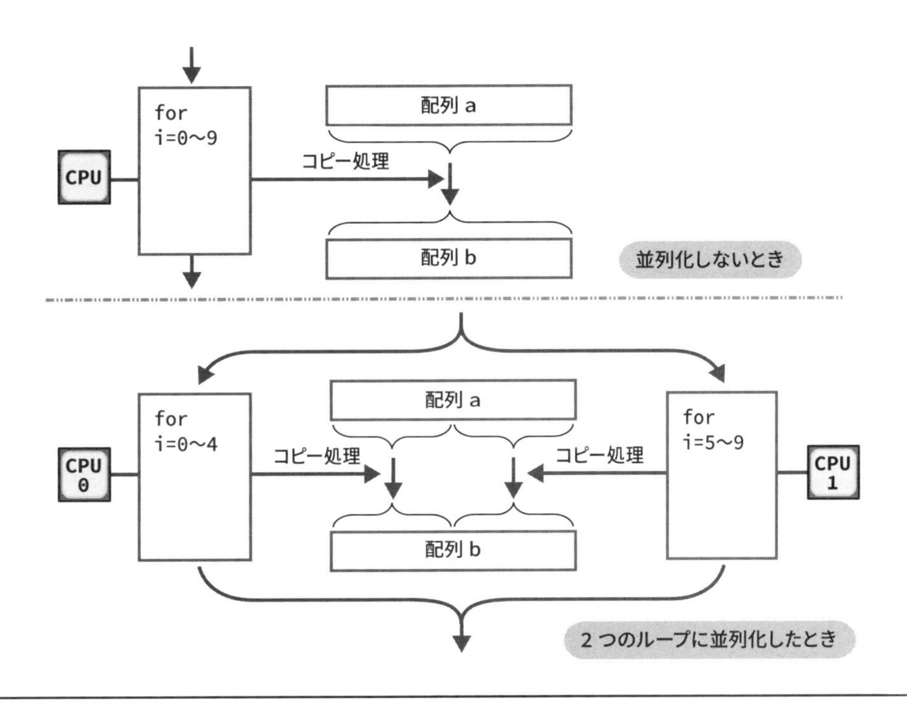

図6.3●2つのループに分解して並列実行する

ループを作り、配列の各要素に同じ処理を行うことは一般的なプログラムで頻繁に現れます。このループのひとつひとつ（イテレータ）を並列化できると、メニーコアシステムでは速度向上

※1　実際には、このように綺麗に分解されるとは限りません。

に効果が期待できます。そのような状況を示す図を次に示します。

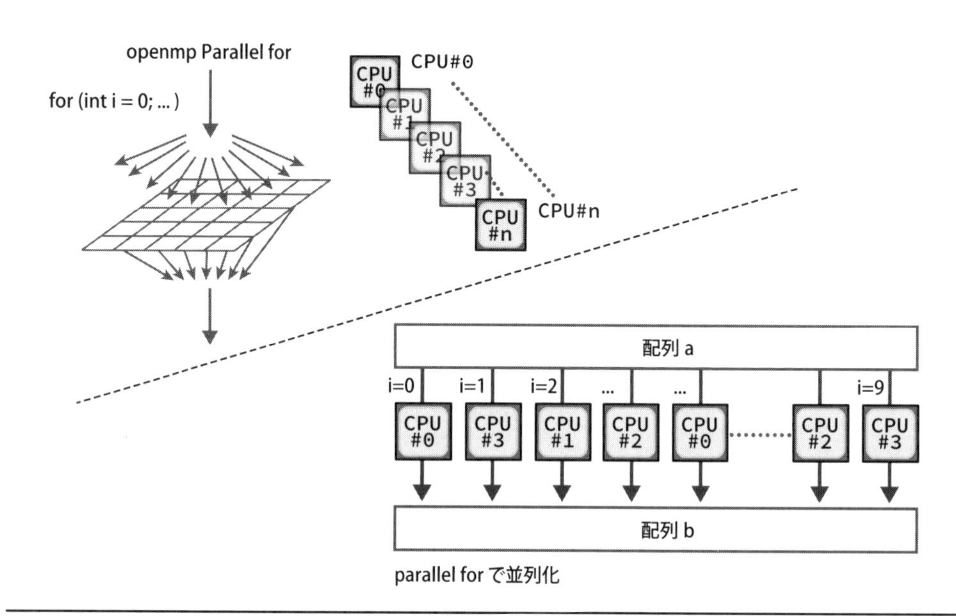

図6.4●OpenMPは粒度の細かい並列化にも対応

プログラムの実行結果（Ubuntu と g++ を使用）を示します。逐次処理、並列処理ともに必ず同じ結果を得られます。

```
$ g++ -fopenmp for01.cpp
$ ./a.out
b[0] = 1
b[1] = 2
b[2] = 3
b[3] = 4
b[4] = 5
b[5] = 6
b[6] = 7
b[7] = 8
b[8] = 9
b[9] = 10

$ g++ for01.cpp
$ ./a.out
b[0] = 1
b[1] = 2
```

```
b[2] = 3
b[3] = 4
b[4] = 5
b[5] = 6
b[6] = 7
b[7] = 8
b[8] = 9
b[9] = 10
```

たいていの場合、OpenMP 用のプログラムは逐次処理プログラムと共通に使用できます。このままでは本当に並列処理されているのか逐次処理されているのか分かりにくいため、ループの内部でスレッド番号を格納し、逐次リージョンで表示するようにプログラムを拡張します。

リスト6.3●020 OpenMP/02 begin/Sources/for02.cpp

```
#include <iostream>
#include <omp.h>

using namespace std;

int main()
{
    const int N = 10;
    int a[N] = { 1, 2, 3, 4, 5, 6, 7, 8, 9, 10 };
    int b[N] = { 0, 0, 0, 0, 0, 0, 0, 0, 0, 0 };
    int t[N];
    int i;

    #pragma omp parallel for
    for (i = 0; i < N; i++)
    {
        b[i] = a[i];
        t[i] = omp_get_thread_num();
    }

    for (i = 0; i < 10; i++)
    {
        cout << "b[" << i << "] = " << b[i]
            << ", スレッド番号 = " << t[i] << endl;
    }
    return 0;
}
```

for ループ内で omp_get_thread_num 関数を使用し、スレッド番号を配列 t へ格納します。omp_get_thread_num 関数は OpenMP の実行時ライブラリですので、これを呼び出すために omp.h をインクルードする必要があります。このプログラムを実行させたときの結果を以降に示します。

```
b[0] = 1, スレッド番号 = 0
b[1] = 2, スレッド番号 = 0
b[2] = 3, スレッド番号 = 0
b[3] = 4, スレッド番号 = 1
b[4] = 5, スレッド番号 = 1
b[5] = 6, スレッド番号 = 1
b[6] = 7, スレッド番号 = 2
b[7] = 8, スレッド番号 = 2
b[8] = 9, スレッド番号 = 3
b[9] = 10, スレッド番号 = 3
```

配列 a の各要素の値が配列 b の各要素にコピーされるのは、これまでのプログラムと同じです。本プログラムでは、どのスレッドが動作したか出力します。並列化数やスレッドの起動順に規則性はなく、実行するたびに変化します。実行環境を変更すると起動されるスレッドの数も変化します。順序に規則性はないため、実行順や各 CPU が均等にスケジュールされることを前提にプログラミングすることは避けなければなりません。配列 t を使用せず for ループ内でスレッド番号を表示すると乱れるので、一旦スレッド番号を配列 t へ格納し、表示は逐次リージョンで行います。

本プログラムは、OpenMP 関数を用いているため、逐次処理プログラムでコンパイルするとエラーになります。

6.3.2 セクションで並列化

メニーコアシステムの並列化は、ループの並列化など粒度の小さな並列処理へ利用されることが少なくありません。これはいわゆるデータ粒度の細かい並列と呼ばれます。メニーコアシステムは、このような例だけでなくタスク並列へ対応するのも簡単です。ここでは、OpenMP の**セクションを使った並列化**でタスク並列に対応する例を示します。OpenMP は、単にループを並列化するだけでなく、あるブロックに分離し、それぞれを並列化することもできます。ここではそのような例として、sections を使用して各ブロックを並列化した例を示します。

リスト6.4●020 OpenMP/02 begin/Sources/sections.cpp

```
#include <iostream>

using namespace std;

int main()
{
    #pragma omp parallel
    {
        #pragma omp sections
        {
            #pragma omp section
            {
                cout << "section-0." << endl;
            }
            #pragma omp section
            {
                cout << "section-1." << endl;
            }
            #pragma omp section
            {
                cout << "section-2." << endl;
            }
        }
    }
    return 0;
}
```

この例では、3つのブロック（処理）を、それぞれ並列に処理します。このような並列化では、#pragma omp sectionsで囲まれたブロックを、それぞれ#pragma omp sectionで複数のブロックに分割すると、それぞれが並列に動作します。これらの各セクションで、異なる処理を行わせるとタスクを並列に処理できます。

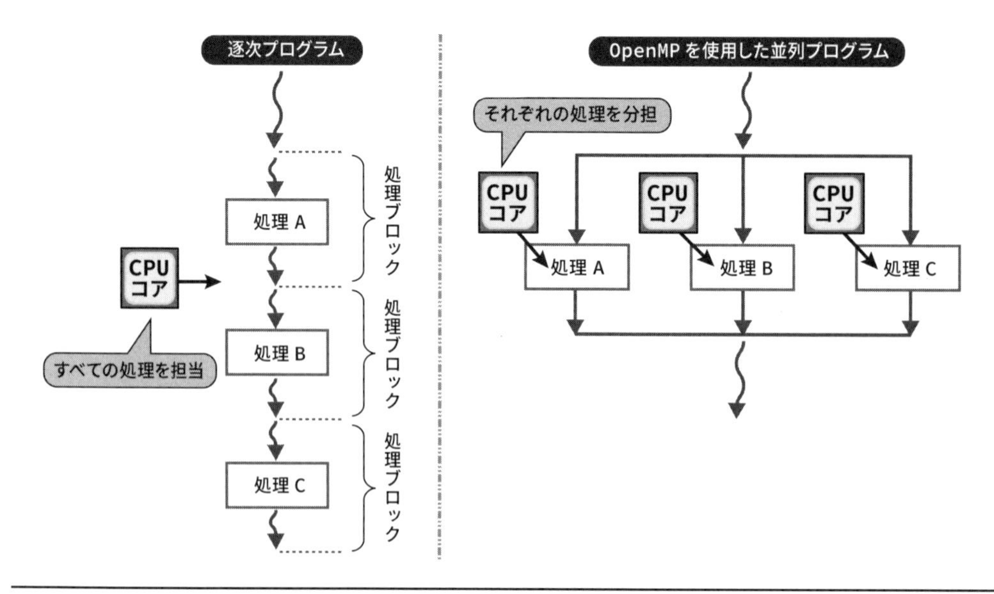

図6.5●処理を3つのブロックに分けて並列化する様子

図に示すように、OpenMPを使用しないときは、それぞれのブロックが逐次処理されます。OpenMPで並列化を指示すると、それぞれのブロックがスレッドとして並列動作します。以降に、実行した結果を示します。

```
$ g++ -fopenmp sections.cpp
$ ./a.out
section-2.
section-0.
section-1.

$ ./a.out
section-1.
section-2.
section-0.
```

sectionsを使用すると、単純なループの並列化だけでなく、異なる処理のブロックを並列動作させることができます。

6.3.3 条件コンパイル

OpenMP を使用する場合としない場合でコンパイル条件を変更するには、**_OPENMP** を使った条件付きコンパイルを使用する方法があります。以降に簡単なプログラムを示します。

リスト6.5●020 OpenMP/02 begin/Sources/_OPENMP.cpp

```
#include <iostream>

using namespace std;

int main()
{
#ifdef  _OPENMP
    cout << "OpenMP mode!" << endl;
#else
    cout << "not OpenMP mode!" << endl;
#endif
    return 0;
}
```

OpenMP のコンパイルオプションを与えたときと、そうでないときに異なるメッセージを表示します。このようにしておくと、どちらの状態でプログラムをビルドしたか確認でき、ケアレスミスでオプションの指定忘れなどを避けることができます。以降に、実行した結果を示します。

```
$ g++ -fopenmp _OPENMP.cpp
$ ./a.out
OpenMP mode!

$ g++ _OPENMP.cpp
$ ./a.out
not OpenMP mode!
```

6.4 指示文

OpenMPを使用する場合、最初に理解する必要を迫られるのがOpenMP指示文です。C/C++言語で使用するOpenMP指示文は「#pragma omp」で始まります。例えば、指示文はプログラムの並列化する部分を指定するのに使用します。OpenMPの指示文には、指示文の種別を示す指示文字列を指定します。例えば、「#pragma omp parallel」や「#pragma omp for」のように種別を示します。さらに、その後ろに「#pragma omp parallel private(i,temp)」のように、必要に応じて指示句と呼ばれる指定を行うことができます。この例では、「parallel」が指示文で、「private(i,temp)」が指示句です。

コンパイラは、これらの指示文や指示句を解釈し、OpenMPに対応したソースコードを実行形式へ翻訳します。OpenMPに対応していないコンパイラや、OpenMPに対応していてもOpenMPを有効にしない状態でコンパイルすると、これらのOpenMP指示文は無視され、通常の逐次型のプログラムへ翻訳されます。このような機能は、並列化する前に逐次プログラムでプログラムの妥当性を検証するのに有効です。最初から並列化すると、本来の処理に問題があるのか、あるいは並列化の処理で間違いを起こしたのか判断に困る場合が少なくありません。OpenMPを利用したプログラムを開発する場合、まずは通常の逐次処理の形態でプログラミングし、正常動作することを確認できたら、並列化できる部分を探し、そこだけ並列化すると開発もデバッグも容易になります。

何か不自然な動作をする場合、OpenMPを無効にしたプログラムと、OpenMPを有効にしたプログラムの出力を比較すると、容易に並列化で紛れ込んだ不具合を発見できることも少なくありません。ただ、アルゴリズムの間違いは、何回動作させても間違いは間違いとして結果に表れます。しかし、並列化で問題となる同期機構やデータ競合は、正常に処理される場合と結果に異常がある場合がプログラムの変更なしに表れるため、問題解決を困難にします。並列化プログラムは、逐次処理プログラムに比較し処理結果に一貫性がないときがあり、開発やデバッグの難易度は高くなります。

指示文や指示句の詳細についてはリファレンスの章を参照してください。

6.5 共有変数とプライベート変数

OpenMPのごく簡単な使用法は理解できたと思います。ここでは、変数の扱いについて解説します。「#pragma omp parallel」に続く並列化ブロックの内部で使用される変数が、スレッド間でどのように扱われるかを解説します。基本的に並列リージョン内で宣言された変数は、スレッドごとに割り当てられるプライベート変数で、それ以外で宣言された変数は、すべてのスレッドが共通に使用する共有変数です。

6.5.1 共有変数

細かな文章で説明するより、サンプルプログラムを示す方が分かりやすいでしょう。まず、共有変数の例を示します。

リスト6.6●020 OpenMP/03 variables/Sources/variable01.cpp

```
#include <iostream>

using namespace std;

int main()
{
    int foo = 0, bar = 10;

    #pragma omp parallel
    {
        foo += bar + 1;
    }

    cout << bar << " + 1 = " << foo << endl;

    return 0;
}
```

この例で使用したfooとbarは共有変数です。つまり各スレッドは同じ変数を参照します。基本的にOpenMPの指示文で何も指定しないと、#pragma omp parallelに続くブロック以外で宣言された変数は共有変数として扱われます。この例で並列化されるのは「foo += bar + 1;」

の部分です。この式が並列化されたスレッド分だけ実行され、同じfooに代入されます。つまり、「foo += bar + 1;」が生成されたスレッド数分実行されます。

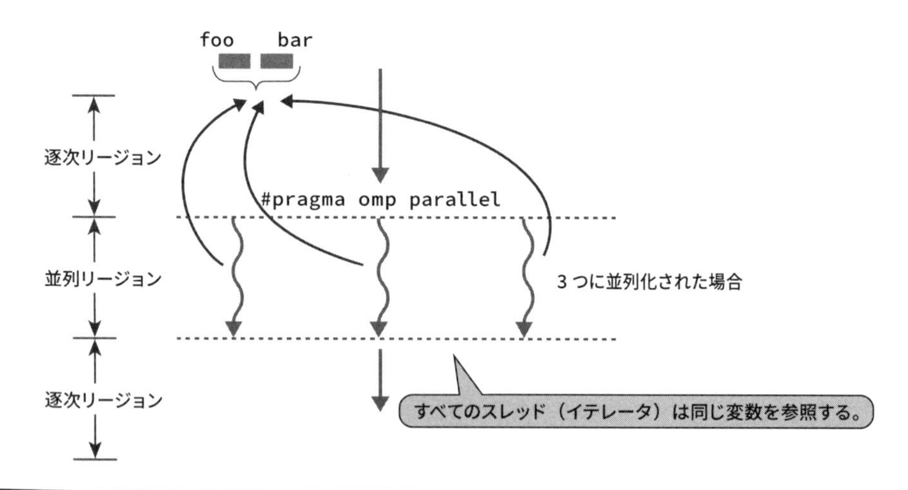

図6.6●3つに並列化された場合

これは、fooの値が各スレッドで競合しながら参照更新されることを意味します。このようなプログラムは正常に動作しません。まず、OpenMPのオプションを指定せず、逐次処理されるようにビルドしたプログラムの実行例を示します。

```
$ g++ variable01.cpp
$ ./a.out
10 + 1 = 11
$ ./a.out
10 + 1 = 11
$ ./a.out
10 + 1 = 11
```

当然ですが正常に処理されます。今度は、OpenMPのオプションを指定して、並列処理されるようにビルドしたプログラムの実行例を示します。

```
$ g++ -fopenmp variable01.cpp
$ ./a.out
10 + 1 = 33
$ ./a.out
10 + 1 = 33
```

```
$ ./a.out
10 + 1 = 44
$ ./a.out
10 + 1 = 44
```

結果から分かるように、fooへのアクセス競合が起きているのが分かります。このプログラムの実行結果はタイミングや環境に左右されます。基本的にOpenMPの指示文で何も指定しないと、#pragma omp parallelに続くブロック以外で宣言された変数は共有変数として扱われます。

6.5.2 プライベート変数

次に、fooだけをプライベート変数とし、スレッド単位にfooを割り当てるプログラムを紹介します。変数をプライベート変数として扱うにはprivate指示句を使用します。以降に例を示します。

リスト6.7●020 OpenMP/03 variables/Sources/variable02.cpp

```
#include <iostream>

using namespace std;

int main()
{
    int foo = 0, bar = 10;

    #pragma omp parallel private(foo)
    {
        foo += bar + 1;
    }

    cout << bar << " + 1 = " << foo << endl;

    return 0;
}
```

先のプログラムと異なるのは、parallel指示文にprivate指示句を追加したことです。このprivate指示句に指定した変数は、続く並列リージョンでスレッドごとに割り当てられた変数が使用されます。この例の並列リージョンで使用されるfooは、全体で使われるfooとは別物です。しかも、逐次リージョンの値が並列リージョンに引き継がれることも、並列リージョンで設定した値が逐次リージョンへ引き継がれることもありません。

もう少しC++言語的な表現に言い換えると、並列リージョンはクラスの宣言のようなもので、実行時に並列数分のインスタンスが生成されるような振舞いをします。そのとき、並列リージョンで使用する変数を、インスタンスとして生成するか、共有変数をそのまま使用するか切り分ける指示句が存在します。指示句にはいろいろありますが、まずはプライベート変数を示すprivate指示句と、共有変数を示すshared指示句を理解すれば十分です。

この例では、fooはプライベート変数、つまりスレッド（イテレータ）ごとに異なるfooが割り付けられます。barは何も指定していないため、共有変数です

並列リージョンで使用されるfooと逐次リージョンで使用されるfooは別物ですので、実行すると奇妙な結果となります。OpenMPのオプションを指定して、並列処理されるようにビルドしたプログラムの実行例を以降に示します。

```
$ g++ -fopenmp variable02.cpp
$ ./a.out
10 + 1 = 0
```

fooは初期値のままで変化しません。なぜなら、「`foo += bar + 1;`」で使用されたfooは並列リージョンの各スレッドで新たに割り当てられ、並列リージョン終了時に消滅する変数だからです。表示したfooは共有変数のfooであり、それらとは別物です。なお、このプログラムではfooが並列リージョン内で初期化されていないため、コンパイラによってはエラーとなる場合もあります。

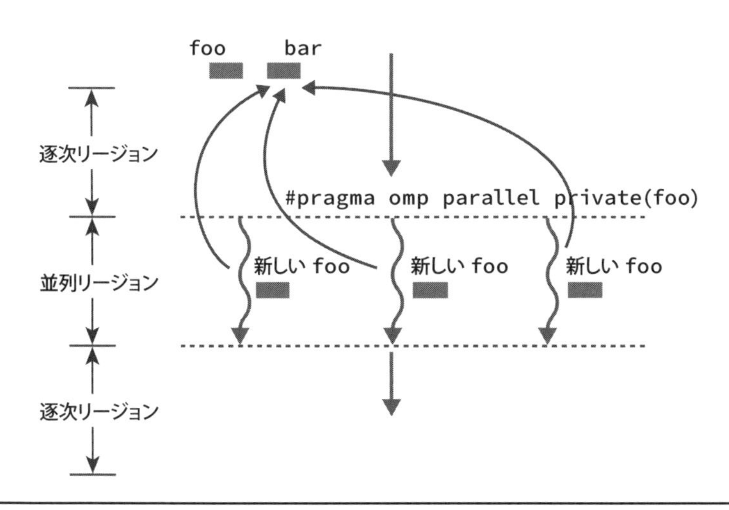

図6.7●fooは並列リージョンの各スレッドで新たに割り当てられる

図から分かるように、fooはスレッド単位に割り当てられ、そのスレッド終了時に破棄されます。このため、表示したfooは、プログラムの先頭で初期化したfooです。スレッドプログラミングやクラスを開発した人なら、コードと変数のインスタンスがどのように生成されるか、容易に理解できるでしょう。

6.5.3 ループのインデックス

OpenMPで多用されるforループでインデックスに使用される変数は、特別な扱いを受けます。OpenMPでは、ループをスレッドに分割したとき、明らかにプライベート変数でなければならないループのインデックスは、自動でプライベート変数として扱われます。ループのインデックス以外の変数は共有変数として処理されます。以降に例を示します。

リスト6.8●020 OpenMP/03 variables/Sources/variable03.cpp

```
#include <iostream>

using namespace std;

int main()
{
    const int N = 10;
    int foo[N] = { 1, 2, 3, 4, 5, 6, 7, 8, 9, 10 };
    int bar[N] = { 0, 0, 0, 0, 0, 0, 0, 0, 0, 0 };
    int i;

    #pragma omp parallel for
    for (i = 0; i < N; i++)
    {
        bar[i] = foo[i];
    }

    for (i = 0; i < N; i++)
    {
        cout << "foo[" << i << "] = " << bar[i] << endl;
    }
    return 0;
}
```

この例では、iは自動的にプライベート変数として処理されます。実行結果を次に示します。

```
foo[0] = 1
foo[1] = 2
foo[2] = 3
foo[3] = 4
foo[4] = 5
foo[5] = 6
foo[6] = 7
foo[7] = 8
foo[8] = 9
foo[9] = 10
```

このプログラムを正確に表現すると、次に示すように書き換えることができます。

リスト6.9●020 OpenMP/03 variables/Sources/variable04.cpp

```
#include <iostream>

using namespace std;

int main()
{
    const int N = 10;
    int foo[N] = { 1, 2, 3, 4, 5, 6, 7, 8, 9, 10 };
    int bar[N] = { 0, 0, 0, 0, 0, 0, 0, 0, 0, 0 };
    int i;

    #pragma omp parallel for private(i) shared(foo, bar)
    for (i = 0; i < N; i++)
    {
        bar[i] = foo[i];
    }

    for (i = 0; i < N; i++)
    {
        cout << "foo[" << i << "] = " << bar[i] << endl;
    }
    return 0;
}
```

このように、ループのインデックスである i はプライベート変数、それ以外は共有変数として指示するのが明示的な使用法です。ただ、OpenMP ではループの並列化は頻繁に行われますので、直前のプログラムのように省略することができます。

6.6 1 次元配列同士の乗算

第 5 章で紹介した、2 つの 1 次元配列の各要素を乗算し、その結果を別の 1 次元配列へ格納するプログラムを OpenMP でも開発します。

OpenMP は多数のスレッドを起動し、CPU コアへ処理を分散させます。処理は単純で、配列の各要素を乗算し、別の配列へ格納するプログラムです。

$$c_i = a_i * b_i \qquad (i = 1 \ldots n)$$

なお、プログラムコードは n を 0 から開始するため、i は n − 1 まで処理します。ソースリストを次に示します。このコードは OpenMP 用にも、通常の逐次処理を行うプログラム両方に対応します。

リスト6.10●020 OpenMP/04 mul1DArray/mul.cpp

```
#include <iostream>

using namespace std;

void verify(const int n, const float* a, const float *x, const float *y);



// main
int
main()
{
    const int N = 4096;
    float a[N], b[N], c[N];
    int i;

    for (i = 0; i < N; i++)       // initialize array
    {
        a[i] = (float)(i + 1000);
        b[i] = (float)i / 10.f;
```

```
    }

    #pragma omp parallel for    // calc.
    for (i = 0; i < N; i++)
    {
        c[i] = a[i] * b[i];
    }

    verify(N, a, b, c);

    return 0;
}
```

本プログラムのソースファイルは、逐次プログラムとOpenMPへ対応したプログラムの両方で共用します。ソースコードにはOpenMP用の#pragmaが存在し、この#pragmaはコンパイル時にOpenMPのコンパイルオプションを指定したときのみ有効になります。本プログラムは、for文を使用して1次元配列aとbの各要素を乗算し、結果を1次元配列cへ格納します。前章のプログラムとほぼ同じです。

verify関数は、処理結果が正常か検査する関数です。浮動小数点数の演算は誤差が発生する場合がありますので、比較には余裕を持たせます。verify関数を含むソースリストを次に示します。

リスト6.11●020 OpenMP/04 mul1DArray/verify.cpp

```
#include <iostream>
#include <cmath>

using namespace std;

void verify(const int n, const float *a, const float *b, const float *c)
{
    #ifdef  _OPENMP
    cout << "OpenMP mode!" << endl;
    #endif

    for (int i = 0; i < n; i++)
    {
        float cc = a[i] * b[i];
        if (fabs(cc - c[i]) > .000001f)
        {
            cerr << "error: cc = " << cc << ", c[" << i << "] = " << c[i] << endl;
            return;
```

```
        }
    }
}
```

OpenMPを指定せずビルドした逐次プログラムは、for文を使用して、配列の各要素を順序良く乗算します。このプログラムは、先に示した式を忠実に、かつ逐次的に処理します。

OpenMPを指定してビルドした並列プログラムは、for文のイテレータが粒度の小さなスレッドに分割され、各CPUコアに振り分けられ並列処理されます。

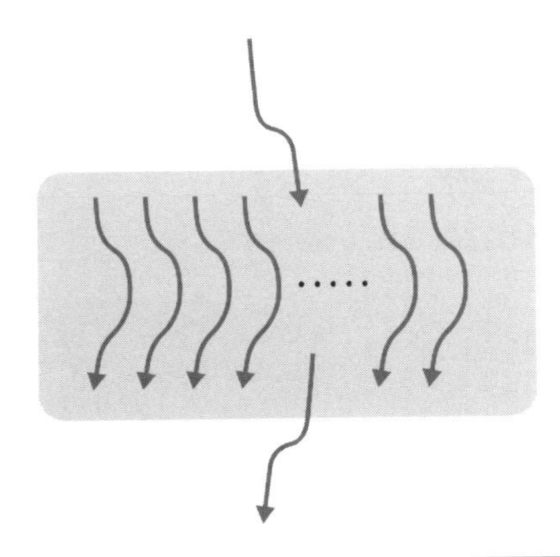

図6.8●並列処理でfor文を処理

このプログラムを、OpenMPのコンパイルオプションを指定した場合と指定しない場合で、それぞれビルドし実行します。両者を判別するために、_OPENMPが定義されていたらメッセージを出力します。以降に、逐次処理した場合とOpenMPで処理した場合の例を、g++とVisual C++を使用してコンパイルし、実行した様子を示します。

g++でビルド、実行（逐次処理）

```
$ g++ -o mul mul.cpp verify.cpp
$ ./mul
$
```

g++でビルド、実行（並列処理）

```
$ g++ -fopenmp -o mul mul.cpp verify.cpp
$ ./mul
```

```
OpenMP mode!
$
```

Visual C++でビルド、実行（逐次処理）

```
C:¥>cl /EHsc /Fe:mul.exe mul.cpp verify.cpp
[ …メッセージなど…]

C:¥>mul

C:¥>
```

Visual C++でビルド、実行（並列処理）

```
C:¥>cl /openmp /EHsc /Fe:mul.exe mul.cpp verify.cpp
[ …メッセージなど…]

C:¥>mul
OpenMP mode!

C:¥>
```

すべて正常に処理されたらしく、エラーメッセージは表示されません。

7 OpenACC

並列コンピューティングの代表にメニーコア型とアクセラレータ型が存在します。本章で紹介するOpenACCは、アクセラレータ型をディレクティブベースで使用できる新しいプログラミングインタフェースです。従来のOpenCLやCUDAなどのGPGPUプログラミングに比べ、若干の自由度を失いますが、プログラミングの敷居は低くなります。

7.1 概要

OpenACCは、新しいアクセラレータ用のプログラミングインタフェースです。これまでGPGPUなどを活用するには、OpenCLやCUDAなどを用いてプログラミングする必要がありました。ところが、OpenACCを利用すると、ディレクティブを指定するだけで通常のプログラムをアクセラレータ用のプログラムへ変更できます。まるでOpenMPを使用する感覚でGPGPUを活用できます。OpenACCの特徴を次に示します。

- 新しいアクセラレータ用プログラミングインタフェース
- ディレクティブベース
- C/C++言語とFORTRANに対応

7.2 ディレクティブベースの魅力

ディレクティブベースなので、プログラミングスタイルを大きく変更することなくアクセラレータ用のプログラムを開発できます。もちろん、既存のプログラムをアクセラレータ用へ変更するのも簡単です。OpenCL などで既存のプログラムを書き直すとなると、ソースコードはほとんど別物となり、アクセラレータ用のプログラムも開発しなければなりません。それに対して OpenACC では、OpenMP のようにディレクティブを追加するだけですので、開発もメンテナンスも容易です。

7.3 OpenACC の機能

通常のホスト用プログラムに OpenACC ディレクティブを追加することで、OpenACC コンパイラは以下に示すホストコードとアクセラレータコードを自動生成します。

1. アクセラレータ側にメモリの割り付け
2. ホストとアクセラレータ間のデータ転送
3. カーネル関数の生成
4. スレッドの生成

これらのコードは以下のディレクティブで生成されます。

1. kernels ディレクティブ
2. data ディレクティブ
3. loop ディレクティブ

ここでは文章だけで説明します。しかし、具体的な例がないと分かりにくいでしょう。ここで説明した内容の具体例は、7.6 節「はじめてのプログラム」で紹介します。ここでは、ぼんやりと OpenACC がどのようなものか掴んでください。OpenMP や OpenCL などを習得している人は、文章だけであっても理解するのは難しくないでしょう。これらの環境を使用したことがない人にとっては、具体例を理解してから本節を読み直すと良いでしょう。

7.4 指示文の概要

OpenACCでアクセラレータ（デバイス）側で実行する部分は指示文（ディレクティブ）で指定します。プログラムの記述法としてはOpenMPに近いです。次に示すようなプログラムがあり、網掛けの部分をオフロードすることを考えます。

```
    ⋮
float x[n], y[n];

for (int i = 0; i < n; i++)
    x[i] = (float)rand();

float a = (float)rand();

for (int i = 0; i < n; i++)  // この部分をオフロード（デバイス側で実行）したい。
{
    y[i] = a * x[i];
}
```

このような場合、その領域に対し指示文（ディレクティブ）を指定します。

```
    ⋮
float x[n], y[n];

for (int i = 0; i < n; i++)
    x[i] = (float)rand();

float a = (float)rand();

#pragma acc kernels           // ←指示文（ディレクティブ）を指定。
for (int i = 0; i < n; i++)
{
    y[i] = a * x[i];
}
```

すると、その領域はデバイスにオフロードされます。

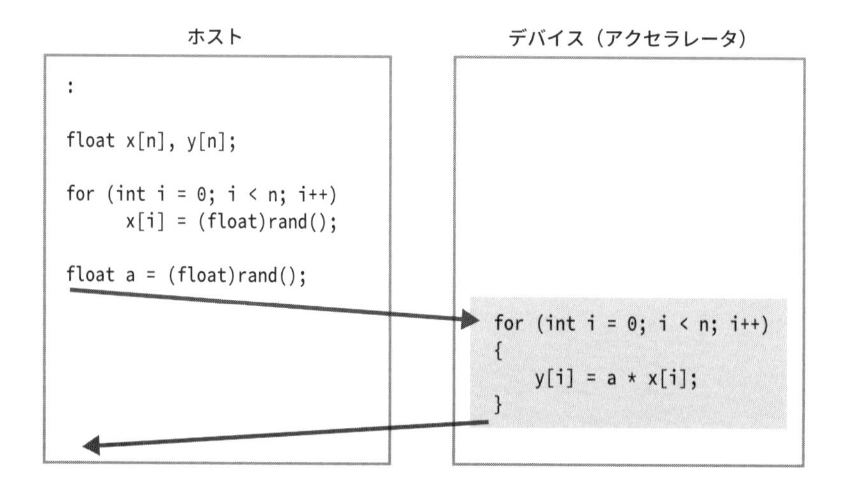

図7.1●デバイスへオフロード

#pragma acc kernels は、#pragma acc parallel loop と記述しても構いません。kernels ディレクティブと parallel ディレクティブは基本的に同様の指示を行いますが、細かい点が異なります。これについては詳細を後述します。

OpenMP を習得している人であれば、ほぼ #pragma omp parallel for と同じ動作をすると考えて良いです。しかし、OpenMP では処理が複数の CPU に分散されるのに対し、OpenACC では、対象部はアクセラレータ（通常は GPU）へオフロードされます。記述は OpenMP に近いですが、実装は対象部が OpenCL のカーネルに相当します。処理がオフロードされるということは、データもホストからアクセラレータ側に転送されます。このため、OpenMP などと違い、データがどちらに存在するか意識しなければならない場合があります。比較的単純なプログラムではコンパイラが自動的にデータを管理してくれます。これらについても、詳細は後述します。

7.5 データの移動

ここでは、OpenACC の指示文でアクセラレータ側で実行する部分を指定したとき、データがどのように移動するか図で説明します。

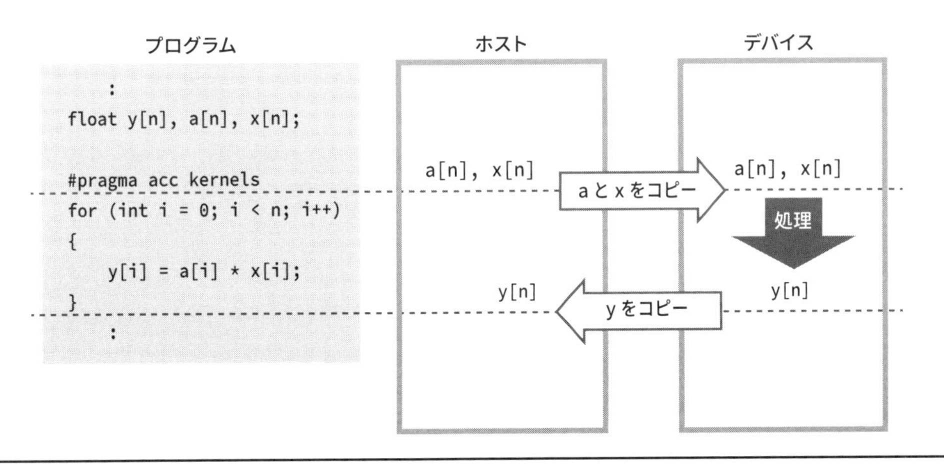

図7.2●データ移動の様子

#pragma acc kernels に続くブロックは、デバイス（アクセラレータ）へオフロードされます。このため、オフロードする直前でホストのメモリ内容をデバイス側にコピーします。単純なプログラムであれば、コンパイラが自動でデータ転送の処理を埋め込みます。確実にデータコピーを行うには、自身で data ディレクティブを指定する必要があります。

データコピーに関する指示文には、data、enter data、そして exit data ディレクティブが存在し、それに指示句を指定します。詳細は第 14 章「OpenACC のリファレンス」で解説します。上記のプログラムのデータコピーを明示的に指示したプログラム例を以降に示します。

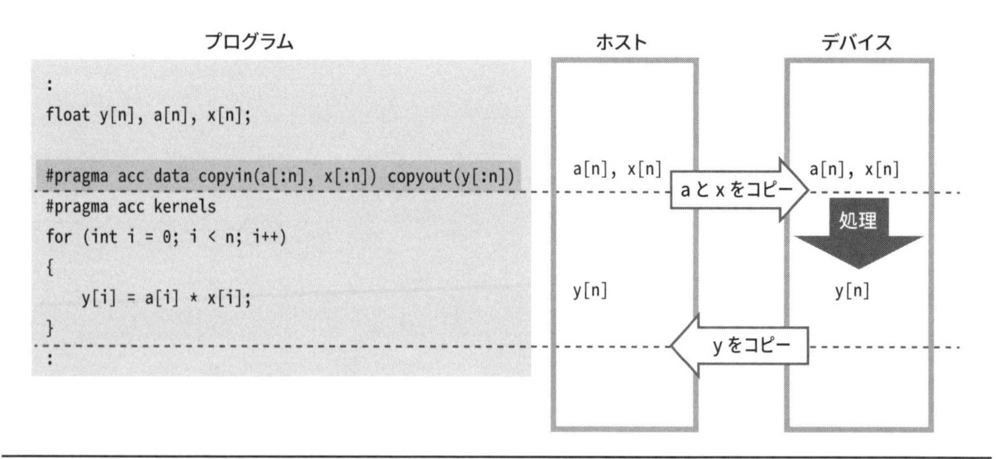

図7.3●データコピーを明示的に指示した例

データコピーの指定方法にはいくつかの方法があり、それらの詳細については後述します。

OpenACCで大事なことは、オフロードするときに、ホストやデバイスのデータも同時に管理する必要があることです。OpenACCはOpenMP同様、指示文を指定するだけなので、データがどちらにあるか意識しにくい点があります。しかし、データの管理を正確に行わないと正常な結果は得られません。

なお、このようなデータ管理を行うときのコピーを、データ移動、データコピー、メモリコピー、データ転送などと適宜使い分けて記述していますが、すべて同じことを指します。

7.6 はじめてのプログラム

詳細な説明に入る前に、OpenACCの概要を理解するため、簡単なプログラムを使用して説明します。ここでは、実際のプログラミングで頻繁に用いられる、ループの部分をオフロードしてGPGPUへ処理させるものを紹介します。

7.6.1 ループをオフロード

なお、OpenACCのサンプルプログラムはコンパイラがC++言語へ対応していないものもありましたので、C言語で記述します。以降にforループの並列化の例を示します。

リスト7.1●030 OpenACC/01 begin/for01.c

```
#include <stdio.h>

int main()
{
    const int N = 10;
    float a[N], b[N];

    for (int i = 0; i < N; i++)
    {
        a[i] = (float)(i + 1);
        b[i] = 0.0f;
    }

    #pragma acc kernels
    for (int i = 0; i < N; i++)
    {
        b[i] = a[i];
    }

    for (int i = 0; i < 10; i++)
    {
        printf("b[%d] = %.5f¥n", i, b[i]);
    }
    return 0;
}
```

本プログラムは、配列aの各要素を配列bへ代入する単純なものです。このループ内の処理は同じですので、並列化できると処理速度が向上するでしょう。このように処理そのものが小さく、多数の並列化を行うことを、粒度の小さな並列化と呼びます。OpenACCを利用すると、指定した範囲をGPGPUへオフロードし、かつ多数の小さな粒度へ並列化できます。

#pragma acc kernelsに続くブロックは、デバイス（アクセラレータ）へオフロードされます。このため、オフロードする直前でホストのメモリ内容をデバイス側にコピーします。本プログラムのように、単純なプログラムであれば、コンパイラが自動でデータ転送の処理を埋め込みます。確実にデータコピーを行うには、自身でdataディレクティブを指定する必要があります。

コンパイラにディレクティブを認識させるためには、コンパイルオプションを指定します。PGI Community Editionのpgccなどを使用する場合は-accを、gcc/g++を使用する場合は-fopenaccを指定します。つまり、このプログラムは、コンパイルオプションにOpenACCオプションを指定しなければ、逐次処理プログラムとなります。

それでは、OpenACC対応とそうでない条件でビルドし、実行してみましょう。OpenACCのオプションを指定すると、ディレクティブ #pragma acc kernelsが有効になります。これによって、#pragmaに続くforブロックがGPUへオフロードされ、GPU上で並列に処理されます。データの移動やカーネルコード、そして同期処理が必要ですが、すべてOpenACCのコンパイラが自動的に処理します。最初に示すのは、一般的な方法でコンパイルし、実行した例です。Windows 10上のPGI Community Editionでコンパイルしました。コンパイルオプションに何も指定していないため、プログラムは逐次プログラムとしてビルドされます。

```
PGI$ pgcc -Minfo=all -o for01 for01.c
PGI$ ./for01
b[0] = 1.00000
b[1] = 2.00000
b[2] = 3.00000
b[3] = 4.00000
b[4] = 5.00000
b[5] = 6.00000
b[6] = 7.00000
b[7] = 8.00000
b[8] = 9.00000
b[9] = 10.00000
```

次に、OpenACCを有効にしてコンパイルし、実行した例を示します。-accオプションを指定していますので、OpenACC用ディレクティブを認識し、GPU用のコードの生成を行います。

```
PGI$ pgcc -acc -Minfo=all -o for01 for01.c
main:
     14, Generating implicit copyout(b[:10])
         Generating implicit copyin(a[:10])
     15, Loop is parallelizable
         Accelerator kernel generated
         Generating Tesla code
         15, #pragma acc loop gang, vector(32) /* blockIdx.x threadIdx.x */
PGI$ ./for01
b[0] = 1.00000
b[1] = 2.00000
b[2] = 3.00000
b[3] = 4.00000
b[4] = 5.00000
b[5] = 6.00000
```

```
b[6] = 7.00000
b[7] = 8.00000
b[8] = 9.00000
b[9] = 10.00000
```

このような単純なプログラムでは処理時間が短いため、両者の違いは分かりません。しかし、OpenACCを利用すると、大きな負荷がかかるプログラムは処理時間が大幅に短縮されます。なお、コンパイル時にオプションを与えると、どのようにコンパイルされたか知ることができます。ここでは、-Minfo=allを指定し、すべての情報を表示させます。他にも多くのパラメータが存在しますので、詳細はコンパイラのドキュメントを参照してください。

14行目でデータ転送のコードが暗黙に生成されたこと、そしてkernelsディレクティブ直後のforループが並列化されて、Tesla code（GPU用のカーネルコード）が生成されているのが分かります。同時にloopディレクティブとして、どのように指定されたとして扱われたか表示されます。

参考のため、Ubuntu上でg++を使用した例も示します。

```
$ g++ -o for01 for01.c
$ ./for01
b[0] = 1.00000
b[1] = 2.00000
b[2] = 3.00000
b[3] = 4.00000
b[4] = 5.00000
b[5] = 6.00000
b[6] = 7.00000
b[7] = 8.00000
b[8] = 9.00000
b[9] = 10.00000
$
```

次に、OpenACCを有効にしてビルドし、実行した例を示します。-fopenaccオプションを指定していますので、OpenACC用ディレクティブを認識し、GPU用のコードが生成されます。

```
$ g++ -fopenacc -o for01 for01.c
$ ./for01
b[0] = 1.00000
b[1] = 2.00000
```

```
b[2] = 3.00000
b[3] = 4.00000
b[4] = 5.00000
b[5] = 6.00000
b[6] = 7.00000
b[7] = 8.00000
b[8] = 9.00000
b[9] = 10.00000
$
```

7.7 kernel ディレクティブと parallel ディレクティブ

GPU（アクセラレータ）で実行する部分を指定するのが、parallel ディレクティブと kernels ディレクティブです。先のプログラムは、GPU へオフロードする部分を kernels ディレクティブで指定しました。ここでは parallel ディレクティブを使った例を示します。プログラムの処理内容は直前と同様です。ソースリストを次に示します。

リスト7.2●030 OpenACC/01 begin/for02.c

```
#include <stdio.h>

int main()
{
    const int N = 10;
    float a[N], b[N];

    for (int i = 0; i < N; i++)
    {
        a[i] = (float)(i + 1);
        b[i] = 0.0f;
    }

    #pragma acc parallel
    for (int i = 0; i < N; i++)
    {
        b[i] = a[i];
```

```
    }

    for (int i = 0; i < 10; i++)
    {
        printf("b[%d] = %.5f¥n", i, b[i]);
    }
    return 0;
}
```

処理内容は前節と同じで、配列 a の各要素を配列 b へ代入する単純なものです。前節のプログラムと異なるのは、ディレクティブの #pragma acc kernels が #pragma acc parallel へ変わるだけです。OpenACC では、並列化、あるいは高速化したい部分に kernels ディレクティブか parallel ディレクティブを使用します。基本的に同じような動作を行いますが、以降に示す違いがあります。

- parallel ディレクティブ
  並列実行領域を指定します。並列の形状など細かな指定はプログラマが指定します。どちらかというとプログラマが詳細な指定を行います。細かな点については第 14 章を参照してください。

- kernels ディレクティブ
  指定したブロックをオフロードすることを明示して指定します。どのようにオフロードされるかはシステムに任せます。細かな点については第 14 章を参照してください。

どちらを使用しても、#pragma に細かな指定を行うと、最終的には同じような働きを行います。どちらを使用する方が良いかは、本書の説明や OpenACC の仕様書から判断すると良いでしょう。OpenACC の習得時には、それほど使い分けを意識する必要はないでしょう。

この例では、#pragma acc parallel に続く for ブロックが GPU で処理されます。従来の OpenCL などでは、明示的に GPU にデータを渡し、GPU で処理するコードも記述しなければなりませんでした。ところが OpenACC では、OpenMP のように #pragma ディレクティブを挿入するだけです。

```
        ⋮
#pragma omp parallel
{
  この部分が並列化される
}
        ⋮
```

図7.4●オフロードされるブロック

ここではOpenACCを有効にしてコンパイルした例を示します。コンパイル時にオプションを与えると、どのようにコンパイルされたか知ることができます。

```
PGI$ pgcc -acc -Minfo=all -o for02 for02.c
main:
     14, Accelerator kernel generated
         Generating Tesla code
         15, #pragma acc loop vector(128) /* threadIdx.x */
     14, Generating implicit copyin(a[:10])
         Generating implicit copyout(b[:10])
     15, Loop is parallelizable
PGI$ ./for02
b[0] = 1.00000
b[1] = 2.00000
b[2] = 3.00000
b[3] = 4.00000
b[4] = 5.00000
b[5] = 6.00000
b[6] = 7.00000
b[7] = 8.00000
b[8] = 9.00000
b[9] = 10.00000
```

このような単純な例では、kernelsかparallelかによる違いはありません。ただし、大部分の判断をコンパイラが行っていますので、メッセージをチェックするようにしましょう。想像していたようにコードが生成されているとは限りません。本書で利用したコンパイラは優秀で、予想通りのコードを生成しています。

kernelsディレクティブは、指定した範囲をオフロードすることを指示します。指定した範囲に複数のループがあると、複数のカーネルが生成され、それぞれが順序良く処理されます。単純に、ある領域をオフロードしたければ kernels ディレクティブを指定すると良いでしょう。コンパイラが自動でオフロードします。ただし、オフロードを指示するだけで、並列化の方法などはコンパイラにお任せです。

parallel ディレクティブは、指定した範囲を並列化することを指示します。parallel ディレクティブは、kernels ディレクティブと違い、並列の形状などはプログラマが指定します。並列処理や GPU、そして OpenACC に詳しくなるまでは、kernels ディレクティブを使用する方が無難でしょう。

7.8 data ディレクティブ

これまでのコンパイルメッセージを見る限り、ホストと GPU 間でデータ転送が implicit に生成されているのが分かります。さらに、ループが並列化されたこと、そしてカーネルコードが生成されているのが分かります。OpenCL などの GPU プログラミングを行ったことのある人は、この簡単さに驚くでしょう。

以降に、data ディレクティブを指定した処理と、指定しない処理の両方を備えたプログラムをコンパイルしたときのメッセージを示します。

```
PGI$ pgcc -acc -Minfo=all -o data data.c
main:
     14, Generating implicit copyout(b[:10])
         Generating implicit copyin(a[:10])
     15, Loop is parallelizable
         Accelerator kernel generated
         Generating Tesla code
         15, #pragma acc loop gang, vector(32) /* blockIdx.x threadIdx.x */
     20, Generating copyout(b[:])
         Generating copyin(a[:])
     23, Loop is parallelizable
         Accelerator kernel generated
         Generating Tesla code
         23, #pragma acc loop gang, vector(32) /* blockIdx.x threadIdx.x */
```

最初の処理では、データ転送をOpenACCのコンパイラに任せました。このため、14行目に対しimplicitな転送が発生しています。20行目でdataディレクティブを指定し、明示的にデータを転送しています。コンパイラのメッセージは、明示的にcopyoutやcopyinが生成されたことを表示し、実際のデータ転送が起きる場所を表示するわけではありませんが、確実にデータ転送が行われることを確認できます。先のcopyoutやcopyinに存在した「implicit」が消えています。このようにデータ転送を明示的に指定する方が確実です。単純なプログラムの場合、特にデータに対し気を付ける必要がないため、それに慣れてしまうと、ついデータ管理がおろそかになる可能性があります。実際の処理はアクセラレータ用のカーネルコード（Tesla code）が生成され、並列化されているのを観察できます。

データを管理するdataディレクティブや、それに指定するcopy節、copyin節、そしてcopyout節などの詳細に関しては後述します。ソースリストを次に示します。

リスト7.3●030 OpenACC/01 begin/data.c

```
#include <stdio.h>

int main()
{
    const int N = 10;
    float a[N], b[N];

    for (int i = 0; i < N; i++)
    {
        a[i] = (float)(i + 1);
        b[i] = 0.0f;
    }

    #pragma acc kernels
    for (int i = 0; i < N; i++)
    {
        b[i] = a[i];
    }

    #pragma acc data copyin(a) copyout(b)
    {
        #pragma acc kernels
        for (int i = 0; i < N; i++)
        {
            b[i] = a[i];
        }
    }
```

```
    for (int i = 0; i < 10; i++)
    {
        printf("b[%d] = %.5f¥n", i, b[i]);
    }
    return 0;
}
```

最初の処理では、1 次元配列 a と b の移動はコンパイラに任せました。次の処理では、明示的に a をホストからデバイスへ、b をデバイスからホストへ移動するように指示します。プログラムを実行した様子を次に示します。

```
PGI$ ./data
b[0] = 1.00000
b[1] = 2.00000
b[2] = 3.00000
b[3] = 4.00000
b[4] = 5.00000
b[5] = 6.00000
b[6] = 7.00000
b[7] = 8.00000
b[8] = 9.00000
b[9] = 10.00000
```

7.9 1 次元配列同士の乗算

これまでの並列化でも紹介した、2 つの 1 次元配列の各要素を乗算し、結果を別の 1 次元配列へ格納するプログラムを示します。まず、逐次処理と OpenACC の例を紹介します。

$$c_i = a_i * b_i \qquad (i = 1 \dots n)$$

なお、プログラムコードは n を 0 から開始するため、i は n － 1 まで処理します。以降に、OpenACC へ対応させたプログラムのソースリストを示します。このプログラムは、コンパイルオプションに OpenACC を指定しなければ、通常の C 言語で開発した逐次プログラムです。つまり、このプログラムは、OpenACCと通常の逐次プログラムの両方に対応します。

リスト7.4●030 OpenACC/02 mul1DArray/mul.c

```
#include <stdio.h>

void verify(const int n, const float* a, const float *x, const float *y);


// main
int
main()
{
    const int N = 4096;
    float a[N], b[N], c[N];
    int i;

    // initialize array
    for (i = 0; i < N; i++)
    {
        a[i] = (float)(i + 1000);
        b[i] = (float)i / 10.f;
    }

    // calc.
    #pragma acc kernels
    for (i = 0; i < N; i++)
    {
        c[i] = a[i] * b[i];
    }

    // list results
    printf("(a * b = c)¥n");
    for (i = 0; i < 10; i++)
        printf("%f * %f = %f¥n", a[i], b[i], c[i]);

    verify(N, a, b, c);

    return 0;
}
```

一般的に記述したプログラムのfor文の前に#pragmaを追加するだけで、forブロックがGPUへオフロードされます。GPUへのオフロードやデータ転送、そして同期処理は、すべてOpenACCのコンパイラが対応します。このプログラムは、処理結果が正常か判断する関数verifyを用意します。verify関数を含むソースリストを次に示します。

リスト7.5●030 OpenACC/02 mul1DArray/verify.c

```
#include <stdio.h>
#include <math.h>

void verify(const int n, const float* a, const float *b, const float *c)
{
    #ifdef  _OPENACC
    printf("OpenACC mode!¥n");
    #endif

    for (int i = 0; i < n; i++)
    {
        float cc = a[i] * b[i];
        if (fabs(cc - c[i]) > .000001f)
        {
            fprintf(stderr, "error: cc = %f, c[%d]=%f¥n", cc, i, c[i]);
            return;
        }
    }
}
```

この関数は、処理結果が正常か検証する関数です。なお、値が正常は判断する部分は、一定の誤差があることを前提とします。浮動小数点数の演算は、使用するライブラリや、処理法が異なる場合、若干の誤差が生ずることは良くあることですので、このような手法を採用します。整数では、それほど気にする必要はありませんが、浮動小数点数では誤差の発生に注意が必要です。

OpenACCを指定せずビルドした逐次プログラムは、for文を使用して配列の各要素を順次乗算します。このプログラムは、先に示した式を忠実に、かつ逐次的に処理します。

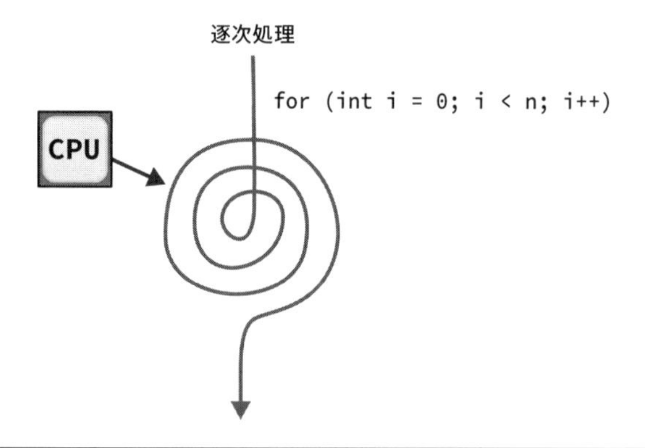

図7.5●逐次処理でfor文を処理

OpenACCを指定してビルドした並列プログラムは、for文のブロックがアクセラレータへオフロードされ、アクセラレータ上で並列処理されます。

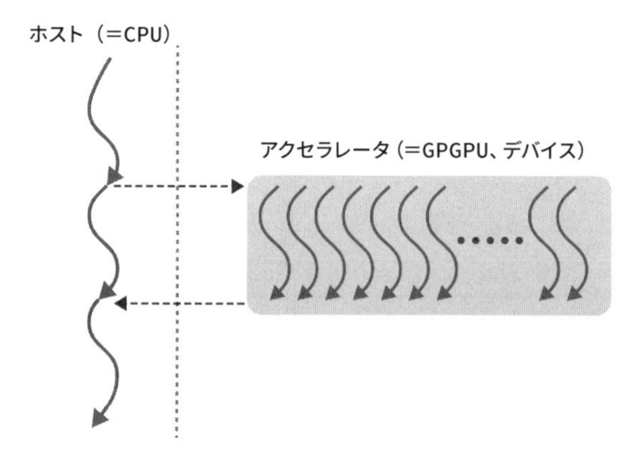

図7.6●for文を並列処理

このプログラムを、OpenACCのコンパイルオプションを指定した場合としない場合でそれぞれビルド、実行します。両者を判別するために、_OPENACCが定義されていたらメッセージを出力します。

以降に、gccとpgccを使用し、それぞれ逐次処理した場合とOpenACCで処理した場合の例を示します。

g++でビルド、実行（逐次処理）

```
$ gcc -o mul mul.c verify.c
$ ./mul
(a * b = c)
1000.000000 * 0.000000 = 0.000000
1001.000000 * 0.100000 = 100.099998
1002.000000 * 0.200000 = 200.400009
1003.000000 * 0.300000 = 300.900024
1004.000000 * 0.400000 = 401.600006
1005.000000 * 0.500000 = 502.500000
1006.000000 * 0.600000 = 603.600037
1007.000000 * 0.700000 = 704.899963
1008.000000 * 0.800000 = 806.400024
1009.000000 * 0.900000 = 908.099976
$
```

g++でビルド、実行（並列処理）

```
$ gcc -fopenacc -o mul mul.c verify.c
$ ./mul
(a * b = c)
1000.000000 * 0.000000 = 0.000000
1001.000000 * 0.100000 = 100.099998
1002.000000 * 0.200000 = 200.400009
1003.000000 * 0.300000 = 300.900024
1004.000000 * 0.400000 = 401.600006
1005.000000 * 0.500000 = 502.500000
1006.000000 * 0.600000 = 603.600037
1007.000000 * 0.700000 = 704.899963
1008.000000 * 0.800000 = 806.400024
1009.000000 * 0.900000 = 908.099976
OpenACC mode!
$
```

pgccでビルド、実行（逐次処理）

```
PGI$ pgcc -Minfo=all -o mul mul.c verify.c
mul.c:
verify.c:
PGI$ ./mul
(a * b = c)
```

```
1000.000000 * 0.000000 = 0.000000
1001.000000 * 0.100000 = 100.099998
1002.000000 * 0.200000 = 200.400009
1003.000000 * 0.300000 = 300.900024
1004.000000 * 0.400000 = 401.600006
1005.000000 * 0.500000 = 502.500000
1006.000000 * 0.600000 = 603.600037
1007.000000 * 0.700000 = 704.899963
1008.000000 * 0.800000 = 806.400024
1009.000000 * 0.900000 = 908.099976
PGI$
```

pgccでビルド、実行（並列処理）

```
PGI$ pgcc -acc -Minfo=all -o mul mul.c verify.c
mul.c:
main:
     22, Generating implicit copyin(b[:4096])
         Generating implicit copyout(c[:4096])
         Generating implicit copyin(a[:4096])
     23, Loop is parallelizable
         Accelerator kernel generated
         Generating Tesla code
         23, #pragma acc loop gang, vector(128) /* blockIdx.x threadIdx.x */
verify.c:
PGI$ ./mul
(a * b = c)
1000.000000 * 0.000000 = 0.000000
1001.000000 * 0.100000 = 100.099998
1002.000000 * 0.200000 = 200.400009
1003.000000 * 0.300000 = 300.900024
1004.000000 * 0.400000 = 401.600006
1005.000000 * 0.500000 = 502.500000
1006.000000 * 0.600000 = 603.600037
1007.000000 * 0.700000 = 704.899963
1008.000000 * 0.800000 = 806.400024
1009.000000 * 0.900000 = 908.099976
OpenACC mode!
PGI$
```

8 OpenCL

OpenCL は、OpenMP などのホモジニアスと違いヘテロジニアスなアーキテクチャ向けの並列化環境です。アクセラレータ（GPGPU）を有効に利用する環境には、OpenCL、CUDA や OpenACC が存在します。前章で説明した OpenACC を利用すると、OpenMP のような手軽さで GPGPU を利用できますが、細かな制御は少し苦手です。OpenCL を利用すると、API インタフェースのためプログラムは複雑化しますが、GPGPU を細かく制御できます。

なお、本書ではアクセラレータをデバイス、あるいは具体的に GPGPU と表現する場合があります。本書は論文ではありませんので、用語は統一されていません。

8.1 概論

OpenCL は、スレッドなどとは異なり、ヘテロジニアスなアーキテクチャ向けの並列化環境です。それ以外のアーキテクチャにも対応していますが、現実的には GPGPU などのヘテロジニアスなアーキテクチャを採用したシステムで動作させることを想定していると考えて良いでしょう。本書でも、GPGPU を活用する粒度の小さな並列処理を中心に解説します。

GPGPU を搭載したシステムは、汎用の CPU に、並列演算が得意なアクセラレータを接続した、ヘテロジニアスな構成です。当然ですが、ホストプロセッサのアーキテクチャとデバイス側で使用される GPGPU のアーキテクチャは異なります。そのため、メニーコアなどのようにホストプロセッサのバイナリを GPGPU で実行することはできず、さらにメモリ空間も分離されます。

代わりに、ホストプロセッサの処理をデバイスへオフロードできます。このような背景から、メニーコアに向く処理とGPGPUに向く処理には若干の違いが存在します。

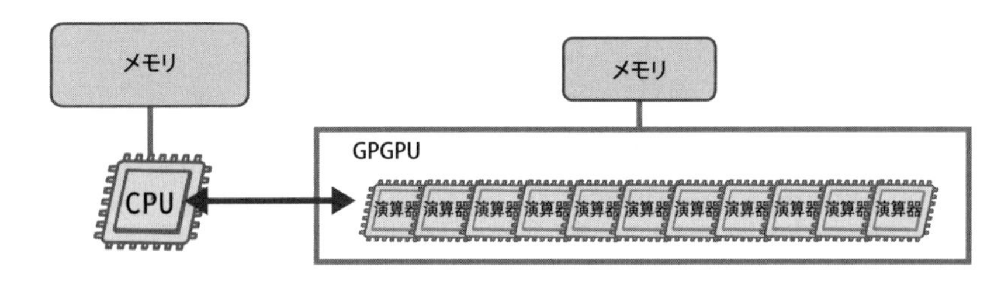

図8.1●ハードウェアモデル

遠くない未来に、GPGPUとメインプロセッサがメモリを共有できるようになる、あるいはメニーコアのコア数がGPGPUのPE数に迫る時代が来ることも考えられます。そうなると、メニーコアシステムとGPGPUを採用したヘテロジニアスなシステムは同じような構成になるでしょう。しかし、それがいつ実現するのかはまだ分かりません。代わりに、ソフトウェアモデルは、GPGPUシステムとメニーコアシステムを統合するようなものが現れ始めています。OpenMPやOpenCLのバージョンアップ、そしてOpenACCや新しい規格が、ハードウェアの構成を抽象化し始めています。ただ、これらが実用に供し、所望の性能を発揮するまでは、もう少し時間が必要でしょう。それにソフトウェアの抽象化が進んだとしても、基本的な知識が不要になることはありません。

OpenCLをソフトウェアから観察した場合、これまでのように自身のプログラムの一部を並列に記述するのではなく、ホストから外部のデバイスに負荷を分離し、ホストとデバイスで並列に処理します。ホストとでデバイスは、通信や同期を行い処理します。このように、これまでの方式と違い、ホストとデバイスの接続が少し疎結合のため、何らかの通信が発生します。この見返りに、一部の処理をデバイスへ任せますので、ホストの負荷をオフロードできます。ヘテロジニアスな環境を想定しているため、並列化をホストとデバイス側プログラムで構成します。以降に、ソフトウェアから考えた構成の典型的な例を図で示します。

図8.2●ソフトウェアから考えた構成の典型的な例

ヘテロジニアスなシステムでは、ホスト側とデバイス側のプログラムを2種類用意しなければなりません。スレッドや OpenMP では、1 つのバイナリで並列処理を実現しています。しかし、OpenCL は、この点が大きく異なります。ただし、ホスト側とデバイス側両方のプログラムを C/C++ 言語で開発できますので、特別なプログラム言語を新たに学習する必要はありません。代わりに、ホスト側とデバイス側の通信方法や、メモリの受け渡しなどについて新たな概念を習得しなければなりません。

これまでの、スレッドや OpenMP などと違い、ホスト側とデバイス側のプログラムのバイナリを用意すること、そして 2 つを相互に連携させることや、メモリ空間が分離されているため、データ管理が面倒になります。GPGPU を利用するため、手続きが多少煩雑になり、他の並列プログラミングより前処理や後処理へ多くの作業が必要になります。

ここでいうホストとは、コンピュータの OS などが処理される、ホスト CPU やメモリ環境などを指します。また、デバイスとは、GPGPU などを搭載したグラフィックスボードなどを指します。OpenCL では、デバイスに DSP や CPU などを割り当てることもできますが、本書では GPGPU を標準で考えます。

OpenCL のアプリケーションソフトウェアは、このホスト側のプログラムとデバイス側のプログラムが一体となって動作し、目的を達成します。このデバイス側で動作するプログラムを OpenCL では、特別にカーネル（kernel）と呼びます。

8.2 データ並列とタスク並列

他の並列化技術と同様に、OpenCL もデータ並列とタスク並列をサポートしています。OpenCL は、GPGPU を活用し、他と比較して粒度の小さな大量の並列化に適しています。また、API インタフェースを採用しているため、同じヘテロジニアスを対象とする OpenACC などより細かな制御を行うことができます。

8.3 OpenCL C 言語

デバイス側のプログラムは C99 準拠の言語で開発します。OpenCL C 言語は、C99 へ制限と拡張を加えたものです。C/C++ 言語に慣れた人なら、ホストプログラムの開発と同じようにデバイス側のプログラムも開発できるでしょう。デバイス側のプログラムには、細かな制限や、多くの OpenCL C 組込み関数が用意されています。

8.4 はじめてのプログラム

本章では、OpenCL を使った簡単なプログラムを紹介します。2 つの変数を加算し、1 つの変数へ格納する単純なプログラムです。本書で紹介するプログラムの処理内容を以降に示します。

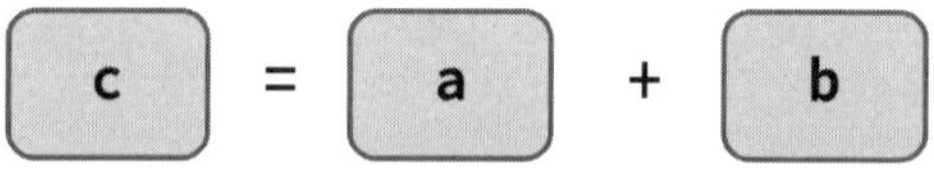

c = a + b

図8.3●2つの変数を加算し、1つの変数へ格納する

このプログラムは、C/C++ 言語で普通に（並列化せず）記述すればとても単純ですが、OpenCL を使うとなると大量のコードを記述する必要があります。増加するコードの大部分は OpenCL を使用するための手順の記述で、本来の目的となる処理の量や複雑さに関係なく必要です。そのため、2 つの変数を加算するだけの単純なプログラムでも、いわゆる言語の入門書などによく用いられる Hello World 的なプログラムでさえ、複雑になってしまいます。しかし、OpenCL を習得するには、この手順を最初に学ばなければなりません。このように最初の一歩は簡単ではありませんが、少し我慢してそこを乗り越えてしまえば、あとは比較的スムーズに学習が進むでしょう。

早速、本処理を OpenCL で記述してみましょう。少し我慢して説明を読んでください。一旦理解すれば、複雑なプログラムも同じような手順で開発できます。

8.4.1 ホストで処理するプログラム

まず、通常のプログラムと OpenCL を用いたプログラムを比較するために、C/C++ 言語で記述した簡単な加算プログラムを示します。

リスト8.1●040 OpenCL/01begin/Sources/add.cpp

```
#include <iostream>
```

```
using namespace std;

// add
static void
add(const float &a, const float &b, float &c)
{
    c = a + b;
}

// main
int
main()
{
    float a = 1.1f, b = 2.2f, c;

    add(a, b, c);                               // c = a + b;

    cout << a << " + " << b << " = " << c << endl;

    return 0;
}
```

非常に単純なプログラムです。変数aとbを加算し、その結果を変数cへ格納するだけです。main関数で「c = a + b;」を行わず、add関数を呼び出しているのは、OpenCL化するときにカーネルで実現する部分を明確に分離するためです。後ほど、このadd関数の機能をOpenCLのカーネルで実現します。

このプログラムの実行結果を示します。

```
C:¥>add
1.1 + 2.2 = 3.3
```

単にfloat型のaの値とbの値を加算するだけです。

8.4.2 OpenCLで記述したプログラム

さて、同じ内容をOpenCLで記述したプログラムを示します。前節で解説しましたが、OpenCLでプログラムを開発する場合、ホスト側のプログラムとデバイス側のプログラム（カーネル）が必要です。本プログラムは、デバイス側のプログラムソースコードを、プログラム内に文字列として保持します。以降に、ソースコードを示します。

リスト8.2●040 OpenCL/01begin/Sources/addCl.cpp

```
#ifdef __APPLE__
#include <OpenCL/opencl.h>
#else
#include <CL/cl.h>
#endif //__APPLE__

#include <iostream>

using namespace std;

// main
int
main()
{
    cl_int status;
    float a = 1.1f, b = 2.2f, c;


    // get platform id
    cl_platform_id platformId;
    status = clGetPlatformIDs(1, &platformId, NULL);

    // get device id
    cl_device_id deviceID;
    status = clGetDeviceIDs(platformId,
      CL_DEVICE_TYPE_DEFAULT, 1, &deviceID, NULL);

    // create Context
    cl_context context = clCreateContext(NULL, 1, &deviceID, NULL, NULL, NULL);

    // create Command Queue 2.0
    cl_command_queue queue = clCreateCommandQueueWithProperties(
        context, deviceID, NULL, NULL);

    // create program object
    static const char *src[] =
    {
        "__kernel void¥n¥
         add(__global const float *a,¥n¥
             __global const float *b,¥n¥
```

```
            __global float *c)¥n¥
        {¥n¥
            *c = *a + *b;¥n¥
        }¥n"
    };
    cl_program prog = clCreateProgramWithSource(context,
        1, (const char**)&src, NULL, NULL);

    // build program 1.x
    status = clBuildProgram(prog, 1, &deviceID, NULL, NULL, NULL);

    // create kernel
    cl_kernel kernel = clCreateKernel(prog, "add", NULL);

    // create memory object
    cl_mem memA = clCreateBuffer(context, CL_MEM_READ_ONLY | CL_MEM_COPY_HOST_PTR,
        sizeof(a), &a, NULL);
    cl_mem memB = clCreateBuffer(context, CL_MEM_READ_ONLY | CL_MEM_COPY_HOST_PTR,
        sizeof(b), &b, NULL);
    cl_mem memC = clCreateBuffer(context, CL_MEM_WRITE_ONLY,
        sizeof(c), NULL, NULL);

    // set kernel parameters
    status = clSetKernelArg(kernel, 0, sizeof(cl_mem), (void *)&memA);
    status = clSetKernelArg(kernel, 1, sizeof(cl_mem), (void *)&memB);
    status = clSetKernelArg(kernel, 2, sizeof(cl_mem), (void *)&memC);

    // request execute kernel 2.0
    const size_t global_work_size = 1;
    const size_t local_work_size = 1;
    status = clEnqueueNDRangeKernel(queue, kernel, 1, NULL,
        &global_work_size, &local_work_size, 0, NULL, NULL);

    // obtain results
    status = clEnqueueReadBuffer(queue, memC, CL_TRUE, 0,
        sizeof(c), &c, 0, NULL, NULL);

    // output results
    cout << a << " + " << b << " = " << c << endl;

    // flush queue
    status = clFlush(queue);

    // release resources
```

```
    clReleaseMemObject(memC);
    clReleaseMemObject(memB);
    clReleaseMemObject(memA);
    clReleaseKernel(kernel);
    clReleaseProgram(prog);
    clReleaseCommandQueue(queue);
    clReleaseContext(context);

    return 0;
}
```

C/C++ 言語で記述したプログラムに比較すると、多くの行数を消費します。かつ、通常のプログラムでは使用しない多くの関数を使用します。このようなコードを最初の例で示されると少しやる気がそがれるかもしれませんが、ここが頑張りどころです。なお、OpenCL は 1.x と 2.x で比較的大きな修正が行われました。本プログラムは開発環境に OpenCL 2.x を利用していますが、OpenCL 2.x 特有な機能は利用していません。

プログラムの構造を、順を追って説明します。今回はデバイス側で実行されるカーネルのソースコードを、ホストプログラムに文字列として記述します。以降に、文字列で記載されているソースコードを抜き出して示します。文字列に含まれる「¥n¥」ですが、最初の「¥n」は改行コード、次の「¥」は、文字列の継続を示すバックスラッシュ（円記号）です。これらを取り払ったカーネルのソースリストを示します。

```
__kernel void
add(__global const float *a,
    __global const float *b,
    __global float *c)
{
    *c = *a + *b;
}
```

先に、このプログラムの実行結果を示します。

```
C:¥>addCl
1.1 + 2.2 = 3.3
```

単に float 型の a の値と b の値を加算するだけです。先に示した、OpenCL を使用しない C/C++ 言語で記述したプログラムと同じ結果を得られています。

Visual Studio で、ヘッダファイルを参照できない

他のパソコンなど異なる環境で作成したプロジェクトを開くと、ヘッダファイルを参照できず、コードの下部にマークが付く場合があります。

このような現象は、異なるバージョンの Visual Studio をインストールしていたり、あるいは Visual Studio の処理が遅いのか、参照できているにも関わらずマークが付く場合があります。一般的にはプロジェクトのプロパティをチェックして適切に変更すると解決します。しかし、それでもヘッダファイルをうまく参照できないことがあり、そのような状態でビルドを行うと、「必要な Windows SDK バージョン」が見つからない旨のメッセージが表示されます。そのような場合は、ソリューションの上でマウスの右ボタンをクリックし、「ソリューションの再ターゲット」を選択します。

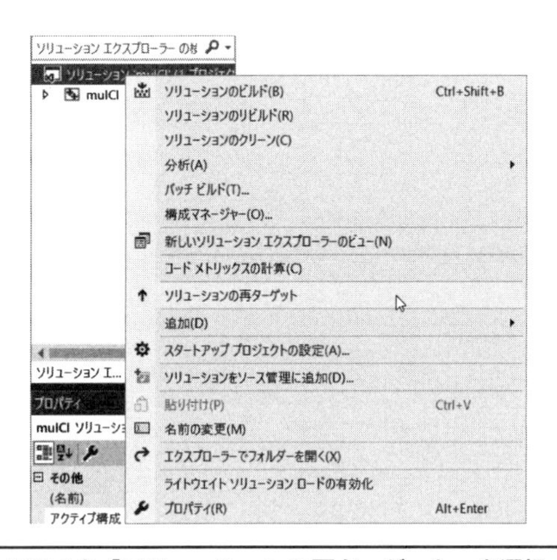

図8.4●「ソリューションの再ターゲット」を選択

すると、「ソリューション操作の再ターゲット」ダイアログボックスが現れますので、「Windows SDK バージョン」の欄を確認し「OK」をクリックしてください。

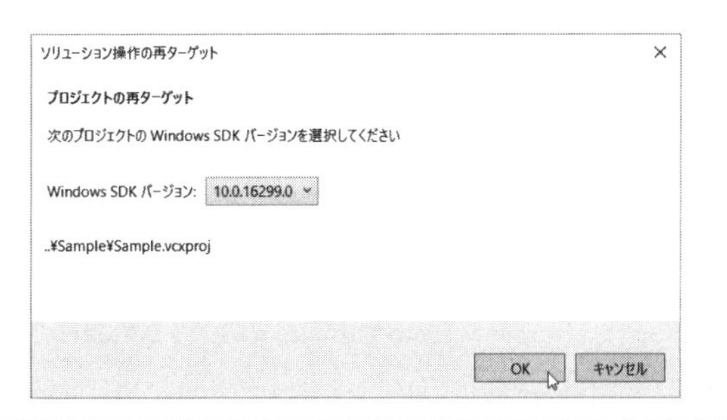

図8.5●「Windows SDKバージョン」の欄を確認し「OK」をクリック

これによってソリューションは再ターゲットされ、ビルドが正常に行われるようになります。これでも解決できない場合は、自身の環境でプロジェクトを作成し、ソースファイルをコピーしてください。

ホストプログラム

まず、ホスト側のプログラムから説明しましょう。実際のコード説明に先立ち、ホストプログラムの流れを説明します。

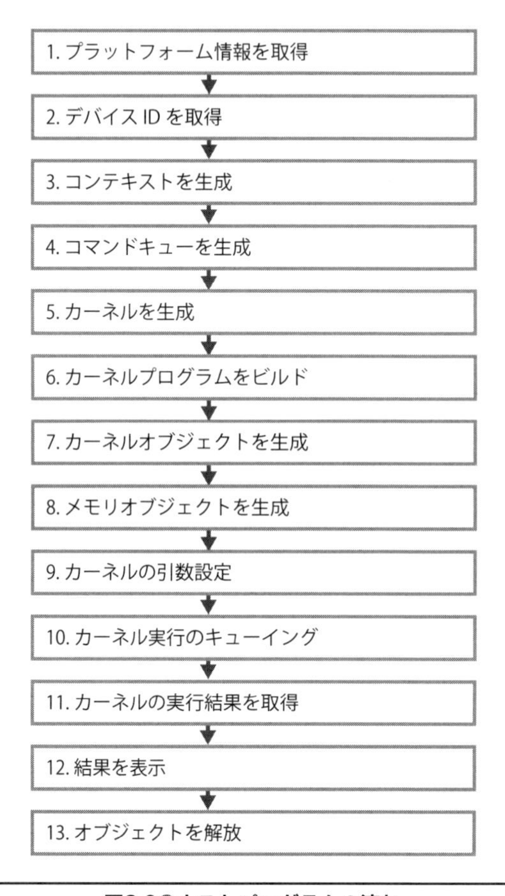

図8.6●ホストプログラムの流れ

メモリオブジェクト

メモリオブジェクトは正確にはバッファメモリオブジェクトと表現した方が良いですが、バッファオブジェクト、あるいはメモリオブジェクトと表記するときも少なくありません。これ以外に、画像などの処理に適したイメージオブジェクトが存在します。本書ではイメージオブジェクトの解説は行いません。

本プログラムの主要な処理が行われるのは、「10. カーネル実行のキューイング」部分です。この部分のために、前後に多くの手順が必要です。少し面倒ですが、この一連の処理を踏まないとデバイス側のプログラムを実行させることはできません。この手順はOpenCLプログラミングの基礎となります。なお、上記の順序ですが、必ずしも上記通りでなくても良い部分もあります。

さて、処理手順を説明します。本プログラムはOpenCLの理解を進めることを主眼にしているため、エラー処理を省いています。また、APIの呼び出しも簡便な方法を使用しています。

まず、OpenCL APIを使用するためにはインクルードファイルを指定しなければなりません。インクルードファイルには、OpenCL API、OpenCL組込み関数や型、構造体などが定義されています。インクルードファイルのパスなどは、使用する開発環境に依存します。

1. プラットフォーム情報の取得

clGetPlatformIDs APIを使用して、プラットフォームIDを取得します。このIDを使用して、プラットフォームが提供するOpenCLの情報を取得できます。

```
cl_platform_id platformId;
status=clGetPlatformIDs(1, &platformId, NULL);
```

1つのコンピュータ内に複数のプラットフォームが存在することがあります。本来なら汎用性を持たせ、すべてのプラットフォームを列挙し、使用目的に合わせて適切なプラットフォームを選択すると良いでしょう。ただ、プログラムが複雑になりますので、本プログラムは先頭のプラットフォームIDを取得します。最初の引数に1を指定していますが、これはプラットフォームIDを1つだけ取得することを指示します。取得したIDはplatformIdへ格納されます。以降のOpenCLランタイムAPIでは、この取得したplatformIdを使用します。最後の引数には、有効なプラットフォームの数が格納されますが、NULLを指定し受け取らないようにします。clGetPlatformIDs APIの詳細については後述の解説を参照してください。

なお、statusにclGetPlatformIDs APIの結果が返されます。本来なら、statusをチェックしてエラーが起きていないか検査するべきですが、プログラムのソースコード量を抑えるため、本プログラムではエラー処理は割愛しました。同様に、有効なプラットフォームの数が0の場合もありますので、本来は、そのチェックも必要です。

2. デバイスIDの取得

clGetDeviceIDs APIを使用して、デバイスIDを取得します。

```
cl_device_id deviceID;
status=clGetDeviceIDs(platformId,
                CL_DEVICE_TYPE_DEFAULT, 1, &deviceID, NULL);
```

1つのプラットフォームに複数のデバイスが存在することがあるため、汎用性を持たせるためには、すべてのデバイスIDを列挙し、使用目的に合わせて適切なデバイスを選択すると良いでしょう。ここでは単純に、最初のデバイスのみを取得します。最初の引数は、clGetPlatformIDs APIで取得したプラットフォームIDです。2番目の引数で、デバイスの種別を指定しますが、ここではデフォルトを指定し特定のデバイスは指定しません。以降の引数は、clGetPlatformIDs APIと同様の構成です。第3引数は、取得したいデバイスの数を指定します。ここでは1を指定し1つだけ取得します。取得したIDはdeviceIDへ格納されます。以降のOpenCL APIでは、このdeviceIDを使用します。最後の引数には、有効なデバイスの数が格納されますが、プラットフォームID取得の場合と同様に、NULLを指定し受け取らないようにします。APIの詳細については後述の解説を参照してください。

OpenCL 1.xとOpenCL 2.xが混在するような環境では、デバイスIDの取得などには工夫が必要です。単純に、ここで解説した方法を用いると、OpenCL 2.xを使用したいのに、OpenCL 1.xのデバイスを選択してしまう場合もあります。

3. コンテキストの生成

clCreateContext APIを使用し、コンテキストを生成します。コンテキストは、OpenCLを実行する環境です。

```
cl_context context = clCreateContext(NULL, 1, &deviceID, NULL, NULL, NULL);
```

コンテキストには、カーネルを実行するデバイスを指定しなければなりません。clCreateContext APIの第1引数にはプロパティリストを指定します。ここではNULLを指定して、プロパティリストは指定しません。次の第2引数にデバイスIDを指定します。続いてコールバック関数、コールバックに渡すデータ、およびエラーコードを受け取る変数を指定します。

しかし、本プログラムはこれらを使用しないため、すべてNULLを指定します。APIの詳細については後述の解説を参照してください。

4. コマンドキューの生成

clCreateCommandQueueWithProperties APIを使用し、コマンドキューを生成します。

```
cl_command_queue queue = clCreateCommandQueueWithProperties(
    context, deviceID, NULL, NULL);
```

ホストプログラムは、このコマンドキューにいろいろなコマンドをキューしてデバイスを制御します。1つのデバイスに、1つのコマンドキューが必要です。第1引数にコンテキストを、第2引数にデバイスIDを指定します。続いてプロパティのリストとエラーコードを受け取る変数を指定しますが、本プログラムは使用しないため、両方にNULLを指定します。APIの詳細については後述の解説を参照してください。

OpenCL 1.2までは、コマンドキュー生成は、clCreateCommandQueue APIを使用しました。OpenCL 2.0から、このAPIはclCreateCommandQueueWithPropertiesへ変更されました。これについてはAPIの説明で解説します。

5. カーネルプログラムの生成

clCreateProgramWithSource APIを使用し、カーネルプログラムを生成します。

```
cl_program prog = clCreateProgramWithSource(context,
    1, (const char**)&src, NULL, NULL);
```

カーネルはデバイス側で実行されますが、カーネルプログラムの生成や起動などはホストプログラムが処理します。まず、本APIで、カーネルプログラムを生成します。本プログラムでは、カーネルのソースコードをファイルから読み込まず、ホストプログラム内にハードコードします。

本APIの第1引数はコンテキストです。第2引数は、第3、第4の配列がいくつあるか示します。ここでは、ソースは1つしかないので、1を指定します。第3引数には、第2引数で示した個数のポインタを要素に持つ配列を指定します。この配列が各ソースコードを指します。本プログラムは、1つのカーネルソースしか必要ありません。

続く引数は、カーネルソースコードの長さを示す配列です。ただし、NULLを指定すると、カーネルソースコードの文字列がNULL文字で終端されているとみなされます。ここではNULLを指定し、カーネルソースコード文字列長は指定しません。最後の引数はエラーコードを受け取る変数を指定しますが、本プログラムは使用しないため NULL を指定します。以降にカーネルソースコードの文字列を示します。

```
static const char *src[] =
{
    "__kernel void¥n¥
     add(__global const float *a,¥n¥
         __global const float *b,¥n¥
         __global float *c)¥n¥
     {¥n¥
         *c = *a + *b;¥n¥
     }¥n"
};
```

6. カーネルのビルド

clBuildProgram API を使用し、カーネルをビルドします。

```
status = clBuildProgram(prog, 1,&deviceID, NULL, NULL, NULL);
```

デバイスはカーネルソースを直接実行することはできません。このため、本 API で、ソースコードで登録したプログラムを OpenCL C でビルドします。第 1 引数には先ほど生成した prog を指定します。本 API を使用するとデバイス ID へ適合したバイナリを OpenCL C でビルドしてくれます。第 2 引数に 2 以上の値を指定すると、デバイスを複数指定することができます。第 3 引数には、第 2 引数で指定した数のデバイス ID を指定しなければなりません。今回は、1 つのデバイスしか指定しませんので、deviceID へのポインタを指定します。続いて、実行可能プログラムをビルドする際に適用するビルドオプションを指定します。そしてコールバック関数、コールバックに渡すデータを指定しますが、本プログラムは使用しないため NULL を指定します。API の詳細については後述の解説を参照してください。

多機能

読んでいて分かりにくい部分も多いと思います。OpenCL API は複数のデバイスやソースなどを扱えるため、引数が若干複雑です。最初は少々戸惑います。あまり、理解が進まない場合や手順を読んでも分かりにくい場合は、一旦説明を読むのを止めてソースを眺めたり、API のリファレンスを眺めるのも良いでしょう。

7.　カーネルオブジェクトの生成

clCreateKernel API を使用し、カーネルオブジェクトを生成します。

```
cl_kernel kernel = clCreateKernel(prog, "add", NULL);
```

1つのカーネルオブジェクトは、1つのカーネル関数に対応します。このため、上に示すようにカーネルの関数名を指定します。この add は、先ほど示したカーネルソースの関数名と一致していなければなりません。

本 API の第1引数にプログラムオブジェクト、第2引数にカーネルの関数名、最後にエラーコードを受け取る変数を指定しますが、本プログラムでは使用しないため NULL を指定します。API の詳細については後述の解説を参照してください。

8.　メモリオブジェクトの生成

clCreateBuffer API を使用し、メモリオブジェクトを生成します。

```
cl_mem memA = clCreateBuffer(context, CL_MEM_READ_ONLY | CL_MEM_COPY_HOST_PTR,
    sizeof(a), &a, NULL);
cl_mem memB = clCreateBuffer(context, CL_MEM_READ_ONLY | CL_MEM_COPY_HOST_PTR,
    sizeof(b), &b, NULL);
cl_mem memC = clCreateBuffer(context, CL_MEM_WRITE_ONLY,
    sizeof(c), NULL, NULL);
```

このプログラムでは、3つのメモリオブジェクトが必要です。そのため、clCreateBuffer API を3回呼び出します。値をカーネルへ渡したい場合と、受け取りたい場合で引数が異なります。カーネルが処理を行う場合、カーネルが操作するメモリはデバイス側に存在しなければなりません。カーネルは、ホストにあるリソースを直接操作することはできないため、これらのメモリをホストプログラムが用意する必要があります。

このときに使用するのがメモリオブジェクトです。メモリオブジェクトは、clCreateBuffer API で生成します。第1引数にコンテキストを、第2引数にメモリオブジェクトがどのように使われるかを示す値を指定します。第3引数にメモリオブジェクトのサイズを指定し、第4引数にはコピーするデータが格納されているホストメモリのアドレスを指定します。最後の引数に、エラーコードを受け取る変数を指定しますが、本プログラムでは使用しないため NULL を指定します。API の詳細については後述の解説を参照してください。

この例では、最初の2つのメモリオブジェクトはカーネルから読み込みだけが行われ、書き込みは行われません。つまりホストから値を渡したい場合、このような指定を行います。最後のメモリオブジェクトはカーネルから書き込みだけ行われます。この場合、第 4 引数は NULL を指定しメモリ領域の確保のみを行います。

9. カーネルの引数設定

clSetKernelArg API を使用しカーネルに渡す引数を設定します。

```
status = clSetKernelArg(kernel, 0, sizeof(cl_mem), (void *)&memA);
status = clSetKernelArg(kernel, 1, sizeof(cl_mem), (void *)&memB);
status = clSetKernelArg(kernel, 2, sizeof(cl_mem), (void *)&memC);
```

ホストプログラムとカーネル間の引数は、本 API で設定します。第 1 引数はカーネルオブジェクトです。第 2 引数は、引数のインデックスを指定します。カーネルは、最初の引数を 0 として始まる値を指定し、この値でカーネルの引数を識別させます。上記の例では 0 ～ 2 まで順序よく並んでいますが、カーネルの引数と、ホスト側のメモリオブジェクトなどの対応さえ取れていれば、コード順は前後しても構いません。

第 3 引数は、引数のサイズを指定します。最後の引数は、引数に引数値として渡したいオブジェクトへのポインタを指定します。この例では、すべてメモリオブジェクトを使用します。

ホストプログラムとカーネルは、まったく異なる環境に存在します。このためプログラム開発中や実行中であっても、ホストプログラムとカーネル間で引数に不整合が存在してもチェックされません。引数の順序や内容に間違いがないかは、プログラム開発時に慎重に記述する必要があります。API の詳細については後述の解説を参照してください。

10. カーネル実行のキューイング

clEnqueueNDRangeKernel API を使用しカーネルを実行させます。

```
const size_t global_work_size = 1;
const size_t local_work_size = 1;
status = clEnqueueNDRangeKernel(queue, kernel, 1, NULL,
    &global_work_size, &local_work_size, 0, NULL, NULL);
```

カーネル自体については、後述します。ここでは、カーネルを直接起動している訳ではなく、カーネルをタスクとして起動するようにコマンドキューにコマンドを送ります。この API は、カーネルを実行するように、コマンドキューに指令を送っているだけです。OpenCL 1.2 までは clEnqueueTask API を使用しますが、OpenCL 2.0 以降では、この API は廃止されています。このため、clEnqueueTask API と等価になるように、次数を 1、そしてグローバルワークサイズとローカルワークサイズを 1 に設定します。続く、イベントに関係する引数は当面は 0 と NULL を設定します。同期処理などについては、後の章でサンプルを交え解説します。最後の引数は、このカーネル実行を識別するイベントオブジェクトを指定します。NULL を指定すると、このカーネル実行に関するイベントは作成されません。この引数も当面 NULL を指定すると考えてください。API の詳細については後述の解説を参照してください。

11. カーネルの実行結果を取得

clEnqueueReadBuffer API を使用しカーネルの処理結果を取り出すコマンドをキューします。

```
status = clEnqueueReadBuffer(queue, memC, CL_TRUE, 0,
    sizeof(c), &c, 0, NULL, NULL);
```

この API でカーネルが処理した結果を、デバイス側からホスト側へ読み込みます。「読み込みます」と書きましたが、このコマンドもキューにコマンドが格納されるだけで、処理がすぐに始まるわけではありません。読み込み可能になるまで待たされ、準備ができてはじめて読み込みが始まります。

第 1 引数にコマンドキューオブジェクトを、第 2 引数にバッファオブジェクトを指定します。第 3 引数で、非同期読み込みを行うか、同期読み込みを行うかを指定します。本プログラムは、同期読み込みを行うので CL_TRUE を指定します。非同期読み込みについては、少し複雑ですので、後の章でサンプルを用いて解説します。同期読み込みを指定すると、バッファがホストメモリに読み込まれるまで、本 API は制御を戻しません。言い換えると、本 API から制御が返ってきた時点で、必ずカーネルが処理した結果がホストメモリに読み込まれています。第 4 引数に、バッファオブジェクトから読み取るオフセット（バイト単位）を指定します。この例では先頭から読み込みますので 0 を指定します。第 5 引数に、バッファオブジェクトから読み取るデータのサイズ（バイト単位）を指定します。第 6 引数は、データを読み込むホストメモリのポインタです。次の引数に、このコマンドが実行される前に完了していなければならないイベント数を指定します。続く引数がイベントリストです。もし、イベントリストが NULL なら、本引数は 0 でなければなりません。ここでは、イベント数は 0、イベントリストは NULL なので、同期対象イベントは存在しないことになります。最後の引数は、本 API 実行を識別するイベントオブジェクトが返ります。ここでは NULL を指定し、この API に関するイベントは作成しません。これらはすべて同期に関する項目です。少し複雑ですので、同期の章で詳しく解説します。それまでは非同期は使用せず、同期を使用します。API の詳細については後述の解説を参照してください。

12. 結果の表示

これはホストプログラムが行うことですので、特に説明は必要ないでしょう。

```
cout << a << " + " << b << " = " << c << endl;
```

単にカーネルが処理した結果を表示するだけです。

13. オブジェクトの解放

生成したメモリオブジェクト、カーネルオブジェクト、プログラムオブジェクト、コマンドキューオブジェクト、およびコンテキストオブジェクトを解放します。

```
clReleaseMemObject(memC);
clReleaseMemObject(memB);
clReleaseMemObject(memA);
clReleaseKernel(kernel);
clReleaseProgram(prog);
clReleaseCommandQueue(queue);
clReleaseContext(context);
```

生成したオブジェクトに従い clReleaseMemObject、clReleaseKernel、clReleaseProgram、clReleaseCommandQueue、および clReleaseContext API を使用してオブジェクトを解放します。API の詳細については後述の解説を参照してください。

これで簡単にホストプログラムの流れを説明しました。

カーネルプログラム

以降に、ホストプログラムに文字列として組み込まれているカーネルを抜き出して示します。

```
__kernel void
add(__global const float *a,
    __global const float *b,
    __global float *c)
{
    *c = *a + *b;
}
```

グローバルメモリを2つ受け取り、それらを加算して別のグローバルメモリへ格納するだけの単純なプログラムです。ポインタで渡されるため、* を付けて値を参照、更新しています。これだけのために、ホスト側でいろいろな前準備や後処理を行わなければなりません。

補足：本プログラムは説明を簡単にするために、OpenCL API 呼び出しのエラーチェックなどを一切省いています。このため、実行中に何らかのエラーが発生しても、何が原因か分かりません。エラーチェックについては、OpenCL API の説明を読んで自身で追加してください。ほとんどの API は、呼び出し結果を返しますので、その値をチェックするコードを追加すると、API 呼び出しで発生したエラーを使用者に知らせることができます。

以上で、一通りのプログラムの流れの説明を完了します。

8.4.3 OpenCL 2.x へ対応

以降に、OpenCL のバージョンに意識したプログラムを紹介します。先のプログラムに近いですがデバイスの選択などに注意が必要です。以降に、先のプログラムを拡張したソースリストを示します。

リスト8.3●040 OpenCL/01begin/Sources/addCl2.cpp

```
#ifdef __APPLE__
#include <OpenCL/opencl.h>
#else
#include <CL/cl.h>
#endif //__APPLE__

#include <iostream>

using namespace std;

// get platform and device
int
getPlatFormDeviceID(cl_device_type device_type,
    const char opencl_version_major, const char opencl_version_minor,
    cl_platform_id* platformId, cl_device_id* deviceID)
{
    char msg[1024];
    cl_uint numOfPlatforms;
    int rval = -1;

    // get list of platform
    cl_int status = clGetPlatformIDs(0, NULL, &numOfPlatforms);
```

```
if (status != CL_SUCCESS || numOfPlatforms < 1)
    return -1;
cl_platform_id *platforms = new cl_platform_id[numOfPlatforms];

status = clGetPlatformIDs(numOfPlatforms, platforms, &numOfPlatforms);
if (status != CL_SUCCESS)
{
    delete[] platforms;
    return -1;
}

for (unsigned plt = 0; plt < numOfPlatforms; plt++)
{
    // get Platform info.
    status = clGetPlatformInfo(platforms[plt],
        CL_PLATFORM_NAME, sizeof(msg), msg, NULL);
    cout << "platform: " << msg;

    status += clGetPlatformInfo(platforms[plt],
        CL_PLATFORM_VERSION, sizeof(msg), msg, NULL);
    if (status != CL_SUCCESS)
    {
        rval = -1;
        break;
    }
    cout << ", " << msg << endl;

    cl_device_id deviceId[10];
    cl_uint numOfDevices;

    if (msg[7] == opencl_version_major)     // opencl version
    {
        status = clGetDeviceIDs(platforms[plt], device_type,
            sizeof(deviceId) / sizeof(deviceId[0]), deviceId, &numOfDevices);
        if (status != CL_SUCCESS)
        {
            cerr << "clGetDeviceIDs function failed." << endl;
            rval = -1;
            break;
        }
        if (numOfDevices > 0)
        {
            // get device name
            clGetDeviceInfo(deviceId[0],
```

```
                    CL_DEVICE_NAME, sizeof(msg), msg, NULL);
                cout << "device  : [" << msg << "]" << endl << endl;

                *platformId = platforms[plt];
                *deviceID = deviceId[0];
                rval = 0;
                break;
            }
        }
    }
    delete[] platforms;

    return rval;
}

// main
int
main()
{
    cl_int status;
    float a = 1.1f, b = 2.2f, c;

    cl_platform_id platformId;
    cl_device_id deviceID;
    const char opencl_version_major = '2';
    const char opencl_version_minor = '1';

    // get platform and device
    if (getPlatFormDeviceID(CL_DEVICE_TYPE_DEFAULT,
        opencl_version_major, opencl_version_minor, &platformId, &deviceID) < 0)
    {
        fprintf(stderr, "no opencl 2.x platform.");
        return -1;
    }

    // create Context
    cl_context context = clCreateContext(NULL, 1, &deviceID, NULL, NULL, NULL);

    // create Command Queue 2.0
    cl_command_queue queue = clCreateCommandQueueWithProperties(
        context, deviceID, NULL, NULL);

    // create program object
    static const char *src[] =
```

```
{
    "__kernel void¥n¥
     add(__global const float *a,¥n¥
         __global const float *b,¥n¥
         __global float *c)¥n¥
     {¥n¥
         *c = *a + *b;¥n¥
     }¥n"
};
cl_program prog = clCreateProgramWithSource(context,
    1, (const char**)&src, NULL, NULL);

// build program 1.x or 2.x
const char* options = "-cl-std=CL2.0";
if (opencl_version_major != '2')     // opencl version
{
    options = NULL;
}
status = clBuildProgram(prog, 1, &deviceID, options, NULL, NULL);

// create kernel
cl_kernel kernel = clCreateKernel(prog, "add", NULL);

// create memory object
cl_mem memA = clCreateBuffer(context, CL_MEM_READ_ONLY | CL_MEM_COPY_HOST_PTR,
    sizeof(a), &a, NULL);
cl_mem memB = clCreateBuffer(context, CL_MEM_READ_ONLY | CL_MEM_COPY_HOST_PTR,
    sizeof(b), &b, NULL);
cl_mem memC = clCreateBuffer(context, CL_MEM_WRITE_ONLY,
    sizeof(c), NULL, NULL);

// set kernel parameters
status = clSetKernelArg(kernel, 0, sizeof(cl_mem), (void *)&memA);
status = clSetKernelArg(kernel, 1, sizeof(cl_mem), (void *)&memB);
status = clSetKernelArg(kernel, 2, sizeof(cl_mem), (void *)&memC);

// request execute kernel 2.0
const size_t global_work_size = 1;
const size_t local_work_size = 1;
status = clEnqueueNDRangeKernel(queue, kernel, 1, NULL,
    &global_work_size, &local_work_size, 0, NULL, NULL);

// obtain results
status = clEnqueueReadBuffer(queue, memC, CL_TRUE, 0,
```

```
        sizeof(c), &c, 0, NULL, NULL);

    // output results
    cout << a << " + " << b << " = " << c << endl;

    // flush queue
    status = clFlush(queue);

    // release resources
    clReleaseMemObject(memC);
    clReleaseMemObject(memB);
    clReleaseMemObject(memA);
    clReleaseKernel(kernel);
    clReleaseProgram(prog);
    clReleaseCommandQueue(queue);
    clReleaseContext(context);

    return 0;
}
```

網掛けした部分が主な変更点です。

getPlatFormDeviceID 関数について

まず、getPlatFormDeviceID 関数の解説を行います。本関数は、複数の OpenCL プラットフォームに含まれる複数のデバイスの中から、適切なデバイスを取得します。引数にデバイスタイプ、メジャーバージョン番号、マイナーバージョン番号を受け取り、これらに適合するプラットフォームとデバイスの ID を返します。本関数は、OpenCL のマイナーバージョン番号を引数で受け取りますが、関数内ではメジャーバージョン番号しか使用していません。細かいバージョンまで指定するには関数を拡張してください。このように OpenCL は OpenACC などと比べ細かい制御が可能です。ただ、OpenACC などと比較にならないくらい面倒です。

先のプログラムは、単純に最初に見つかったデバイスを使用する原始的な手法を採用しています。本プログラムは、まず、clGetPlatformIDs API でプラットフォームの数を取得し、その返した値を使用し、すべてのプラットフォーム ID を格納できるだけの cl_platform_id 配列を割り付けます。このプラットフォーム ID 配列を使用し、プラットフォームを列挙します。clGetPlatformInfo API に CL_PLATFORM_VERSION を指定し、OpenCL のバージョンを取得します。OpenCL のバージョンは文字列で返されますので、文字配列のインデックス 7 の値が opencl_version_minor と一致するか検査します。もし、そうであれば当該プラットフォームの

最初のデバイスIDを取得します。以降の、

```
if (msg[7] >= opencl_version_major)      // opencl version
```

でプラットフォームバージョンが指定されたものと一致するか判断します。プラットフォームバージョンは、通常"OpenCL M.N …"の形式で返されます。MがOpenCLのメジャーバージョン番号、Nがマイナーバージョン番号です。上記を受け取った文字配列msgのmsg[7]はOpenCLのメジャーバージョン番号が格納されています。この方法は、かなり稚拙な方法です。本来なら、文字で返されるバージョン番号をパーシングし、バージョンにあたる部分を数値へ変換してバージョンを判断すると良いでしょう。さらにデバイスの選択も、プラットフォームの先頭デバイスを採用せず、デバイス名を受け取る方法もあるでしょう。システムが装備しているOpenCLデバイスの情報を表示するプログラムは、本節の最後で紹介します。デバイスまで指定する必要はなくても、せめてCPUかGPUを切り替えたいというときは、関数の第1引数にデバイスタイプを指定してください。

先のプログラムは、デバイスの選択を以降の数行で実現しています。これは、OpenCLのバージョンなどの指定を行わず、最初に見つかったデバイスを使用するためです。

```
// get platform id
cl_platform_id platformId;
status = clGetPlatformIDs(1, &platformId, NULL);

// get device id
cl_device_id deviceID;
status = clGetDeviceIDs(platformId,
  CL_DEVICE_TYPE_DEFAULT, 1, &deviceID, NULL);
```

コマンドキューの生成

先のプログラムも本プログラムもコマンドキューはOpenCL 2.xのAPIを使用しています。もし、OpenCL 1.xの開発環境を使用中なら、以降のように変更してください。

```
cl_command_queue queue=clCreateCommandQueue(context, deviceID, 0, NULL);
```

カーネルのビルド

先のプログラムは、OpenCL 2.xへ対応していませんでした。カーネルのビルドはOpenCL 1.x

と OpenCL 2.x でオプションの指定が変わります。以降に、両方へ対応したコードを示します。

```
// build program 1.x or 2.x
char* options = "-cl-std=CL2.0";
if (opencl_version_major != '2')      // opencl version
{
    options = NULL;
}
status = clBuildProgram(prog, 1, &deviceID, options, NULL, NULL);
```

カーネル実行のキューイング

先のプログラムも本プログラムもカーネル実行のキューイングは OpenCL 2.x の API を使用します。もし、OpenCL 1.x の開発環境を使用中であれば以降のように変更してください。

```
// request execute kernel 1.2
status=clEnqueueTask(queue, kernel, 1, NULL, NULL);
```

これ以外は先のプログラムと同じです。

本プログラムは、main 関数の getPlatFormDeviceID 関数を呼び出すときにデバイスタイプと OpenCL のメジャーバージョン番号を与えることによって、目的とするデバイスを選択します。

プログラムの実行

OpenCL のメジャーバージョン番号に 1 を指定して実行した結果を示します。

```
C:¥>addCl2
platform: Intel(R) OpenCL, OpenCL 2.0
platform: Experimental OpenCL 2.1 CPU Only Platform, OpenCL 2.1
platform: NVIDIA CUDA, OpenCL 1.2 CUDA 9.2.217
device  : [GeForce GTX 750 Ti]

1.1 + 2.2 = 3.3
```

3 つのプラットフォームが見つかっていますが、OpenCL 1.x は最後の「NVIDIA CUDA, OpenCL 1.2 CUDA 9.2.217」です。その中の「GeForce GTX 750 Ti」が選択されています。今度は、OpenCL のメジャーバージョン番号に 2 を指定して実行してみましょう。

```
C:¥>addCl2
platform: Intel(R) OpenCL, OpenCL 2.0
device  : [Intel(R) HD Graphics 530]

1.1 + 2.2 = 3.3
```

最初に見つかったプラットフォームはOpenCL 2.0です。このため、このプラットフォームの最初のデバイスである「Intel(R) HD Graphics 530」が選択されています。

デバイスを列挙

本プログラムを拡張し、プラットフォームとデバイスを列挙するプログラムを開発することができます。以降に、そのようなプログラムを開発し、実行した環境の1つを示します。

```
number of platforms = 3
==============================================
platform name    : Intel(R) OpenCL
platform version : OpenCL 2.0
-----------------------
  number of devices = 2

  device name                 : Intel(R) HD Graphics 530
    max compute units         : 24
    max work item dimensions  : 3
    svm coarse grain buffer   : yes
    svm fine grain buffer     : yes
    svm fine grain system     : no
    max work item size        : 256 256 256
    max group size            : 256

  device name                 : Intel(R) Core(TM) i5-6600 CPU @ 3.30GHz
    max compute units         : 4
    max work item dimensions  : 3
    svm coarse grain buffer   : yes
    svm fine grain buffer     : yes
    svm fine grain system     : no
    max work item size        : 8192 8192 8192
    max group size            : 8192

==============================================
```

```
platform name    : Experimental OpenCL 2.1 CPU Only Platform
platform version : OpenCL 2.1
-----------------------
  number of devices = 1

  device name                 : Intel(R) Core(TM) i5-6600 CPU @ 3.30GHz
    max compute units         : 4
    max work item dimensions : 3
    svm coarse grain buffer  : yes
    svm fine grain buffer    : yes
    svm fine grain system    : yes
    max work item size       : 8192 8192 8192
    max group size           : 8192

==============================================
platform name    : NVIDIA CUDA
platform version : OpenCL 1.2 CUDA 9.2.217
-----------------------
  number of devices = 1

  device name                 : GeForce GTX 750 Ti
    max compute units         : 5
    max work item dimensions : 3
    svm coarse grain buffer  : yes
    svm fine grain buffer    : no
    svm fine grain system    : no
    max work item size       : 1024 1024 64
    max group size           : 1024
```

このシステムは３つのプラットフォームと、それぞれ２つ１つ、そして１つのデバイスが存在します。OpenCLのバージョンも1.2、2.0、そして2.1とさまざまです。参考のため、以降に、ソースリストを示します。

```
#ifdef __APPLE__
#include <OpenCL/opencl.h>
#else
#include <CL/cl.h>
#endif //__APPLE__

#include <iostream>
#include <vector>
```

```
using namespace std;

struct SPlatform
{
    cl_platform_id  platformId;
    string          platformName;
    string          platformVersion;
    cl_uint         numberOfDevices;
};
struct SDevice
{
    cl_device_id    deviceId;
    string          deviceName;
    cl_uint         maxComputeUnits;
    cl_uint         maxWorkItemDimensions;
    int             svmCoarseGrainBuffer;
    int             svmFineGrainBuffer;
    int             svmFineGrainSystem;
    size_t*         maxWorkItemSize;
    size_t          maxGroupSize;
};

int listPlatforms(vector<SPlatform> &plt)
{
    cl_uint numOfPlatforms;
    char msg[1024];
    SPlatform platform;
    SDevice device;

    clGetPlatformIDs(0, NULL, &numOfPlatforms);
    cl_platform_id *platforms = new cl_platform_id[numOfPlatforms];

    // get Platform IDs
    clGetPlatformIDs(numOfPlatforms, platforms, &numOfPlatforms);

    // enumerate platform
    for (unsigned pltNo = 0; pltNo < numOfPlatforms; pltNo++)
    {
        platform.platformId = platforms[pltNo];

        // get Platform info.
        clGetPlatformInfo(platform.platformId, CL_PLATFORM_NAME, sizeof(msg), msg,
                                                                          NULL);
```

```
        platform.platformName = msg;

        clGetPlatformInfo(platform.platformId, CL_PLATFORM_VERSION, sizeof(msg),
                                                                msg, NULL);
        platform.platformVersion = msg;

        // enumerate device
        clGetDeviceIDs(platform.platformId, CL_DEVICE_TYPE_ALL, 0, NULL,
                                                &platform.numberOfDevices);
        cl_device_id *deviceId = new cl_device_id[platform.numberOfDevices];
        clGetDeviceIDs(platforms[pltNo], CL_DEVICE_TYPE_ALL,
                    platform.numberOfDevices, deviceId, &platform.numberOfDevices);
        plt.push_back(platform);
    }
    delete[] platforms;

    return 0;
}

int listDevices(cl_platform_id  platformId, vector<SDevice> &dev)
{
    cl_int status;
    char msg[1024];
    SDevice device;
    cl_uint numberOfDevices;

    // enumerate device
    clGetDeviceIDs(platformId, CL_DEVICE_TYPE_ALL, 0, NULL, &numberOfDevices);
    cl_device_id *deviceId = new cl_device_id[numberOfDevices];
    clGetDeviceIDs(platformId, CL_DEVICE_TYPE_ALL, numberOfDevices,
        deviceId, &numberOfDevices);

    for (unsigned int i = 0; i < numberOfDevices; i++)
    {
        device.deviceId = deviceId[i];

        // get device name
        clGetDeviceInfo(device.deviceId, CL_DEVICE_NAME, sizeof(msg), msg, NULL);
        device.deviceName = msg;

        // max compute units
        clGetDeviceInfo(device.deviceId, CL_DEVICE_MAX_COMPUTE_UNITS,
            sizeof(device.maxComputeUnits), &device.maxComputeUnits, NULL);
```

```
        // svm info
        cl_device_svm_capabilities devCaps;
        status = clGetDeviceInfo(device.deviceId, CL_DEVICE_SVM_CAPABILITIES,
            sizeof(cl_device_svm_capabilities), &devCaps, NULL);
        device.svmCoarseGrainBuffer = 0 != (devCaps &
                                    CL_DEVICE_SVM_COARSE_GRAIN_BUFFER);
        device.svmFineGrainBuffer = 0 != (devCaps &
                                    CL_DEVICE_SVM_FINE_GRAIN_BUFFER);
        device.svmFineGrainSystem = 0 != (devCaps &
                                    CL_DEVICE_SVM_FINE_GRAIN_SYSTEM);

        // max work item dimensions
        clGetDeviceInfo(device.deviceId, CL_DEVICE_MAX_WORK_ITEM_DIMENSIONS,
            sizeof(device.maxWorkItemDimensions), &device.maxWorkItemDimensions,
                                                                    NULL);

        // max work group size
        device.maxWorkItemSize = new size_t[device.maxWorkItemDimensions];
        clGetDeviceInfo(deviceId[i], CL_DEVICE_MAX_WORK_ITEM_SIZES,
            sizeof(size_t)*device.maxWorkItemDimensions, device.maxWorkItemSize,
                                                                    NULL);

        // max group size
        clGetDeviceInfo(device.deviceId, CL_DEVICE_MAX_WORK_GROUP_SIZE,
            sizeof(device.maxGroupSize), &device.maxGroupSize, NULL);

        dev.push_back(device);
    }
    delete[] deviceId;

    return 0;
}

int
main()
{
    cl_uint numOfPlatforms = 0;
    vector<SPlatform> plt;
    vector<SDevice> dev;

    listPlatforms(plt); // enum platforms
    cout << "number of platforms = " << plt.size() << endl;

    vector<SPlatform>::const_iterator itp = plt.begin();
```

```
    for (; itp != plt.end(); ++itp)
    {
        cout << "==============================================" << endl;
        cout << "platform name    : " << itp->platformName.c_str() << endl;
        cout << "platform version : " << itp->platformVersion.c_str() << endl;


        cout << "-----------------------" << endl;
        dev.clear();
        listDevices(itp->platformId, dev);  // enum devices
        cout << "  number of devices = " << dev.size() << endl;

        vector<SDevice>::const_iterator itd = dev.begin();
        for (; itd != dev.end(); ++itd)
        {
            cout << endl;
            cout << "  device name                : " << itd->deviceName.c_str()
                                                                         << endl;
            cout << "    max compute units        : " << itd->maxComputeUnits
                                                                         << endl;
            cout << "    max work item dimensions : " << itd->maxWorkItemDimensions
                                                                         << endl;

            const string yesNo[] = { "no", "yes" };
            cout << "    svm coarse grain buffer  : "
                                 << yesNo[itd->svmCoarseGrainBuffer].c_str() << endl;
            cout << "    svm fine grain buffer    : "
                                   << yesNo[itd->svmFineGrainBuffer].c_str() << endl;
            cout << "    svm fine grain system    : "
                                   << yesNo[itd->svmFineGrainSystem].c_str() << endl;

            cout << "    max work item size       : ";
            for (int i = 0; i < (int)itd->maxWorkItemDimensions; i++)
                cout << itd->maxWorkItemSize[i] << " ";
            cout << endl;
            cout << "    max group size           : " << itd->maxGroupSize << endl;
        }
        cout << endl;
    }
}
```

8.5 1次元配列同士の乗算

これまでの並列化でも紹介した、2つの1次元配列の各要素を乗算し、結果を別の1次元配列へ格納するプログラムを示します。これまで紹介したOpenMPやOpenACCと同様のプログラムです。これまで同様、長大な1次元配列の対応する要素を乗算します。処理は単純で、配列の各要素を乗算し、別の配列へ格納するプログラムです。

$c_i = a_i * b_i \quad (i = 1 \dots n)$

なお、プログラムコードはnを0から開始するため、iはn－1まで処理します。

OpenCLのプログラムは長くなるため、ファイルを4つに分離しました。verify.cppは、これまでのOpenMPなどで使った検証用のverify関数が収められています。getPlatFormDeviceID.cppは、先のプログラムで説明したgetPlatFormDeviceID関数を抜き出したものです。そして、mul.cppがOpenCLで1次元配列同士の乗算を実施するプログラムです。最後のmul.clはGPGPU上で実行されるカーネルプログラムのソースコードが収められたファイルで、このファイルは実行時に必要とされます。まず、main関数が収められているmul.cppのソースリストを示します。

リスト8.4●040 OpenCL/02 mul1DArray/Sources/mul.cpp

```
#define _CRT_SECURE_NO_WARNINGS
#ifdef __APPLE__
#include <OpenCL/opencl.h>
#else
#include <CL/cl.h>
#endif //__APPLE__

#include <iostream>

using namespace std;

int getPlatFormDeviceID(cl_device_type device_type,
    const char opencl_version_major, const char opencl_version_minor,
    cl_platform_id* platformId, cl_device_id* deviceID);

void verify(const int n, const float* a, const float *x, const float *y);
```

```
//----------------------------------------------------------------------
// main
int
main(int argc, char* argv[])
{
    cl_int status;
    cl_platform_id platformId;
    cl_device_id deviceID;
    const char opencl_version_major = '2';
    const char opencl_version_minor = '1';
    const int MAX_CL_SOURCE_SIZE = 1000;
    const int N = 4096;

    float a[N], b[N], c[N];
    FILE *fp;
    char *src;
    size_t sizeOfSrc;

    try
    {
        // read *.cl source
        if (argc < 2)
            throw "引数に *.cl ファイル名を指定してください .";
        if ((fp = fopen(argv[1], "rb")) == 0)
            throw "input file open failed.";

        src = new char[MAX_CL_SOURCE_SIZE];
        sizeOfSrc = fread(src, 1, MAX_CL_SOURCE_SIZE - 1, fp);
        src[sizeOfSrc] = '¥0';
        fclose(fp);

        for (int i = 0; i < N; i++)      // initialize array
        {
            a[i] = (float)(i + 1000);
            b[i] = (float)i / 10.f;
        }

        // get platform and device id
        if (getPlatFormDeviceID(CL_DEVICE_TYPE_DEFAULT,
            opencl_version_major, opencl_version_minor, &platformId, &deviceID) < 0)
            throw "no opencl 2.x platform.";

        // create Context
        cl_context context = clCreateContext(NULL, 1, &deviceID,
```

```
        NULL, NULL, &status);
    if (status != CL_SUCCESS)
        throw "clCreateContext function failed.";

    // create Command Queue
    cl_command_queue queue = clCreateCommandQueueWithProperties(
        context, deviceID, NULL, NULL);
    if (status != CL_SUCCESS)
        throw "clCreateCommandQueueWithProperties function failed.";

    // create program object
    cl_program prog = clCreateProgramWithSource(context,
        1, (const char**)&src, NULL, &status);
    if (status != CL_SUCCESS)
        throw "clCreateProgramWithSource function failed.";

    // build program 1.x or 2.x
    char* options = "-cl-std=CL2.0";
    if (opencl_version_major != '2')      // opencl version
    {
        options = NULL;
    }
    status = clBuildProgram(prog, 1, &deviceID, options, NULL, NULL);

    delete[] src;

    // create kernel
    cl_kernel kernel = clCreateKernel(prog, "mul", &status);
    if (status != CL_SUCCESS)
        throw "clCreateKernel function failed.";

    // create memory object
    cl_mem memA = clCreateBuffer(context,
        CL_MEM_READ_ONLY | CL_MEM_COPY_HOST_PTR, sizeof(a), a, &status);
    if (status != CL_SUCCESS)
        throw "clCreateBuffer function for memA failed.";
    cl_mem memB = clCreateBuffer(context,
        CL_MEM_READ_ONLY | CL_MEM_COPY_HOST_PTR, sizeof(b), b, &status);
    if (status != CL_SUCCESS)
        throw "clCreateBuffer function for memB failed.";
    cl_mem memC = clCreateBuffer(context, CL_MEM_WRITE_ONLY,
        sizeof(c), NULL, &status);
    if (status != CL_SUCCESS)
        throw "clCreateBuffer function for memC failed.";
```

```
    // set kernel parameters
    status = clSetKernelArg(kernel, 0, sizeof(cl_mem), (void *)&memA);
    if (status != CL_SUCCESS)
        throw "clSetKernelArg function for memA failed.";
    status = clSetKernelArg(kernel, 1, sizeof(cl_mem), (void *)&memB);
    if (status != CL_SUCCESS)
        throw "clSetKernelArg function for memB failed.";
    status = clSetKernelArg(kernel, 2, sizeof(cl_mem), (void *)&memC);
    if (status != CL_SUCCESS)
        throw "clSetKernelArg function for memC failed.";

    // request execute kernel
    size_t globalSize[] = { sizeof(c) / sizeof(c[0]) };
    status = clEnqueueNDRangeKernel(queue, kernel, 1, NULL,
        globalSize, 0, 0, NULL, NULL);
    if (status != CL_SUCCESS)
        throw "clEnqueueNDRangeKernel function failed.";

    // get results
    status = clEnqueueReadBuffer(queue, memC, CL_TRUE, 0,
        sizeof(c), c, 0, NULL, NULL);
    if (status != CL_SUCCESS)
        throw "clEnqueueReadBuffer function failed.";

    // list results
    cout << "(a * b = c)" << endl;
    for (int i = 0; i < 10; i++)
        cout << a[i] << " * " << b[i] << " = " << c[i] << endl;


    // flush queue
    status = clFlush(queue);
    if (status != CL_SUCCESS)
        throw "clFlush function failed.";

    verify(N, a, b, c);

    // release resources
    clReleaseMemObject(memC);
    clReleaseMemObject(memB);
    clReleaseMemObject(memA);
    clReleaseKernel(kernel);
    clReleaseProgram(prog);
```

```
        clReleaseCommandQueue(queue);
        clReleaseContext(context);
    }
    catch (char* str)
    {
        cerr << str << endl;
        return -1;
    }
    return 0;
}
```

本プログラムは、ホストプログラムとカーネルプログラムを、別々のファイルに分離します。カーネルソースをホストプログラムに文字列として記述すると、改行コードや継続の¥（バックスラッシュ）が邪魔になり、カーネルソースが見にくくなります。カーネルを分離すると、カーネルを変更してもホストプログラムをリコンパイルする必要がなくなります。以降に、カーネルソースをホストプログラムから分離したときの、プログラム実行の概念を示します。

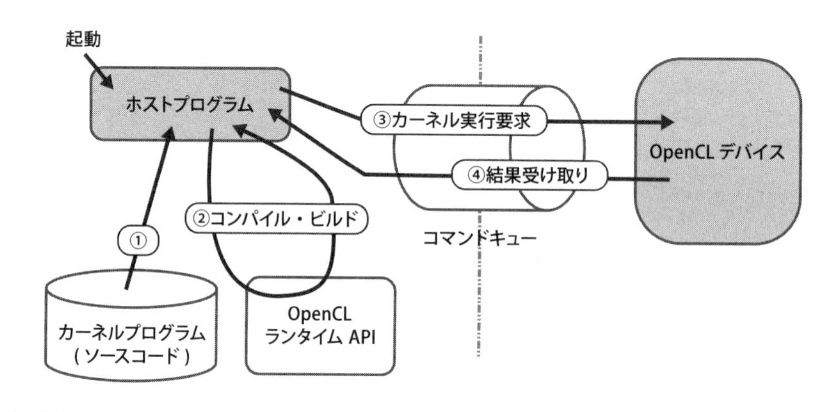

図8.7●カーネルソースをホストプログラムから分離したときの実行の概念

プログラムが起動されたら、まず引数で渡されたカーネルのソースファイルを読み込みます。以降に、その部分を示します。

```
// read *.cl source
if (argc < 2)
    throw "引数に *.cl ファイル名を指定してください.";
if ((fp = fopen(argv[1], "rb")) == 0)
    throw "input file open failed.";
```

```
src = new char[MAX_CL_SOURCE_SIZE];
sizeOfSrc = fread(src, 1, MAX_CL_SOURCE_SIZE - 1, fp);
src[sizeOfSrc] = '¥0';
fclose(fp);
```

次に、乗算の対象となる配列 a と b へ値を設定します。

```
for (int i = 0; i < N; i++)      // initialize array
{
    a[i] = (float)(i + 1000);
    b[i] = (float)i / 10.f;
}
```

その後の処理は、これまでに近いですが、先のプログラムはスカラー値の演算でしたが、本プログラムは配列を使用するため、clCreateBuffer や clSetKernelArg、そして clEnqueueNDRangeKernel API に与える引数が、若干これまでと異なります。変更は大きくありませんのでソースリストを参照してください。

処理結果を clEnqueueReadBuffer API で読み込んだのち、verify 関数で正常に処理されたか検査して、プログラムは終了します。

先に紹介したプログラムは、getPlatFormDeviceID 関数を本体に含んでいましたが、このプログラムでは、別ファイルに分離します。以降に、getPlatFormDeviceID 関数を含むソースリストを示します。

リスト8.5●040 OpenCL/02 mul1DArray/Sources/getPlatFormDeviceID.cpp

```
#ifdef __APPLE__
#include <OpenCL/opencl.h>
#else
#include <CL/cl.h>
#endif //__APPLE__

#include <iostream>

using namespace std;

// get platform, device
int
getPlatFormDeviceID(cl_device_type device_type,
    const char opencl_version_major, const char opencl_version_minor,
```

```
        {
            cerr << "error: cc = " << cc << ", c[" << i << "] = " << c[i] << endl;
            return;
        }
    }
}
```

この関数は、処理結果が正常か検証する関数です。他のプログラムからも使用できるように、ファイルを分離します。なお、値が正常か判断する部分は、一定の誤差があることを前提とします。浮動小数点数の演算は、使用するライブラリや、処理法が異なる場合、若干の誤差が生ずることは良くあることですので、このような手法を採用します。整数では、それほど気にする必要はありませんが、浮動小数点数では下位の値に誤差が発生するのは良くあることです。特に単精度浮動小数点数を使用する場合、意外な誤差が出る場合もあります。

最後に、実行時に必要とされるカーネルのソースを示します。

リスト8.7●040 OpenCL/02 mul1DArray/Sources/mul.cl

```
__kernel void
mul(__global const float *a,
    __global const float *b,
    __global float *c)
{
    int i = get_global_id(0);

    c[i] = a[i] * b[i];
}
```

本プログラムはデータ並列で処理されるため、カーネルは各要素（データ）i に対応する処理だけを記述します。このカーネルに i を与え並列に動作させます。このため、カーネルは 1 つの要素に対する処理を記述するだけです。本プログラムは、カーネルソースを別ファイルに格納するようにしたため、与えるファイルを変更するだけでプログラムの動作を変更できます。例えば、本プログラムは 1 次元配列の各要素を乗算していますが、簡単に減算へ書き換えることもできます。C/C++ 言語で記述した for 文にあたる部分は OpenCL API が補います。

カーネルオブジェクトの生成は、前節同様 clCreateKernel API を使用します。ただし、カーネルソースコードの関数名を変更したため、第 2 引数が異なります。

```
cl_kernel kernel = clCreateKernel(prog, "mul", &status);
```

先のプログラムと異なるのはデータ並列を使用するため、clEnqueueNDRangeKernel API の引数が異なることです。先のプログラムは、1 つのかたまりをデバイスに処理させました。本プログラムは、粒度を小さくしたデータ並列をデバイスに処理させます。このような利用法が、OpenCL の神髄でしょう。これによって、各要素の処理が並列に処理されます。デバイスに GPU を選んだ場合、各要素の処理が GPGPU のコアによって並列に処理されます。OpenCL は、現時点では GPU で処理されるのが標準と考えて良いでしょう、もちろん CPU なども選択できますが並列化数は GPU に比べ少なくなるでしょう。

globalSize にワークアイテム数を設定します。これは、先に C/C++ 言語などで開発したプログラムの for ループの回数に相当します。以降にカーネル呼び出し部分を示します。

```
// request execute kernel
size_t globalSize[] = { sizeof(c) / sizeof(c[0]) };
status = clEnqueueNDRangeKernel(queue, kernel, 1, NULL,
    globalSize, 0, 0, NULL, NULL);
if (status != CL_SUCCESS)
    throw "clEnqueueNDRangeKernel function failed.";
```

API に関しては、すでに説明済みです。第 3 引数でワークアイテムの次元数を指定します。ここでは 1 次元の配列を用いるため、ワークアイテムの次元数は 1 次元ですので 1 を指定します。第 5 引数がグローバルワークアイテムの数です。次の引数で、ローカルワークアイテム数を指定します。これによってワークグループの分割数も決まりますが、通常のプログラムでは、ワークグループの分割数を意識する必要はありません。少し複雑になると、ワークグループ分割を明示的に行う必要が生じますが、OpenCL や GPU の理解が進むまでは 0 を指定してください。これらに続く引数は、以前の節で紹介したものと同じで、同期に関する引数です。これらも当面は、0, NULL, NULL で構いません。

以降に、このプログラムのファイル構成とビルドの流れを示します。検証する関数を別ファイルとしたため、プログラムは 3 つのソースファイルが必要です。さらに実行時にカーネルソースが収められたファイルを必要とします。

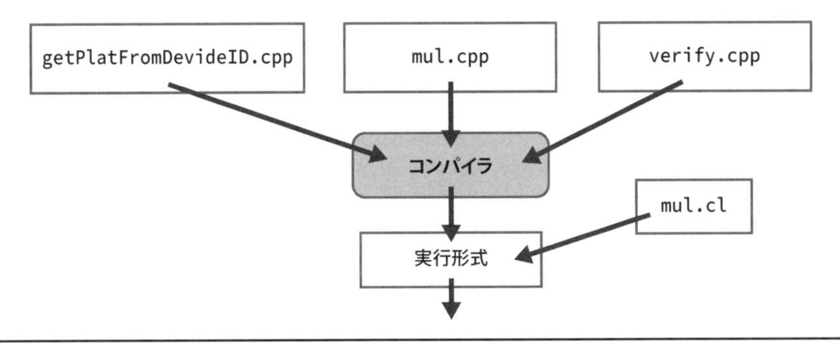

図8.8●このプログラムのファイル構成

OpenCLを使用した本プログラムは、OpenACCを指定してビルドした並列プログラム同様、for文のブロックはアクセラレータへオフロードされ、アクセラレータ上で並列処理されます。

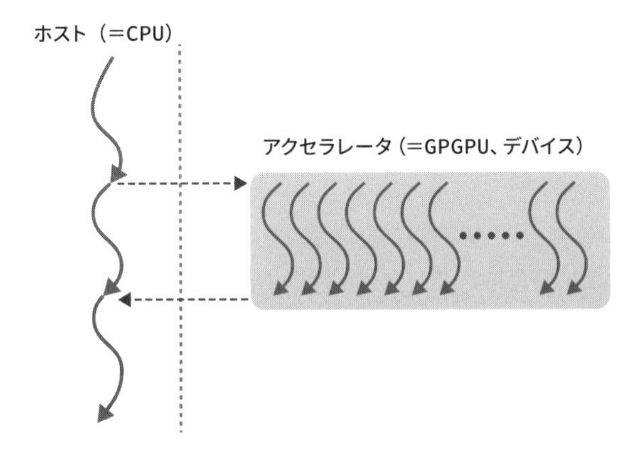

図8.9●for文を並列処理

このプログラムを、ビルドして実行してみましょう。OpenCLを使用するには、あらかじめ開発環境と実行環境を用意する必要があります。OpenCL 1.xの頃は面倒も多かったですが、最近は各ベンダーが環境作成はもちろん、プロファイラなども用意していますので、各社のウェブサイトを参照すると容易に環境を構築できます。本書は、並列コンピューティングの解説書ですので、環境などに関する細かな解説は参考資料に譲ります。

以降に、プログラムの開発をVisual C++で、そして実行環境に米Intel社を使用した例を示します。

```
C:¥>mul  mul.cl
platform: Intel(R) OpenCL, OpenCL 2.0
device  : [Intel(R) HD Graphics 530]

(a * b = c)
1000 * 0 = 0
1001 * 0.1 = 100.1
1002 * 0.2 = 200.4
1003 * 0.3 = 300.9
1004 * 0.4 = 401.6
1005 * 0.5 = 502.5
1006 * 0.6 = 603.6
1007 * 0.7 = 704.9
1008 * 0.8 = 806.4
1009 * 0.9 = 908.1
```

今度は、プログラムの開発は Visual C++ を使用しますが、実行環境に英 NVIDIA 社を使用した例を示します。

```
C:¥>mul  mul.cl
platform: Intel(R) OpenCL, OpenCL 2.0
platform: Experimental OpenCL 2.1 CPU Only Platform, OpenCL 2.1
platform: NVIDIA CUDA, OpenCL 1.2 CUDA 9.2.217
device  : [GeForce GTX 750 Ti]

(a * b = c)
1000 * 0 = 0
1001 * 0.1 = 100.1
1002 * 0.2 = 200.4
1003 * 0.3 = 300.9
1004 * 0.4 = 401.6
1005 * 0.5 = 502.5
1006 * 0.6 = 603.6
1007 * 0.7 = 704.9
1008 * 0.8 = 806.4
1009 * 0.9 = 908.1
```

OpenCL のプログラム開発は、OpenMP などに比較すると非常に面倒です。しかし、大きな行列の幾何計算などでは、逐次プログラムとは比較できないくらいの高い性能を得ることができます。OpenACCを採用すると、同様な性能を入手でき、さらにプログラミングは容易です。しかし、OpenACCは、デバイスの細かい制御や非同期プログラムなどの細部にわたる部分の制御においては、OpenCLやCUDAに及びません。それでも、技術の進歩は速いので、ディレクティブベースで容易に開発できるようになる日はそう遠くないかもしれません。同時に、ヘテロジニアスシステムの欠点であるメモリ空間の物理的、論理的な分断も解消されるでしょう。そのような時代が近いだろうと予想されても、本書で解説するような基礎の概念を理解しておくことは決して無駄になりませんので、ぜひ理解を深めることを勧めます。

9 ベクトル化

本章では、ベクトル化によってプログラムを高速化する例を紹介します。1 回の処理で複数のデータを処理し、演算の回数を減らします。つまりデータ並列の一種と考えて良いでしょう。一般にデータ並列は、配列などのデータを複数のスレッドで並列実行しますが、ベクトル命令では 1 つの命令で同時に複数データの演算を実行します。

最近のコンパイラは自動ベクトル化をサポートしつつありますが、標準化やコンパイラの対応は途上です。コンパイラの自動ベクトル化は長いこと研究されていますが、人間が最適化するレベルに達するには、まだ多くの時間を必要とするでしょう。本章では、ベクトル化の概念について説明し、インテル社のプロセッサに採用されている SIMD 命令を使用して説明します。

9.1 SIMD とは

最近の CPU は SIMD 命令を装備しています。これまで紹介した並列化は、CPU コアを多数用意しスレッドを並列に動作させて処理速度を向上させるものや、アクセラレータを利用するものでした。SIMD は、それらとは思想が異なり、1 つの命令で複数のデータを処理する考えです。SIMD に対抗するアーキテクチャに SISD があります。これまでに紹介したプログラムは SISD (Single Instruction Single Data) 命令をベースに考えています。つまり、1 つの命令で 1 つのデータを処理します。これに対し SIMD (Single Instruction Multiple Data) 命令は、複数のデータを、1 つの命令で処理します。

9.2 SIMD の概要

細かな説明の前に、SIMD の概要を説明しましょう。例えば、

```
c[0] = a[0] + b[0]
c[1] = a[1] + b[1]
c[2] = a[2] + b[2]
c[3] = a[3] + b[3]
```

のような処理が必要だったとします。これを従来の命令セット（SISD 命令）で処理する場合、順番に 1 つずつ処理しなければなりません。

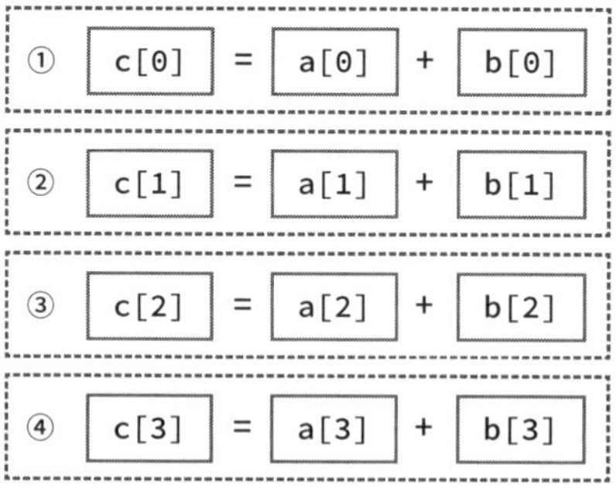

```
① c[0] = a[0] + b[0]
② c[1] = a[1] + b[1]
③ c[2] = a[2] + b[2]
④ c[3] = a[3] + b[3]
```

図9.1●従来の命令セットでの処理

ところが SIMD 命令を使用すれば、1 つの命令で 4 つの演算を処理できます。

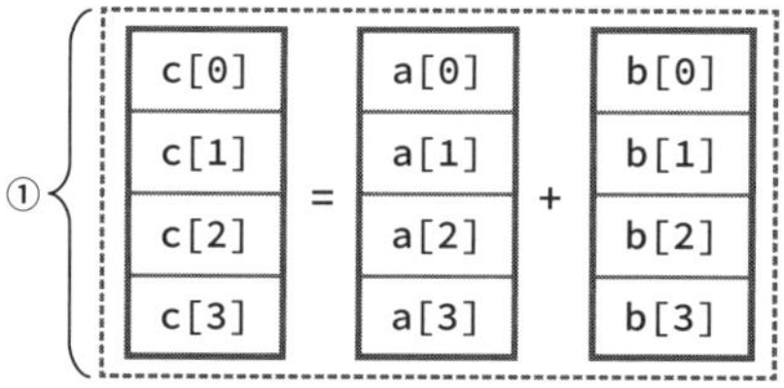

```
    c[0]     a[0]     b[0]
①  c[1]  =  a[1]  +  b[1]
    c[2]     a[2]     b[2]
    c[3]     a[3]     b[3]
```

図9.2●SIMD命令での処理

この機能を利用すると行列計算、3D 座標計算やデジタルフィルタ処理などを高速に処理することができます。現代では汎用のプロセッサに留まらず、組込み用などのプロセッサでも SIMD

命令のサポートは普通に行われています。

9.3 SIMD 命令で扱うデータ形式

現在使われているインテル社のプロセッサは、初期のものを除きSIMD命令を装備しています。初期のMMX命令は最初に現れたSIMD命令です。MMX命令は、64ビットの整数演算を実行できます。ただし、MMX命令はFPU命令と混在して使用するときに注意が必要です。現在は、MMX命令を使う機会はないでしょう。すでにSSEやAVX命令をサポートしたプロセッサが普通になりました。MMX命令は64ビット長のデータ、SSE命令以降は128ビット長のデータ、AVX命令は256ビット長（512ビット長もある）のデータを1つの命令で処理します。この固定長データに同じ型の複数のデータを格納し処理します。このように複数のデータをひとかたまりで扱う場合、これをパックされたデータと呼びます。

9.4 SIMD 命令とは

SIMD命令セットには、米Intel社のSSE/AVX命令セットなど以外に、米Motorola社のAltiVecや米Sun Microsystems社（現米Oracle社）のVIS（Visual Instruction Set）などが広く知られています。組込み用途やモバイル機器に多く採用される米ARM社のARMプロセッサや、ルネサステクノロジ社のSH-5でもSIMD命令がサポートされており、組込み分野でも利用が進みつつあります。他にもSony Computer EntertainmentのCellプロセッサのSIMDも良く知られています。

SIMDとは、Single Instruction Multiple Dataの略です。これに対し、通常のノイマン型計算機における非SIMD命令はSISD（Single Instruction Single Data）に分類されます。命名から分かるように、SIMD命令では同時に複数のデータを扱うことができます。本書では、プロセッサ（コンピュータ）の並列化技術を解説していますが、SIMD命令は単位時間あたりの処理データ量を増加させるための技術です。本章以前の並列化技術は、単位時間あたりに実行できる命令数を向上させるための技術です。

9.5 GPGPU のベクトル命令（SIMD）

本章では、ホストプロセッサのベクトル命令について解説しますが、最後の節で GPGPU のベクトル型についても少し触れます。ホストプロセッサだけでなく、GPGPU も SIMD 命令を実装している可能性があるため OpenCL のカーネルは SIMD 処理を行うことのできるデータ型を用意しています。これについて少しだけですが解説を行います。

9.6 はじめてのプログラム

細かな SIMD の説明に入る前に、SIMD の概要を理解するため、簡単なプログラムを使用して説明します。ここでは、実際のプログラミングで頻繁に用いられる、ループの部分を SIMD 命令へ置き換えるプログラムを紹介します。ここで紹介するプログラムは、短い 2 つの 1 次元配列を乗算します。

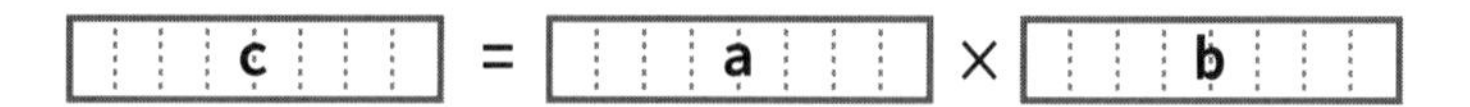

図9.3●短い2つの1次元配列を乗算

9.6.1 通常のプログラム

まずベクトル化せず C++ 言語で普通に記述した通常のプログラムを示します。以降に、ソースリストを示します。

リスト9.1●050 SIMD/01 begin/Sources/mul.cpp

```
#include <iostream>

using namespace std;
```

```
int
main()
{
    const int N = 8;
    float a[N] = { 1.1f, 2.1f, 3.1f, 4.1f, 5.1f, 6.1f, 7.1f, 8.1f };
    float b[N] = { 1.1f, 1.1f, 1.1f, 1.1f, 1.1f, 1.1f, 1.1f, 1.1f };
    float c[N];

    for (int i = 0; i < N; i++)
    {
        c[i] = a[i] * b[i];
    }

    for (int i = 0; i < N; i++)
    {
        cout << a[i] << " * " << b[i] << " = " << c[i] << endl;
    }
    return 0;
}
```

本プログラムは、配列aと配列bの各要素を乗算し配列cへ代入する単純なプログラムです。要素数はSIMD命令の一種であるAVX命令に適合しやすいように8とします。以降にプログラムの実行結果を示します。

```
1.1 * 1.1 = 1.21
2.1 * 1.1 = 2.31
3.1 * 1.1 = 3.41
4.1 * 1.1 = 4.51
5.1 * 1.1 = 5.61
6.1 * 1.1 = 6.71
7.1 * 1.1 = 7.81
8.1 * 1.1 = 8.91
```

9.6.2 AVX命令で記述したプログラム

このプログラムをベクトル命令で処理する例を示します。ここでは、インテル社のプロセッサがサポートする256ビット長をサポートする命令を使用する例を紹介します。インテル社のプロセッサはAVX命令（256ビット長）をサポートしますが、古いプロセッサの場合、128ビット長であるSSE2命令までしか使えない場合もあります。256ビット長命令を使用すると、単精度浮動小数点数データであれば同時に8要素を処理することができます。AVX命令はAVX2命令、そしてAVX-512命令へ拡張中で、すでに512ビット長のデータを1回の命令で処理できるCPUも現れています。以降に、256ビット長命令を使用したソースリストを示します。

リスト9.2●050 SIMD/01 begin/Sources/mulAvx.cpp

```
#include <iostream>
#include <immintrin.h>

using namespace std;

int
main()
{
    const int N = 8;
    float a[N] = { 1.1f, 2.1f, 3.1f, 4.1f, 5.1f, 6.1f, 7.1f, 8.1f };
    float b[N] = { 1.1f, 1.1f, 1.1f, 1.1f, 1.1f, 1.1f, 1.1f, 1.1f };
    float c[N];

    __m256 va = _mm256_loadu_ps(a);
    __m256 vb = _mm256_loadu_ps(b);
    __m256 vc = _mm256_mul_ps(va, vb);
    _mm256_storeu_ps(c, vc);

    for (int i = 0; i < N; i++)
    {
        cout << a[i] << " * " << b[i] << " = " << c[i] << endl;
    }
    return 0;
}
```

AVX命令で使用するYMMレジスタを使用すると、floatの8要素を1回で処理できます。このため、forループは不要です。配列の要素数が8ですので、_mm256_mul_psイントリンシックの1回で、8要素分の乗算を行うことができます。しかし、配列aとbそしてcがAVX命令の扱えるアライメントに調整されているとは限らないため、いったん_mm256_loadu_psイントリンシックでvaとvbへ配列を読み込み、_mm256_mul_psで乗算を行ったのち、_storeu_psイントリンシックでvcの内容をcへ格納します。C++ソースコードに直接アセンブリコードを記述できないため、イントリンシックを使用します。基本的に、各イントリンシックはAVX命令と1対1で対応しています。命令の対応を示すため、アセンブリコードで記述したプログラムを後述します。以降に、_mm256_mul_ps イントリンシックの処理イメージ図を示します。

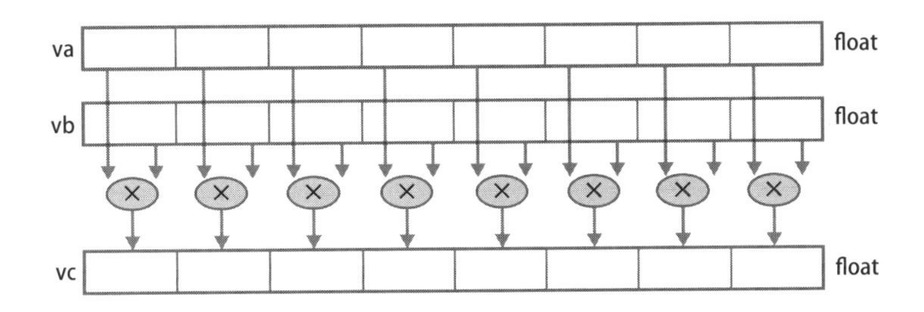

図9.4●_mm256_mul_psイントリンシックの処理イメージ

以降に、Ubuntu 上の g++ でビルドし、実行した例を示します。

```
$ g++ -mavx -o mulAvx mulAvx.cpp
$ ./mulAvx
1.1 * 1.1 = 1.21
2.1 * 1.1 = 2.31
3.1 * 1.1 = 3.41
4.1 * 1.1 = 4.51
5.1 * 1.1 = 5.61
6.1 * 1.1 = 6.71
7.1 * 1.1 = 7.81
8.1 * 1.1 = 8.91
```

9.6.3 アライメント

先のプログラムはアライメントを AVX 命令に調整していないので、データアクセスのために余計なコードが必要でした。ここでは、先のプログラムで行っていなかったアライメントの調整を行ったプログラムを紹介します。

リスト9.3●050 SIMD/01 begin/Sources/mulAvxAlign.cpp

```
#include <iostream>
#include <immintrin.h>

using namespace std;

int
```

```
main()
{
    const int N = 8;
    __m256 a = { 1.1f, 2.1f, 3.1f, 4.1f, 5.1f, 6.1f, 7.1f, 8.1f };
    __m256 b = { 1.1f, 1.1f, 1.1f, 1.1f, 1.1f, 1.1f, 1.1f, 1.1f };
    __m256 c;

    c = _mm256_mul_ps(a, b);

    for (int i = 0; i < N; i++)
    {
        cout << a.m256_f32[i] << " * " << b.m256_f32[i] << " = " << c.m256_f32[i]
                                                                     << endl;
    }
    return 0;
}
```

変数 a、b、c を AVX 命令のオペランドに直接指定できるアライメントに揃えたため、イントリンシックは _mm256_mul_ps の 1 つだけで処理できます。処理結果は、先のプログラムと同様なので説明は省略します。

9.6.4 アセンブリ言語で開発

イントリンシックを使用すると、意図した SIMD 命令と異なる命令にマップされることがあります。そもそもイントリンシックはアセンブリ言語ではないので、プログラマが自由にアセンブリ命令を選択することはできません。本節では、アセンブリ言語を使用した関数を、C++ 言語で記述したプログラムから呼び出します。ソースファイルは C++ 言語で記述したファイルと、アセンブリ言語で記述したファイルの 2 つから成り立ちます。

これまでのプログラムのソースファイルは 1 つでした。ところが Visual Studio の 64 ビットでは C++ 言語ファイル中にアセンブリコードを記述できないため、アセンブリコードを記述したファイルが、もう 1 つ必要です。以降に、ファイルとコンパイラやアセンブラの概念図を示します。

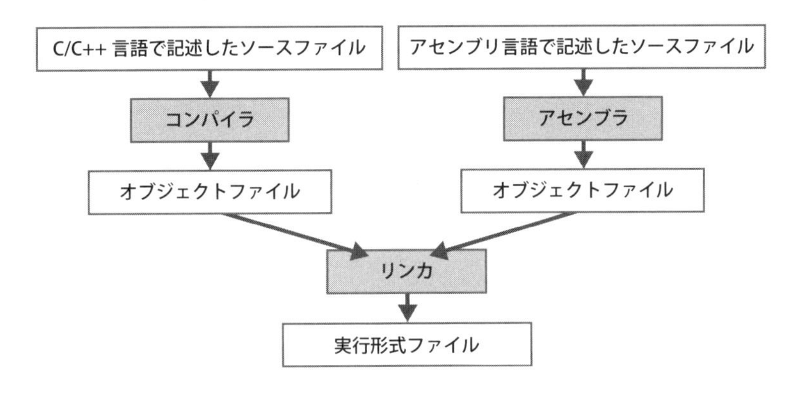

図9.5●ファイルとコンパイラやアセンブラの関係

実際には Visual C++ を使用したため、プロジェクトに含まれるソースファイルは自動的にコンパイラもしくはアセンブラによって翻訳されます。リンカーなども自動で起動されますので、C++ 言語で記述したファイルと、アセンブリ言語で記述したファイルが混在しても、単にビルドを選択するだけです。ビルドに関しては、C++ 言語で記述したファイルのみで構成されたプロジェクトと何ら変わりません。ただし、プロジェクトの設定を少し変更する必要があります。これについては後述する 9.6.6 項「アセンブリファイルをプロジェクトへ含める」を参照してください。

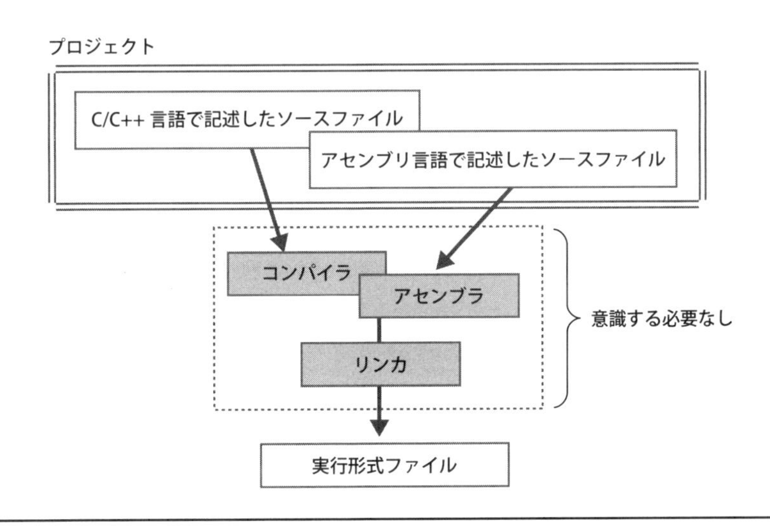

図9.6● Visual Studio プロジェクトのファイル関係

以降に、それぞれのソースリストを示します。

リスト9.4●050 SIMD/01 begin/Sources/mulAvxAsm.cpp

```
#include <iostream>
#include <immintrin.h>

using namespace std;

extern "C"
void asmCode(const float *a, const float *b, float *c);

int
main()
{
    const int N = 8;
    float a[N] = { 1.1f, 2.1f, 3.1f, 4.1f, 5.1f, 6.1f, 7.1f, 8.1f };
    float b[N] = { 1.1f, 1.1f, 1.1f, 1.1f, 1.1f, 1.1f, 1.1f, 1.1f };
    float c[N];

    asmCode(a, b, c);

    for (int i = 0; i < N; i++)
    {
        cout << a[i] << " * " << b[i] << " = " << c[i] << endl;
    }
    return 0;
}
```

演算を行っていた部分を関数呼び出しに書き換えます。他は、これまでと同様です。asmCodeがアセンブリ言語で開発した関数名です。このasmCodeはC++言語ソースからは単なる関数であり、どのような言語で記述されたかは気にする必要はありません。以降に、アセンブリ言語で記述した関数のソースリストを示します。

リスト9.5●050 SIMD/01 begin/Sources/asmCode.asm

```
_TEXT   segment

        public asmCode
        align  16

;------------------------------------------------------------------
; rcx: a, rdx: b, r8: c
;------------------------------------------------------------------
```

```
asmCode proc

        vmovups    ymm0, dword ptr [rcx]            ; load a to ymm0
        vmulps     ymm1, ymm0, ymmword ptr [rdx]    ; ymm1 = a * b
        vmovups    ymmword ptr [r8], ymm1           ; store ymm1 to c

        ret

asmCode endp

_TEXT   ends
        end
```

本関数が呼び出されたときに、引数は以下のレジスタに格納されています。

表9.5●引数とレジスタ

引数	関数が呼び出されたときに格納されるレジスタ	説明
a	rcx	アドレスで渡される。
b	rdx	アドレスで渡される。
c	r8	アドレスで渡される。

まず、rcx レジスタが示すアドレスから配列 a の値を 8 要素、ymm0 レジスタへ読み込みます。次に、vmulps 命令で、ymm0 レジスタと rdx レジスタが示す配列 b の 8 要素を乗算し、結果を ymm1 レジスタへ格納します。この ymm1 レジスタの内容を、r8 レジスタが示す配列 c へ格納します。処理結果は、これまでと同様なので説明は省略します。

9.6.5 イントリンシックの解説

本節で使用したイントリンシックの説明を行います。

_mm256_loadu_ps

アライメントされていない（アライメントされていても構わない）メモリロケーションから、8 つのパックド単精度浮動小数点値を読み込みます。

```
__m256 _mm256_loadu_ps(float const *p);
```

引数

p

単精度浮動小数点値が格納されているメモリロケーション。

返却値

8つのパックド単精度浮動小数点値。

解説

256ビットメモリロケーション間で8つのパックド単精度浮動小数点数の移動を行います。引数pが指す256ビットは8個の単精度浮動小数点値です。_mm256_load_psと異なり、pが指すアドレスが32バイト境界に整列している必要はありません。しかし、_mm256_loadu_psは処理効率で_mm256_load_psに劣ります。アクセスするメモリロケーションが32バイトに整列している場合、_mm256_load_psを使用することを推奨します。

動作概要図

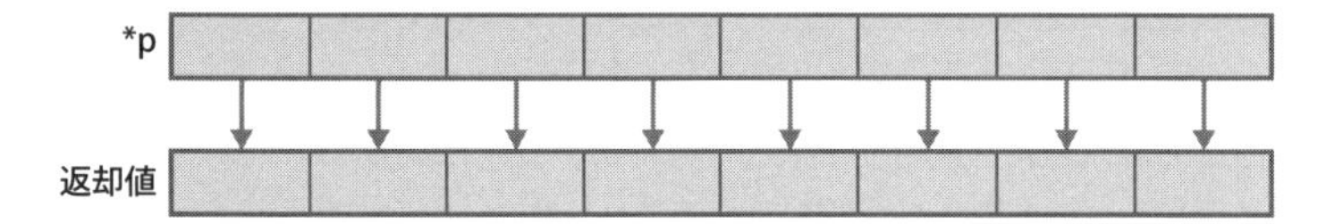

対応するSIMD命令

VMOVUPS

_mm256_mul_ps

8つのパックド単精度浮動小数点値を乗算します。

```
__m256 _mm256_mul_ps(__m256 a, __m256 b);
```

引数

a

8つのパックド単精度浮動小数点値。

b

8つのパックド単精度浮動小数点値。

返却値

演算結果の、8つのパックド単精度浮動小数点値。

解説

aとbの8つのパックド単精度浮動小数点値の対応する要素を乗算します。

動作概要図

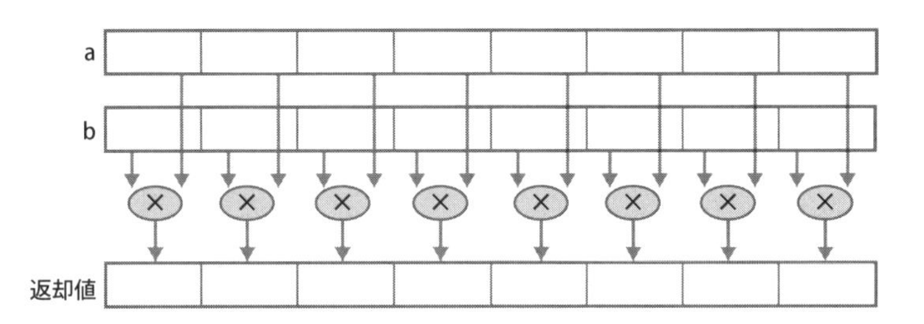

対応するSIMD命令

VMULPS

_mm256_storeu_ps

8つのパックド単精度浮動小数点値を書き込みます。

```
void _mm256_storeu_ps(float *p, __m128 a);
```

引数

p

パックド単精度浮動小数点値が書き込まれるメモリロケーション。

a

8つのパックド単精度浮動小数点値。

返却値

なし。

解説

256ビットメモリロケーション間で8つのパックド単精度浮動小数点数の移動を行います。引数pが指す256ビットは8個のパックド単精度浮動小数点値です。_mm256_store_psと異なり、pが指すアドレスが32バイト境界に整列している必要はありません。しかし、_mm256_storeu_psは処理効率で_mm256_store_psに劣ります。アクセスするメモリロケーションが32バイトに整列している場合、_mm256_store_psを使用することを推奨します。

動作概要図

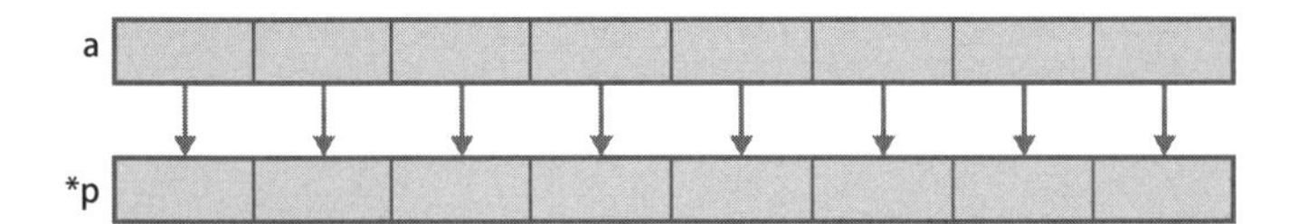

対応する SIMD 命令

VMOVUPS

9.6.6 アセンブリファイルをプロジェクトへ含める

Visual Studio で C++ プロジェクト作成した場合、アセンブリファイルがプロジェクトから除外される場合があります。これを解決するには、アセンブリコードで記述したファイルをプロジェクトに含める必要があります。ここでは、そのような問題に遭遇した場合の解決法を解説します。ここでは Visual Studio 2017 を使用した場合を示します。

まず、ソリューションエクスプローラーのプロジェクト名の上で右クリックし、[ビルド依存関係] → [ビルドのカスタマイズ ...] を選択します。

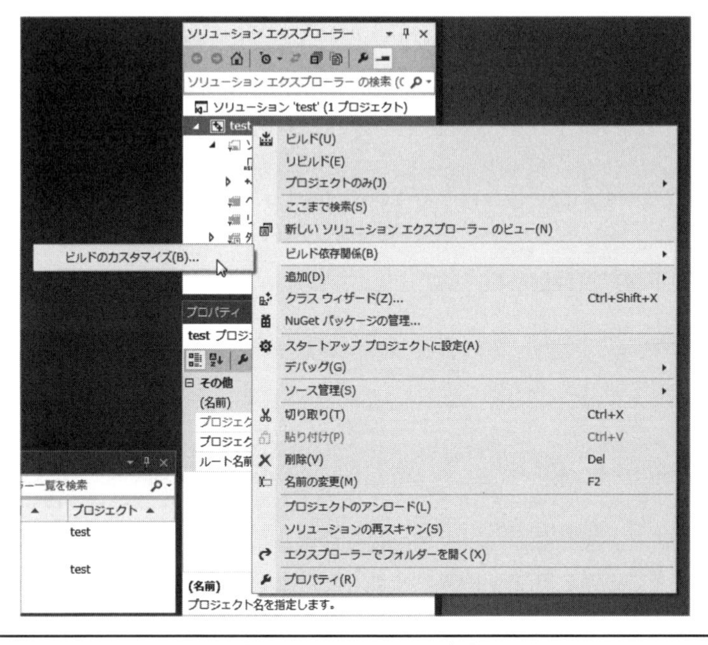

図9.7● [ビルドのカスタマイズ...] を選択

「Visual C++ ビルドカスタマイズファイル」ダイアログボックスが現れますので、[masm] の部分にチェックを付けます。

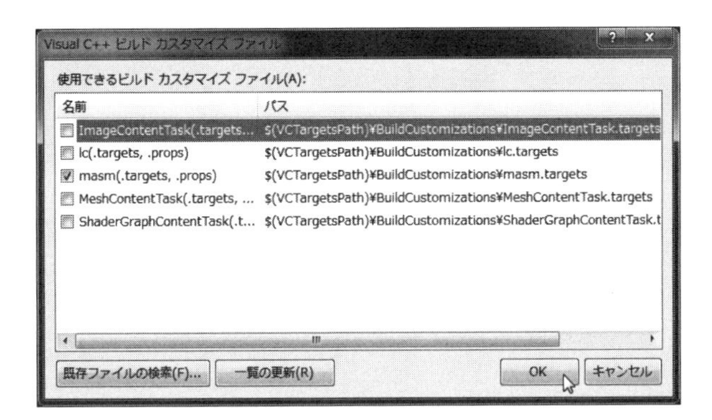

図9.8●「Visual C++ ビルドカスタマイズファイル」ダイアログボックス

ダイアログボックスを閉じ、ソリューションエクスプローラーの *.asm ファイルを選択した状態で、マウスの右ボタンをクリックし、現れたメニューの [プロパティ] を選択します。

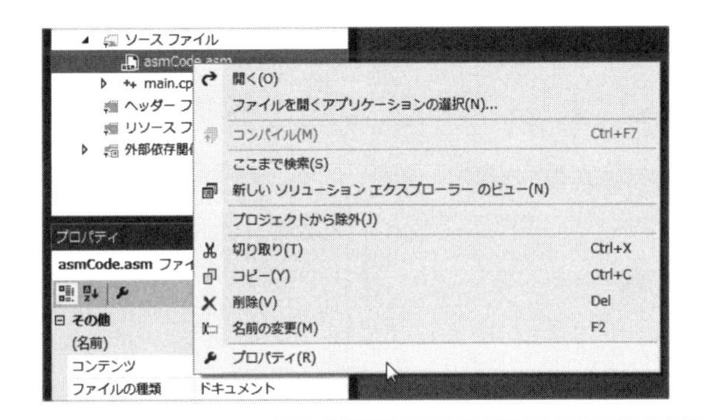

図9.9●[プロパティ] を選択

「.asm のプロパティページ」ダイアログボックスが現れます。

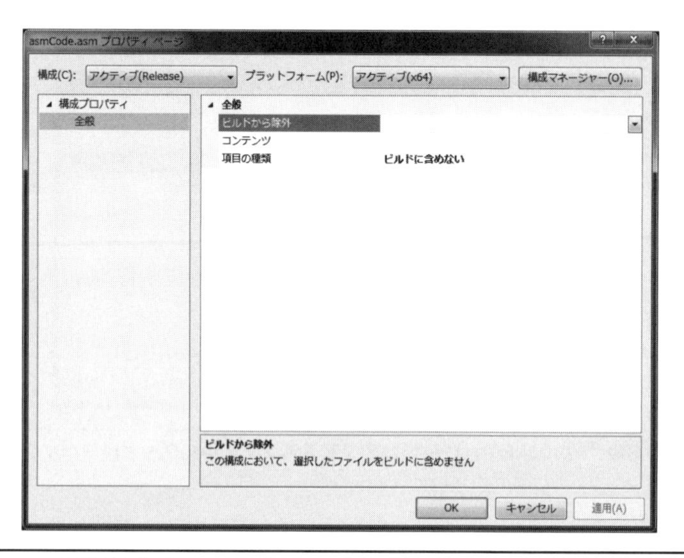

図9.10●「.asm のプロパティページ」ダイアログボックス

［ビルドからの除外］を［いいえ］に設定します。そして、［項目の種類］に［Microsoft Macro Assembler］を選びます。

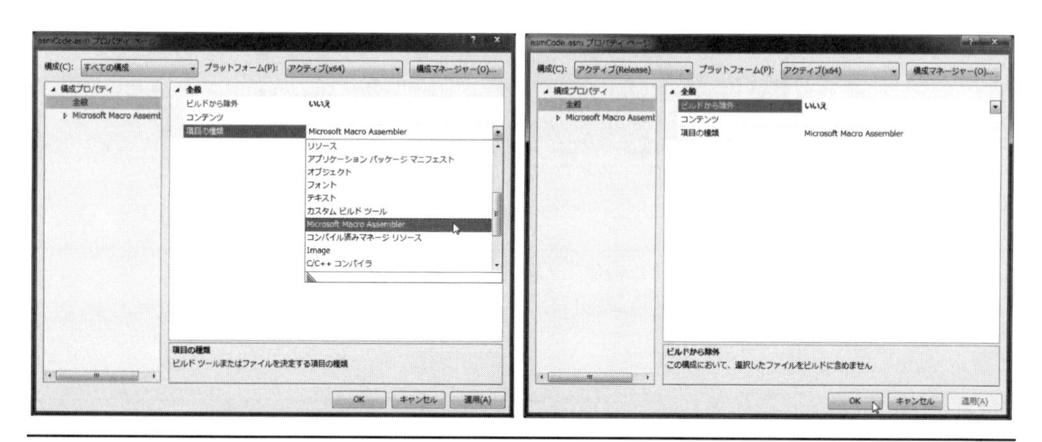

図9.11●「.asm のプロパティページ」ダイアログボックスでの設定

この状態でビルドを行うと、アセンブリ言語で記述した関数も正常にリンクされます。

9.7 1 次元配列同士の乗算

これまでの並列化でも紹介した、2 つの 1 次元配列の各要素を乗算し、結果を別の 1 次元配列へ格納するプログラムを SIMD で紹介します。処理は単純で、配列の各要素を乗算し、別の配列へ格納するプログラムです。なお、文中で SIMD 命令と AVX 命令を混在して使用していますが、AVX 命令は SIMD 命令の一種であり Intel 社の CPU が実装している命令です。

$c_i = a_i * b_i$　(i = 1 … n、プログラムコードは n を 0 から開始するため、i は n − 1 まで処理します。)

以降に、ソースリストを示します。

リスト9.6●050 SIMD/02 mul1DArray/Sources/mul.cpp

```
#include <iostream>
#include <immintrin.h>

using namespace std;

void verify(const int n, const float* a, const float *x, const float *y);



// main
int
main()
{
    const int N = 32768;
    float a[N], b[N], c[N];

    for (int i = 0; i < N; i++)      // initialize array
    {
        a[i] = (float)(i + 1000);
        b[i] = (float)i / 10.f;
    }

    for (int i = 0; i < N; i+=sizeof(__m256)/sizeof(float))
    {
        __m256 va = _mm256_loadu_ps(&a[i]);
        __m256 vb = _mm256_loadu_ps(&b[i]);
        __m256 vc = _mm256_mul_ps(va, vb);
```

```
        _mm256_storeu_ps(&c[i], vc);
    }

    verify(N, a, b, c);

    return 0;
}
```

本プログラムは、先に示したAVX命令を使用したプログラムをたくさんのデータへ対応させるためforループで繰り返すように拡張したプログラムです。SIMDのイントリンシック部分は、先のプログラムと同様です。以降に、処理のイメージ図を示します。

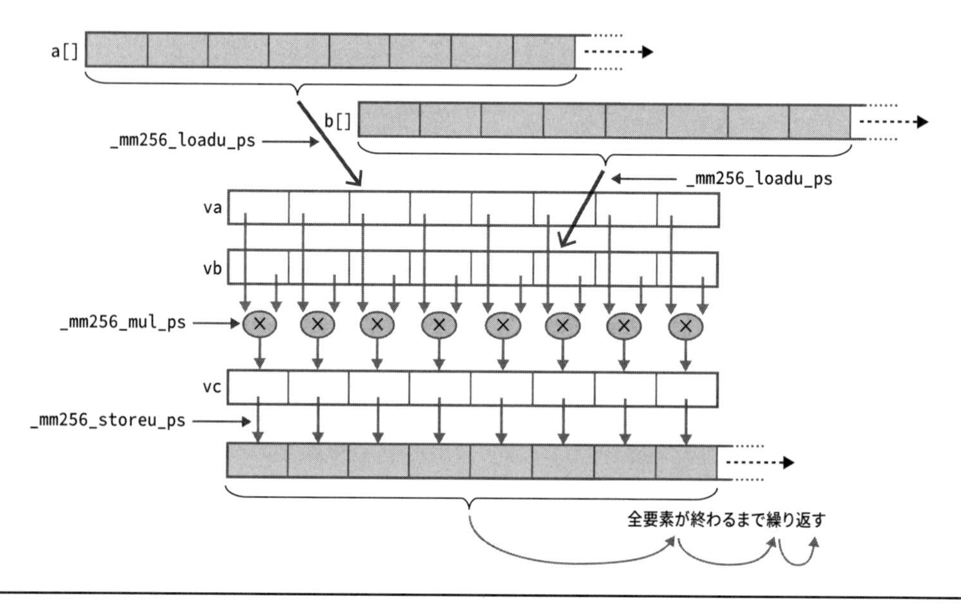

図9.12●AVX命令を使用した処理のイメージ

forループは1回に8要素を処理するため、逐次プログラムに比べループ回数は1/8に減ります。for文の最後でiを増加させますが、単にインクリメントするのではなく「sizeof(__m256) / sizeof(float)」分増加させます。ループ内では、まず、__m256型のvaに_mm256_loadu_psで配列aから対応する8要素を読み込みます。同様に、__m256型のvbに_mm256_loadu_psで配列bから対応する8要素を読み込みます。次に、_mm256_mul_psでvaとvbを乗算し、結果をvcへ求めます。最後に、この値を_mm256_storeu_psで配列cの対応する位置へ書き込みます。この処理をN要素すべて終わるまで繰り返します。

データが大量のため、正常に処理されたか確認するverify関数を用意します。この関数でエラーを発見すると、その情報を表示し、プログラムを終了させます。以降に、verify 関数が含まれるソースリストを示します。

リスト9.7●050 SIMD/02 mul1DArray/Sources/verify.cpp

```
#include <iostream>
#include <cmath>

using namespace std;

void verify(const int n, const float *a, const float *b, const float *c)
{
    for (int i = 0; i < n; i++)
    {
        float cc = a[i] * b[i];
        if (fabs(cc - c[i]) > .000001f)
        {
            cerr << "error: cc = " << cc << ", c[" << i << "] = " << c[i] << endl;
            return;
        }
    }
}
```

AVX 命令を使用する場合、レジスタサイズで配列のサイズを割り切れる値でなければなりません。この例では 256 ビット、つまり 32 バイトのレジスタを利用します。つまり float 型は 4 バイトですので、配列の要素数は 8（32/4）の整数倍でなければなりません。それ以外であれば、最後の要素がいくつか処理されない、あるいは最後の要素に続くメモリの破壊が発生します。

以降に、本プログラムをビルドし実行した結果を示します。

```
$ g++ -mavx -o mul mul.cpp verify.cpp
$ ./mul
$
```

搭載されている CPU が AVX 命令をサポートしていない場合があります。そのような場合、本プログラムは正常に動作しません。

SIMD命令を使用する場合、アライメントが揃っていなければ割り込む、あるいは性能が低下する場合があります。既出のプログラムで解説済みですが、あらためてメモリ配置やメモリ割り付けについて、まとめて説明します。ここでは、長さだけでなく変数の割り付けアドレスを、AVX命令が扱いやすいアライメントへ調整したものを示します。以降に、ソースリストを示します。

リスト9.8●050 SIMD/02 mul1DArray/Sources/mulAlign.cpp

```
#include <iostream>
#include <immintrin.h>

using namespace std;

void verify(const int n, const float* a, const float *x, const float *y);


// main
int
main()
{
    const int N = 32768;
    const int AVXALIGN = sizeof(__m256) / sizeof(float);
    //float a[N], b[N], c[N];
    float* a = (float*)_mm_malloc(sizeof(float)*N, sizeof(__m256));
    float* b = (float*)_mm_malloc(sizeof(float)*N, sizeof(__m256));
    float* c = (float*)_mm_malloc(sizeof(float)*N, sizeof(__m256));

    for (int i = 0; i < N; i++)      // initialize array
    {
        a[i] = (float)(i + 1000);
        b[i] = (float)i / 10.f;
    }

    __m256 *pa = (__m256 *)a;
    __m256 *pb = (__m256 *)b;
    __m256 *pc = (__m256 *)c;

    for (int i = 0; i < N/AVXALIGN; i++)
    {
        *pc++ = _mm256_mul_ps(*pa++, *pb++);
    }

    verify(N, a, b, c);
```

```
    _mm_free(c);
    _mm_free(b);
    _mm_free(a);

    return 0;
}
```

このプログラムは、配列を_mm_malloc関数で割り付けます。単純に配列を宣言した場合、その配列の先頭アドレスがAVX命令の扱いやすいアライメントに調整されるとは限りません。そこで、_mm_malloc関数の2番目の引数に、AVX命令の境界単位を指定します。このようにすることによって、配列の実態をAVX命令（実際はイントリンシック）へ与えることができます。このようにすることによって、1つのAVX命令で、同時にfloat型8要素を乗算することが可能となります。なお、イントリンシックのオペランドへ直接指定できるように、float*を__m256*へキャストします。このため、1回で8要素を処理しますが、forループの増分は1になる点に注意してください。実行結果は先のプログラムと同じですので、説明は省略します。なお、_mm_malloc関数は、Visual Studioとg++両方に互換性がありますので、本プログラムはWindows上、そしてUbuntu上で問題なくビルド・実行できます。

以降に、本プログラムをg++とVisual Studioでビルドし実行した結果を示します。

```
C:¥>cl /EHsc /Fe:mulAlign.exe mulAlign.cpp verify.cpp
[ビルドメッセージ…]

C:¥>mulAlign
```

以降に、本プログラムのビルドと実行結果を示します。

```
$ g++ -mavx -o mulAlign mulAlign.cpp verify.cpp
$ ./mulAlign
```

9.8 OpenCL のベクトル

先の例はホスト CPU で SIMD（ベクトル）命令を使用する例でした。CPU と同様に GPGPU もベクトル命令を装備している場合があります。このため、OpenCL にはベクトル型というデータ型が用意されています。名前が示すように、スカラーではないベクトルデータを 1 回で操作できる便利な型です。ここでは、先の例を OpenCL のベクトル型で記述する例を紹介します。

9.8.1 OpenCL のベクトル型

まず、ベクトル型について、どのようなものがあるか紹介しましょう。最初に char2 型の例を示します。ホスト側では「cl_char2 a[N], b[N], c[N];」のように「cl_char2」で宣言し、カーネルプログラムは「char2」で受け取ります。以降に、ホストの一部を示します。

```
cl_char2 a[dataSize], b[dataSize], c[dataSize];
```

次に、カーネルプログラムを示します。

```
__kernel void
vectorTest(__global const char2 *a,
         __global const char2 *b,
         __global char2 *c)
{
         int i=get_global_id(0);
         c[i] = a[i] + b[i];
}
```

このようにすると、カーネルの「c[i] = a[i] + b[i];」で、2 つの要素の加算が 1 回で実行されます。この処理を図で示します。

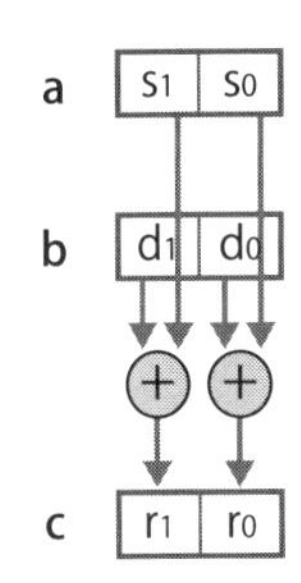

図9.13●2要素の加算を1回で実行

デバイスがSIMD命令を実装していると、カーネルはスカラーを扱う場合に比べ並列数を半分へ削減できます。さらに、カーネルはchar3型、char4型、char8型、およびchar16型などに対応できますので、それぞれ、処理回数を1/3、1/4、1/8、そして1/16まで低減できます。

9.8.2 1次元配列同士の乗算をベクトル型で

さて、これまでの並列化でも紹介した、2つの1次元配列の各要素を乗算し、結果を別の1次元配列へ格納するプログラムをOpenCLのベクトル型で開発してみましょう。処理内容はこれまでと同様です。SIMDの例で__m256を使用しましたので、それに合わせfloat8型を使用します。本来ならホストプログラムではcl_float8を、カーネルプログラムではfloat8型を使用するのが素直です。しかし、第8章「OpenCL」の8.5節「1次元配列同士の乗算」のプログラムを改造してベクトル型に対応させたいため、ホストプログラムではfloatを、カーネルプログラムではfloat8型を使用します。先のプログラムとなるべく共通になるように考えたため、プログラムの修正はごく一部の修正だけです。以降に、ソースリストの一部を示します。

リスト9.9●050 SIMD/03 mul1DOclVec/Sources/mul.cpp（一部分）

```
        ⋮
        // request execute kernel
        size_t globalSize[] = { sizeof(c) / sizeof(cl_float8) };
        status = clEnqueueNDRangeKernel(queue, kernel, 1, NULL,
            globalSize, 0, 0, NULL, NULL);
        if (status != CL_SUCCESS)
            throw "clEnqueueNDRangeKernel function failed.";
        ⋮
```

main関数の変更は1行のみ変更します。他のgetPlatFormDeviceID関数や、処理結果が正常か判断する関数verifyは以前のものとまったく同一です。以降に、実行時に必要とされるカーネルのソースを示します。

リスト9.10●050 SIMD/03 mul1DOclVec/Sources/mul.cl

```
__kernel void
mul(__global const float8 *a,
    __global const float8 *b,
    __global float8 *c)
{
    int i = get_global_id(0);

    c[i] = a[i] * b[i];
}
```

本プログラムはデータ並列で処理されるため、カーネルは各要素（データ）iに対応する処理だけを記述します。以前と異なるのは、データ型がベクトル型のfloat8へ変わることです。このため、本カーネルは1回の動作で8個のfloat乗算を行います。

1回で8要素を処理するため、ホストプログラムのclEnqueueNDRangeKernel API呼び出しの、グローバルワークアイテム数を示すglobalSizeへ与える値は

```
size_t globalSize[] = { sizeof(c) / sizeof(cl_float8) };
```

とし、並列数は少なくなります。ここはsizeof(cl_float8)のかわりに、リテラルで32を指定しても良いのですが、将来ホスト側でもベクトル型を使う可能性があるため、sizeof(cl_float8)で除算します。ベクトル型を使用していないときは下記のように指定しています。

```
size_t globalSize[] = { sizeof(c) / sizeof(c[0]) };
```

ホスト側のプログラムの変更はこれだけです。

このプログラムを、ビルドして実行してみましょう。開発環境にVisual C++を、実行環境に米Intel社を使用した例を示します。

```
C:¥>mul  mul.cl
platform: Intel(R) OpenCL, OpenCL 2.0
device  : [Intel(R) HD Graphics 530]
```

```
(a * b = c)
1000 * 0 = 0
1001 * 0.1 = 100.1
1002 * 0.2 = 200.4
1003 * 0.3 = 300.9
1004 * 0.4 = 401.6
1005 * 0.5 = 502.5
1006 * 0.6 = 603.6
1007 * 0.7 = 704.9
1008 * 0.8 = 806.4
1009 * 0.9 = 908.1
```

カーネルプログラムをベクトル型で記述し、デバイスがベクトル演算を実装していると処理速度が向上するでしょう。もっとも GPGPU が SIMD 命令を実装していない場合、コンパイラはスカラー型の命令を使ったカーネルプログラムに置き換えるでしょう。ただし、ホストプログラムは実行時にカーネルプログラムをビルドしますので、SIMD 命令を実装した GPGPU で実行すると自動的にベクトル演算に切り替わります。この方法を採用すると、OpenCL で処理はオフロードされ、かつ GPGPU ではベクトル演算が使用されるため、大幅な性能向上が期待されます。

ホスト側の解説はほとんど行いませんでしたので、全体の動作については第 8 章「OpenCL」の 8.5 節「1 次元配列同士の乗算」を参照してください。

10

行列の積

本章では、これまで解説してきた並列処理の応用として、それぞれの手法を用いて行列の積を求めるプログラムを紹介します。

行列の積を求める計算は、粒度が小さく、比較的演算量の多い処理です。2つの2次元配列aとbを乗算して2次元配列cに格納します。以降に、n×m行列aとm×p行列bを示します。

$$a = \begin{pmatrix} a_{11} & a_{12} & \cdots & a_{1m} \\ a_{21} & a_{22} & \cdots & a_{2m} \\ \vdots & \vdots & \ddots & \vdots \\ a_{n1} & a_{n2} & \cdots & a_{nm} \end{pmatrix},\ b = \begin{pmatrix} b_{11} & b_{12} & \cdots & b_{1p} \\ b_{21} & b_{22} & \cdots & b_{2p} \\ \vdots & \vdots & \ddots & \vdots \\ b_{m1} & b_{m2} & \cdots & b_{mp} \end{pmatrix}$$

これらの積をcに求めるには、

$$c_{ij} = \sum_{k=1}^{m} a_{ik} b_{kj}$$

を行います。行列cを以降に示します。

$$c = a \cdot b = \begin{pmatrix} c_{11} & c_{12} & \cdots & c_{1p} \\ c_{21} & c_{22} & \cdots & c_{2p} \\ \vdots & \vdots & \ddots & \vdots \\ c_{n1} & c_{n2} & \cdots & c_{np} \end{pmatrix}$$

この処理を各手法で処理する例を紹介します。

10.1 逐次

まず、逐次処理で行列の積を求めるプログラムを紹介します。

リスト10.1●060 matMul/matMulSeq.c

```
#include <stdio.h>
#include <stdlib.h>

// main
int
main(int argc, char* argv[])
{
    float **a, **b, **c, **hc;
    int i, j, k, n = 256;

    if (argc > 1)
        n = atoi(argv[1]);

    fprintf(stdout, "matrix size = %d x %d¥n", n, n);

    a = (float **)malloc(sizeof(float *) * n);
    b = (float **)malloc(sizeof(float *) * n);
    c = (float **)malloc(sizeof(float *) * n);
    for (i = 0; i < n; i++)
    {
        a[i] = (float *)malloc(sizeof(float) * n);
        b[i] = (float *)malloc(sizeof(float) * n);
        c[i] = (float *)malloc(sizeof(float) * n);
    }

    // initialize array
    for (i = 0; i < n; i++)
    {
        for (j = 0; j < n; j++)
        {
            a[i][j] = (float)(rand() / 4096);
            b[i][j] = (float)(rand() / 4096);
        }
    }
```

```
    // calc.
    for (i = 0; i < n; i++)
    {
        for (j = 0; j < n; j++)
        {
            float cc = 0.0f;
            for (k = 0; k < n; k++)
            {
                cc += a[i][k] * b[k][j];
            }
            c[i][j] = cc;
        }
    }

    for (i = 0; i < n; i++)
    {
        free(a[i]);
        free(b[i]);
        free(c[i]);
    }
    free(a);
    free(b);
    free(c);

    return 0;
}
```

単純に、行列の積を求める式をforループに置き換えただけです。入力の２つの２次元配列aとbを乗算して２次元配列cに格納します。行列のサイズは、引数なしのときは256×256です。引数にサイズを与えると、その値が行と列のサイズとして使用されます。以降に、Visual Studioでのビルド・実行例を示します。

```
C:¥>cl /Fe:matMulSeq.exe matMulSeq.c
[ メッセージなど ]

C:¥>matMulSeq 1024
matrix size = 1024 x 1024

C:¥>matMulSeq 2048
matrix size = 2048 x 2048
```

10.2 OpenMP

今度はOpenMPを使用して行列の積を求めるプログラムを紹介します。本プログラムは、逐次処理との性能差を観察するため、行列の積を逐次処理とOpenMPを利用して求め、それぞれの処理に要する時間も表示します。

リスト10.2●060 matMul/OpenMP/matMul.c

```
#include <stdio.h>
#include <stdlib.h>
#include <time.h>

// main
int
main(int argc, char* argv[])
{
    float **a, **b, **c, **hc;
    clock_t start, stop;
    int i, j, k, n = 256;

    if (argc > 1)
        n = atoi(argv[1]);

    fprintf(stdout, "matrix size = %d x %d¥n", n, n);

    a = (float **)malloc(sizeof(float *) * n);
    b = (float **)malloc(sizeof(float *) * n);
    c = (float **)malloc(sizeof(float *) * n);
    hc = (float **)malloc(sizeof(float *) * n);
    for (i = 0; i < n; i++)
    {
        a[i] = (float *)malloc(sizeof(float) * n);
        b[i] = (float *)malloc(sizeof(float) * n);
        c[i] = (float *)malloc(sizeof(float) * n);
        hc[i] = (float *)malloc(sizeof(float) * n);
    }

    // initialize array
    for (i = 0; i < n; i++)
    {
```

```
        for (j = 0; j < n; j++)
        {
            a[i][j] = (float)(rand() / 4096);
            b[i][j] = (float)(rand() / 4096);
        }
    }


    start = clock();

    // calc.
    for (i = 0; i < n; i++)
    {
        for (j = 0; j < n; j++)
        {
            float hcc = 0.0f;
            for (k = 0; k < n; k++)
            {
                hcc += a[i][k] * b[k][j];
            }
            hc[i][j] = hcc;
        }
    }

    stop = clock();

    fprintf(stdout, "     C: ");
    fprintf(stdout, "elapsed time = %.20f [sec]¥n",
            (float)(stop - start) / CLOCKS_PER_SEC);


    start = clock();

    // calc.
    #pragma omp parallel for private(j, k)
    for (i = 0; i < n; i++)
    {
        for (j = 0; j < n; j++)
        {
            float cc = 0.0f;
            for (k = 0; k < n; k++)
            {
                cc += a[i][k] * b[k][j];
            }
```

```
            c[i][j] = cc;
        }
    }

    stop = clock();

    fprintf(stdout, "OpenMP: ");
    fprintf(stdout, "elapsed time = %.20f [sec]¥n",
            (float)(stop - start) / CLOCKS_PER_SEC);

    for (i = 0; i < n; i++)
    {
        for (j = 0; j < n; j++)
        {
            if (hc[i][j] != c[i][j])
            {
                fprintf(stderr, "error!¥n");
                break;
            }
        }
    }

    for (i = 0; i < n; i++)
    {
        free(a[i]);
        free(b[i]);
        free(c[i]);
        free(hc[i]);
    }
    free(a);
    free(b);
    free(c);
    free(hc);

    return 0;
}
```

本プログラムは、先に示したものを逐次処理とOpenMPで処理するプログラムへ書き換えたものです。最初に網掛けした部分は逐次処理を採用し、次に網掛けした部分でOpenMPを採用します。本プログラムは、clock関数を利用して、処理に要した時間を表示します。これによって逐次処理と並列化した処理の性能を評価できます。

OpenMP で処理した行列の積を c へ、逐次処理で積を hc へ格納します。それぞれの処理時間を表示するとともに、結果の妥当性もチェックします。以降に、Visual Studio でのビルド・実行例を示します。

```
C:¥>cl /openmp /Fe:matMul.exe matMul.c

C:¥>matMul 2048
matrix size = 2048 x 2048
     C: elapsed time = 61.35100173950195312500 [sec]
OpenMP: elapsed time = 16.77000045776367187500 [sec]

C:¥>matMul 4096
matrix size = 4096 x 4096
     C: elapsed time = 1246.26098632812500000000 [sec]
OpenMP: elapsed time = 407.61300659179687500000 [sec]
```

以降に、行列サイズ n の変化に対する性能評価を示します。n には、1024 と 2048 を使用します。n の値を大きくすると、処理に数十分も必要とするため、比較的小さな行列を使用します。

最初の図は行列の積に要した処理時間を、逐次処理と OpenMP で示したものです。次の図は、OpenMP の逐次処理に対する相対的な性能を示します。この例では、CPU コアが 4 つのシステムを使用したため、OpenMP は逐次に対し、約 4 倍の性能を示しました。

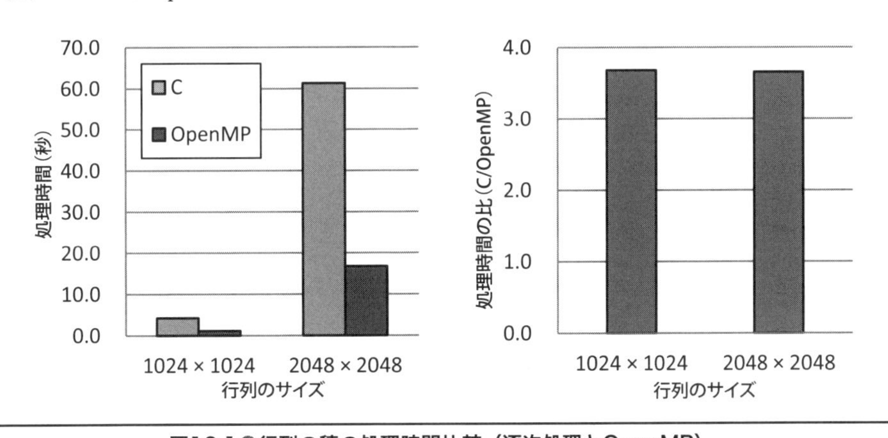

図10.1●行列の積の処理時間比較（逐次処理とOpenMP）

ほぼ予想通りの性能向上を観察できます。

10.3 OpenACC

OpenACC を使用して行列の積を求めるプログラムを紹介します。本プログラムも、逐次処理との性能差を観察するため、行列の積を逐次処理と OpenACC を利用して求め、処理に要する時間も表示します。OpenMP と共通な部分が多いため、以降に、ソースリストの一部を示します。

リスト10.3●060 matMul/OpenACC/matMul.c（一部分）

```
    ⋮
    start = clock();

    // calc.
    for (i = 0; i < n; i++)
    {
        for (j = 0; j < n; j++)
        {
            float hcc = 0.0f;
            for (k = 0; k < n; k++)
            {
                hcc += a[i][k] * b[k][j];
            }
            hc[i][j] = hcc;
        }
    }

    stop = clock();

    fprintf(stdout, "       C: ");
    fprintf(stdout, "elapsed time = %.20f [sec]¥n",
            (float)(stop - start) / CLOCKS_PER_SEC);


    start = clock();

    // calc.
    #pragma acc data copyout(c[:n][:n]) copyin(b[:n][:n],a[:n][:n])
    #pragma acc kernels
    #pragma acc loop independent
    for (i = 0; i < n; i++)
    {
```

```
        #pragma acc loop independent
        for (j = 0; j < n; j++)
        {
            float cc = 0.0f;
            #pragma acc loop reduction(+:cc)
            for (k = 0; k < n; k++)
            {
                cc += a[i][k] * b[k][j];
            }
            c[i][j] = cc;
        }
    }

    stop = clock();

    fprintf(stdout, "OpenACC: ");
    fprintf(stdout, "elapsed time = %.20f [sec]¥n",
            (float)(stop - start) / CLOCKS_PER_SEC);
    ⋮
```

網掛けした部分で行列 a と b の積を計算し、結果を行列 c に格納します。以降に、PGI 社のコンパイラでビルドした例を示します。Visual Studio は OpenACC をサポートしていないため、pgcc を利用します。

```
PGI$ pgcc -acc -Minfo=accel -o matMulAcc matMul.c
main:
     73, Generating copyin(b[:n][:n])
         Generating copyout(c[:n][:n])
         Generating copyin(a[:n][:n])
     76, Loop is parallelizable
     79, Loop is parallelizable
         Accelerator kernel generated
         Generating Tesla code
         76, #pragma acc loop gang, vector(4) /* blockIdx.y threadIdx.y */
         79, #pragma acc loop gang, vector(32) /* blockIdx.x threadIdx.x */
         83, #pragma acc loop seq
     83, Loop is parallelizable
PGI$
```

並列化やデータ転送が行われるようにビルドされます。データコピーの無駄が出ないように、

data ディレクティブも指定します。data ディレクティブへ「copyin(b[:n][:n],a[:n][:n]) copyout(c[:n][:n])」を指定し、それぞれの転送が適切に行われるようにします。このプログラムを実行してみましょう。

```
PGI$ ./matMulAcc 1024
matrix size = 1024 x 1024
      C: elapsed time = 1.40199995040893554688 [sec]
OpenACC: elapsed time = 0.33500000834465026855 [sec]

PGI$ ./matMulAcc 2048
matrix size = 2048 x 2048
      C: elapsed time = 35.97999954223632812500 [sec]
OpenACC: elapsed time = 0.87099999189376831055 [sec]

PGI$ ./matMulAcc 3072
matrix size = 3072 x 3072
      C: elapsed time = 168.39300537109375000000 [sec]
OpenACC: elapsed time = 2.21900010108947753906 [sec]
```

小さな行列では、普通に逐次処理する方が OpenACC を使うより高速です。これは演算量が OpenACC のオーバーヘッドに比較して小さいためだと思われます。テストした環境では、行列の大きさが 1024 × 1024 以上で OpenACC の効果が現れますので 2048 × 2048 と 3072 × 3072 のサイズで性能を測定します。

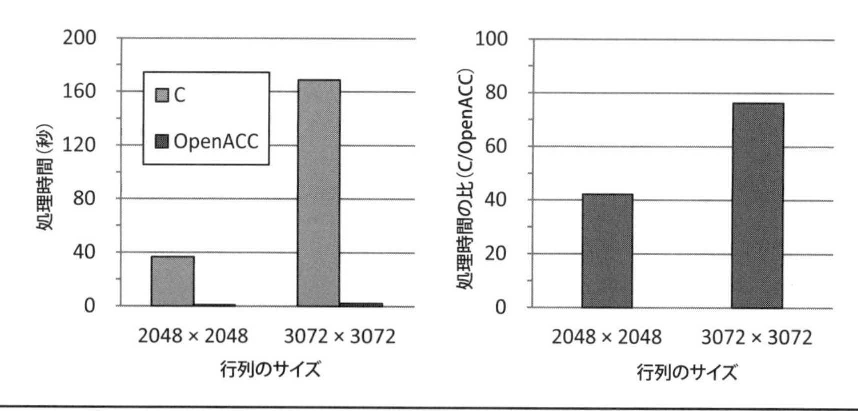

図10.2●行列の積の処理時間比較（逐次処理とOpenACC）

グラフでは、OpenACC の処理時間が短すぎて観測しにくいので、以降に実際の数値（秒）を表で示します。

表10.6●行列の積の処理時間比較（逐次処理とOpenACC）

サイズ	2048 × 2048	3072 × 3072
C	36.6150017	168.6889954
OpenACC	0.8690000	2.2100000
性能	42.1346386	76.3298608

行列サイズが 2048 × 2048 の時、OpenACC が約 42 倍高速で、行列サイズが 3072 × 3072 の時、OpenACC が約 76 倍高速です。

10.4 OpenCL

さて、今度は行列の積を求めるプログラムを OpenCL 化したものを紹介します。本プログラムも、逐次処理との性能差を観察するため、行列の積を逐次処理と OpenCL を利用して求め、処理に要する時間を表示します。OpenCL と OpenACC は同じような方式ですが、記述するコードは、まったくと言って良いほど異なります。

10.4.1 OpenCL サポートクラス

OpenCL は同じようなコードを毎回要求しますので、プログラムが冗長にならないようにサポートクラスを開発します。最低限の機能のみをメソッドで用意しますので、OpenCL API の機能をフルに活用したい場合、クラスを使用せず直接 API を使用してください。それでも、本クラスを使用すると、OpenCL へ対応するプログラムの開発負担を大幅に軽減できます。まず、ヘッダファイルのソースリストを示します。

本クラスは、OpenCL のバージョンは 2.x を想定します。OpenCL 2.x をサポートしている環境でないと動作しません。もし、OpenCL 1.x で動作させたい場合は、OpenCL サポートクラスを少し変更し、OpenCL 1.x へ対応させてください。詳細については、以降の説明とソースリストを参照してください。

リスト10.4●ヘッダファイル（Class/ClUtils.h）

```
#ifndef __CLUTILS_H__
#define __CLUTILS_H__
```

```
#ifdef __APPLE__
#include <OpenCL/opencl.h>
#else
#include <CL/cl.h>
#endif //__APPLE__

//----------------------------------------------------------------------
// OpenCL support class
class ClUtils
{
public:
    ClUtils();
    virtual ~ClUtils();

    void             preloadProgram(const char* filename);
    cl_context       getContext() const     {return mContext;}
    cl_device_id     getDeviceId() const    {return mDeviceId;}
    cl_command_queue getCmdQueue() const    {return mCommandQueue;}
    cl_program       getProg() const        {return mProgram;}
    cl_command_queue getOutOfOrderQueue();
    cl_kernel        createKernel(const char *proc);
    cl_kernel        createAddtionalKernel(const char *proc);
    cl_mem           createBuffer(cl_mem_flags flags, const size_t memSize,
                                                              void *pMem);
    cl_mem           createInBuffer(const size_t memSize, void *pMem);
    cl_mem           createOutBuffer(const size_t memSize);
    cl_mem           createOutBuffer(const size_t memSize, unsigned char fill);
    void             setKernelArg(cl_kernel kernel, argIndex,
                                         size_t argSize, const void *argValue);
    void             setKernelArg(cl_uint argIndex, size_t argSize,
                                               const void *argValue);
    void             enqueueTask();
    void             enqueueNDRangeKernel(cl_kernel kernel, cl_uint dim,
                                                     const size_t gSize[]);
    void             enqueueNDRangeKernel(cl_uint dim, const size_t gSize[]);
    void             enqueueReadBuffer(cl_mem mem,const size_t memSize, void *pMem);
    static void      printError(const cl_int err);

private:
    void             printBuildLog(const cl_program program,
                               const cl_device_id device) const;
    char*            loadProgramSource(const char *filename);
    int              getPlatFormDeviceID(cl_device_type device_type,
                               cl_platform_id* platformId, cl_device_id* deviceID);
```

```
private:
    cl_context       mContext;
    cl_device_id     mDeviceId;
    cl_command_queue mCommandQueue;
    cl_program       mProgram;
    cl_kernel        mKernel;
};

//-----------------------------------------------------------------
// for error code
typedef struct
{
    const int   code;
    const char* msg;
} msgTbl_t;

#endif /* __CLUTILS_H__ */
```

ヘッダの最後に msgTbl_t 構造体の定義があります。この構造体定義は、本クラスのメソッドで使用します。

クラスの概要を、表 10.2 ～表 10.4 に示します。

表10.7●publicメソッド

public メソッド	説明
ClUtils(void)	コンストラクタです。プラットフォーム ID の取得、デバイス ID の取得、コンテキストオブジェクトの生成、そしてコマンドキューオブジェクトの生成を行います。OpenCL の前処理で必要な処理をコンストラクタに押し込みます。
virtual ~ClUtils(void)	デストラクタです。各オブジェクトの後始末を行います。
void preloadProgram (const char* filename)	カーネルのソースコードを読み込み、ビルドまで行います。
cl_context getContext()	コンテキストを取得します。
cl_device_id getDeviceId()	デバイス ID を取得します。
cl_command_queue getCmdQueue()	コマンドキューを取得します。
cl_program getProg()	カーネルプログラムを取得します。
cl_command_queue getOutOfOrderQueue()	非同期のコマンドキューを取得します。

public メソッド	説明
cl_kernel createKernel(const char *proc)	カーネルを生成します。
cl_kernel createAddtionalKernel (const char *proc)	カーネルを生成します。通常、カーネルの生成は createKernel メソッドを使用します。ただし、2 つ以上のカーネルを同一コンテキストに作成する場合、こちらのメソッドを使用します。
cl_mem createBuffer(cl_mem_flags flags, const size_t memSize, void *pMem)	バッファオブジェクトを生成します。フラグも指定できますので、いろいろなバッファオブジェクトを生成できます。
cl_mem createInBuffer(const size_t memSize, void *pMem)	入力に使用するバッファオブジェクトを生成します。
cl_mem createOutBuffer (const size_t memSize)	出力に使用するバッファオブジェクトを生成します。
cl_mem createOutBuffer(const size_t memSize, const unsigned char fill)	出力に使用するバッファオブジェクトを生成し、指定されたパターンでバッファをフィルします。
void setKernelArg(cl_kernel kernel, cl_uint argIndex, size_t argSize, const void *argValue)	渡された引数を使用し clSetKernelArg API を呼び出します。
void setKernelArg(cl_uint argIndex, size_t argSize, const void *argValue)	オブジェクトが保持するカーネルを用いて clSetKernelArg API を呼び出します。このため、引数にカーネルを必要としません。
void enqueueTask()	OpenCL 1.2 の clEnqueueTask API が廃止されたため、clEnqueueTask API と同等のメソッドを用意しました。
void enqueueNDRangeKernel(cl_kernel kernel, cl_uint dim, const size_t gSize[])	本メソッドは、カーネルを起動するコマンドをキューイングします。
void enqueueNDRangeKernel(cl_uint dim, const size_t gSize[])	先のメソッドと同等ですが、本メソッドはオブジェクトが保持するカーネルを用いるため、引数にカーネルを必要としません。
void enqueueReadBuffer(cl_mem mem, const size_t memSize, void *pMem)	バッファ読み込みをキューイングします。
Static void printError (const cl_int err)	カーネルプログラムのビルドに失敗したときに、その原因を表示するメソッドです。

表10.8●privateメソッド

private メソッド	説明
void printBuildLog(const cl_program program, const cl_device_id device)	ビルドログを表示します。カーネルをビルドしたときにエラー原因を解析するための情報を使用者に提供します。
char* loadProgramSource (const char *filename)	引数で指定したファイルをメモリに読み込み、文字列として返します。
int getPlatFormDeviceID(cl_device_type device_type, cl_platform_id* platformId, cl_device_id* deviceID)	OpenCL 2.x対応のプラットフォームIDとデバイスのIDを返します。もし、適切なOpenCLデバイスが見つからない場合、0より小さな値を返します。特定のプラットフォームやデバイスを選択したい場合は、本メソッドを拡張し、引数にプラットフォームやデバイスの情報を貰うようにすると良いでしょう。

表10.9●privateメンバ

private メンバ	説明
cl_context mContext	コンテキストオブジェクトを保持します。
cl_device_id mDeviceId	デバイスIDを保持します。
cl_command_queue mCommandQueue	コマンドキューオブジェクトを保持します。
cl_program mProgram	プログラムオブジェクトを保持します。
cl_kernel mKernel	カーネルオブジェクトを保持します。

クラスの説明をソースコードと対応させながら説明します。なお、本書はOpenCLの解説書ではないため、OpenCLの手続きについて、すでに解説した内容以上の詳細には触れません。単純なメソッドなどの詳細を知りたい人は、ソースリストや参考文献、OpenCLのドキュメントを参照してください。ここでは最低限の説明を行います。

リスト10.5●コンストラクタ（Class/ClUtils.cpp）

```
ClUtils::ClUtils()
    : mContext((cl_context)0), mDeviceId((cl_device_id)0),
    mCommandQueue((cl_command_queue)0), mProgram((cl_program)0),
    mKernel((cl_kernel)0)
{
    cl_int status;
    cl_platform_id platformId;

    // get platform and device
    if (getPlatFormDeviceID(
        CL_DEVICE_TYPE_DEFAULT, &platformId, &mDeviceId) < 0)
        throw "no opencl 2.x platform.";
```

```
    mContext = clCreateContext(NULL, 1, &mDeviceId,   // create Context
        NULL, NULL, &status);
    if (status != CL_SUCCESS)
        throw "clCreateContext failed.";

    // OpenCL
    mCommandQueue = clCreateCommandQueueWithProperties(
        mContext, mDeviceId, NULL, &status);
    if (status != CL_SUCCESS)
        throw "clCreateCommandQueueWithProperties failed.";
}
```

本メソッドはコンストラクタです。まず、getPlatFormDeviceID メソッドで適切なプラットフォーム ID とデバイスを選択します。取得したデバイス ID はクラスのメンバである mDeviceId へ保存します。適切なデバイスを見つけられない場合は、例外を発生させます。getPlatFormDeviceID メソッドについては詳細を後述します。次に、clCreateContext API を使用し、コンテキストを生成します。取得したコンテキストオブジェクトは、メンバ mContext へ保存します。最後に、clCreateCommandQueueWithProperties API を使用し、コマンドキューオブジェクトを生成します。生成したコマンドキューは、メンバ mCommandQueue へ保存します。

リスト 10.6●デストラクタ（Class/ClUtils.cpp）

```
ClUtils::~ClUtils()
{
    if (mContext != (cl_context)0)
        clReleaseContext(mContext);

    if (mCommandQueue != (cl_command_queue)0)
    {
        clFlush(mCommandQueue);
        clReleaseCommandQueue(mCommandQueue);
    }

    if (mProgram != (cl_program)0)
        clReleaseProgram(mProgram);

    if (mKernel != (cl_kernel)0)
        clReleaseKernel(mKernel);
}
```

本メソッドはデストラクタです。生成した各種オブジェクトの後始末を行います。

リスト10.7●preloadProgramメソッド（Class/ClUtils.cpp）

```
void
ClUtils::preloadProgram(const char* filename)
{
    cl_int status;
    char *source = 0;

    try
    {
        source = loadProgramSource(filename);     // read kernel program
    }
    catch (char *str)
    {
        throw str;
    }

    // create kernel with source
    mProgram = clCreateProgramWithSource(mContext,
        1, (const char **)&source, NULL, &status);
    if (mProgram == (cl_program)0)
    {
        delete[] source;
        throw "clCreateProgramWithSource failed.";
    }

    // build program
    const char* options = "-cl-std=CL2.0";
    status = clBuildProgram(mProgram, 1,
        &mDeviceId, options, NULL, NULL);
    if (status != CL_SUCCESS)
    {
        printBuildLog(mProgram, mDeviceId);
        delete[] source;
        throw "clBuildProgram failed.";
    }

    delete[] source;
}
```

本メソッドは、引数で渡されたカーネルファイルを読み込み、ビルドします。カーネルソースにエラーがある場合、その原因を表示します。

リスト10.8●getOutOfOrderQueueメソッド（Class/ClUtils.cpp)

```
cl_command_queue
ClUtils::getOutOfOrderQueue()
{
    cl_int status;

    if (mCommandQueue != (cl_command_queue)0)
    {
        clFlush(mCommandQueue);
        clReleaseCommandQueue(mCommandQueue);
        mCommandQueue = (cl_command_queue)0;
    }

    // create Command Queue
    cl_queue_properties properties[] = {
        CL_QUEUE_PROPERTIES,
        (cl_command_queue_properties)CL_QUEUE_OUT_OF_ORDER_EXEC_MODE_ENABLE, 0 };
    mCommandQueue = clCreateCommandQueueWithProperties(
        mContext, mDeviceId, properties, &status);
    if (status != CL_SUCCESS)
        throw "clCreateCommandQueueWithProperties failed.";

    return mCommandQueue;
}
```

本メソッドは、非同期実行のコマンドキューを返します。生成した非同期コマンドキューオブジェクトをクラスのメンバ mCommandQueue へ保存するとともに、呼び出し元へ返します。

リスト10.9●createKernelメソッド（Class/ClUtils.cpp)

```
cl_kernel
ClUtils::createKernel(const char *proc)
{
    mKernel = clCreateKernel(mProgram, proc, NULL);
    if (mKernel == (cl_kernel)0)
        throw "clCreateKernel failed(createKernel).";

    return mKernel;
}
```

本メソッドは、カーネルオブジェクトを生成します。生成したカーネルオブジェクトは、クラスのメンバ mKernel へ保存するとともに、呼び出し元へ返します。

リスト10.10●createAddtionalKernelメソッド（Class/ClUtils.cpp）

```
cl_kernel
ClUtils::createAddtionalKernel(const char *proc)
{
    cl_kernel kernel = clCreateKernel(mProgram, proc, NULL);
    if (kernel == (cl_kernel)0)
        throw "clCreateKernel failed(createAddtionalKernel).";

    return kernel;
}
```

本メソッドは、カーネルを生成します。カーネルの生成には通常 createKernel メソッドを使用しますが、2つ以上のカーネルを同一コンテキストに作成したい場合は、このメソッドを使用してください。このメソッドで生成したカーネルは、クラスでは管理しません。リソースの破棄などは呼び出し元で処理する必要があります。

リスト10.11●createBufferメソッド（Class/ClUtils.cpp）

```
cl_mem
ClUtils::createBuffer(const cl_mem_flags flags, const size_t memSize, void *pMem)
{
    cl_int status;

    cl_mem mem = clCreateBuffer(mContext, flags, memSize, pMem, &status);
    if (status != CL_SUCCESS)
    {
        printError(status);
        throw "createBuffer failed.";
    }

    return mem;
}
```

本メソッドはメモリオブジェクトを生成します。同様の処理を行う簡単なメソッドも用意してありますが、本メソッドは、メモリオブジェクトを確保するのに使用されるメモリ領域やバッファオブジェクトがどのように使われるかを示すビットフィールドを、第１引数で指定できます。細かな指定を行ってメモリオブジェクトを生成したいときは、本メソッドを使用してください。

リスト10.12●createInBufferメソッド（Class/ClUtils.cpp）

```
cl_mem
ClUtils::createInBuffer(const size_t memSize, void *pMem)
{
    return createBuffer(CL_MEM_READ_ONLY | CL_MEM_USE_HOST_PTR, memSize, pMem);
}
```

本メソッドは、引数を使ってカーネルの入力となるバッファオブジェクトを生成し、呼び出し元へ返します。このメソッドで生成したオブジェクトは、クラスでは管理しません。

リスト10.13●createOutBufferメソッド（Class/ClUtils.cpp）

```
cl_mem
ClUtils::createOutBuffer(const size_t memSize)
{
    return createBuffer(CL_MEM_WRITE_ONLY, memSize, NULL);
}
```

createOutBuffer メソッドは、引数を使ってカーネルの出力となるバッファオブジェクトを生成し、呼び出し元へ返します。このメソッドで生成したオブジェクトは、クラスでは管理しません。リソースの破棄などは呼び出し元で処理する必要があります。

リスト10.14●createOutBufferメソッド（Class /ClUtils.cpp）

```
cl_mem
ClUtils::createOutBuffer(const size_t memSize, const unsigned char fill)
{
    cl_mem mem = this->createOutBuffer(memSize);

    // OpenCL 1.1の場合 vvvvvvvvvvvvvvvvvv comment out vvvvvvvvvv
    cl_int status = clEnqueueFillBuffer(mCommandQueue, mem, &fill,
        1, 0, memSize, 0, NULL, NULL);
    if (status != CL_SUCCESS)
        throw "clEnqueueFillBuffer failed.";
    // OpenCL 1.1の場合 ^^^^^^^^^^^^^^^^^^ comment out ^^^^^^^^^^
```

```
    return mem;
}
```

本メソッドは、直前のメソッドのオーバーロードメソッドです。本メソッドは引数を使って、カーネルの出力となるバッファオブジェクトを生成します。さらに引数で渡されたバイトパターンを clEnqueueFillBuffer API の引数に指定し、生成したバッファオブジェクトをフィルします。このメソッドで生成したオブジェクトは、クラスでは管理しません。

clEnqueueFillBuffer API は OpenCL 1.2 で追加された API です。OpenCL 1.1 以前を使用する場合、コメントを参照し、clEnqueueFillBuffer API 呼び出し部をコメントアウトしてください。これを行うと、処理結果を格納するバッファオブジェクトが初期化されません。

リスト10.15●setKernelArgメソッド（Class/ClUtils.cpp）

```
void
ClUtils::setKernelArg(cl_kernel kernel, cl_uint argIndex, size_t argSize,
                                                        const void *argValue)
{
    cl_int status = clSetKernelArg(kernel, argIndex, argSize, argValue);
    if (status != CL_SUCCESS)
        throw "clSetKernelArg failed.";
}
```

本メソッドは、clSetKernelArg API を使用しカーネルに渡す引数を設定します。

リスト10.16●setKernelArgメソッド（Class/ClUtils.cpp）

```
void
ClUtils::setKernelArg(cl_uint argIndex, size_t argSize, const void *argValue)
{
    setKernelArg(mKernel, argIndex, argSize, argValue);
}
```

本メソッドは、直前のメソッドのオーバーロードメソッドです。先のメソッドと異なるのは、カーネルにクラスが管理しているメンバを使用するため、呼び出し元はカーネルを渡す必要はありません。

リスト10.17●enqueueTaskメソッド（Class/ClUtils.cpp）

```
void
ClUtils::enqueueTask()
{
    const size_t globalSize[] = { 1 };
    const size_t localSize[] = { 1 };
    cl_int status = clEnqueueNDRangeKernel(mCommandQueue, mKernel,
        1, NULL, globalSize, localSize, 0, NULL, NULL);
    if (status != CL_SUCCESS)
        throw "clEnqueueNDRangeKernel failed.";
}
```

本メソッドは、カーネルをタスクとして起動します。OpenCL 1.2 まではタスク並列を行いたいときに、clEnqueueTask API を使用しました。ところが、OpenCL 2.0 以降では、この API は廃止されました。そこで、clEnqueueTask API と同等のメソッドを用意しました。

リスト10.18●enqueueNDRangeKernelメソッド（Class/ClUtils.cpp）

```
void
ClUtils::enqueueNDRangeKernel(cl_kernel kernel, cl_uint dim, const size_t gSize[])
{
    cl_int status = clEnqueueNDRangeKernel(mCommandQueue, kernel,
        dim, NULL, gSize, 0, 0, NULL, NULL);
    if (status != CL_SUCCESS)
        throw "clEnqueueNDRangeKernel failed.";
}
```

本メソッドは、カーネルを起動するコマンドをキューに送出します。第 2 引数でワークアイテムの次元数を指定します。第 3 引数がグローバルワークアイテムの数です。本メソッドは、ローカルワークアイテム数の指定を行うことはできません。ワークアイテムの分割はシステムに任せます。複雑なプログラムでは、ワークグループ分割を明示的に行う必要が生じますが、そのような場合は、本メソッドを使用せず、直接 clEnqueueNDRangeKernel API を使用してください。

リスト10.19●enqueueNDRangeKernelメソッド（Class/ClUtils.cpp）

```
void
ClUtils::enqueueNDRangeKernel(cl_uint dim, const size_t gSize[])
{
    enqueueNDRangeKernel(mKernel, dim, gSize);
```

```
}
```

本メソッドは、直前のメソッドのオーバーロードメソッドです。先のメソッドと異なるのは、カーネルにクラスが管理しているメンバを使用するため、呼び出し元はカーネルを渡す必要はありません。

リスト10.20●enqueueReadBufferメソッド（Class/ClUtils.cpp）

```
void
ClUtils::enqueueReadBuffer(cl_mem mem, const size_t memSize, void *pMem)
{
    cl_int status = clEnqueueReadBuffer(mCommandQueue, mem,
        CL_TRUE, 0, memSize, pMem, 0, NULL, NULL);
    if (status != CL_SUCCESS)
        throw "clEnqueueReadBuffer failed.";
}
```

本メソッドは、引数のバッファオブジェクト、サイズ、メモリへのポインタを使用し、カーネルが処理した結果を読み出すコマンドをキューイングします。本メソッドはclEnqueueReadBuffer APIを使用しますが、ブロッキング読み込みを指定しますので、読み込みが完了するまで制御を戻しません。

リスト10.21●printErrorメソッド（Class/ClUtils.cpp）

```
void
ClUtils::printError(const cl_int err)
{
    msgTbl_t mTbl[] = {
    {CL_SUCCESS,                          "Success.¥n"                     },
    {CL_DEVICE_NOT_FOUND,                 "Device not found.¥n"            },
    {CL_DEVICE_NOT_AVAILABLE,             "Device not available.¥n"        },
    {CL_COMPILER_NOT_AVAILABLE,           "Compiler not available.¥n"      },
    {CL_MEM_OBJECT_ALLOCATION_FAILURE,    "Memory object alloc. failure.¥n"},
    {CL_OUT_OF_RESOURCES,                 "Out of resources.¥n"            },
    {CL_OUT_OF_HOST_MEMORY,               "Out of host memory.¥n"          },
    {CL_PROFILING_INFO_NOT_AVAILABLE,     "Profiling info. not available.¥n"},
        ⋮
    {CL_INVALID_EVENT,                    "Invalid event.¥n"               },
    {CL_INVALID_OPERATION,                "Invalid operation.¥n"           },
    {CL_INVALID_GL_OBJECT,                "Invalid OpenGL object.¥n"       },
```

```
    {CL_INVALID_BUFFER_SIZE,               "Invalid buffer size.¥n"                },
    {CL_INVALID_MIP_LEVEL,                 "Invalid mip-map level.¥n"              },

    {-1,                                      NULL                                 }

    };

    int i = 0;
    while (mTbl[i].msg != NULL)
    {
        if (mTbl[i].code == err)
        {
      cerr << mTbl[i].msg << endl;
      break;
        }
        i++;
    }

if (mTbl[i].msg == NULL)
  cerr << "Unknown error: " << err << endl;
}
```

本メソッドは、OpenCL APIの呼び出しに失敗したときに、その原因を表示するメソッドです。

リスト10.22●printBuildLogメソッド（Class/ClUtils.cpp）

```
void
ClUtils::printBuildLog(const cl_program program,
    const cl_device_id device) const
{
    cl_int status;
    size_t size_ret;

    char buffer[4096];
    status = clGetProgramBuildInfo(program, device,
        CL_PROGRAM_BUILD_LOG, sizeof(buffer) - 1,
        buffer, &size_ret);
    if (status != CL_SUCCESS)
    {
        printf("clGetProgramInfo failed.¥n");
        printError(status);
    }
    else
```

```
    {
        buffer[size_ret] = '¥0';
  cout << "--------------- build log --------------" << endl;
  cout << buffer << endl;
  cout << "----------- end of build log -----------" << endl;
 }
}
```

本メソッドは、カーネルプログラムのビルドに失敗したときに、一連のビルド失敗の原因を表示するメソッドです。本メソッドはビルドログを受け取る文字配列 buffer は固定長で定義しています。ビルドログは文字配列 buffer の長さ－1までしか取得できません。

リスト10.23●loadProgramSourceメソッド（Class/ClUtils.cpp）

```
char*
ClUtils::loadProgramSource(const char *filename)
{
    FILE *fp;
    struct stat statbuf;
    char *source;

    fp = fopen(filename, "rb");
    if (fp == 0)
        throw "kernel program file open failed.";

    if (stat(filename, &statbuf) != 0)
        throw "stat failed.";

    source = new char[statbuf.st_size + 1];
    fread(source, statbuf.st_size, 1, fp);
    source[statbuf.st_size] = '¥0';

    fclose(fp);

    return source;
}
```

本メソッドは、引数に指定されたファイル名から、カーネルソースコードを読み込みます。そして、読み込んだ文字列を返します。

リスト10.24●getPlatFormDeviceIDメソッド（Class/ClUtils.cpp）

```
int
ClUtils::getPlatFormDeviceID(cl_device_type device_type,
    cl_platform_id* platformId, cl_device_id* deviceID)
{
    const char opencl_version_major = '2';
    char message[1024];
    cl_uint numOfPlatforms;
    int rval = -1;

    // get list of platform
    cl_int status = clGetPlatformIDs(0, NULL, &numOfPlatforms);
    if (status != CL_SUCCESS || numOfPlatforms < 1)
        throw "clGetPlatformIDs function failed.¥n";
    cl_platform_id *platforms = new cl_platform_id[numOfPlatforms];

    status = clGetPlatformIDs(numOfPlatforms, platforms, &numOfPlatforms);
    if (status != CL_SUCCESS)
    {
        delete[] platforms;
        return -1;
    }

    for (unsigned plt = 0; plt < numOfPlatforms; plt++)
    {
        status = clGetPlatformInfo(platforms[plt], CL_PLATFORM_VERSION,
            sizeof(message), message, NULL);
        if (status != CL_SUCCESS)
        {
            rval = -1;
            break;
        }

        if (message[7] >= opencl_version_major)     // opencl version
        {
            cl_device_id deviceId[10];
            cl_uint numOfDevices;

            status = clGetDeviceIDs(platforms[plt], device_type,
                sizeof(deviceId) / sizeof(deviceId[0]), deviceId, &numOfDevices);
            if (status != CL_SUCCESS)
            {
                rval = -1;
```

```
                break;
            }
            if (numOfDevices > 0)
            {
                *platformId = platforms[plt];
                *deviceID = deviceId[0];
                rval = 0;
                break;
            }
        }
    }
    delete[] platforms;

    return rval;
}
```

本メソッドは、複数のOpenCLプラットフォームに含まれる複数のデバイスの中から、最初に見つかったOpenCL 2.x対応のデバイスを取得します。デバイスの選択方法は非常に原始的な手法を採用しています。他のデバイスを選択したい場合、適宜書き換えてください。あるいは、外部からOpenCLのバージョンやデバイスタイプを指定できるようにすると良いでしょう。なお、OpenCL 1.xを選択するようにした場合は、createOutBufferメソッドやpreloadProgramメソッドなどにも影響しますので、OpenCL 1.xとOpenCl 2.xの両方で矛盾が起きないか、ソースを再調査してください。本クラスはOpenCL 2.xを対象に開発しています。

本メソッドは、プラットフォームIDとデバイスIDを取得できた場合は0を、そうでない場合マイナスの値を返します。

10.4.2 行列の積

さて、行列の積を求めるプログラムをOpenCL化したものを紹介します。先に説明したOpenCLサポートクラスを利用するため、APIを使って記述するのに比べソースリストは短くなります。OpenCLで記述した行列の積を求めるプログラムのソースリストを以降に示します。

リスト10.25●060 matMul/OpenCL/matMul.cpp

```
#include <stdio.h>
#include <stdlib.h>
#include <time.h>
```

```
#include "../../Class/ClUtils.h"

// main
int
main(int argc, char* argv[])
{
    try
    {
        const char* clProc = "clCode";
        clock_t start, stop;
        int i, j, k, n = 256;

        if (argc > 2)
            n = atoi(argv[2]);

        const size_t sizeOfBuff = sizeof(float)*n*n;

        if (argc < 2)
            throw "引数に*.clファイルを指定してください.";

        // alloc.
        float *a = new float[n*n];
        float *b = new float[n*n];
        float *c = new float[n*n];
        float *hc = new float[n*n];

        // init.
        for (int i = 0; i < n; i++)
        {
            for (int j = 0; j < n; j++)
            {
                a[i*n + j] = (float)(rand() / 4096);
                b[i*n + j] = (float)(rand() / 4096);
                c[i*n + j] = 0.0;
            }
        }


        start = clock();

        // calc.
        for (i = 0; i < n; i++)
        {
            for (j = 0; j < n; j++)
```

```
        {
            float hcc = 0.0f;
            for (k = 0; k < n; k++)
            {
                hcc += a[i*n + k] * b[k*n + j];
            }
            hc[i*n + j] = hcc;
        }
    }

    stop = clock();

    fprintf(stdout, "     C: ");
    fprintf(stdout, "elapsed time = %.20f [sec]¥n",
        (float)(stop - start) / CLOCKS_PER_SEC);



    start = clock();

    ClUtils clUtils;
    clUtils.preloadProgram(argv[1]);
    cl_kernel kernel = clUtils.createKernel(clProc);

    // create memory object
    cl_mem iA = clUtils.createInBuffer(sizeOfBuff, (void*)a);
    cl_mem iB = clUtils.createInBuffer(sizeOfBuff, (void*)b);
    cl_mem oC = clUtils.createOutBuffer(sizeOfBuff);

    // set kernel parameters
    clUtils.setKernelArg(0, sizeof(cl_mem), (void *)&iA);
    clUtils.setKernelArg(1, sizeof(cl_mem), (void *)&iB);
    clUtils.setKernelArg(2, sizeof(cl_mem), (void *)&oC);
    clUtils.setKernelArg(3, sizeof(cl_uint), (void *)&n);

    // request execute kernel
    size_t globalSize[] = { (size_t)n, (size_t)n };
    cl_uint dim = (cl_uint)(sizeof(globalSize) / sizeof(globalSize[0]));
    clUtils.enqueueNDRangeKernel(dim, globalSize);

    // get results
    clUtils.enqueueReadBuffer(oC, sizeOfBuff, c);

    stop = clock();
```

```
        fprintf(stdout, "OpenCL: ");
        fprintf(stdout, "elapsed time = %.20f [sec]¥n",
            (float)(stop - start) / CLOCKS_PER_SEC);

        // release resources
        clReleaseMemObject(iA);
        clReleaseMemObject(iB);
        clReleaseMemObject(oC);

        for (i = 0; i < n; i++)
        {
            for (j = 0; j < n; j++)
            {
                if (hc[i*n + j] != c[i*n + j])
                {
                    fprintf(stderr, "error!¥n");
                    break;
                }
            }
        }

        // delete
        delete[] a;
        delete[] b;
        delete[] c;
        delete[] hc;
    }
    catch (char* str)
    {
        fprintf(stderr, str);
        return -1;
    }
    return 0;
}
```

OpenCLを利用し、行列aとbの積を計算し、結果を行列cに格納します。計算に間違いがないか調べるため、普通の逐次処理で行列aとbの積をhcにも求めます。ビルドにはVisual StudioのC++を使用します。

なお、これまでの行列のメモリの割り付け方は以降に示す形式です。

図10.3●これまでの行列のメモリの割り付け方

これでは、デバイスとホスト間のメモリ転送が多数の転送に分割され非効率です。そこで、本プログラムは行列を一塊のメモリとして割り付けます。代わりに、インデックスの指定は工夫が必要です。

図10.4●本プログラムのメモリの割り付け方

次に、デバイス側のソースリストを示します。このソースはホストプログラムがビルドし、デバイスへ送られデバイスで実行されます。内容を観察すると分かりますが、外側の for ループのイテレータ部分をカーネル化します。以降に、ソースリストを示します。

リスト10.26●060 matMul/OpenCL/kernel.cl

```
__kernel void
clCode( __global const float *a,
        __global const float *b,
        __global float *c,
        const uint n)
{
    unsigned int i=get_global_id(0);
    unsigned int j=get_global_id(1);
```

```
    float cc = 0.0;
    for(int k = 0; k < n; k++)
    {
        cc += a[i*n + k] * b[k*n + j];
    }
    c[i*n + j ] = cc;
}
```

本プログラムは、引数にカーネルソースの入ったファイル名、次に行列のサイズを指定します。以降に、実行例を示します。

```
C:¥>matMulCl kernel.cl 1024
     C: elapsed time = 2.47399997711181640625 [sec]
OpenCL: elapsed time = 0.68099999427795410156 [sec]

C:¥>matMulCl kernel.cl 2048
     C: elapsed time = 77.55100250244140625000 [sec]
OpenCL: elapsed time = 4.72100019454956054688 [sec]

C:¥>matMulCl kernel.cl 3072
     C: elapsed time = 285.10998535156250000000 [sec]
OpenCL: elapsed time = 14.39900016784667968750 [sec]

C:¥>matMulCl kernel.cl 4096
     C: elapsed time = 701.99499511718750000000 [sec]
OpenCL: elapsed time = 47.00299835205078125000 [sec]
```

小さな行列では、普通に逐次処理する方がOpenCLを使うより高速です。これは演算量がOpenCLのオーバーヘッドに比較して小さいためだと思われます。以降に、2048 × 2048、3072 × 3072、そして4096 × 4096のサイズで性能を測定したものを示します。

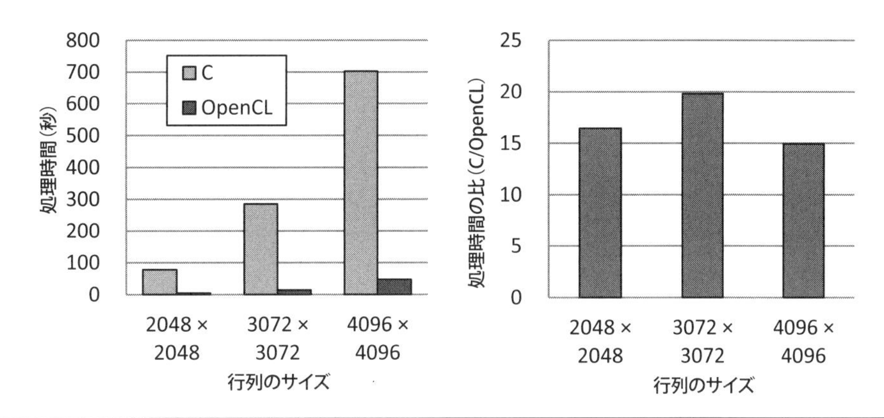

図10.5●行列の積の処理時間比較（逐次処理とOpenCL）

逐次処理に対しOpenCLを使用した方が約16倍から20倍高速です。それでもGPUを使用した割に高速化されていません。このシステムはGPUを搭載したボードを実装しているのですが、OpenCLサポートクラスがOpenCL 2.xを選択するように記述されています。このため、GPUを搭載したボードは使用されず、CPU内蔵の低速なGPUが選択されています。高速なGPUを選択する方法についてはクラスの説明で簡単に解説しましたので、そちらを参照してください。低速なGPUが選択されていますが、それでも逐次処理した場合に比べ、最低でも15倍ほど高速に処理されます。

11 メモリ

本章では、OpenMP、OpenACC、OpenCL、そしてSIMDなどの各並列方式における、メモリの扱いや振る舞いについて解説します。また、並列処理に限りませんが、並列処理や高速処理に重要な影響を及ぼすキャッシュメモリなどについても解説します。

11.1 メモリアクセスとキャッシュメモリ

キャッシュメモリの動作について解説します。データも命令も連続したアドレス、そして小さな範囲に収めると速度向上します。ここでは、2次元配列(行列)を使った例を示して、キャッシュメモリの動作を解説します。

以降に、2次元配列（行列）の全要素の総和を求めるプログラムを例に、キャッシュメモリについて解説します。配列a[][]の全要素の総和を求めるプログラムを開発するとします。以下に示す行列aが存在したとします。

$$a = \begin{pmatrix} a_{11} & a_{12} & \cdots & a_{1m} \\ a_{21} & a_{22} & \cdots & a_{2m} \\ \vdots & \vdots & \ddots & \vdots \\ a_{n1} & a_{n2} & \cdots & a_{nm} \end{pmatrix}$$

この2次元配列の総和を求めるには、全要素を加算します。2つのプログラムを使って総和を求めてみます。2つのプログラムの違いは、要素の参照順だけです。参照方法が性能にどのような影響を与えるか調べてみましょう。まず、行列に対応する2次元配列 a[][] を図で示します。

a[][]　m　n

a[0][0]	a[0][1]	a[0][2]		a[0][m-1]
a[1][0]	a[1][1]	a[1][2]		a[1][m-1]
a[n-1][0]	a[n-1][1]	a[n-1][2]		a[n-1][m-1]

図11.1●2次元配列a

この各要素の総和を求めますが、要素の参照順を2種類用意しました。1つは各要素を水平方向に参照するもの、もう1つは垂直方向に参照するものです。正確には、次元の低い方を順次参照するものと、次元の高い方を順次参照するものです。

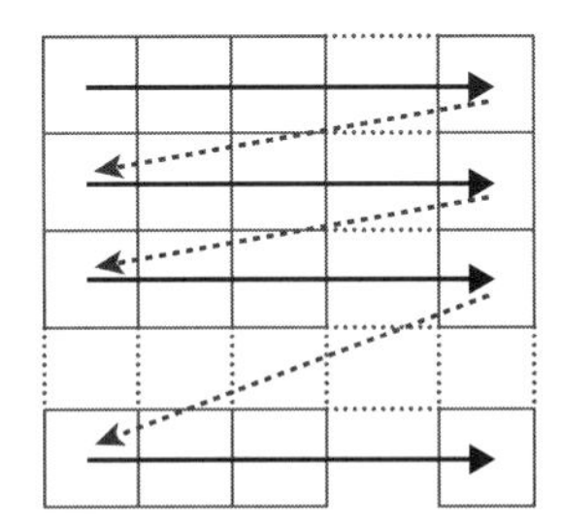
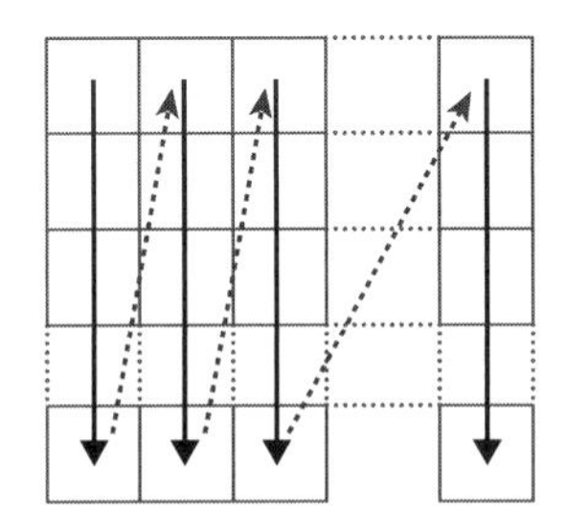

図11.2●要素の参照順（水平方向と垂直方向）

以降に、各要素を水平方向に参照するプログラムと垂直方向に参照するプログラムの、対応する部分のコードを抜粋し、対比させて示します。なお、プログラムを簡単にするために n × n の配列とします。

垂直方向に参照

```
for (int i = 0; i < n; i++)
    for (int j = 0; j < n; j++)
        sum += a[j][i];
```

水平方向に参照

```
for (int i = 0; i < n; i++)
    for (int j = 0; j < n; j++)
        sum += a[i][j];
```

この2つの参照法を使ったプログラムを、2つのシステムでベンチマークしてみました。明らかにプログラム速度に大きな違いを観察できます。単にデータを参照する順序が違うだけで、このような速度差が生じます。なお、この参照順は C/C++ 言語で記述したものです。科学技術計算で使われるFORTRANなどとは次元の位置やメモリ配置が異なるので、インデックスの位置を読み替えてください。

システムのハードウェア環境への依存は大きくなさそうで、2つのシステムで同様の傾向を得られました。ベンチマーク結果を以降にグラフで示します。グラフの縦軸単位は秒で、処理に要した時間を表します。高さが低いほど高速です。

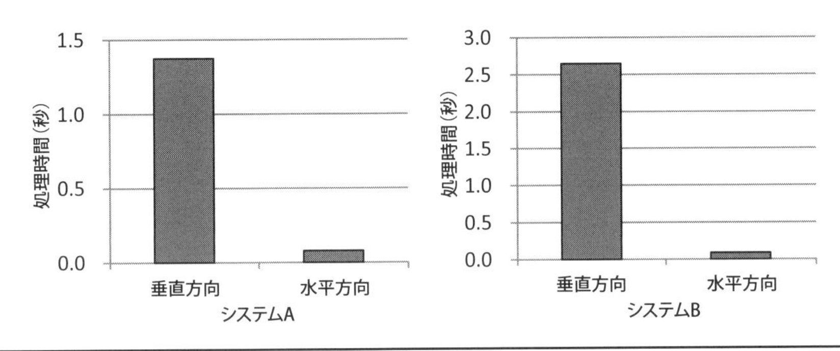

図11.3●参照方向による処理時間の違い

同じ処理を行っているにも関わらず、要素を参照する順番を変えるだけで、このような性能差が出るのはどうしてでしょう。性能差の原因としてキャッシュメモリの影響が考えられます。2次元配列を図に示すように横方向にアクセスすると、参照するメモリアドレスが連続するため、キャッシュメモリにヒットする可能性が高くなります。CPUがアクセスしようとするデータがキャッシュメモリに存在しないとキャッシュミスが発生し、対象データとともに隣接するデータをキャッシュメモリにロードします。このため、連続したデータにアクセスすると、それらのデータはキャッシュ上に存在する可能性が高いため、プログラムの実行速度が向上するでしょう。分かりにくいため、2つの図でキャッシュミスが発生するタイミングを図に示します。

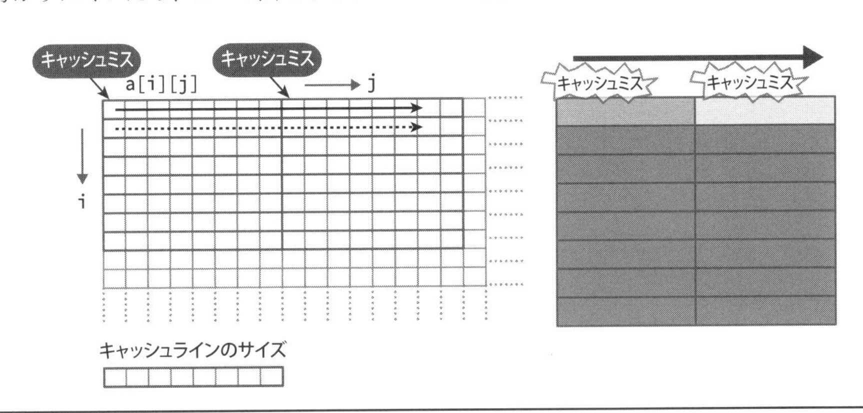

図11.4●2次元配列を横方向にアクセスする場合のキャッシュミスの発生タイミング（左は要素ごと、右はキャッシュライン単位で示す）

この例では、キャッシュラインのサイズが配列要素の8要素分とします。そして、2次元配列がキャッシュラインに整列されているとします。このような場合、8要素のアクセス単位でキャッシュミスが発生します。言い換えると、残りの7要素はキャッシュに格納されているために遅延なしでアクセスできるので、プログラムは高速化します。

2番目の方法は、2次元配列を縦方向（メモリアドレスが連続しない）方向にアクセスするため、全要素のアクセスでキャッシュミスが発生する可能性があります。このため、実行速度は低下するでしょう。ソースコードを観察しただけでは、両者に大きな違いはありません。しかし、実行速度は大きく性能差が出る可能性があります。

以降に、2次元配列を縦方向（メモリアドレスが連続しない）方向にアクセスし、キャッシュミスが発生する様子を2つの図で示します。

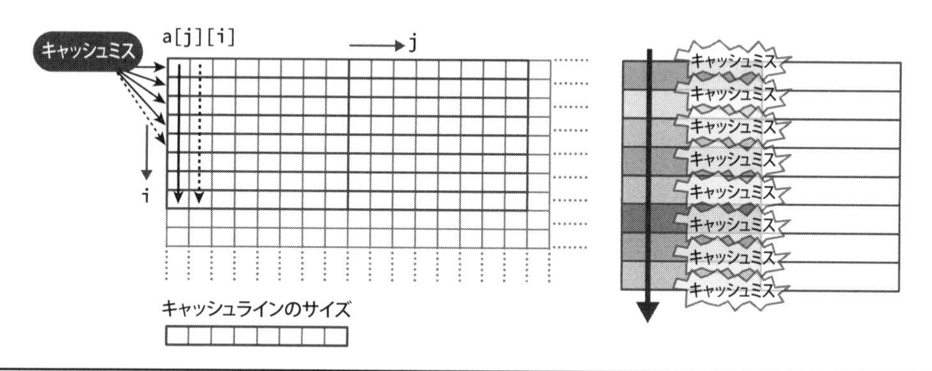

図11.5●2次元配列を縦方向にアクセスする場合のキャッシュミスの発生タイミング（左は要素ごと、右はキャッシュライン単位で示す）

この例では、データが物理的に離れた位置に存在するため毎回キャッシュミスする恐れがあり、その度にメインメモリを読みに行くことになって、プログラムの性能は低下します。

最初の図をメモリイメージで書き直してみましょう。2次元配列なので、先の図は分かりやすく四角形で描きました。しかし、コンピュータのメモリアクセスは2次元ではなく1次元です。

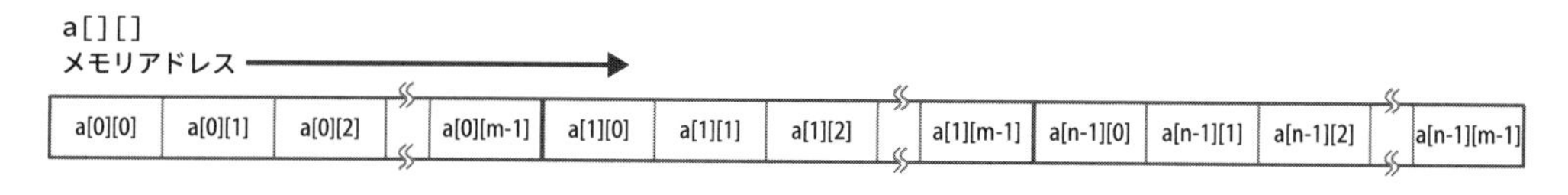

図11.6●2次元配列にアクセスする場合のメモリイメージ

次に、2次元配列を水平参照したときと、垂直参照したときに、どのようにアドレスが変化するか示します。

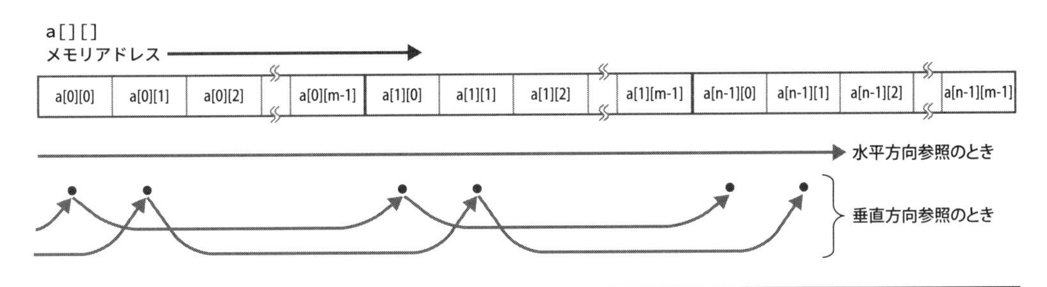

図11.7●2次元配列を水平参照としたときと垂直参照したときのアドレスの変化

水平参照するとアドレスは連続しますが、垂直参照したときにはアドレスがジャンプします。アドレスがジャンプするということは、キャッシュメモリを有効に利用できない可能性が高いということです。

実際のコンピュータのメインメモリは仮想化されているので、プログラム上でリニアなアドレスが物理的にもリニアであるとは限りません。ただ、仮想記憶であってもメモリは一般的には、ある一定のかたまりで物理的に保持されます。そのため、キャッシュライン単位では連続しているので、上記のように論理アドレスと物理アドレスを同じように説明しても矛盾はありません。

これらは現在の技術を前提にした説明です。もし、キャッシュメモリと同程度のアクセス速度を持ったメインメモリが開発されたら、両方のプログラムの速度差はなくなるでしょう。そのような時代が来れば、キャッシュメモリそのものが不要になるため、キャッシュメモリを意識したプログラミング自体が無用になります。あるいは、2 次元配列をキャッシュメモリに格納できる大容量のキャッシュメモリが開発された場合、両者の速度差はなくなるでしょう。2 次元配列のすべてをキャッシュメモリに格納できるためには、大容量のキャッシュメモリを備えるシステムであるか、キャッシュメモリサイズに比べ十分小さな 2 次元配列を扱う場合です。このような場合、現在のシステムであってもプログラムによる速度差は現れないでしょう。他にも画期的なコンパイラやハードウェアが開発され、データをキャッシュメモリにロードするタイミングを予測する、あるいは命令とキャッシュメモリの状態を最適に保つようなコンパイラが開発されると、このようなキャッシュメモリの特性をプログラマが意識する必要もなくなるでしょう。残念ながら、そのような時代が来るには、もう少し待つ必要がありそうです。

11.2 2次元配列の全要素を変更

先ほどは、2次元配列（行列）の全要素を参照するプログラムを紹介しました。ここでは、2次元配列 a[][] の全要素を変更するプログラムを示します。まず、2次元配列を図で示します。

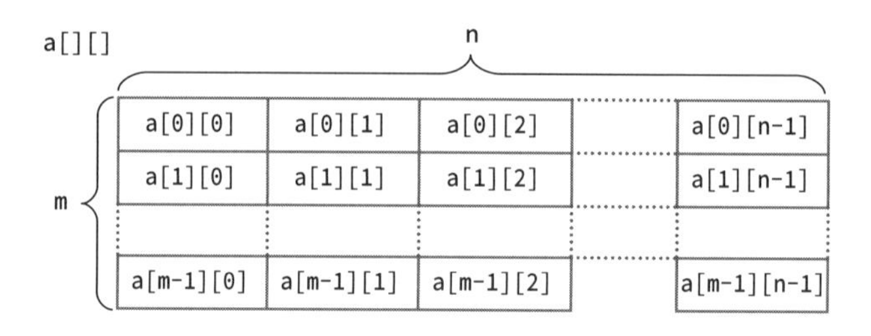

図11.8●2次元配列

前節と同様に、要素へのアクセスを2種類用意します。1つは各要素を水平方向に書き込むもの、もう1つは垂直方向に書き込みするものです。

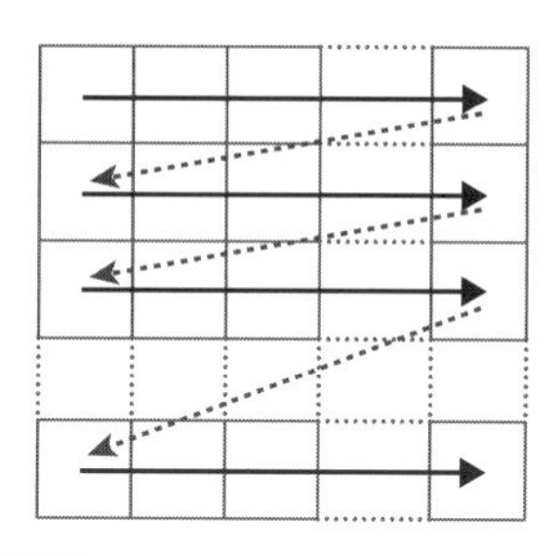
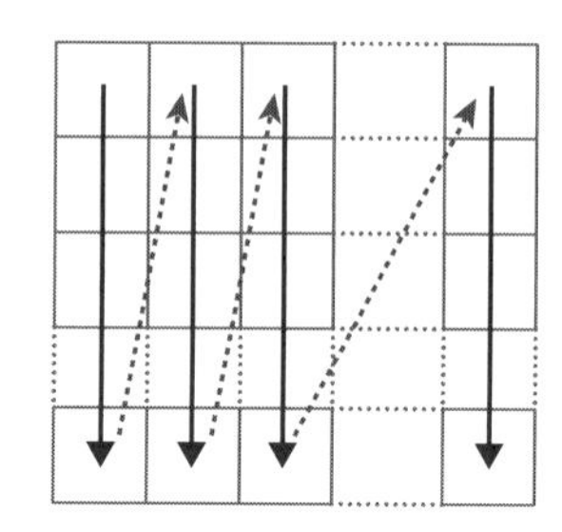

図11.9●要素の参照順（水平方向と垂直方向）

各要素を水平方向に書き込むプログラムと垂直方向に書き込むプログラムのコードを示します。2つのコード部はわずかなので、その部分を抜粋し、コードを対比させて示します。その部分を抜粋し、コードを対比させて示します。

垂直方向に参照

```
for (int i = 0; i < n; i++)
    for (int j = 0; j < n; j++)
        a[j][i] = 10.0f;
```

水平方向に参照

```
for (int i = 0; i < n; i++)
    for (int j = 0; j < n; j++)
        a[i][j] = 10.0f;
```

この2つのプログラムを2つのシステムでベンチマークしてみます。グラフの縦軸単位は秒で、処理に要した時間を表します。高さが低いほど高速です。

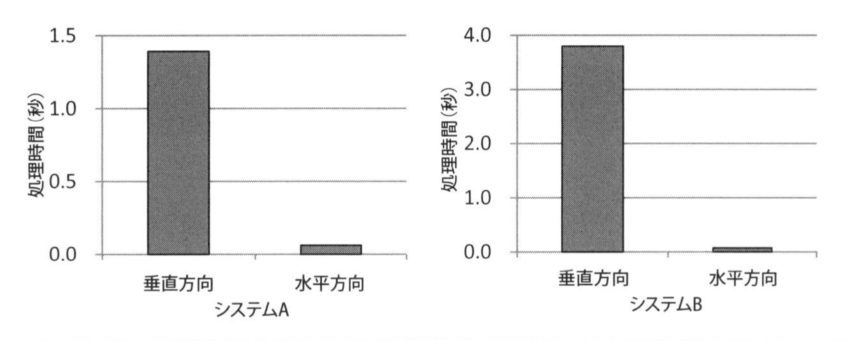

図11.10●参照方向による処理時間の違い

コンパイラオプションは最適化を最高にしています。同じ処理を行っているにも関わらず、要素を参照する順番で、このような性能差が出ます。理由は先に述べた通りと解釈して良いでしょう。たったこれだけの工夫で、明確に高速化を実感できます。

11.3 データを局所化

キャッシュを有効に使用するには、データも命令も小さな範囲に収めるのが効果的です。ここでは、先の2次元配列の総和を求めるプログラムを、キャッシュを有効に使用し性能を高める方法を解説します。前節で、キャッシュミスを起こしやすい不連続メモリアドレスのアクセスについて説明しました。ここでは、行列を分割し、データを局所化する方法を紹介します。行列全体を参照する方法ではキャッシュミスが頻発するので、処理をサブブロック化し、対象データがキャッシュメモリへ収まるようにして、キャッシュミスが起きにくいようにします。

11.3.1　2次元配列の総和

2次元配列（行列）の全要素の総和を求めるプログラムを開発してみましょう。配列 a[][] の全要素の総和を求めるプログラムを考えてみましょう。以下に示す行列Aが存在したとします。

$$A = \begin{pmatrix} a_{11} & a_{12} & \cdots & a_{1m} \\ a_{21} & a_{22} & \cdots & a_{2m} \\ \vdots & \vdots & \ddots & \vdots \\ a_{n1} & a_{n2} & \cdots & a_{nm} \end{pmatrix}$$

この配列の総和を求めるには、全要素を加算するだけです。2次元配列を図で示します。

a[][]　m　n

a[0][0]	a[0][1]	a[0][2]		a[0][m-1]
a[1][0]	a[1][1]	a[1][2]		a[1][m-1]
a[n-1][0]	a[n-1][1]	a[n-1][2]		a[n-1][m-1]

図11.11●行列Aに対応する2次元配列a[][]

この2次元配列の総和を求めますが、何らかの理由で各要素を垂直方向に参照しなければならないとします。直前でも説明しましたが、このような参照順はキャッシュミスが頻発し性能が低下します。そこで、次の図に示すように、処理順を変えず、代わりに小さなブロックに分ける方法を紹介します。最初の図が、前節で説明した全体を処理する方法です。右側に示す図は、これらをブロックに分け、キャッシュに収まるようにしたものです。

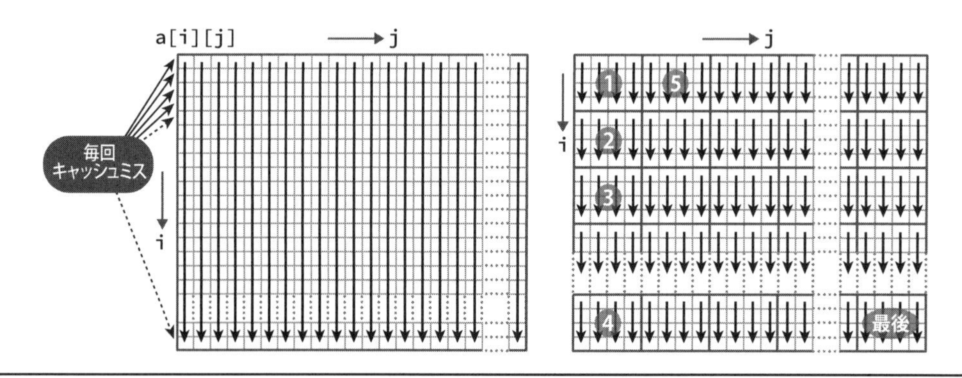

図11.12●ブロックに分けて総和を求める

全体を処理する方法では、各要素へのアクセス時に周辺のデータもキャッシュメモリにロードされます。しかし、2次元配列（行列）が十分に大きいと、そのキャッシュメモリを有効利用する前に、当該データはキャッシュメモリから追い出されてしまいます。一般的にデータを参照するとキャッシュメモリは汚染され、古いデータはキャッシュメモリから追い出されます。つまり、局所のデータを連続アクセスするとキャッシュヒットする可能性が高く、時間が経過するほどキャッシュミスする可能性が高くなります。このことから、2次元配列を小さなブロックに分割し（ストリップマイニング）、近隣データがキャッシュメモリ内に存在する期間に、それらを参照するようにします。

ここでは4×4のブロックに分割した例を示します。このように分割すると、キャッシュメモリにロードされたデータを有効に利用できます。ブロックサイズをいくつにするかは、キャッシュラインのサイズ、キャッシュメモリの容量、データとキャッシュラインの関係などから最適な値を導き出す必要があります。ただ、厳密に調査するのは難しく、システム依存もあるため、なるべく小さな範囲の単位で処理すると考えておけば良いでしょう。以降に、キャッシュミスするタイミングと、キャッシュヒットするタイミングを図で示します。

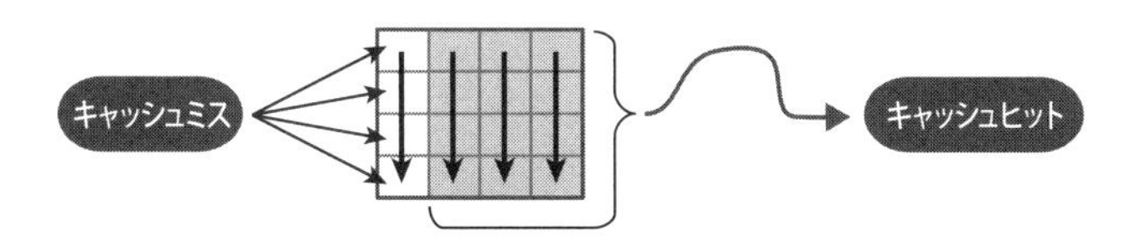

図11.13●キャッシュミスするタイミングとキャッシュヒットするタイミング

白い部分は、キャッシュミスが発生する部分で、網掛けしている部分はキャッシュヒットする部分です。ブロック化しないものとブロック化したものの疑似コードを以降に示します、

ブロック化しないコード

```
for (int i = 0; i < n; i++)
    for (int j = 0; j < n; j++)
        sum += a[j][i];
```

ブロック化したコード

```
for (int jOffset = 0; jOffset < n; jOffset += 16)
    for (int iOffset = 0; iOffset < n; iOffset += 16)
        for (int i = iOffset; i < iOffset + 16; i++)
            for (int j = jOffset; j < jOffset + 16; j++)
                sum += a[j][i];
```

ブロック化しないものとブロック化したものを2つのシステムでベンチマークしました。システムへの依存は大きくなさそうで、同様の傾向を得られました。グラフの縦軸単位は秒で、処理

に要した時間を表します。高さが低いほど高速です。

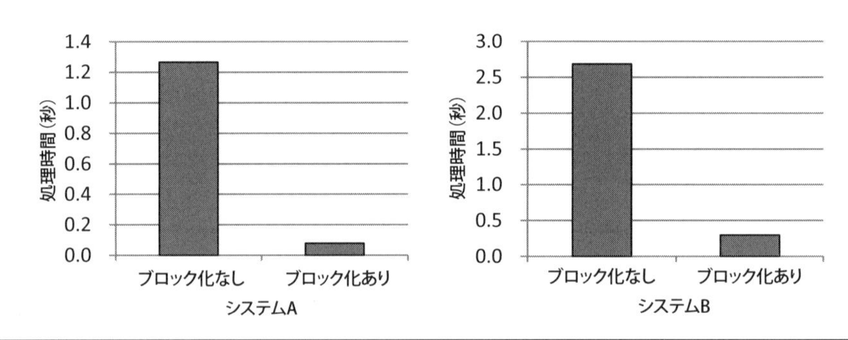

図11.14●ブロック化の有無による処理時間の違い

2つのプログラムは参照の方向は同じで、2次元配列を縦方向に参照します。最初のプログラムは2次元配列を1つの塊として処理し、2番目のプログラムは2次元配列を小さなブロックに分割して処理します。

これだけの変更でなぜ速くなるのか考察してみましょう。先にも述べましたが、データがキャッシュメモリに入っていると、キャッシュヒットし実行速度が向上します。まさに、このプログラムは、その方法を利用しています。大きな2次元配列を1回で処理してしまうと、横方向のデータは1回キャッシュメモリに入りますが、しばらくするとキャッシュメモリが別のアクセスによって徐々に汚染され、それらのデータはキャッシュメモリから追い出されてしまいます。これは、キャッシュメモリサイズに比べデータ量が大きすぎるためです。ところが、キャッシュメモリサイズに比べデータサイズが十分に小さければ、アクセスの順序がどうであろうとキャッシュメモリに残ります。この例では、1つのデータの塊を16 × 16 × sizeof(float) とします。データがキャッシュメモリから追い出される要因は、キャッシュメモリの制御方式、キャッシュメモリサイズ、他のプロセスのキャッシュメモリの使用量などに左右されます。このため、1回に処理するデータ量の最適なサイズは上記の条件によって変わります。CPUによっては、キャッシュを汚染せずにデータを読み出す命令や、データをキャッシュメモリへプリフェッチする命令なども備えています。あるいは、特定の領域をキャッシュ対象とする、あるいはキャッシュ対象から外すなどの制御を行えるものもあります。

いずれにしても一般的なプログラムでは、アクセスするデータを局所化すると、プログラムは高速化されます。

11.4 OpenMP のメモリ

OpenMP のメモリの扱いについては、これまでの解説で理解できたと思います。OpenMP では、#pragma omp parallel に続くブロックが並列化されますが、基本的に、並列リージョン内で宣言された変数はプライベート変数、それ以外で宣言された変数は共有変数です。第 6 章「OpenMP」の 6.5 節「共有変数とプライベート変数」で解説済みですが、ここでも簡単に解説します。

OpenMP はホモジニアスなアーキテクチャのため、比較的メモリ管理に注意する必要はありません。ただ、スレッドプログラミングと同様に、変数へのアクセス競合と、共有変数とプライベート変数の違いについては理解しておく必要があります。スレッドプログラミングなどと違い、共有される変数とスレッド固有の変数が明瞭に分かりにくいため、その点には注意が必要です。

11.4.1 共有変数とプライベート変数

基本的に、OpenMP の指示文で何も指定しないと、「#pragma omp parallel」に続くブロック以外で宣言された変数は共有変数として扱われます。変数をプライベート変数として扱うには private 指示句を使用します。例えば、変数 foo をプライベート変数として扱うには「`#pragma omp parallel private(foo)`」と記述します。このように、private 指示句に指定した変数は、続く並列リージョンで、スレッドごとに割り当てられた変数が使用されます。プライベート変数は、逐次リージョンの値を引き継がず、並列リージョンで設定した値も、逐次リージョンへは引き継がれません。

変数 foo を共有変数として扱うには、「`#pragma omp parallel shared(foo)`」と記述します。このように、shared 指示句に指定した変数は、続く並列リージョンで共有変数として扱われ、メモリの割り当ては行われず、すでに宣言されている変数を共有します。

共有変数とプライベート変数を明示的に使い分けたいときは、プライベート変数を示す private 指示句と、共有変数を示す shared 指示句で変数を指定します。

11.4.2 ループのインデックス

OpenMP は、ループをスレッドに分割したとき、明らかにプライベート変数でなければならないループのインデックスは、自動でプライベート変数として扱われます。

11.5 OpenACC のメモリ

OpenACC における特別なメモリの扱いについて解説します。OpenACC は、ヘテロジニアスなアーキテクチャを採用していますので、メモリ操作を行うときに、デバイスとホスト間のメモリ転送が発生します。本節で、OpenACC のメモリに対する基本的な知識を説明します。

11.5.1 OpenACC のメモリ管理の概要

まず、OpenACC におけるデータの扱いに関する基本的な考えを解説します。すでに簡単な OpenACC のデータを扱うプログラムを解説しましたが、ここでデータの管理を整理します。OpenACC は、ヘテロジニアスなアーキテクチャを対象としているため、ある目的を達成するプログラムは、ホストとデバイス（アクセラレータ）が協調して処理を行います。これは、デバイスとホスト間でメモリの転送が発生することを意味します。OpenACC は、この部分をコンパイラが自動的に処理するため使いやすいですが、それが災いして無駄な転送や間違ったコードを記述してしまうことがあります。

以降に基本的なデータの転送関係を図で示します。ホストからデバイスへデータを転送し、デバイスで処理した結果をデバイスからホストへ転送するのが一般的です。

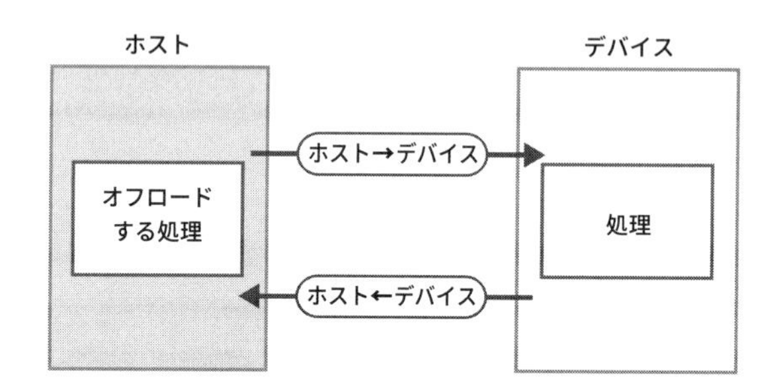

図11.15●基本的なデータの転送関係図

データの属性

OpenACC における変数のデータ属性は、以下の 3 つに分類されます。

● predetermined（既定）

for ループのインデックス変数は、predetermined のデータ属性を持ちます。これまで示した例を参照すると分かるでしょうが、for ループのインデックスが、どのように扱われるか何も指定していません。OpenACC では、一般的にループ変数は、ループの各イテレーションを実行する各スレッドのプライベートな変数です。つまり、ループ変数は、ループを実行するスレッドにおいて「プライベート」な変数として扱われます。プライベート変数ですので、他のスレッドとは独立して扱われます。なお、OpenACC 2.0 以降においては、ブロック内から呼び出されるプロシージャ内で宣言されている変数は、呼び出し元に属するプライベート変数として扱われます。これも predetermined な属性の変数として分類されます。何やら面倒そうに説明しましたが、要は for ループのインデックスは、特別な指定をしなくてもプライベート変数として扱われるということです。

● implicitly determined（暗黙）

implicitly determined のデータ属性を持つ変数は、コンパイラがオフロードする部分の変数を調べ、デバイス側で使用する変数として暗黙に定義したものを指します。これはコンパイラのメッセージを参照すると、どの変数が対象とされたか知ることができます。ただし、プログラマが明示的に data 構文などで指定した場合、明示的な指定が優先されます。

● explicitly determined（明示的）

明示的に属性を指定した変数とは、data 構文などで指定されているものを指します。

データのライフタイム

データのライフタイム（寿命）について解説します。データのライフタイムは、データ領域と密接に関係します。以降に、データ領域の種類とライフタイムについて説明します。

● data ディレクティブ

data ディレクティブによってデータ領域が定義される場合があります。そのような例では、data ディレクティブに出会ったときデータ領域が生成され、そのデータはデータ領域が終了するまでがライフタイムです。

● data 節を持つ kernels あるいは parallel ディレクティブ

明示的あるいは暗黙的な data 節を持つ kernels あるいは parallel ディレクティブに出会うと、データ領域が生成されます。この領域は、kernels あるいは parallel ディレクティブの対象ブロック内がライフタイムです。

プロシージャコール

これはOpenACC 2.0以降で追加された機能です。少し面倒ですので、簡単に解説します。オフロードされた領域から、プロシージャコールすると、その時点で暗黙のデータ領域が生成されます。データ領域は、プロシージャが終了した時点で終了します。他にも、OpenACC 2.0以降では、デバイスで生成された静的データあるいはグローバルデータは、そのデバイスが切り離されるか、シャットダウンされるまでライフタイムが継続します。当面、OpenACCを理解できるまでは、プロシージャの呼び出しなどは使わない方が良いでしょう。そのようなことを行うと、データ管理が面倒になります。

enter data と exit data ディレクティブ

OpenACC 2.0から、任意の場所で、enter data と exit data ディレクティブを使用してデバイス上のデータを生成、削除できるようになりました。この方法を使用すると、複雑なデータ寿命を分かりやすく管理できます。オフロードする期間とも無関係にライフタイムを指定できます。この機能はディレクティブだけでなく、同等なランタイム関数で使用することもできます。enter data ディレクティブに出会った時点で、指定されたデータのデバイス上のライフタイムが始まり、exit data ディレクティブに出会った時点でそれが終了します。exit data ディレクティブや同等のランタイム関数が実行されない場合、プログラムが終了するまでそのライフタイムは継続します。便利な機能ですが、使用する予定のないデータをいつまでもデバイスに保持させるような間違いを起こしやすいでしょう。かつ、間違ったとしてもリソースを圧迫し性能に影響を与えるだけなので、間違いに気づきにくいでしょう。この機能を利用する際は、十分プログラムの設計を行うことを勧めます。

11.5.2 データ転送のタイミング

OpenACCでは、ホストの処理の一部をオフロードしデバイス側で処理します。これは、ホストのデータをデバイスへ、あるいはデバイスのデータをホストへ転送しなければならないことを意味します。OpenCLなどを使用すると、データ転送を明示的に記述するため、プログラム上の変数が、どちらに存在するか意識するのは簡単です。ところが、OpenACCは普通のプログラムにディレクティブを与えるだけで処理をオフロードできます。とても便利ですが、データがホストにあるのかデバイスにあるのか、あるいは複製が作られているのか分かりにくいときがあります。さらに、データのライフタイムが終わっているのか、続いているのかも分かりにくい場合もあります。ここでは、どのタイミングでデータの転送が発生するかについて解説します。

基本的なデータ転送

まず、基本的な例を使用してデータ転送のタイミングを解説します。コンパイラは kernels ディレクティブや parallel ディレクティブに遭遇すると、並列領域内で使用している変数や配列の解析を行い、デバイス側で必要なものを転送するコードを生成します。また、並列領域のブロックが終わる場所で、デバイスからホストへデータを戻す必要のある変数などが存在したら、データを転送するコードを生成します。プログラマが明示的に data 節を指定していない場合、暗黙（implicitly determined）かつ自動的にコードは生成されます。

当然ですが、プログラムに data 構文が指定され、明示的（explicitly determined）に指定された変数などのデータ転送用のコードも生成されます。data 構文の構造化ブロックが終了した時点で、デバイスからホストへデータを転送するコードを生成されるのも、前記と同様です。以降に概要を図で示します。

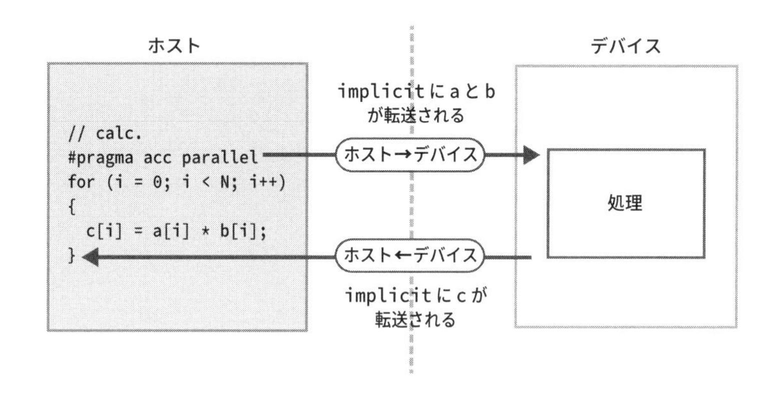

図11.16●データ転送の概要図

data ディレクティブとデータ転送

data ディレクティブは、データ領域内でデバイス上に割り付けるスカラー、配列、部分配列を定義するためのものです。また、これらをデータ領域の入り口でホストからデバイスメモリに転送するものなのか、あるいは、領域の出口でデバイスからホストへ転送されるものなのかを含めて定義するのに使用します。

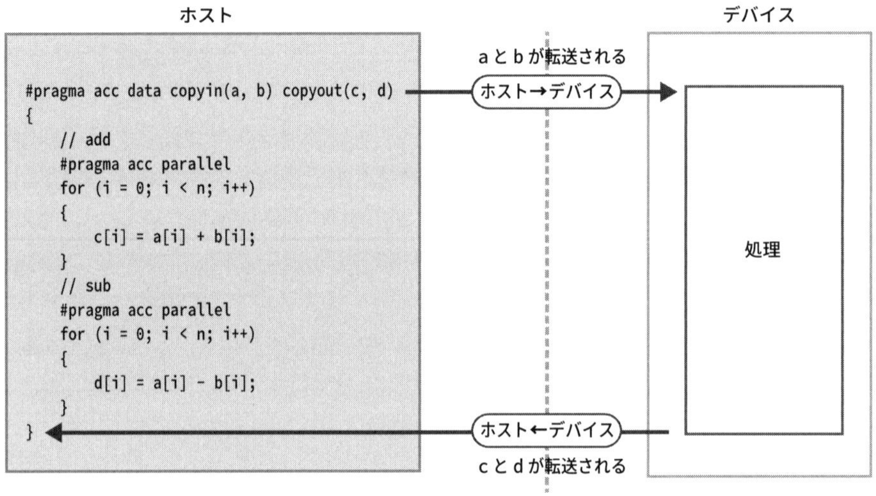
ホスト
デバイス
a と b が転送される
ホスト→デバイス
#pragma acc data copyin(a, b) copyout(c, d)
{
// add
#pragma acc parallel
for (i = 0; i < n; i++)
{
c[i] = a[i] + b[i];
}
// sub
#pragma acc parallel
for (i = 0; i < n; i++)
{
d[i] = a[i] - b[i];
}
}
処理
ホスト←デバイス
c と d が転送される

図11.17●dataディレクティブとデータ転送

なお、OpenACC 2.0 以降では、従来の「CPU メモリ」あるいは「ホストメモリ」を「ローカルメモリ」という表現に変更しています。「ローカルメモリ」とは、「ローカルなスレッド」がアクセスするメモリを指し、ホスト上のメモリとは限りません。デバイス上でも同様な状況が発生します。

enter data と exit data ディレクティブ

OpenACC 2.0 で、enter data と exit data ディレクティブでデバイス側のデータを生成・削除することが可能になりました。これまでのブロックで管理するのではなく、任意のタイミングでデバイス側のデータを柔軟に管理できます。この機能は、ランタイムの関数を用いても同じように制御できます。

enter data ディレクティブは、デバイス側にデータを転送したり、割り付けを行います。exit data ディレクティブは、デバイス側のデータをホスト側に転送、あるいはデバイス上のデータを削除するなどの処理を指定します。つまり、enter data と exit data ディレクティブを対にして指定することによって、ホストとデバイスのデータを管理できます。これまでの方法では、オフロードする領域の入り口と出口に限定されていたデータ管理を、任意のタイミングと位置で指定できます。

プログラムが enter data ディレクティブあるいは、acc_copyin、acc_create などのランタイム関数を呼び出したとき、指定した配列などはデバイス上のライフタイムが開始されます。そのライフタイムは、exit data ディレクティブ、あるいは、acc_copyout、acc_delete などのランタイム関数が実行されるまでライフタイムは継続されます。exit data ディレクティブ、あるいは対応するランタイム関数が実行されない場合、データのライフタイムはプログラム終了まで続きます。デバイスで不要なメモリは適切な位置で削除し、ライフタイムを終了させると有効にリソースを活用できるでしょう。

以降に enter data と exit data ディレクティブの使用例を示します。この例は、直前で紹介した例を enter data と exit data ディレクティブで書き換えたものです。先の例と違うのは、ブロックを形成する必要がなく、途中に任意のコードを記述できる点です。

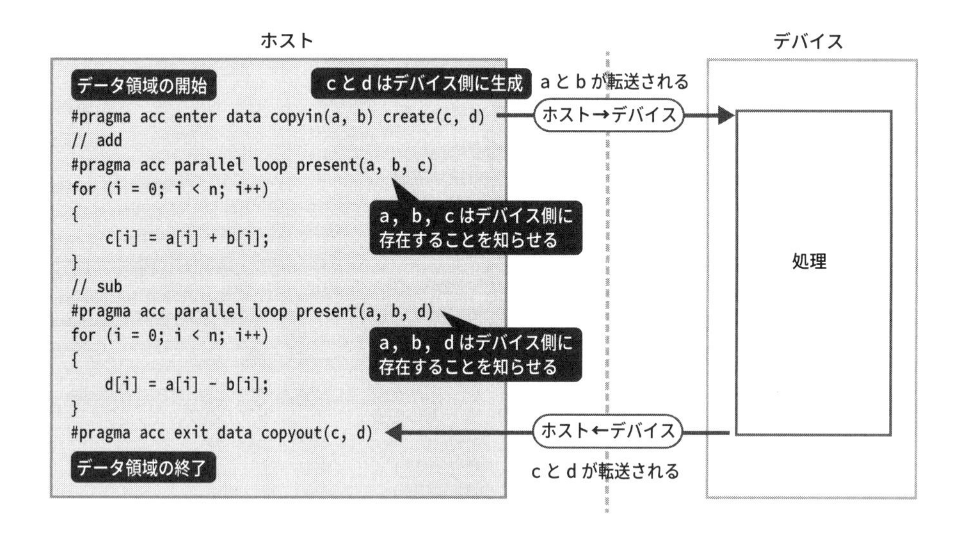

図11.18●enter dataディレクティブとexit dataディレクティブの使用例

enter data と exit data ディレクティブの間はデバイス側のライフタイムが続きますので、これまでのように静的なブロック内にデータのライフタイムが収まっている必要はありません。ダイナミックに enter data ディレクティブと exit data ディレクティブで管理されていれば、デバイス側のデータはホスト側から管理できます。以降に、少し複雑に管理している例を示します。この例では、ホストからデバイス側へのデータ転送は initData 関数で実行されます。ここで示すように、動的に enter data と exit data ディレクティブで囲まれていれば十分で、静的に囲む必要はありません。細かな処理についてはソースコードを参照してください。

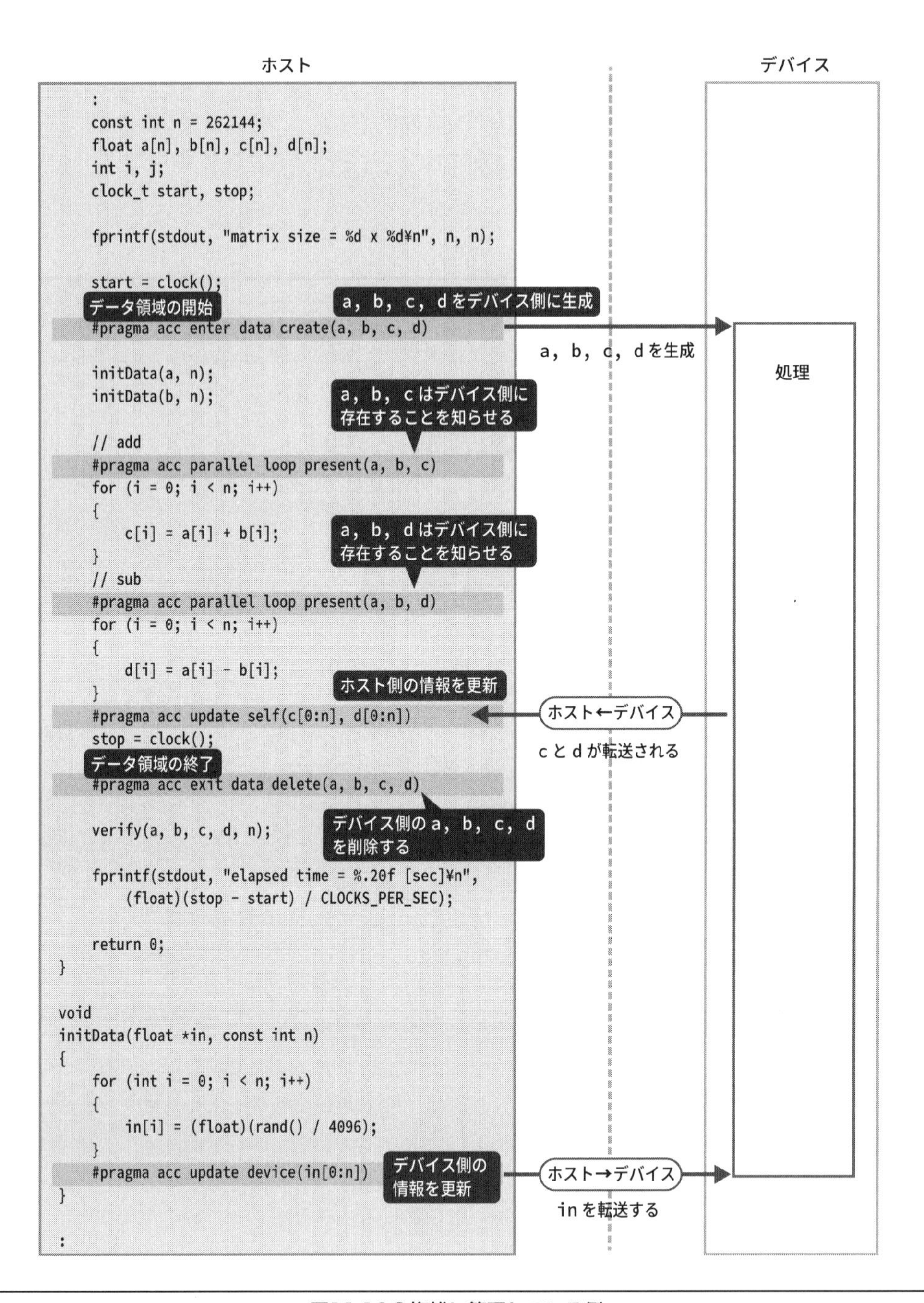

図11.19●複雑に管理している例

enter data ディレクティブは、データの削除を指示する exit data ディレクティブに到達するまでの間デバイスに割り付けた変数や配列などを定義するために使用します。このディレクティブは、ホストからデバイスへ転送する必要があるのか、あるいは exit data ディレクティブでデバイスからホストへ転送する必要があるのかを含めて指示します。このディレクティブで指定した変数や配列などのライフタイムは、enter data ディレクティブに対応する exit data ディレクティブまでの間です。なお、そのデータのライフタイム内に現れる OpenACC 構文上においては、その対象となる変数を present 節と同じ状態として扱われます。これは OpenACC 2.0 の機能であるため、コンパイラのバージョンやデバイスのバージョンが古いと提供されません。

11.6 OpenCL のメモリ

OpenCL における特別なメモリの扱いについて解説します。OpenCL は OpenACC 同様、ヘテロジニアスなアーキテクチャを採用していますので、メモリ操作を行うときにデバイスとホスト間のメモリ転送が発生します。本節で、OpenCL のメモリに対する基本的な知識を説明します。OpenCL は、バージョン 2.0 以降で多くの拡張が行われており、メモリの不必要なコピーを排除し、かつホスト側とデバイス側のメモリの一貫性を保証する Shared Virtual Memory（共有仮想メモリ）も紹介します。

11.6.1 OpenCL のメモリ管理の概要

OpenCL はヘテロジニアスなシステムです。このため、メモリをホスト側、デバイス側両方で管理します。ここで問題となるのが、メモリコピーによる性能低下、ならびにリンクリストなどポインタを持つデータの受け渡しです。まず、ヘテロジニアスなシステムの対極である**ホモジニアスなシステム**の説明を簡単に行います。ホモジニアスなシステムでは、使用されるプロセッサのアーキテクチャが同一で、メモリは共有します。以降に概念図を示します。

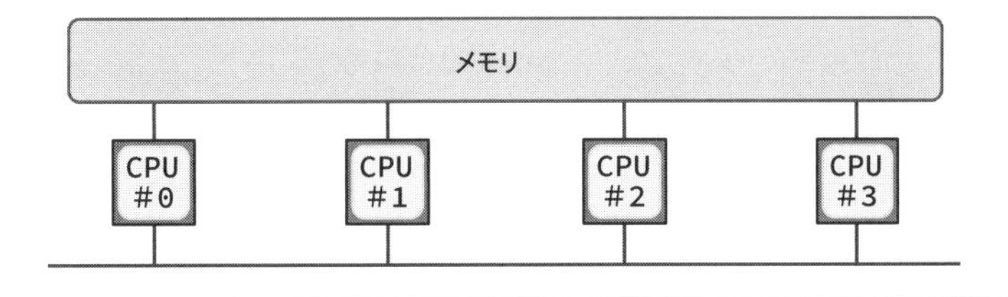

図11.20●ホモジニアスシステムの概念図

図から分かるように、同じメモリを同じアーキテクチャのプロセッサで操作するため、各プロセッサで同じデータを処理する際に、メモリコピーもアドレス変換なども不要です。上図のCPU#0とCPU#1が処理を共同で行う場合、メモリを複製する必要もなければ、メモリが保持する値（アドレス）を変換する必要もありません。

次に、**ヘテロジニアスなシステム**の説明を簡単に行います。ヘテロジニアスなシステムでは、使用されるプロセッサのアーキテクチャは異なり、メモリは別々に管理されるのが一般的です。以降に概念図を示します。

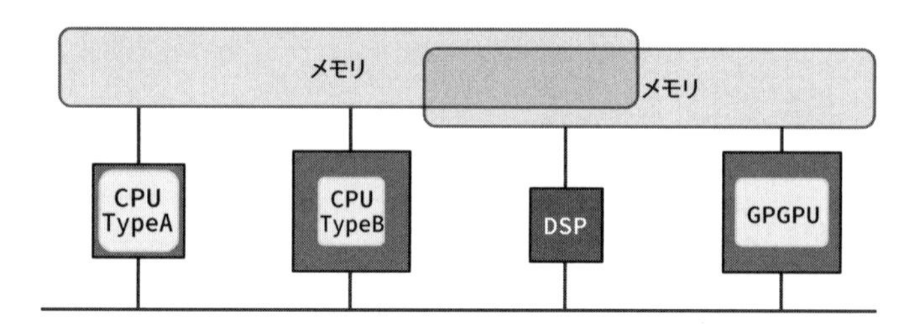

図11.21●ヘテロジニアスシステムの概念図

図から分かるように、異なるメモリを異なるアーキテクチャのプロセッサで操作するため、各プロセッサで同じデータを処理するにはメモリを複製（コピー）する必要があります。必ずしも複製が必要とは限りませんが、現在のGPUを採用したシステムは、ほとんどの場合メモリコピーが発生します。さらに、異なるアーキテクチャのプロセッサを使用するため、アドレスなどの概念も異なります。このため、上図のCPUとGPGPUが処理を共同で行う場合、メモリを複製し、メモリが保持する値（アドレスなど）を変換する必要があります。まとめると、OpenCLには、以下の2つの課題があります。

1. メモリコピー
2. アドレス変換

特に1の問題は性能に大きく影響を与え、多くの人が苦しむ問題です。2に関しては、よほど複雑なデータ構造を使わない限り避けられますが、データを加工しないと並列化できないのは不便です。

OpenCLは、バージョン2.0以降から、これらを解決する機能がShared Virtual Memory（共有仮想メモリ、以降SVMと略す）として提供されます。SVMには、次に示す3つのレベルが存在します。

1. Coarse-Grained buffer（粗粒度バッファ）

2. Fine-Grained buffer（細粒度バッファ）
3. Fine-Grained system（細粒度システム）

これ以外に、バッファをアトミックに操作できる場合と、そうでない場合があります。それでも、大きく分けると上記の 3 つのレベルが存在します。この機能を利用すると、単にメモリコピーを回避できるだけでなく、メモリの一貫性が保たれるため、ホスト側から使用するように、デバイス側からもポインタなどを利用できます。

11.6.2 map/unmap

まず、OpenCL 1.x でも使用できる従来の方法で、メモリコピーを避ける方法を紹介します。一般的にメモリオブジェクトを生成する場合、ホスト側でメモリを確保したのち、clCreateBuffer API でメモリオブジェクトを生成します。以降に例を示します。

```
float *c = new float[n*n];
cl_mem memC=clCreateBuffer(context, CL_MEM_WRITE_ONLY, sizeof(c), NULL, NULL);
```

このように記述すると、変数 c からメモリオブジェクト memC が生成されます。そして、このメモリオブジェクトをカーネルへ渡します。clSetKernelArg API を使用しカーネルに渡す引数を設定します。

```
cl_int status = clSetKernelArg(kernel, 2, sizeof(cl_mem), (void *)&memC);
```

これによってメモリがデバイス側へ転送されます。これは、ホスト側の c がデバイス側に複製されることを示します。

ところが OpenCL のドキュメントを読むと、clCreateBuffer API に CL_MEM_USE_HOST_PTR でメモリオブジェクトを生成すると、メモリオブジェクトを転送せず map/unmap でホスト側とデバイス側でメモリを参照できると記述されています。map/unmap でホスト側とデバイス側でメモリを参照できるならメモリの転送は発生しません。しかし、若干の注意点がありますので、以降に示します。ホスト側でメモリを確保するのに、以下の 2 点を満足しなければなりません。

- 4096 バイトでアラインされている
- バッファのサイズは 64 の整数倍

上記の条件を満足するために _aligned_malloc 関数などを使用してメモリを確保します。このような関数はいくつか用意されており、必ずしも_aligned_malloc関数を使う必要はなく、上記の条件を満足する関数であれば、開発環境に用意されている関数を使用できます。これについては後述します。

```
float* c = (float*)_aligned_malloc(sizeof(float)*n*n, 4096);
```

cを割り付けるときにアドレスが4096にアラインされるように、_aligned_mallocを使用します。このとき、バッファサイズは64の整数倍でなければなりませんが、本プログラムではそのチェックを行っていません。これは、プログラムをバッファサイズが64の整数倍であるように記述したためです。できれば、バッファサイズを検査し、バッファサイズが64の整数倍でない場合、64の整数倍へ切り上げるようにした方が良いでしょう。

次にメモリオブジェクトを生成します。先の例と違いclCreateBuffer APIのフラグへCL_MEM_USE_HOST_PTRを追加指定します。以降に例を示します。

```
cl_mem memC=clCreateBuffer(context, CL_MEM_WRITE_ONLY | CL_MEM_USE_HOST_PTR,
                           sizeof(c), (void*)c, NULL);
```

このメモリオブジェクトをカーネルへ渡す方法などは、これまでと同じです。しかし、ホスト側のオブジェクトが使用されるため、バッファを参照する場合、map（clEnqueueMapBuffer API）/unmap（clEnqueueUnmapMemObject API）することで直接メモリオブジェクトを参照できます。clEnqueueMapBuffer APIはホスト側のポインタを返しますので、これを通常のC言語と同じように使用できます。プログラミング上は、メモリコピーが発生しないように感じますが、必ずしもメモリコピーが発生しないとは限りません。使用するシステム、GPGPUの種類、OpenCLのバージョンなどの条件によって、実際の動作は異なるでしょう。

以降にメモリオブジェクトをmapするAPIの呼び出しを示します。

```
cl_float *mappedC = (cl_float *)clEnqueueMapBuffer(
                queue,              // queue
                oC,                 // buffer
                CL_TRUE,            // blocking_map
                CL_MAP_READ,        // flags
                0,                  // offset
                sizeOfBuff,         // cb
                0,                  // num_events_in_wait_list
                NULL,               // *event_wait_list
                NULL,               // *event
                &status);           // *errcode_ret
```

これまでは、メモリオブジェクト oC を clEnqueueReadBuffer API で読み込みますが、生成したメモリオブジェクトを clEnqueueMapBuffer API でマップして、処理結果を参照します。その後 clEnqueueUnmapMemObject API でメモリオブジェクトをアンマップします。

```
cl_event eventUnmap;
status = clEnqueueUnmapMemObject(
                queue,              // queue
                oC,                 // memobj
                mappedC,            // *mapped_ptr
                0,                  // num_events_in_wait_list
                NULL,               // *event_wait_list
                &eventUnmap);       // *event
```

このようにすることによって、この領域をホスト側から直接参照できます。つまり、メモリオブジェクトを、ホストとデバイス間で転送する必要はありません。実際のハードウェアが、コードで記述したように素直に動作するか、従来のように転送が発生するかは環境に依存します。

なお、clCreateBuffer API のフラグには、CL_MEM_ALLOC_HOST_PTR を指定することもできます。このことから、初期化の必要のない c 配列を割り付けず、「CL_MEM_WRITE_ONLY | CL_MEM_ALLOC_HOST_PTR」を指定して clCreateBuffer API を呼び出してしまえば、より簡単になります。

11.6.3 Shared Virtual Memory

OpenCL（ヘテロジニアスシステム）では、ホスト側のメモリとデバイス側のメモリは、物理的・論理的に通常別の空間に存在します。このため、ホストがデバイスに処理を委譲する場合、制御は当然としてメモリの転送も必要です。この転送で多くの時間を浪費してしまい、性能低下を招くのは良くあることです。

OpenCL 2.0 以降から、これらを解決する機能が Shared Virtual Memory（共有仮想メモリ、以降 SVM と略す）として提供されます。SVM には、次に示す 3 つのレベルが存在します。

1. Coarse-Grained buffer（粗粒度バッファ）
2. Fine-Grained buffer（細粒度バッファ）
3. Fine-Grained system（細粒度システム）

これ以外に、バッファをアトミックに操作できる場合と、そうでない場合がありますが、主に上記の 3 を考慮しておくだけで十分でしょう。OpenCL 2.0 では、粗粒度バッファのサポートは必須ですが、他のサポートはオプションです。

粗粒度バッファ（Coarse-Grained buffer）

粗粒度バッファは、ホストとデバイス間の一貫性をmap/unmapの時点で保証します。この形式のSVMは、これまでのSVMを使用しないプログラムと類似しています。異なるのは、OpenCL 2.0より以前のバージョンでは不可能だった、ポインタを使用したデータ（リンクリストなど）を含むバッファをホストとデバイスで共有できるようになった点です。粗粒度バッファは、OpenCL 2.0仕様で必要とされる最低のレベルです。OpenCLプラットフォームにOpenCL 2.0デバイスが存在する場合、最低でも粗粒度バッファ機能をサポートする必要があります。上記の2（細粒度バッファ）と3（細粒度システム）は、オプションの機能です。どのOpenCL 2.0デバイスでも実行できるようにするには、粗粒度バッファを使用すると良いでしょう。

粗粒度バッファタイプのSVMであっても、アプリケーションはホストとデバイス間で、バッファを複製する必要はありません。これによって、SVMは余分なメモリコピーを避けることができます。これによってデータ構造のマーシャリング、およびオーバーヘッドを排除することができます。ホスト上で初期化されたポインタは、OpenCL Cカーネルのデバイス側で"そのまま"使用できます。これは、SVMが提供する共有アドレス空間の主な利点です。

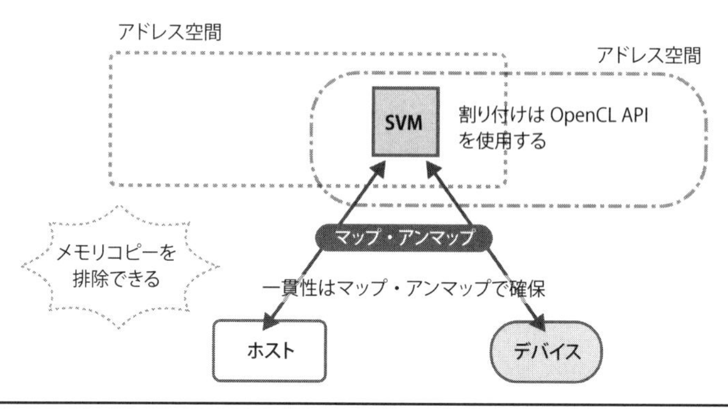

図11.22●粗粒度バッファ

細粒度バッファ（Fine-Grained buffer）

細粒度バッファは、割り当てたバッファにアクセスするために、ホスト上のOpenCL API関数のmap/unmapを呼び出す必要がなくなります。これは、粗粒度バッファと比較して、プログラミングの手間を単純化します。細粒度バッファは、共有仮想アドレス空間の他に、ホストとデバイスの両方から同じメモリ領域をシームレスに読み書きする機能を提供します。当然ですが、通常のメニーコアプログラミングで問題となる、メモリアクセスの競合は発生します。これを解決するのはプログラマの責任です。

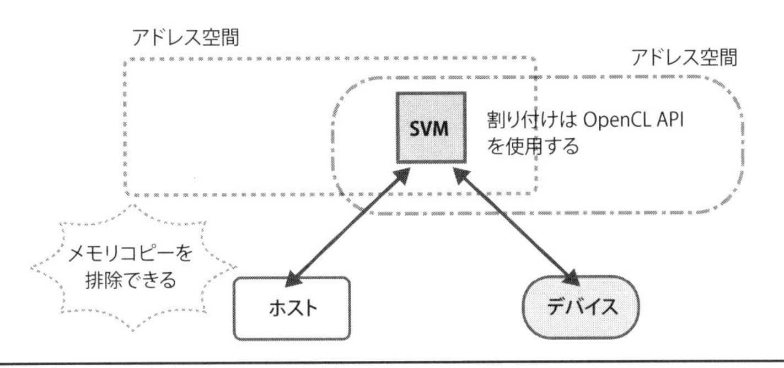

図11.23●細粒度バッファ

細粒度システム（Fine-Grained system）

細粒度システムは、バッファ割り当てさえも API を使用する必要はなく、ごく普通のプログラムとして記述できます。並列化や同期の問題は、当然ですがメニーコアなどで起きる問題と同様です。

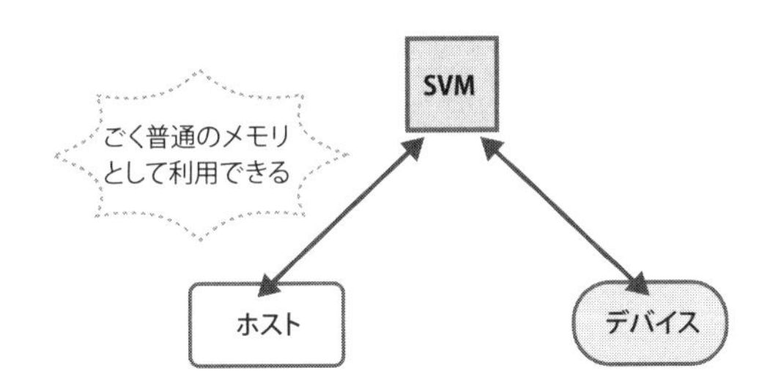

図11.24●細粒度システム

これ以上の詳細を言葉で説明するのは難しいので、プログラムを用いて解説します。前節で開発したプログラムを、上記に対応させたプログラムを示します。

11.6.4 粗粒度バッファの利用

粗粒度バッファを利用した処理の流れを箇条書きで示します。

1. デバイスの SVM の可用性をチェックします。粗粒度バッファを利用できない場合、プログラムは、すぐに終了します。

2. 3つの配列（行列）をホストのメモリ空間に割り付けます。
3. 割り付けた配列の2つをマッピングし、ホストアドレス空間のポインタを使用して初期化します。map/unmapは、粗粒度バッファのみで必要です。
4. SVMメモリのポインタをデバイスに渡し、OpenCL Cカーネルが SVMメモリを使用して行列の積を求めます。
5. カーネルによって得られた結果が格納されているバッファをホスト側のメモリ空間にマップします。
6. ホストにマップされた結果を表示します。
7. 結果の表示が終わったら、バッファをアンマップし、リソースの破棄などの終了処理を行います。

粗粒度バッファを使用する一連の手順を説明します。

まず、clGetDeviceInfo APIの引数にCL_DEVICE_SVM_CAPABILITIESを指定し、デバイスが粗粒度バッファ（Coarse-Grained buffer）をサポートしているかチェックします。デバイスが粗粒度バッファをサポートしていなければ、粗粒度バッファを使用することはできません。

次に、処理用のデータをホスト側のメモリ空間に割り付けます。割り付けは、clSVMAlloc APIを使用します。このAPIはホスト側のポインタを返しますが、粗粒度バッファではマップするまで、このポインタを使用することはできません。そこで、データをclEnqueueSVMMap APIでマップします。clEnqueueSVMMap APIは同期呼び出しですのでAPIから制御が戻ってきたら、ポインタを使用することができます。ポインタを使用しデータを操作します。マッピング処理は、粗粒度バッファのみで必要です。デバイスが必要とするデータの設定が終わったら、それをアンマップします。アンマップは同期呼び出しができないため、clWaitForEvents APIを呼び出しアンマップされるまで待ちます。アンマップは必要なときと、そうでないときがあるため、性能を重視するなら必要なときだけ同期するようにしてください。これら（SVMメモリ）のポインタを、clSetKernelArgSVMPointer APIでカーネル（デバイス側）へ渡します。OpenCL Cのコードは、SVMを使用しないときと同様に記述します。

これらが完了したらカーネルの実行をコマンドキューへキューイングします。そして、カーネルによって得られた処理結果が格納されているバッファをホスト側のメモリ空間にclEnqueueSVMMap APIでマップします。これによって、ホストにマップされた結果を操作できます。処理結果の操作が終わったら、そのバッファをアンマップします。リソースの破棄などはclEnqueueSVMUnmapの完了をclWaitForEvents APIで待ち、完了を確認できてから行います。

11.6.5 細粒度バッファの利用

細粒度バッファを利用した処理の流れを箇条書きで示します。

1. デバイスの SVM の可用性をチェックします。細粒度バッファを利用できない場合、プログラムは、すぐに終了します。
2. ホスト側の 3 つの配列（行列）を割り付けます。
3. 割り付けた配列を、ホストアドレス空間のポインタを使用して初期化します。細粒度バッファでは、map/unmap は不要です。
4. SVM メモリのポインタをデバイスに渡し、カーネルで行列の積を求めます。これも先ほどと同様です。
5. ホストアドレス空間のポインタを使用して、得られた結果を表示します。細粒度バッファでは、map/unmap は不要です。
6. 結果の表示が終わったら、リソースの破棄など終了処理を行います。

細粒度バッファを使用する一連の手順を説明します。

まず、clGetDeviceInfo API の引数に CL_DEVICE_SVM_CAPABILITIES を指定し、デバイスが細粒度バッファ（Fine-Grained buffer）をサポートしているかチェックします。デバイスが細粒度バッファをサポートしていなければ、細粒度バッファを使用することはできません。

次に、処理用のデータをホスト側のメモリ空間に割り付けます。割り付けは、clSVMAlloc API を使用します。この API はホスト側のポインタを返します。先ほどと異なりフラグに CL_MEM_SVM_FINE_GRAIN_BUFFER を追加します。細粒度バッファは、map/unmap することなく、返されたポインタを使用してホスト側、デバイス側からデータを操作できます。このため、割り付けが完了したら、すぐにデバイスへ渡すデータを設定できます。設定が完了したら、それら（SVM メモリ）のポインタをデバイスに clSetKernelArgSVMPointer API で、カーネル（デバイス側）へ渡します。カーネルの実行要求のキューイングも従来と同じです。ただ、カーネルの完了を知りたいため、clEnqueueNDRangeKernel API の最後にイベントを指定するのが良いでしょう。clEnqueueNDRangeKernel API から制御が返ったら、すぐに結果が格納されているデータにアクセスできますが、API から制御が戻ってもカーネルが完了していなければデータの内容は不定です。そこで、clEnqueueNDRangeKernel API へ指定したイベントを clWaitForEvents API へ指定し、カーネルの完了と同期させます。カーネルが完了したら、結果が格納されているデータを操作できます。結果の表示が終わったら、リソースの破棄などの終了処理を行います。

同期処理を組み込んでいない場合、終了処理の前で clFinish API を呼び出し、すべて完了してから終了処理を行う方が安全です。カーネルは、これまでと同じです。これで、細粒度バッファ

（Fine-Grained.buffer）の概念を理解できたのではないでしょうか。

11.6.6 データの一貫性

SVM では、ホストとデバイス間でデータの一貫性が保証されます。ここでは、それについて解説します。構造体配列で構成される 2 つの SVM バッファを用意し、それぞれの要素をポインタで指すようにします。ホスト内で完結するプログラムであれば、何の配慮も必要ありません。しかし、通常 OpenCL を使用する場合、このようなプログラムは動作しません。ところが OpenCL 2.0 以降で導入された SVM を使用すると、ホストとデバイス間でデータの一貫性が保証されるため、ホストで記述するように処理できます。

まず、clGetDeviceInfo API の引数に CL_DEVICE_SVM_CAPABILITIES を指定し、デバイスが粗粒度バッファ（Coarse-Grained Buffer）をサポートしているかチェックします。デバイスが粗粒度バッファをサポートしていなければ、細粒度バッファを使用することはできません。粗粒度バッファを対象としたのは、SVM では必ずサポートされるからであり、細粒度バッファ（Fine-Grained buffer）がサポートされているならそれで記述しても良いでしょう。

次に、2 つの構造体配列をホスト側のメモリ空間に割り付けます。以降に構造体の形式を図で示します。

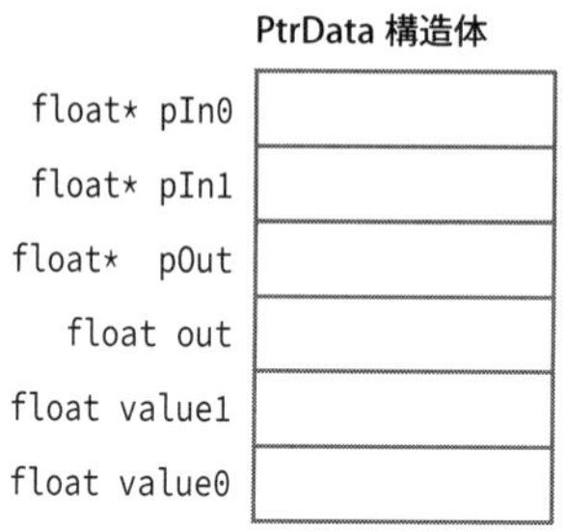

PtrData 構造体

float* pIn0
float* pIn1
float* pOut
float out
float value1
float value0

図11.25●PtrData構造体

この構造体の配列を 2 つ割り付けます。割り付けは、clSVMAlloc API を使用します。この API はホスト側のポインタを返しますが、粗粒度バッファではマップするまで、このポインタを使用することはできません。そこで、構造体配列 a と c を clEnqueueSVMMap API でマップします。clEnqueueSVMMap API を同期で呼び出すため API から制御が戻ってきたら、先ほどのポインタを使用することができます。そこで、構造体配列 a と c を初期化します。この初期化でポインタを使用し、相互の配列の要素を参照できるようにします。以降に、各要素の初期化の様子を示します。

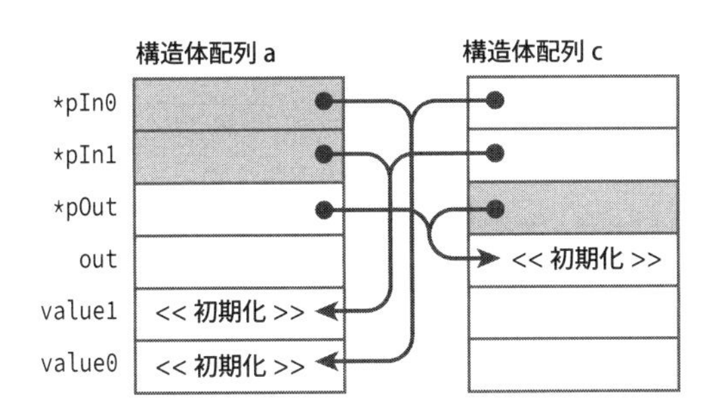

図11.26●PtrData構造体の初期化の様子

初期化が完了したら、それぞれアンマップします。これまでと同様に clSetKernelArgSVMPointer API などでカーネル（デバイス側）へ渡し、カーネルの実行要求のキューイングを行います。OpenCL C カーネルは、SVM メモリをポインタで操作します。つまり、ホストとデバイス間でデータの一貫性があることを前提としたコードです。カーネルが終了したら、カーネルで処理した結果が格納されているバッファを、ホスト側のメモリ空間に clEnqueueSVMMap API でマップします。このホストにマップされた結果をカーネルは操作できます。その後、処理結果の操作が完了したら、バッファをアンマップします。以降に、カーネルの例を示します。

```
typedef struct __attribute__ ((packed)) _ptrData
{
    float* pIn0;
    float* pIn1;
    float* pOut;
    float  out;
    float  value1;
    float  value0;
} PtrData;

__kernel void
clCode( __global const PtrData *a,
        __global PtrData *c)
{
    unsigned int i=get_global_id(0);

    *c[i].pOut=*a[i].pIn0 + *a[i].pIn1;
}
```

渡された２つの構造体配列の要素にポインタが格納されています。そのポインタを使用し加算を行います。以降に処理の様子を示します。構造体配列 a の各要素の value0 と value1 を加算し、構造体配列 c の各要素の out へ代入します。カーネルのコードを参照すると分かりますが、各値をポインタで参照します。

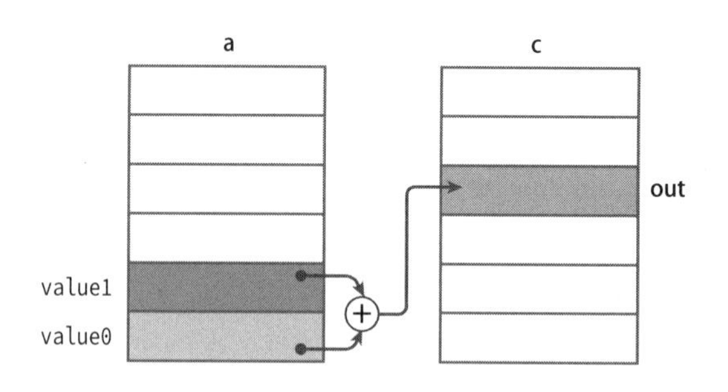

図11.27●構造体配列の処理概要

この例は、ホストとデバイス間でデータの一貫性があることを確認するためのコードで、プログラム自体に特別な目的はありません。このカーネルプログラムは、これまでの SVM を使用しない OpenCL C プログラムでは実現できません。SVM を使用すると、ホストとデバイス間でデータの一貫性があるため、ホストのポインタをデバイスでも同じように使用できます。このような使用法を行う場合は、ポインタが指すメモリは clSetKernelArgSVMPointer API でカーネルへ渡します。もし、clSVMAlloc API で割り付けたバッファを、間接的に参照する場合は、そのバッファを clSetKernelExecInfo API でカーネルに知らせる必要があります。以降に図で示します。

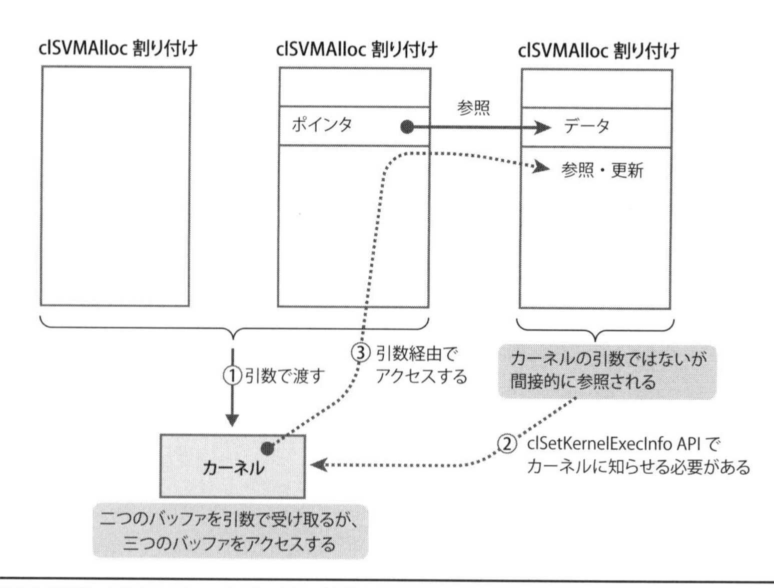

図11.28●clSVMAlloc APIで割り付けたバッファを間接的に参照する場合の処理概要

これまでのように、SVM を使用しない従来のホスト側のプログラムを使用すると、カーネルに渡すデータも、カーネル自体も同じものを使用しても正常に動作しません。これは SVM を使用しないと、ホストとデバイス間でメモリの一貫性が失われるためです。

紙面の関係で、プログラムを示さず文章で説明したため、理解しにくい点もあると思います。SVM について詳しく知りたい人は参考文献も助けになるでしょう。実際のプログラムで SVM の動作確認を行いましたが、API さえ間違わずに使えば、ホストとデバイスでメモリを単一の空間で使うように手軽にデータを操作できます。

11.7 SIMD とメモリ

SIMD 命令を使用する際にメモリに関して注意することは、アライメント揃えや、処理する長さを SIMD 用のレジスタ長に合わせることです。必ずしも前記を守っている必要はありませんが、性能低下やエラーの原因となります。すでに、プログラムの解説などで言及したものもありますが、あらためてメモリ配置やメモリ割り付けについてまとめます。

11.7.1 イントリンシックを使用した変数の宣言

まず、簡単な方法を説明します。変数の宣言をイントリンシックで行うと、自動で SIMD 命令が高速にアクセスできるアライメント境界へ整列されます。また、各要素には、メンバ名でアクセスできます。変数を宣言する各イントリンシックはヘッダ（immintrin.h など）に以下に示すように記述されています。Visual Studio 用と g++ 用では、各要素へのアクセス法が若干異なります。以降に、Visual Studio で使用されている union の例を示します。いろいろな環境で要素へアクセスした場合、以降の union を自身で定義するのも良いでしょう。あるいは、動的に割り付け C/C++ 言語が定義している型でアクセスすると良いでしょう。

__m256:

```
typedef union __declspec(intrin_type) _CRT_ALIGN(32) __m256 {
    float m256_f32[8];
} __m256;
```

__m256d

```
typedef struct __declspec(intrin_type) _CRT_ALIGN(32) {
    double m256d_f64[4];
} __m256d;
```

__m256i:

```
typedef union  __declspec(intrin_type) _CRT_ALIGN(32) __m256i {
    __int8              m256i_i8[32];
    __int16             m256i_i16[16];
    __int32             m256i_i32[8];
    __int64             m256i_i64[4];
    unsigned __int8     m256i_u8[32];
    unsigned __int16    m256i_u16[16];
    unsigned __int32    m256i_u32[8];
    unsigned __int64    m256i_u64[4];
} __m256i;
```

このため、

```
__m256  y;
```

と宣言すると、y は SIMD 命令のアクセスに有利なアライメント境界に揃えられます。各要素には y.m256_f32[0:7] でアクセスできます。各要素は単精度浮動小数点数です。これらの参照法は開発環境に依存します。環境に依存しないソースファイルを作成するには、自身で union の定義を行うと良いでしょう。

```
__m256d  y;
```

と宣言すると、前記同様に y はアライメント境界に揃えられ、各要素には y.m256d_f64[0:3] でアクセスできます。各要素は倍精度浮動小数点数です。

```
__m256i  y;
```

と宣言すると、y は SIMD 命令のアクセスに有利なアライメント境界に揃えられます。各要素は整数でアクセスでき、例えば y.m256i_i8[0:31] でアクセスできます。メンバ名によって要素数は変化します。詳しくは、上記の宣言を参照してください。

ヘッダをインクルードすると、__m で始まる名前を用いて簡単にアライメントされた変数の宣言を行えます。どのようなデータ型があるかを以降に表で示します。

表11.10●__mで始まるデータ型

型	説明
__m256d	256 ビット長のパックされた倍精度浮動小数点数
__m256	256 ビット長のパックされた単精度浮動小数点数
__m256i	256 ビット長の整数
__m128d	128 ビット長のパックされた倍精度浮動小数点数
__m128	128 ビット長のパックされた単精度浮動小数点数
__m128i	128 ビット長の整数

128 ビット長は主に SSE 命令などで使用します。AVX 命令では 128 ビット長 /256 ビット長の両方を使用します。

11.7.2 アライメント

SIMD 命令で使用する変数の宣言は、**__declspec** を使う方法と **__m256x** や **__m256x** を使用する方法があります。

__declspec で宣言（Visual Studio のみ）

データの宣言時に、イントリンシック（例えば、__m256、__m256i、および __m256d など）ではなく C 言語の型を使用したい場合があります。しかし、C 言語の型で宣言する場合、変数のアライメント境界が SIMD 命令に最適な位置に揃えられる保証はありません。そのような場合、__declspec を使用します。整列させる境界は SIMD 命令によって異なります。例えば、SSE 命令は 16 バイト境界へ、AVX 命令は 32/16 バイト両方の境界を要求します。以降に、ソースコードの例を示します。

```
__declspec(align(16)) float y0[4];
__declspec(align(32)) float y1[8];
```

イントリンシックを使用した場合と C 言語の型を使用した場合では、キャストなどやポインタのアドレス更新の違いなどがあります。SIMD 命令を直接アセンブリ言語で記述する際は、それほど違いはありませんが、イントリンシックを使用する場合、データの型チェックが行われます。また、アドレスの計算時にイントリンシックを使用して宣言する場合と、__declspec を使う場合で違いがあります。SIMD命令のイントリンシックでは、オペランドに与えるデータ型が決まっています。このため、どちらで宣言した方が良いか考察しておく必要があります。

__declspecを使用する場合、__declspecの位置はデータ型の前後どちらでも構いません。前記を下記のように記述しても同じ意味となります。

```
float __declspec(align(16)) y0[4];
float __declspec(align(32)) y1[8];
```

__m128xで宣言

SSE命令は当然として、AVX命令でも128ビット長のデータを扱うことができます。__m256xの半分になるだけで、初期化は同様です。データの宣言を、__m128、__m128i、および__m128dを使用し宣言した例を示します。

```
__m128d y0;
__m128  y1;
__m128i y2;
```

__m256xで宣言

データの宣言を、__m256、__m256i、および__m256dなどを使用した例を示します。

```
__m256d y0;
__m256  y1;
__m256i y2;
```

11.7.3 初期化

変数の宣言と初期化を同時に行いたいことは、良くあることです。以降に、いくつかの例を示します。

__declspecで宣言初期化（Visual Studioのみ）

__declspecでアライメント境界を整列させ、かつ値の初期化を行った場合の例を示します。__declspecでアライメントを揃えるだけで、初期化などは通常のC言語と同じです。256ビットで使用するのが前提の場合、要素数が256ビットに収まっているかも注意しましょう。以降に、ソースコードの例を示します。

```
__declspec(align(32)) double         a1[]={1.0,2.0,3.0,4.0};
__declspec(align(32)) float          a2[]={1.0,2.0,3.0,4.0,5.0,6.0,7.0,8.0};

__declspec(align(32)) int            a3[]={1,2,3,4,5,6,7,8};
__declspec(align(32)) unsigned int   a4[]={1,2,3,4,5,6,7,8};
__declspec(align(32)) short          a5[]={1,2,3,4,5,6,7,8,9,10,11,12,13,14,15,16};
__declspec(align(32)) unsigned short a6[]={1,2,3,4,5,6,7,8,9,10,11,12,13,14,15,16};
__declspec(align(32)) char           a7[]={1,2,3,4,5,6,7,8,9,10,11,12,13,14,15,16,
                                     17,18,19,20,21,22,23,24,25,26,27,28,29,30,31,32};
__declspec(align(32)) unsigned char  a8[]={1,2,3,4,5,6,7,8,9,10,11,12,13,14,15,16,
                                     17,18,19,20,21,22,23,24,25,26,27,28,29,30,31,32};
```

__m128x で宣言初期化

128 ビットでアライメントやバウンダリを揃えたい場合、__m128x を使用すると便利です。データの宣言を、__m128、__m128i、および __m128d などを使用し、かつ値の初期化を行いたい場合、初期化用のイントリンシックが用意されています。

```
__m128d y0 = _mm_set_pd(1,2);
__m128  y1 = _mm_set_ps(1,2,3,4);
__m128i y2 = _mm_set_epi32(1,2,3,4);
```

_mm_set_xx を使用した場合、先に書いた値が下位の要素へ設定されます。この順序を逆にしたい場合、_mm_setr_xx が用意されています。以降にソースコードを示します。

```
__m128d y0 = _mm_setr_pd(1,2);
__m128  y1 = _mm_setr_ps(1,2,3,4);
__m128i y2 = _mm_setr_epi32(1,2,3,4);
```

__m256x で宣言初期化

データの宣言を、__m256、__m256i、および __m256d などで宣言し、かつ値の初期化を行いたい場合、128 ビット長と同様に、初期化用のイントリンシックが用意されています。

```
__m256d y0 = _mm256_set_pd(1,2,3,4);
__m256  y1 = _mm256_set_ps(1,2,3,4,5,6,7,8);
__m256i y2 = _mm256_set_epi32(1,2,3,4,5,6,7,8);
```

_mm256x にも、_mm256_set_xx と _mm256_setr_xx が用意されています。前記の順序を逆にしたい場合、_mm256_setr_xx を使用します。以降にソースコードを示します。

```
__m256d y0 = _mm256_setr_pd(1,2,3,4);
__m256  y1 = _mm256_setr_ps(1,2,3,4,5,6,7,8);
__m256i y2 = _mm256_setr_epi32(1,2,3,4,5,6,7,8);
```

11.7.4 メモリの動的割付

SIMD 命令を使用する場合、アライメントが揃っていなければ割り込む、あるいは性能が低下する場合があります。ここでは、これらの解決し、動的にメモリを割り付ける方法を解説します。

_mm_malloc を使う方法

AVX 命令などを使用するプログラムでは、大量のメモリを要求するときも多く、動的にメモリを確保することがほとんどです。このような場合、アライメントされたメモリを割り当てられると性能向上します。以降に _mm_malloc 関数を説明します。_mm_malloc 関数は、他の方法と違い、gcc/g++ とも互換性があるようです。このため、Windows と Linux 系両方でソースを使いたいとき使用すると良いでしょう。以降に、ソースリストを示します。

リスト11.1●mm_malloc.cpp

```
#include <immintrin.h>

int
main(void)
{
    float* a=(float*)_mm_malloc(sizeof(float)*1024, 32);

    a[1]=10.0f;

    _mm_free(a);

    return 0;
}
```

このプログラムは、_mm_malloc 関数の第 2 引数に 32 を指定し、32 バイト境界に整列されたメモリを確保します。よって、float 型のポインタ a は、32 バイト境界に整列されたアドレスを指します。プログラムに示すように、_mm_malloc 関数で割り当てたメモリブロックは _mm_free 関数で解放します。

実行の様子を次に示します。

WindowsのVisual C++でビルド・実行

```
C:¥>cl /Fe:mm_malloc.exe mm_malloc.cpp
Microsoft(R) C/C++ Optimizing Compiler Version 19.16.27026.1 for x86
Copyright (C) Microsoft Corporation.  All rights reserved.

mm_malloc.cpp
Microsoft (R) Incremental Linker Version 14.16.27026.1
Copyright (C) Microsoft Corporation.  All rights reserved.

/out:mm_malloc.exe
mm_malloc.obj

C:¥>mm_malloc
```

Ubuntuのg++でビルド・実行

```
$ g++ -o mm_malloc mm_malloc.cpp
$ ./mm_malloc
```

1 2 3 4 5 6 7 8 9 10 11 12 13 14 15

_aligned_malloc を使う方法（Windows のみ）

用法は _mm_malloc 関数と同様ですので、説明は省略します。メモリを解放するときも _aligned で始まる _aligned_free 関数を使用します。

_aligned_malloc 関数

指定したアライメント境界にメモリを割り当てます。

```
void * _aligned_malloc(
    size_t size,
    size_t alignment
);
```

引数

size

割り当てようとするメモリのサイズを指定します。

alignment

アライメントの値を指定します。2の累乗値を指定する必要があります。

戻り値

割り当てられたメモリブロックへのポインタです。割り当てに失敗したらNULLが返ります。

以降にサンプルプログラムを示します。

リスト11.2●aligned_malloc.cpp

```
#include <immintrin.h>

//main
int
main(void)
{
    float* a=(float*)_aligned_malloc(sizeof(float)*1024, 32);

    _aligned_free(a);

    return 0;
}
```

アライメントを意識したメモリ割り当て関数には、以下のような関数が存在します。

表11.11●アライメントを意識したメモリ関数

関数名	説明
_aligned_free	_aligned_malloc、または _aligned_offset_malloc で割り当てたメモリブロックを解放します。
_aligned_malloc	指定したアライメント境界にメモリを割り当てます。
_aligned_offset_malloc	指定したアライメント境界にメモリを割り当てます。
_aligned_offset_realloc	_aligned_malloc、または _aligned_offset_malloc で割り当てたメモリブロックのサイズを変更します。
_aligned_realloc	_aligned_malloc、または _aligned_offset_malloc で割り当てたメモリブロックのサイズを変更します。

11.7.5 ポータビリティ

SIMD命令のイントリンシックはVisual Studioとgcc/g++で互換性はあります。ただし、若干の違いもあるため、両方で動作するプログラムの開発では、_mm_mallocを使ってメモリを割り付け、各要素はC/C++のデータがアクセスする方法を推奨します。定数として__m256dや__m128dなどを使うのは構いませんが、各要素の参照を行いたい場合、Visual Studioとgcc/g++で多少異なる点に注意が必要です。一般的には、少し注意すれば、Visual Studioとgcc/g++の両方で互換性のあるソースコードを作成するのに大きな障害はありません。

12 並列と同期

プログラムを並列化したときに注意しなければならないことがいくつかあります。本節では、順序性の保証を行う同期処理について解説します。並列プログラミングでは、逐次プログラムで配慮する必要のないプログラムの流れや、データの一貫性、特定のスレッドの暴走、そしてスレッドの取り残しがないように注意を払わなければなりません。また、並列プログラミングでは、データを参照・更新するときに競合が発生する場合もあります。そのようなときは、同期オブジェクトなどを使用し排他処理する必要があります。

メニーコアやスレッドプログラムの同期や調停は同じ考えを適用できます。スレッドプログラムは、より原始的な方法を、OpenMPなどは洗練された方法を用意しています。しかし、GPGPUを使用する際の同期や調停は、前記のプログラミングと異なります。このため、本章では、それぞれの方式に分けて同期処理を説明します。

12.1 Fork-Joinモデル

本書で紹介した並列方式は、基本的にFork-Joinモデルです。Fork-Joinモデルとは、1つのマスタースレッドでスタートし、並列処理部で多数のスレッドを生成（fork）します。並列処理部が完了したら、マスタースレッドに収束（join）します。このようなモデルでは、各スレッドは必ずマスタースレッドに統合されるため、スレッドの寿命を管理する必要はありません。すでに

第2章「CPU概論」の2.11.6項「アクセラレータ型とメニーコア型」の中で解説しましたが、ここで再度、Fork-Joinモデルを図で示します。前述の際はアクセラレータ型とメニーコア型で別々の図としましたが、基本的な考えは同じですので、ここでは一般化した図を示します。

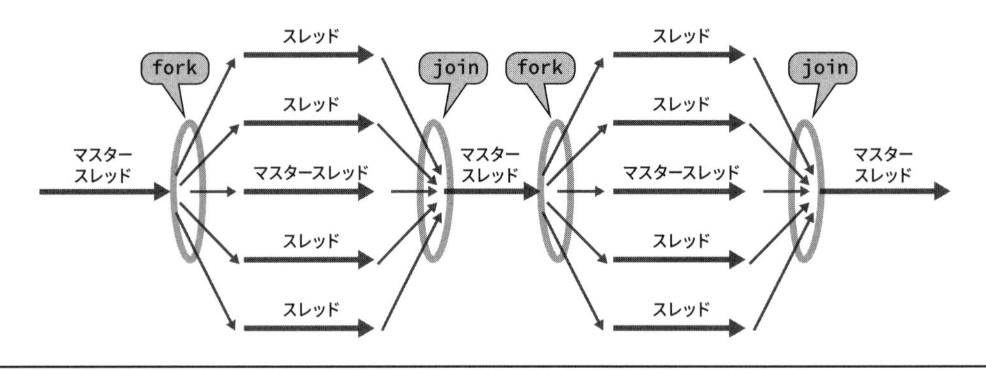

図12.1●一般化したFork-Join概念図

12.1.1 OpenMPの例

具体的な例をOpenMPを使用して示します。このプログラムは、#pragmaに続く{}で括られた部分が並列化されます。#pragmaの直後でスレッドが多数生成され、ブロックの最後でマスタースレッドに収束します。このようにOpenMPでは、特別なことを行わない限りスレッドの寿命に注意する必要はありません。

```
#include <omp.h>
#include <stdio.h>                                逐次リージョン

int main()
{
#pragma omp parallel
    {
        printf("hello!¥n");                       並列リージョン
    }
    return 0;
}                                                 逐次リージョン
```

以降にCPUコア数4のプロセッサを搭載したパソコンで実行した結果を示します。

```
hello!
hello!
hello!
hello!
```

ブロックの最後ですべてのスレッドが完了するまで待つので、必ずメッセージは 4 つ表示されます。

12.1.2 スレッドの例

先のプログラムを、スレッドで記述してみましょう。このプログラムは、明示的にスレッドの数を指定します。このため、CPU コア数とは無関係にスレッドを必ず 3 つ生成します。Fork は CreateThread API で行います。メインスレッドが存在しますので、同時に 4 つのスレッドが並列に動作します。スレッドの同期（join）も、明示的に WaitForMultipleObjects API で行います。

```
#include <windows.h>                                    逐次リージョン
#include <stdio.h>
--------------------------------------------------------------------------------
// thread procedure
void threadProc(void)
{                                        並列リージョン（ワーカースレッド）
    printf("hello!¥n");
}
--------------------------------------------------------------------------------
int main()
{
    const int n = 4;
    HANDLE hThread[n];
                                                        逐次リージョン
    for (int i = 0; i < n - 1; i++)
    {
        hThread[i] = CreateThread(0, 0,              // start threads
            (LPTHREAD_START_ROUTINE)threadProc, NULL, 0, NULL);
    }
--------------------------------------------------------------------------------
    printf("hello!¥n");                  並列リージョン（マスタースレッド）
--------------------------------------------------------------------------------
    // wait while whole threads to be done
    WaitForMultipleObjects(n - 1, hThread, TRUE, INFINITE);    逐次リージョン
```

```
    return 0;
}
```

CreateThread API で threadProc 関数をスレッドとして 3 つ起動します。そのまま、メインスレッドで threadProc 関数と同じことを行います。最後に、WaitForMultipleObjects API で起動したすべてのスレッドが完了するまで待ちます。OpenMP では、これらがすべて自動的に処理されましたが、自身でスレッドを起動した場合、このように明示的に同期しなければなりません。

スレッドで記述した場合、ワーカースレッドとメインスレッドのコードは明確に分離されます。スレッドで記述すると、OpenMP に比べ面倒です。以降に、マスタースレッドと起動されたワーカースレッドの寿命と、待ちについて 2 つの例を示します。まず、ワーカースレッドの完了が速いため、同期処理で一切待ちが発生しない状況を示します。

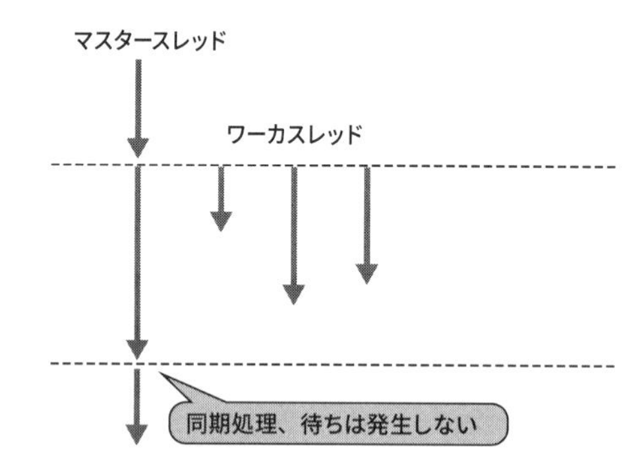

図12.2●同期処理で待ちが発生しない状況

次に、メインスレッドの終了が速いため、同期処理で待ちが発生する状況を示します。

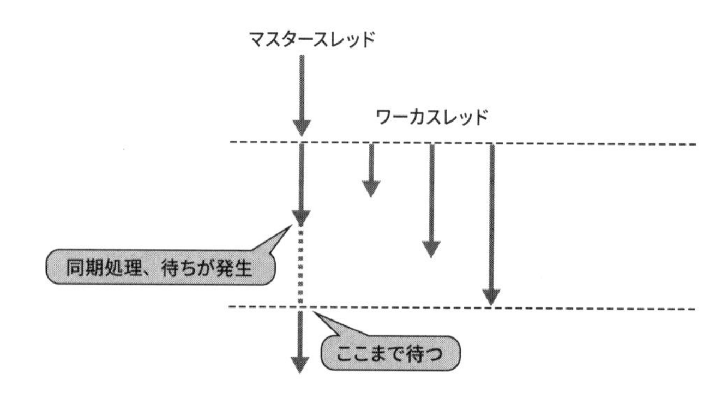

図12.3●同期処理で待ちが発生する状況

ここでは Windows API で説明しましたが、各 API は、Linux 系の POSIX 標準である Pthreads ライブラリの pthread_create（スレッド生成）と pthread_join（同期）に対応します。同様に、ワーカースレッドがアクセラレータへオフロードされると考えると、OpenCL や OpenACC でも同様です。

同期がない場合

先のスレッドプログラムの同期処理がないものを示します。同期処理がないと、終了していないスレッドが強制的に終了させられる場合があります。そのような場合、プログラムの処理結果は保証できません。以降に、同期処理を省いたソースリストを示します。

リスト12.1●同期処理を省略

```
#include <windows.h>
#include <stdio.h>

// thread procedure
void threadProc(void)
{
    printf("hello!¥n");
}

int main()
{
    const int n = 4;
    HANDLE hThread[n];

    for (int i = 0; i < n - 1; i++)
    {
        hThread[i] = CreateThread(0, 0,             // start threads
            (LPTHREAD_START_ROUTINE)threadProc, NULL, 0, NULL);
    }

    printf("hello!¥n");

    return 0;
}
```

先のプログラムと違い WaitForMultipleObjects API が存在しません。このため、Join が行われず、メインスレッドの終了がワーカースレッドより早いと、いくつかのスレッドは取り残されます。以降に実行例を示します。必ず1つのメッセージは表示されますが、同期しないため、すべてが表示されるとは限りません。

```
hello!
hello!
hello!
```

以降に、本プログラムの動作例を3つ示します。マスタースレッドと起動されたワーカースレッドの寿命で動作が異なります。プログラムが終了に向かうとき、生き残っているスレッドの終了を待つか、あるいは強制的に生き残ったスレッドがキャンセルされるかはシステムに委ねられます。基本的に、このようなプログラムを作るべきではなく、すべてのスレッドをプロセスの終了時に明示的に終了させるようにプログラミングしましょう。

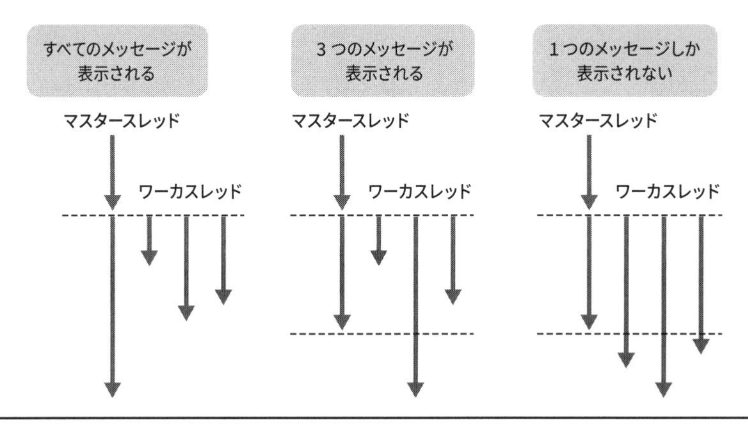

図12.4●同期処理を省いたプログラムの3つの動作例

最初の例は、すべてのワーカースレッドがメインスレッドより早く終了するため、特に問題なくプログラムは動作します。2番目と3番目の例は、メインスレッドが終了しても、処理の完了しないワーカースレッドが残ってしまい、問題の発生するプログラムです。このようなことが発生しないようにスレッドの同期（Join）が必要です。

ここでもWindows APIで説明しましたが、各APIは、Pthreadsのpthread_create（スレッド生成）とpthread_join（同期）に対応します。

12.2 処理内容

スレッド、OpenMP、OpenACC、そしてOpenCLを使用し同じ処理を行い、それぞれでどのように同期処理を行うか説明します。アプリケーションとして同じものを使う方が、それぞれの同期方式の違いが分かりやすいでしょう。

本章のプログラムは、2つの1次元配列の各要素を加算し、結果を別の1次元配列に格納する処理と、2つの1次元配列の各要素を減算し、結果を別の1次元配列に格納する処理、そして処理1と処理2の結果が正しいか検査する処理を課題として与えられたとします。加算する処理を「処理1」、減算する処理を「処理2」、検査する処理を「処理3」とします。このように、相互に依存性のない処理は並列に処理できます。

$c_i = a_i + b_i \qquad (i = 1 \ldots n)$
$d_i = a_i - b_i \qquad (i = 1 \ldots n)$

プログラムコードは、nを0から開始するため、iはn－1まで処理します。

このようなプログラムを、並列と非同期処理を用いて開発する例を紹介します。

12.2.1 逐次処理

まず、この処理を逐次処理で記述してみましょう。逐次処理は当然並列化しませんので、処理1、処理2そして処理3を順番に行儀よく処理します。以降に、処理の流れを示します。

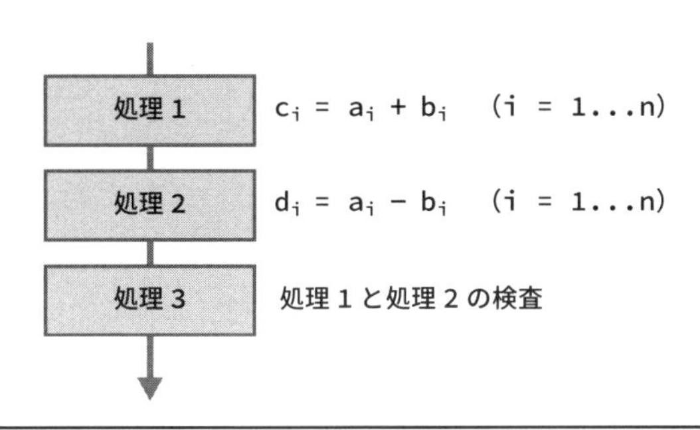

図12.5●処理の流れ

まず、普通に逐次処理で記述したプログラムを開発します。以降に、ソースリストを示します。

リスト12.2●070 async/01 single/addsubSeq.cpp

```
void verify(const int n, const float* a, const float *b, const float *c,
                                                        const float *d);



// main
int
main()
{
    const int N = 32768;
    float a[N], b[N], c[N], d[N];
    int i;

    for (i = 0; i < N; i++)     // initialize array
    {
        a[i] = (float)(i + 10);
        b[i] = (float)(i + 1);
    }

    for (i = 0; i < N; i++)     // add
    {
        c[i] = a[i] + b[i];
    }

    for (i = 0; i < N; i++)     // subtract
    {
        d[i] = a[i] - b[i];
    }

    verify(N, a, b, c, d);

    return 0;
}
```

本プログラムは、3つの処理を順序良く実行します。最初に、演算の元となる1次元配列aとbの全要素へ初期値を格納します。そして、forループを使用し、1次元配列aとbの全要素を加算し、結果を1次元配列cへ格納します。次に、同様にforループを使用し、1次元配列aの各要素からbの要素を減算し、結果を1次元配列dに格納します。最後に、verify関数で、処理結果が正しいか検査します。

逐次プログラムでは、結果の検査は必要ないのですが、後続のプログラムと構造を同じにするため、verify関数も呼び出すようにします。verify関数は、処理結果が正常か検査する関数です。以降に、ソースリストを示します。

リスト12.3●070 async/verify.cpp

```
#include <iostream>

using namespace std;

void verify(const int n, const float* a, const float *b, const float *c,
                                                    const float *d)
{
    for (int i = 0; i < n; i++)
    {
        float cc = a[i] + b[i];
        if (cc != c[i])
        {
            cerr << "error: cc = " << cc << ", c[" << i << "] = " << c[i] << endl;
            return;
        }
    }

    for (int i = 0; i < n; i++)
    {
        float dd = a[i] - b[i];
        if (dd != d[i])
        {
            cerr << "error: dd = " << dd << ", d[" << i << "] = " << d[i] << endl;
            return;
        }
    }
    cout << "passed." << endl;
}
```

本関数は、1次元配列cとdに格納されている値が正常か検査する関数です。この関数は、他のプログラムでも使用するため、別ファイルへ分離して記述します。以降に、ソースプログラムと実行ファイルの関係を示します。

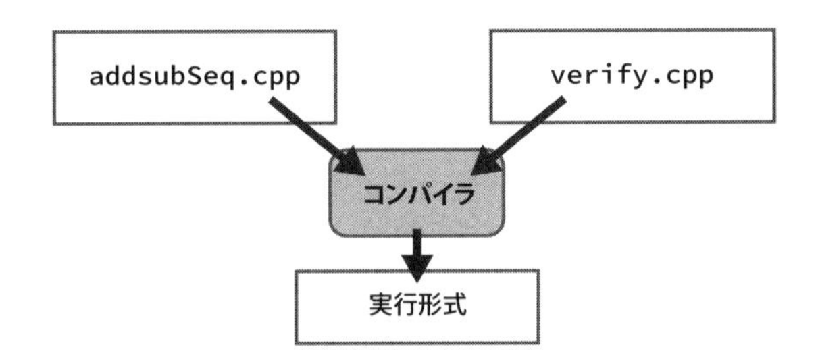

図12.6●ソースプログラムと実行ファイルの関係

このプログラムを、Visual Studio のコマンドを使用し、ビルド・実行した様子を示します。

```
C:¥>cl /EHsc /Fe:addsubSeq.exe addsubSeq.cpp ../verify.cpp

   … ビルドのメッセージ …

C:¥>addsubSeq
passed.
```

当然ですが正常に処理されます。本プログラムは、以降に続く並列化したプログラムの概要を知るために示しました。

12.3 スレッドと同期

先のプログラムを、スレッドを用いて記述してみましょう。スレッドを使用するとプログラムの性能を向上させることや、プログラムの操作性を向上させることができます。ところが並列化したプログラムでは、往々にしてデータアクセス競合や同期処理を間違うことによって期待した結果を得られない場合があります。ここでは、簡単にスレッドプログラミングにおける同期処理を解説します。

12.3.1 スレッドを使用

まず、もっとも単純な方法で開発します。簡単に並列化した結果、本プログラムは先のプログラムと性能は変わりません。あるいはオーバーヘッドの分だけ性能低下するでしょう。しかし、この例を応用すると、メインスレッドで何も行わずスレッドを監視だけ行っている時間を有効に使うことができます。以降に、処理の流れを示します。

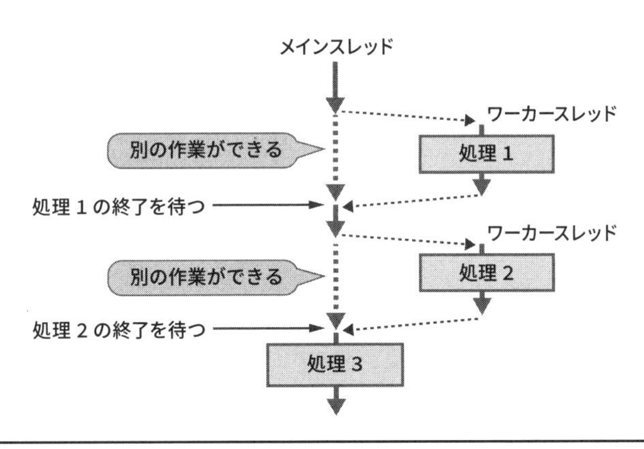

図12.7●処理の流れ

処理 1 と処理 2 を順番にスレッドで起動し、直後でスレッドの終了を待ちます。この待ち時間を利用すれば、メインスレッドは別の作業ができます。その後、処理 3 を行います。以降に、ソースリストを示します。

リスト12.4●070 async/02 thread/addsubSync.cpp

```
#include <pthread.h>

void verify(const int n, const float* a, const float *b, const float *c,
                                                         const float *d);

static const int N = 32768;
static float a[N], b[N], c[N], d[N];

void* add(void*)
{
    for (int i = 0; i < N; i++)      // add
    {
        c[i] = a[i] + b[i];
    }
    pthread_exit(NULL);
```

```
}

void* sub(void*)
{
    for (int i = 0; i < N; i++)     // subtract
    {
        d[i] = a[i] - b[i];
    }
    pthread_exit(NULL);
}

// main
int
main()
{
    pthread_t addThread, subThread;

    for (int i = 0; i < N; i++)     // initialize array
    {
        a[i] = (float)(i + 10);
        b[i] = (float)(i + 1);
    }

    int addRet = pthread_create(&addThread, NULL, add, NULL);
    pthread_join(addThread, NULL);

    int subRet = pthread_create(&subThread, NULL, sub, NULL);
    pthread_join(subThread, NULL);

    verify(N, a, b, c, d);

    return 0;
}
```

本プログラムは、スレッドを起動しますが、2つの処理を順序良く実行します。最初に、演算のもととなる1次元配列aとbの全要素へ初期値を格納します。スレッドを利用するため、すべての1次元配列を外部変数としています。これは複数の関数から、これらの1次元配列を参照するからです。

add関数は、forループを使用し、1次元配列aとbの全要素を加算し、結果を1次元配列cへ格納します。この関数はメインスレッドから起動されるスレッド関数です。このスレッドは起動直後に、pthread_join 関数でスレッド完了を待ちます。このため、メインスレッドは、add 関数が終了するまで何も行いません。通常のプログラムでは、この期間を利用し、add 関数と無関係な処理を行わせ、性能向上を図ります。

sub 関数は、for ループを使用し、1 次元配列 a から b の全要素を減算し、結果を 1 次元配列 d へ格納します。この関数もメインスレッドから起動し、メインスレッドは直後に pthread_join 関数でスレッド完了を待ちます。pthread_join 関数から制御が戻ってきたら、verify 関数で、処理結果が正しいか検査します。verify 関数は、先に示したプログラムと同じです。以降に、本プログラムの Fork-Join モデルを示します。

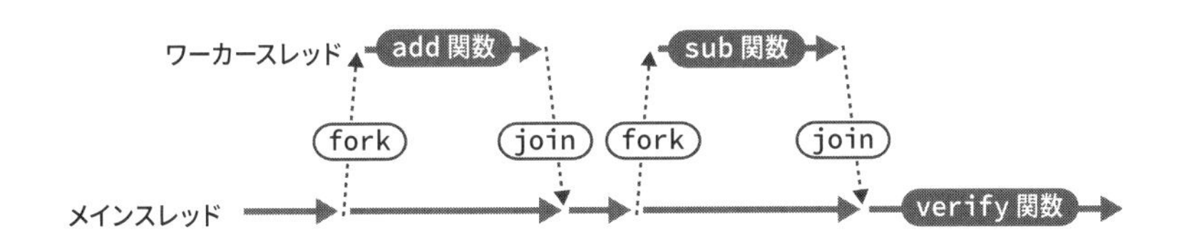

図12.8●addsubSync.cppのFork-Joinモデル

このプログラムを、g++ でビルドし、実行した様子を示します。

```
$ g++ -pthread -o addsubSync addsubSync.cpp ../verify.cpp

$ ./addsubSync
passed.
```

スレッドを起動直後に同期処理を行いますので、当然ですが正常に処理されます。

12.3.2 スレッドを並列に起動

さて、これではせっかくのスレッドがもったいないため、相互に依存関係のない処理 1 と処理 2 を並列に処理させてみましょう。以降に、処理の流れを示します。この図では、処理 1 が先に完了していますが、処理 1 と処理 2 の完了順は不定です。

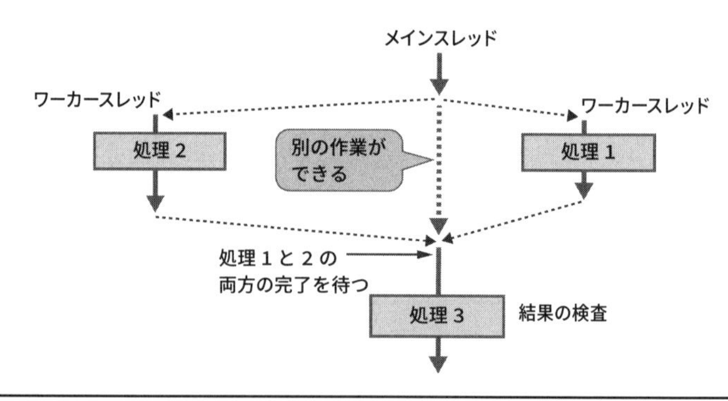

図12.9●処理1と処理2を並列に処理

処理 1 と処理 2 を順番にスレッドで起動し、直後でスレッドの終了を待ちます。この時間を利用すれば、メインスレッドは別の作業ができます。処理 1 と処理 2 の完了を確認後、処理 3 で結果を検査します。以降に、ソースリストを示します。

リスト12.5●070 async/02 thread/addsubSync2.cpp

```
#include <pthread.h>

void verify(const int n, const float* a, const float *b, const float *c,
                                                    const float *d);

static const int N = 32768;
static float a[N], b[N], c[N], d[N];

void* add(void*)
{
    for (int i = 0; i < N; i++)     // add
    {
        c[i] = a[i] + b[i];
    }
    pthread_exit(NULL);
}

void* sub(void*)
{
    for (int i = 0; i < N; i++)     // subtract
    {
        d[i] = a[i] - b[i];
    }
    pthread_exit(NULL);
```

```
}

// main
int
main()
{
    pthread_t addThread, subThread;

    for (int i = 0; i < N; i++)      // initialize array
    {
        a[i] = (float)(i + 10);
        b[i] = (float)(i + 1);
    }

    int addRet = pthread_create(&addThread, NULL, add, NULL);
    int subRet = pthread_create(&subThread, NULL, sub, NULL);

    pthread_join(addThread, NULL);
    pthread_join(subThread, NULL);

    verify(N, a, b, c, d);

    return 0;
}
```

網掛けの部分が先のプログラムと異なります。先のプログラムは、処理 1 を起動すると、直後で pthread_join 関数を呼び出し、スレッド完了を待ちました。また、処理 2 に関しても同様の処理を行います。このため、処理 1 と処理 2 は必ず順序良く処理されます。ところが、この処理 1 と処理 2 に相関はないため、順序良く処理する必要はありません。そこで、本プログラムは、処理 1 と処理 2 をスレッドで連続起動したのち、pthread_join 関数を呼び出し、両方のスレッド完了を待ちます。処理 1 と処理 2 の完了を確認後、処理 3 で結果を検査します。以降に、本プログラムの Fork-Join モデルを示します。

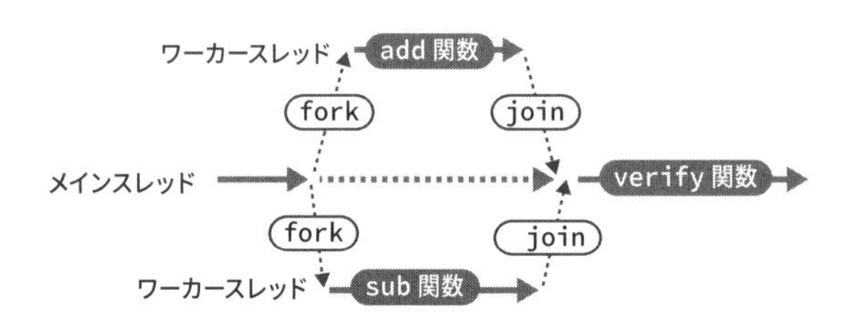

図12.10●addsubSync2.cppのFork-Joinモデル

forkは、ほぼ同時期に行いますが、joinが、いつ行われるかは起動されたスレッドの負荷などに依存します。ただし、両方のjoinが完了しない限りメインスレッドは待機します。このプログラムを、g++でビルドし、実行した様子を示します。

```
$ g++ -pthread -o addsubSync2 addsubSync2.cpp ../verify.cpp

$ ./addsubSync2
passed.
```

2つのスレッドを並列起動しますが、次の処理に入る前に同期処理を行いますので、正常に処理されます。

12.3.3 同期プログラム・間違った例

さて、同期処理を誤った位置で行う例を示します。以降に、ソースリストの一部を示します。

リスト12.6●070 async/02 thread/addsubAsyncError.cpp（一部分）

```
  ⋮
int
main()
{
    pthread_t addThread, subThread;

    for (int i = 0; i < N; i++)      // initialize array
    {
        a[i] = (float)(i + 10);
        b[i] = (float)(i + 1);
    }

    int addRet = pthread_create(&addThread, NULL, add, NULL);
    int subRet = pthread_create(&subThread, NULL, sub, NULL);

    verify(N, a, b, c, d);

    pthread_join(addThread, NULL);
    pthread_join(subThread, NULL);

    return 0;
}
```

網掛けの部分が先のプログラムと異なります。先のプログラムは、add 関数と sub 関数をスレッドとして起動したのち、pthread_join 関数を呼び出し、両方のスレッド完了を待ちます。このプログラムは、verify 関数のあとに、pthread_join 関数を呼び出しが移動しています。つまり、add 関数、sub 関数そして verify 関数が並列に動作します。ところが、add 関数、sub 関数そして verify 関数は相互依存があります。このため、プログラムは正常に動作しない場合があります。並列プログラムの面倒なところは、正常に動作するときもあればエラーを起こすときもあることです。エラーが顕在化しやすい環境だと間違いは発見しやすいですが、そうでない場合は運用してから数年後に障害が発生し、原因究明に多くの費用と時間を費やす場合があります。並列プログラムの同期位置は、設計時に十分な検討が必要です。決してデバッグで設計ミスを潰そうと考えてはなりません。以降に、本プログラムの Fork-Join モデルを示します。

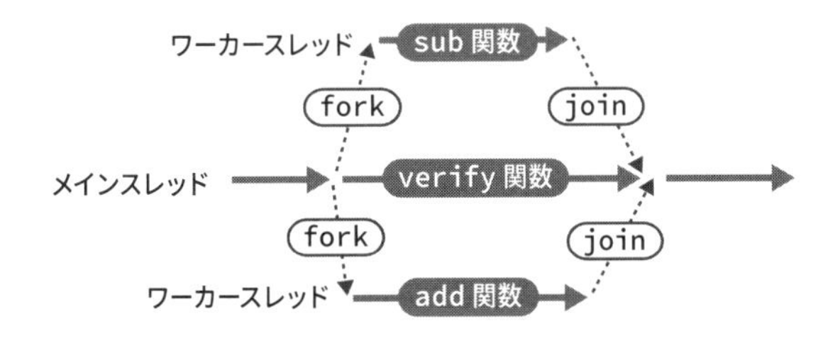

図12.11●addsubAsyncError.cppのFork-Joinモデル

このプログラムを、g++ でビルドし、実行した様子を示します。

```
$ g++ -pthread -o addsubAsyncError addsubAsyncError.cpp ../verify.cpp

$ ./addsubAsyncError
error: cc = 11.000000, c[0]=0.000000

$ ./addsubAsyncError
error: cc = 16347.000000, c[8168]=0.000000
```

ほとんどの場合、エラーが発生します。エラーとなる場所はさまざまです。verify 関数は、add 関数と sub 関数が完了していることを前提に作られています。このため、このプログラムのように同期位置を間違うとエラーが発生します。

12.4 OpenMP と同期

先のプログラムを、OpenMPを用いて記述してみましょう。OpenMPを使用するとディレクティブを追加するだけで粒度の小さな並列化が可能です。

12.4.1 暗黙的な同期

本プログラムは、逐次処理で記述したプログラムに指示文（ディレクティブ）を追加しただけです。以降に、処理の流れを示します。

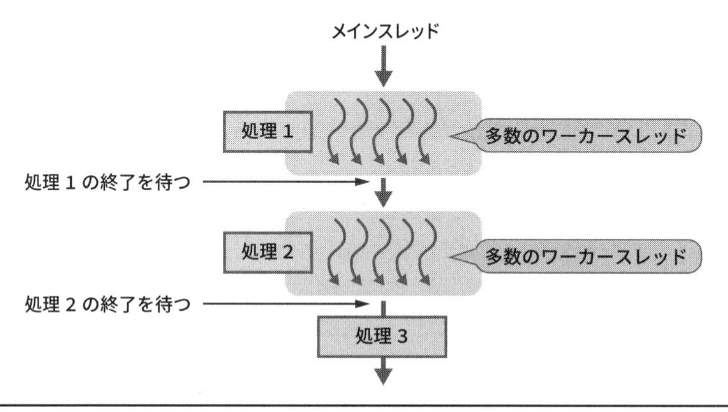

図12.12●処理の流れ

処理 1 と処理 2 を OpenMP で処理します。その後、処理 3 を行います。以降に、ソースリストを示します。

リスト12.7●070 async/03 OpenMP/addSubSync.cpp

```
#include <iostream>

void verify(const int n, const float* a, const float *b, const float *c,
                                                          const float *d);



// main
int
main()
```

```
{
    const int N = 32768;
    float a[N], b[N], c[N], d[N];
    int i;

    #ifdef  _OPENMP
    std::cout << "OpenMP mode!" << std::endl;
    #endif

    for (i = 0; i < N; i++)     // initialize array
    {
        a[i] = (float)(i + 10);
        b[i] = (float)(i + 1);
    }

    #pragma omp parallel for
    for (i = 0; i < N; i++)     // add
    {
        c[i] = a[i] + b[i];
    }

    #pragma omp parallel for
    for (i = 0; i < N; i++)     // subtract
    {
        d[i] = a[i] - b[i];
    }

    verify(N, a, b, c, d);

    return 0;
}
```

逐次プログラムの for 文に対して「#pragma omp parallel for」を追加しただけのプログラムですが、これによってforブロックのイテレータは各CPUコアへ分散され、並列に実行されます。このような #pragma の指定であると、ブロックの終了時点で同期処理が行われます。つまり、処理 1 と処理 2 は順次実行され、同期について気を付ける必要はありません。スレッドプログラムなどと違い、スレッドがいくつ起動されるかなどはシステムによって決定され、最適な並列化数が選択されます。

処理内容は、これまでと同様です。OpenMP を使用する場合、nowait 指示句などを利用しない場合、同期について明示的に記述する必要はありません。verify 関数は、先に示したプログラムと同じです。このプログラムを、g++ でビルドし、実行した様子を示します。

```
$ g++ -fopenmp -o addSubSync addSubSync.cpp ../verify.cpp

$ ./addSubSync
OpenMP mode!
passed.
```

ブロックの最後で必ず同期処理を行いますので、複雑な同期処理は不要です。このため、プログラミング上の注意も必要なく正常に処理されます。

12.4.2 スレッドの起動・消滅を低減

先のプログラムは、処理 1 と処理 2 で、それぞれが並列リージョンを作成していました。これでは Fork-Join が余計に発生し性能低下の原因となります。そこで、「#pragma omp parallel」で 1 つの並列リージョンを作成し、余計な Fork-Join が発生しないプログラムを紹介します。以降にソースリストを示します。

リスト12.8●070 async/03 OpenMP/addSubSync2.cpp

```
#include <iostream>

void verify(const int n, const float* a, const float *b, const float *c,
                                                           const float *d);



// main
int
main()
{
    const int N = 32768;
    float a[N], b[N], c[N], d[N];
    int i;

    #ifdef  _OPENMP
    std::cout << "OpenMP mode!" << std::endl;
    #endif

    for (i = 0; i < N; i++)     // initialize array
    {
```

```
        a[i] = (float)(i + 10);
        b[i] = (float)(i + 1);
    }

    #pragma omp parallel
    {
        #pragma omp for
        for (i = 0; i < N; i++)      // add
        {
            c[i] = a[i] + b[i];
        }

        #pragma omp for
        for (i = 0; i < N; i++)      // subtract
        {
            d[i] = a[i] - b[i];
        }
    }

    verify(N, a, b, c, d);

    return 0;
}
```

本プログラムは、「#pragma omp parallel」で1つの並列リージョンを形成し、各for文へ「#pragma omp for」を指定することによって、for文内のイテレータを並列処理します。先のプログラムと、ここで紹介するプログラムの各リージョンの様子を図で示します。

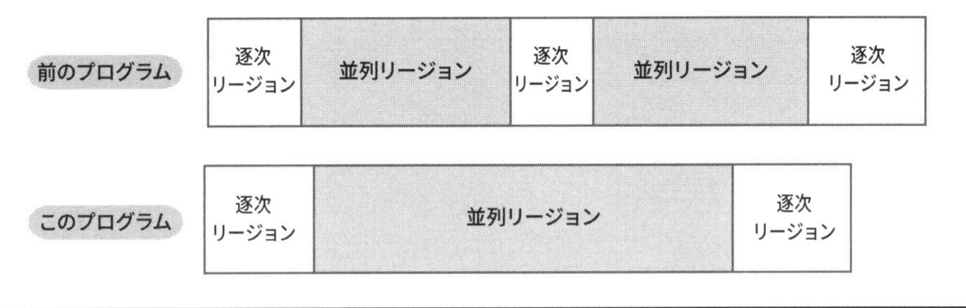

図12.13●2つのプログラムの各リージョンの様子

図から分かるように、前のプログラムは並列リージョンが2つに分断されています。このプログラムは、1つのリージョンから成り立っています。リージョンとスレッドの生成、消滅の概要を次の図に示します。OpenMPも、一般的な並列処理のモデルであるFork-Joinモデルを採用しています。

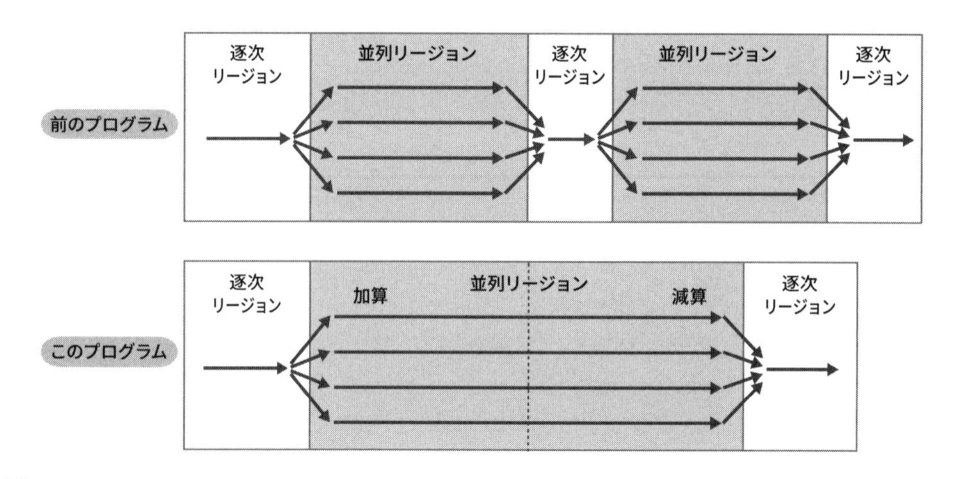

図12.14●リージョンとスレッドの生成、消滅の概要

図から分かるように、前のプログラムは並列リージョンが2つに分かれており、途中に逐次リージョンが存在します。つまり、2回のFork-Joinが発生します。最初のプログラムは、1回目の並列リージョンの最後でスレッドの消滅が発生し、2番目の並列リージョンの先頭でスレッドの生成が行われます。同時に、最初の並列リージョンの最後で、必ずスレッドは同期しなければなりません。これに比べ、このプログラムは、1回のスレッド生成・消滅だけです。このプログラムを、g++でビルドし、実行した様子を示します。

```
$ g++ -fopenmp -o addSubSync2 addSubSync2.cpp ../verify.cpp

$ ./addSubSync2
OpenMP mode!
passed.

$ ./addSubSync2
OpenMP mode!
passed.
```

「#pragma omp for」ならびに「#pragma omp parallel」に対応するブロックの最後で同期が行われます。

12.4.3 非同期

先のプログラムは、リージョンの切り替えを抑止し、スレッドの生成消滅が起きないように工夫しました。それでも、処理 1 と処理 2 の、それぞれの終了を監視しているため、処理 1 が完了しないと処理 2 は開始されません。そこで、nowait 指示句を使って、各処理の終了時に同期せず、並列化がブロックされない例を示します。以降に、動作の概念を示します。

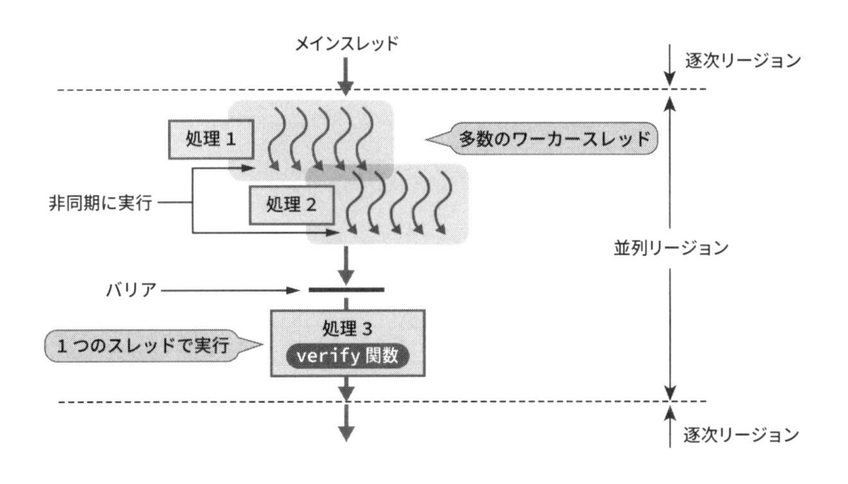

図12.15●動作の概念

以降に、ソースリストを示します。

リスト12.9●070 async/03 OpenMP/addSubBarrier.cpp

```
#include <iostream>

void verify(const int n, const float* a, const float *b, const float *c,
                                                    const float *d);



// main
int
main()
{
    const int N = 32768;
    float a[N], b[N], c[N], d[N];
    int i;

    #ifdef  _OPENMP
```

```
    std::cout << "OpenMP mode!" << std::endl;
    #endif

    for (i = 0; i < N; i++)     // initialize array
    {
        a[i] = (float)(i + 10);
        b[i] = (float)(i + 1);
    }

    #pragma omp parallel
    {
        #pragma omp for nowait
        for (i = 0; i < N; i++)     // add
        {
            c[i] = a[i] + b[i];
        }

        #pragma omp for nowait
        for (i = 0; i < N; i++)     // subtract
        {
            d[i] = a[i] - b[i];
        }

        #pragma omp barrier
        #pragma omp single
        verify(N, a, b, c, d);
    }

    return 0;
}
```

本プログラムは、処理 1 と処理 2 を非同期に実行します。かつ、処理の正当性を評価する verify 関数も並列リージョン内に存在します。nowait 指示句の有無によるバリアの様子を、先のプログラムと対比して以降にイメージ図で示します。

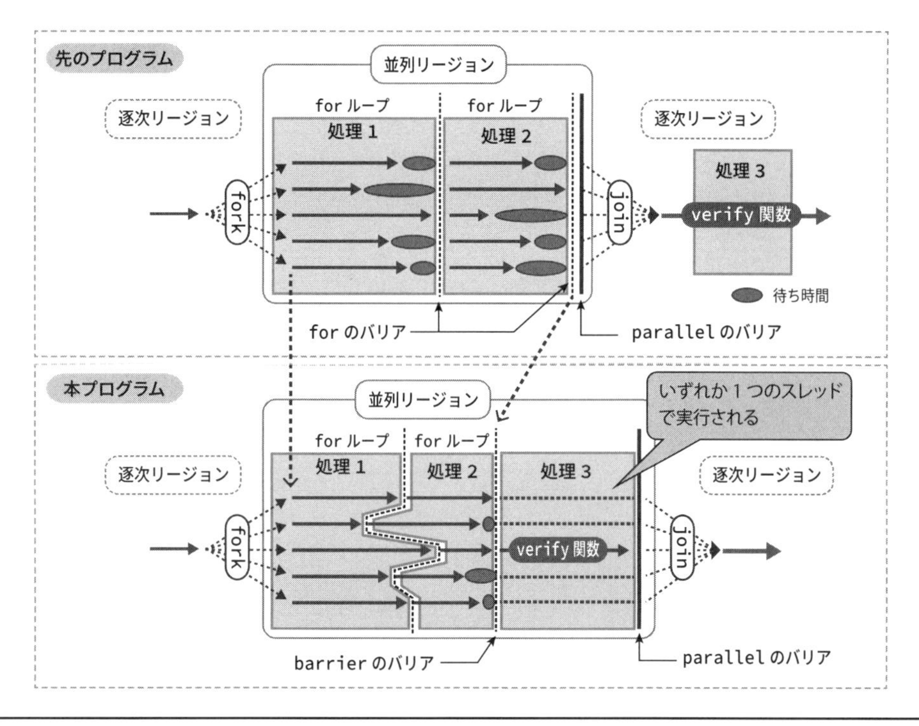

図12.16●nowait指示句の有無によるバリアの様子

図に示すように、nowait 指示句を指示しない for 指示文に続くループは、最も処理時間を要するスレッドが終了するまで、他のスレッドは待ち状態となります。言い換えると、すべてのスレッドが完了しないと、次の処理に移れません。OpenMP は標準で同期処理が行われるように設計されています。この例のように、for 指示文に nowait 指示句を指定すると、処理が終わったスレッドは、for ループを抜けて次の処理を行います。このようにすると、待ち状態に入るスレッド（遊ぶ CPU コア）がなくなり、資源が有効に利用されます。これによって全体の性能向上が図られます。図を観察すると分かりますが、先のプログラムと比較し、本プログラムは待ち状態がなくなり、処理 1 と処理 2 に必要とする時間は短くなります。ただ、nowait 指示句などを利用し非同期のプログラムを開発する場合、データの依存関係などを十分調べなければなりません。

先のプログラムは結果を検査する verify 関数は、parallel 指示文の最後に存在する暗黙のバリアのあとの逐次リージョンで実行されます。並列リージョンが終了して逐次リージョンへ移るときは、必ず全スレッドの同期処理が行われるため、verify 関数は必ず、処理 1 と処理 2 は終了しています。本プログラムは、verify 関数を並列リージョン内へ移動したため、barrier 指示文を使用して全スレッドを同期させます。かつ、データの検査は 1 回行うだけで十分なため、「#pragma omp single」を指定して1つのスレッドだけで実行します（指定しなくても構いませんが、無駄な検査が行われます）。本関数の実行は逐次リージョンに移しても構いませんが、同期処理の説明のために、あえて並列リージョンで行います。

このように並列リージョン内でデータを検査したければ、barrier指示文を使用して同期させる必要があります。この例では特にメリットはありませんが、現実のプログラムではnowait指示句とbarrier指示文をうまく利用すると、性能向上が図られ、かつ、データの依存による不具合も回避できます。このプログラムを、g++でビルドし、実行した様子を示します。

```
$ g++ -fopenmp -o addSubBarrier addSubBarrier.cpp ../verify.cpp

$ ./addSubBarrier
OpenMP mode!
passed.

$ ./addSubBarrier
OpenMP mode!
passed.
```

「#pragma omp barrier」で、データの正当性を検査する前に同期が行われるため、当然ですが正常に処理されます。何回実行しても、エラーは発生しません。

12.4.4 非同期プログラム・間違った例

直前で示したプログラムのように非同期に処理すると性能を向上させることができます。しかし、非同期を使用する際には、十分注意しないと間違いを埋め込んでしまいます。以降にbarrier指示文をコメントアウトし、正常に動作しない場合の動作の概念を示します。

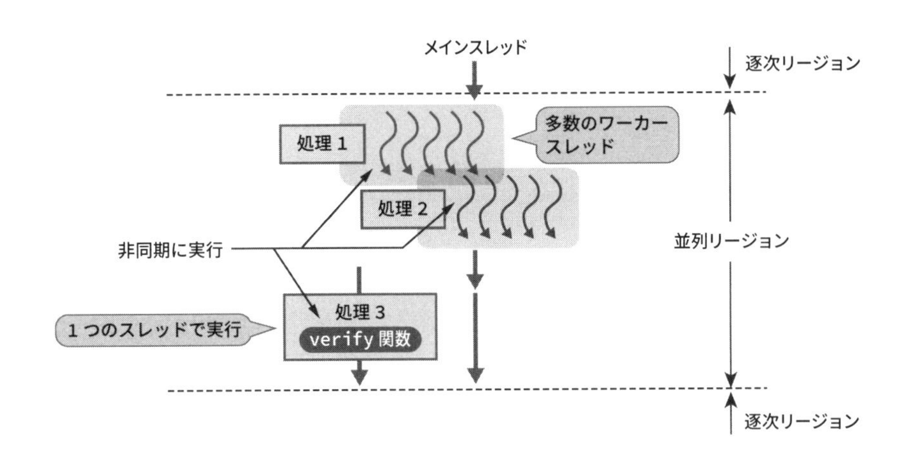

図12.17●正常動作しない非同期プログラム

本プログラムは、先のプログラム同様、verify 関数が並列リージョン内に存在します。先のプログラムと異なり、処理 1 と処理 2、そして verify 関数は並列に処理します。しかし、verify 関数は、処理 1 および処理 2 と相互依存があり、verify 関数の動作前に処理 1 と処理 2 は完了している必要があります。このため、本プログラムの動作は不定となり、正常に終了するとは限りません。以降に、ソースリストの一部を示します。

リスト12.10●070 async/03 OpenMP/addSubError.cpp（一部分）

```
    ⋮
    #pragma omp parallel
    {
        #pragma omp for nowait
        for (i = 0; i < N; i++)       // add
        {
            c[i] = a[i] + b[i];
        }

        #pragma omp for nowait
        for (i = 0; i < N; i++)       // subtract
        {
            d[i] = a[i] - b[i];
        }

        //#pragma omp barrier
        #pragma omp single
        verify(N, a, b, c, d);
```

```
    }
    ⋮
```

verify関数の前に存在した「#pragma omp barrier」をコメントアウトします。あるいは、この指示文をverify関数の後に移動しても同じです。このプログラムを、g++でビルドし、実行した様子を示します。

```
$ g++ -fopenmp -o addSubError addSubError.cpp  ../verify.cpp

$ ./addSubError
OpenMP mode!
passed.

$ ./addSubError
OpenMP mode!
passed.

$ ./addSubError
OpenMP mode!
error: cc = 18003, c[8996] = 18003

$ ./addSubError
OpenMP mode!
error: cc = 32779, c[16384] = 0

$ ./addSubError
OpenMP mode!
error: cc = 11, c[0] = 0

$ ./addSubError
OpenMP mode!
passed.
```

本プログラムの処理1、処理2、そしてverify関数の動作順は不定です。しかし、verify関数は、処理1と処理2は完了していることを前提としています。しかし、本プログラムでは、verify関数は、処理1と処理2と非同期に並列動作します。このため、本プログラムは正常に終了する場合もあれば、エラーが発生する場合があります。これが並列プログラムで、同期処理を間違える典型的な例です。以降に、barrierをコメントアウトしたプログラム動作の様子をイメージ図で示します。

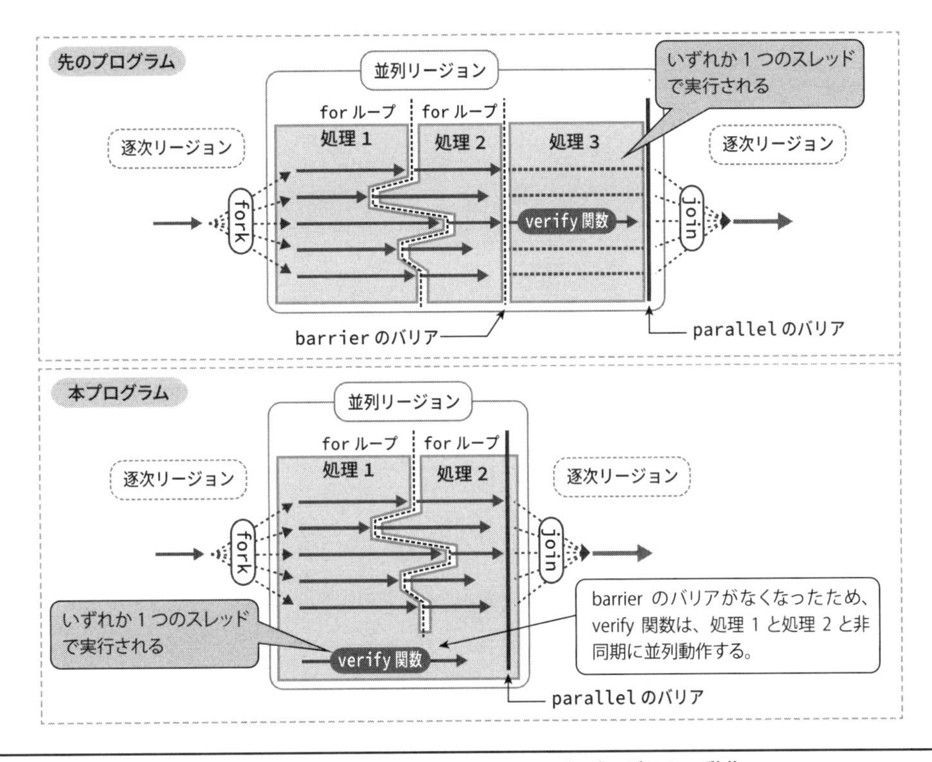

図12.18●barrierをコメントアウトしたプログラムの動作

barrier をコメントアウトしたため、処理 1 と処理 2 と、verify 関数の処理順は不定です。

12.5 OpenACC と同期

先のプログラムを、OpenACC を用いて記述してみましょう。OpenACC はアクセラレータを使用しますが、OpenMP 同様 #pragma を与えるだけで、逐次プログラムを並列プログラムへ変更できます。OpenACC は OpenMP に比べ、より粒度の小さな並列化が可能です。

12.5.1 暗黙的な同期

本プログラムは、逐次処理で記述したプログラムに指示文（ディレクティブ）を追加しただけです。以降に、処理の流れを示します。

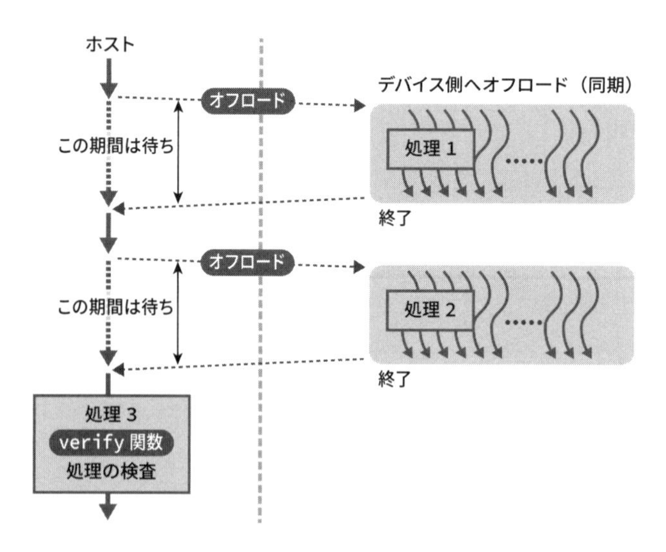

図12.19●OpenACCと同期処理

処理 1 と処理 2 を OpenACC で処理します。以降に、ソースリストを示します。

リスト12.11●070 async/04 OpenACC/addSubSync.c

```
#include <stdio.h>

void verify(const int n, const float* a, const float *b, const float *c,
                                                            const float *d);



// main
int
main()
{
    const int N = 32768;
    float a[N], b[N], c[N], d[N];
    int err, i;

    #ifdef  _OPENACC
    fprintf(stdout, "OpenACC mode!¥n");
    #endif


    for (i = 0; i < N; i++)     // initialize array
```

```
    {
        a[i] = (float)(i + 10);
        b[i] = (float)(i + 1);
    }

    #pragma acc parallel loop
    for (i = 0; i < N; i++)      // add
    {
        c[i] = a[i] + b[i];
    }


    #pragma acc parallel loop
    for (i = 0; i < N; i++)      // subtract
    {
        d[i] = a[i] - b[i];
    }

    verify(N, a, b, c, d);

    return 0;
}
```

逐次プログラムの for 文に対して「#pragma acc parallel loop」を追加しただけのプログラムですが、これによって for ブロックのイテレータはデバイス（アクセラレータ、または GPGPU）へオフロードされ、並列に実行されます。ホストは、デバイスの処理が完了するまで待ちます。つまり、処理 1 と処理 2 は順次実行され、同期について気を付ける必要はありません。ホストとデバイス間のメモリ転送などはシステムによって決定され、自動で処理されます。

処理内容は、これまでと同様です。OpenACC を使用する場合、parallel ディレクティブに async 節などを利用しない場合、同期について特に明示的に記述する必要はありません。verify 関数は、先に示したプログラムと同じです。このプログラムを、pgcc でビルドし、実行した様子を示します。コンパイラに PGI 社の pgcc を利用したのは、本書の執筆時点で OpenACC の実装が最も進んでいるように感じたためです。

```
PGI$ pgcc -acc -o addSubSync addSubSync.c ../verify.c
addSubSync.c:
../verify.c:

PGI$ ./addSubSync
```

```
OpenACC mode!
passed.
```

特にプログラムの説明は必要ないでしょう。適切に処理が行われ、正常に終了しています。このままでは、メモリの転送やカーネルコードの生成などが不明なため、情報表示オプション（-Minfo）を指定し、ビルドした状況を示します。

```
PGI$ pgcc -acc -Minfo=acc -o addSubSync addSubSync.c ../verify.c
addSubSync.c:
main:
     25, Accelerator kernel generated
         Generating Tesla code
         26, #pragma acc loop gang, vector(128) /* blockIdx.x threadIdx.x */
     25, Generating implicit copyout(c[:32768])
         Generating implicit copyin(b[:32768],a[:32768])
     32, Accelerator kernel generated
         Generating Tesla code
         33, #pragma acc loop gang, vector(128) /* blockIdx.x threadIdx.x */
     32, Generating implicit copyin(b[:32768])
         Generating implicit copyout(d[:32768])
         Generating implicit copyin(a[:32768])
../verify.c:
```

GPU用のカーネルが生成されていること、1次元配列a、b、c、そしてdの内容が転送されるコードが生成されているのを観察できます。gccでビルドし、実行した様子も示します。

```
PGI$ pgcc -acc -o addSubSync addSubSync.c ../verify.c
addSubSync.c:
../verify.c:

PGI$ ./addSubSync
OpenACC mode!
passed.
```

プログラムは正常に動作しています。

12.5.2 明示的に指定

先のプログラムは、1次元配列a、b、c、そしてdの扱いなどをコンパイラへ任せました。コンパイラが適切に処理しているかは、メッセージを観察する必要があります。ここでは、明示的にメモリの管理を行います。また、処理1と処理2を非同期実行し、カーネル動作の直後で同期するようにします。以降に、ソースリストの一部を示します。

リスト12.12●070 async/04 OpenACC/addSubSync1.c（一部分）

```
    ⋮
    for (i = 0; i < N; i++)      // initialize array
    {
        a[i] = (float)(i + 10);
        b[i] = (float)(i + 1);
    }

    #pragma acc parallel loop copyin(a[:N], b[:N]) copyout(c[:N]) async(1)
    for (i = 0; i < N; i++)      // add
    {
        c[i] = a[i] + b[i];
    }
    #pragma acc wait(1)


    #pragma acc parallel loop copyin(a[:N], b[:N]) copyout(d[:N]) async(2)
    for (i = 0; i < N; i++)      // subtract
    {
        d[i] = a[i] - b[i];
    }
    #pragma acc wait(2)

    verify(N, a, b, c, d);

    return 0;
}
```

本プログラムは、配列の転送を明示的に支持するとともに、async節とwaitディレクティブを使用して非同期、そして同期の処理を行います。加算処理を行う処理1の部分を使って説明します。まず、ホスト側のwaitで同期するときに、まだデバイス側の処理が終わっていない場合の例を示します。ホストの処理が終わったら、#pragma acc wait(1)でデバイス側と同期を取ります。このとき、async で指定した処理が終わっていない場合、それが終わるまで待たされます。

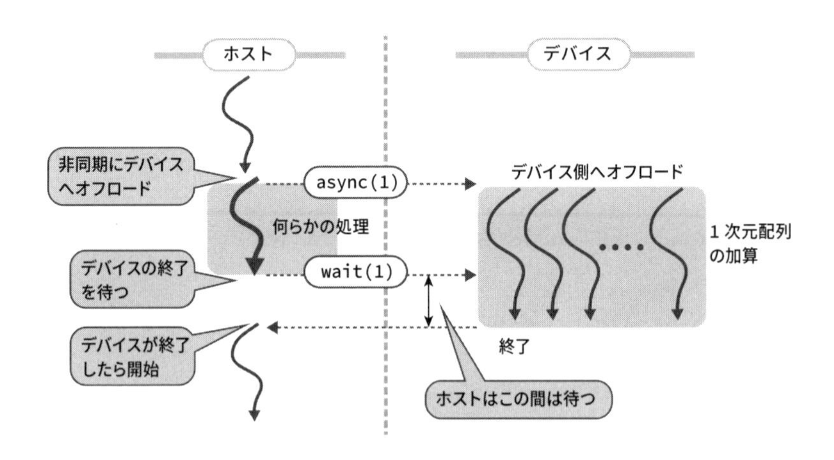

図12.20●ホストが待つ

今度は、ホスト側の wait で同期するときに、すでにデバイス側の処理が終わっている例を示します。ホストの処理が終わったら、#pragma acc wait(1) でデバイス側と同期を取ります。このとき、async で指定した処理が完了していると、ホストの #pragma acc wait(1) はすぐに制御をホストへ返します。

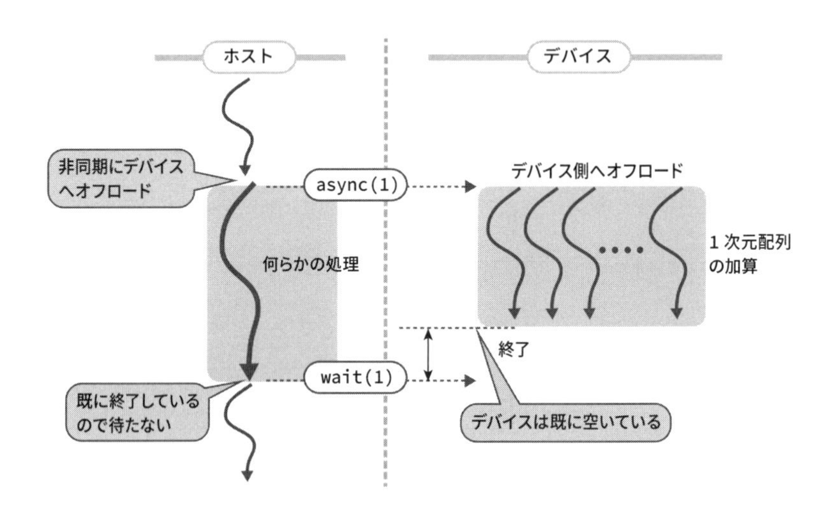

図12.21●デバイスが早く終了

このように非同期を使用すると、余計な待ち時間をなくし、リソースを有効に活用できます。

このプログラムを、pgccビルドし、実行した様子を示します。

```
PGI$ pgcc -acc -o addSubSync1 addSubSync1.c ../verify.c
addSubSync1.c:
../verify.c:

PGI$ ./addSubSync1
OpenACC mode!
passed.
```

適切に処理が行われ、正常に終了しています。このままでは、メモリの転送やカーネルコードの生成などを、情報表示オプション（-Minfo）を指定し、観察してみましょう。

```
PGI$ pgcc -acc -Minfo=acc -o addSubSync1 addSubSync1.c ../verify.c
addSubSync1.c:
main:
     25, Generating copyin(a[:N])
         Generating copyout(c[:N])
         Generating copyin(b[:N])
         Accelerator kernel generated
         Generating Tesla code
         26, #pragma acc loop gang, vector(128) /* blockIdx.x threadIdx.x */
     33, Generating copyin(a[:N],b[:N])
         Generating copyout(d[:N])
         Accelerator kernel generated
         Generating Tesla code
         34, #pragma acc loop gang, vector(128) /* blockIdx.x threadIdx.x */
../verify.c:
```

先のプログラムは、1次元配列a、b、c、そしてdの転送が暗黙的（implicit）に生成されていました。本プログラムは、明示的に配列の転送を指示したため、指定した通りのコードが生成されています。gccでビルドし、実行した様子も示します。

```
$ gcc -fopenacc -o addSubSync1 addSubSync1.c ../verify.c

$ ./addSubSync1
OpenACC mode!
passed.
```

プログラムは正常に動作しています。

12.5.3 非同期

先のプログラムは、処理をオフロードした直後に同期処理を行っています。このため、処理1と処理2は、それぞれの終了を監視しているため、逐次プログラムと処理方法に変化はありません。本プログラムは、処理1と処理2にasync節を指定し、これらを並列に動作させ、ホスト側のwaitで同期します。以降に、処理の流れを示します。

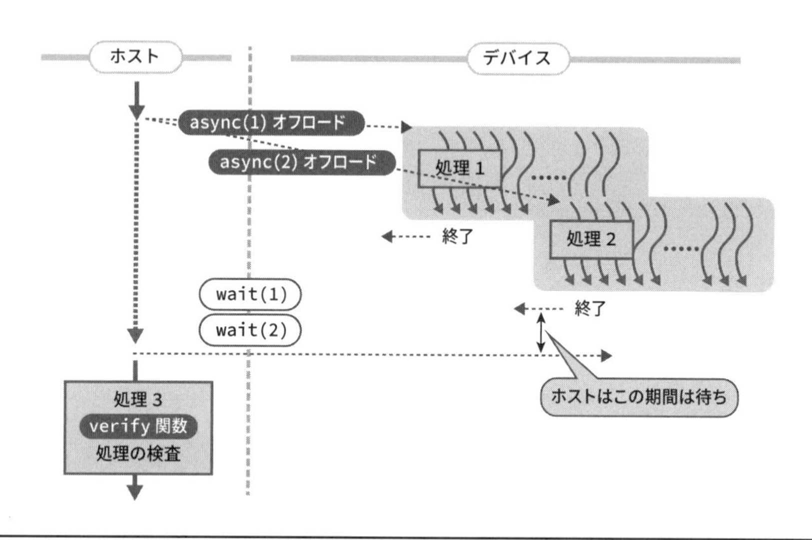

図12.22●OpenACCと非同期

以降に、ソースリストの一部を示します。

リスト12.13●070 async/04 OpenACC/addSubSync2.c（一部分）

```
    ⋮
    for (i = 0; i < N; i++)      // initialize array
    {
        a[i] = (float)(i + 10);
        b[i] = (float)(i + 1);
    }

    #pragma acc parallel loop copyin(a[:N], b[:N]) copyout(c[:N]) async(1)
    for (i = 0; i < N; i++)      // add
    {
```

```
        c[i] = a[i] + b[i];
    }


    #pragma acc parallel loop copyin(a[:N], b[:N]) copyout(d[:N]) async(2)
    for (i = 0; i < N; i++)      // subtract
    {
        d[i] = a[i] - b[i];
    }
    #pragma acc wait(1)
    #pragma acc wait(2)

    verify(N, a, b, c, d);

    return 0;
}
```

本プログラムは、処理1と処理2を非同期に実行します。forループに対するparallelディレクティブにasync節を追加して、続く領域を非同期で実行します。この例では、#pragmaに続くforループをデバイス側で処理させます。ホストは、2つのforループを非同期にデバイス側で処理させ、verify関数の実行前に#pragma acc wait()でデバイス側と同期を取ります。このとき、デバイス側の完了を待ちますが、現実のプログラムでは、単に待たず、ホストで何らかの処理を行うことによって性能向上を図ることができます。なお、wait()の指定は先にオフロードした処理から行って、ブロックを避けるようにします。非同期処理でこの指定に効果があるかは疑問ですが、それでも、なるべくブロックされにくくした方が良いでしょう。このプログラムをpgccでビルドし、実行した様子を示します。

```
PGI$ pgcc -acc -o addSubSync2 addSubSync2.c ../verify.c
addSubSync2.c:
../verify.c:

PGI$ ./addSubSync2
OpenACC mode!
passed.
```

特にプログラムの説明は必要ないでしょう。適切に処理が行われ、正常に終了しています。gccでビルドし、実行した様子も示します。

```
$ gcc -fopenacc -o addSubSync2 addSubSync2.c ../verify.c

$ ./addSubSync2
OpenACC mode!
passed.
```

プログラムは正常に動作しています。

12.5.4 非同期プログラム・間違った例

非同期を使用する際には、十分注意しないと障害を埋め込んでしまいます。以降に wait ディレクティブを間違った位置に置き、正常に動作しない場合の動作の概念を示します。

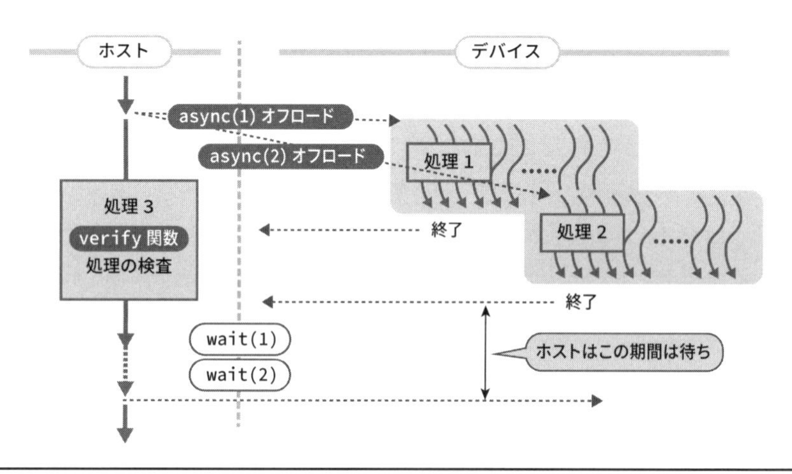

図12.23●正常動作しない非同期プログラム

以降に、ソースリストの一部を示します。

リスト12.14●070 async/04 OpenACC/addSubError.c（一部分）

```
    ⋮
#pragma acc parallel loop copyin(a[:N], b[:N]) copyout(c[:N]) async(1)
for (i = 0; i < N; i++)      // add
{
    c[i] = a[i] + b[i];
}
```

```
    #pragma acc parallel loop copyin(a[:N], b[:N]) copyout(d[:N]) async(2)
    for (i = 0; i < N; i++)      // subtract
    {
        d[i] = a[i] - b[i];
    }

    verify(N, a, b, c, d);

    #pragma acc wait(1)
    #pragma acc wait(2)

    return 0;
}
```

本プログラムは先のプログラムと、ほとんど同じですが、verify 関数の実行前に #pragma acc wait() でデバイス側と同期を取りません。verify 関数のあとで、デバイス側と同期処理を行っています。これでは、処理 1 と処理 2、verify 関数が非同期に並列動作します。処理 1 と処理 2 は、verify 関数と相関を持っているため、処理 1 と処理 2 が完了する前に verify 関数が動作するとエラーが発生します。本プログラムは、処理 1、処理 2、そして verify 関数の動作順は不定です。しかし、verify 関数は、処理 1 と処理 2 は完了していなければなりません。しかし、verify 関数、処理 1、そして処理 2 が非同期に並列動作します。このため、本プログラムは正常に終了する場合もあれば、エラーが発生する場合があります。このプログラムを、g++ でビルドし、実行した様子を示します。

```
PGI$ pgcc -acc -o addSubError addSubError.c ../verify.c
addSubError.c:
../verify.c:

PGI$ ./addSubError
OpenACC mode!
error: cc = 11.000000, c[0] = 0.000000

PGI$ ./addSubError
OpenACC mode!
error: cc = 11.000000, c[0] = 0.000000

PGI$ ./addSubError
```

```
OpenACC mode!
error: cc = 11.000000, c[0] = 0.000000
```

同期の位置が不適切なため、正常に動作しません。

12.6 OpenCL と同期

これまでと同じ処理をOpenCLで記述してみましょう。OpenCLはOpenACC同様アクセラレータを使用しますが、APIベースでプログラミングしなければならず、OpenACCに比べ記述は複雑になります。かわりに、OpenACCに比べ、細かな制御が可能となります。

12.6.1 簡単な非同期

本プログラムは、OpenCLの非同期プログラムの基本的なものです。OpenACCの例と違い、メモリの移動なども非同期で記述します。カーネルを非同期に実行させるとともに、カーネル完了を監視し、結果を取り出すメモリ転送までも非同期に記述します。ホスト側は、メモリ転送を監視し、それが完了したら結果を検査します。以降に、処理の流れを示します。

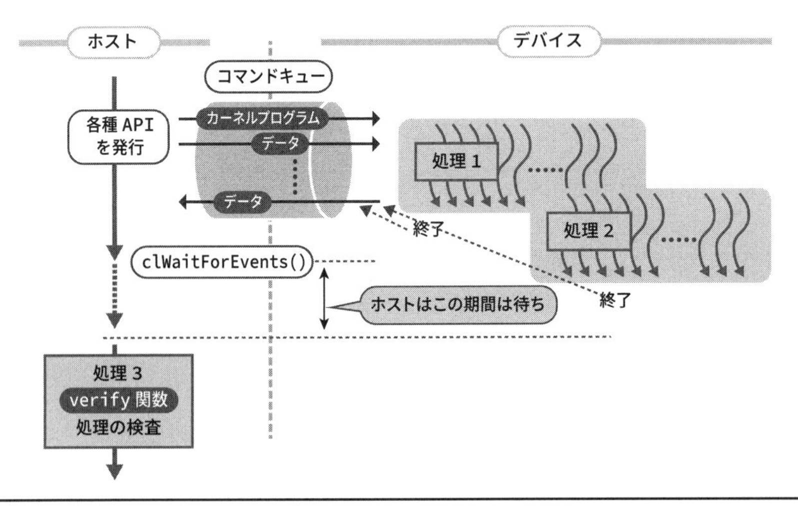

図12.24●OpenCLの非同期プログラム

以降に、ソースリストを示します。

リスト12.15●070 async/05 OpenCL/Sources/addSubClTask.cpp

```
#include <iostream>
#include "../../../Class/ClUtils.h"

using namespace std;

void verify(const int n, const float* a, const float *b, const float *c,
                                                        const float *d);



// main
int
main(int argc, char* argv[])
{
    try
    {
        const char *clAddProc = "add";
        const char *clSubProc = "sub";

        const int N = 32768;
        float a[N], b[N], c[N], d[N];

        if (argc != 2)
            throw "no *.cl file.";

        for (int i = 0; i < N; i++)     // initialize array
        {
            a[i] = (float)(i + 10);
            b[i] = (float)(i + 1);
        }

        ClUtils clUtils;

        clUtils.preloadProgram(argv[1]);
        cl_command_queue queue = clUtils.getCmdQueue();
        cl_kernel kernelAdd = clUtils.createKernel(clAddProc);
        cl_kernel kernelSub = clUtils.createAddtionalKernel(clSubProc);

        // create memory object(a, b, c, d)
        cl_mem memA = clUtils.createInBuffer(sizeof(a), a);
        cl_mem memB = clUtils.createInBuffer(sizeof(b), b);
```

```
cl_mem memC = clUtils.createOutBuffer(sizeof(c));
cl_mem memD = clUtils.createOutBuffer(sizeof(d));


// set kernel parameters
clUtils.setKernelArg(kernelAdd, 0, sizeof(cl_mem), (void *)&memA);
clUtils.setKernelArg(kernelAdd, 1, sizeof(cl_mem), (void *)&memB);
clUtils.setKernelArg(kernelAdd, 2, sizeof(cl_mem), (void *)&memC);
clUtils.setKernelArg(kernelAdd, 3, sizeof(cl_int), (void *)&N);

clUtils.setKernelArg(kernelSub, 0, sizeof(cl_mem), (void *)&memA);
clUtils.setKernelArg(kernelSub, 1, sizeof(cl_mem), (void *)&memB);
clUtils.setKernelArg(kernelSub, 2, sizeof(cl_mem), (void *)&memD);
clUtils.setKernelArg(kernelSub, 3, sizeof(cl_int), (void *)&N);


// request execute kernel
cl_event eventKernel[2];
const size_t globalSize[] = { 1 }, localSize[] = { 1 };
cl_int status = clEnqueueNDRangeKernel(queue, kernelAdd,
    1, NULL, globalSize, localSize, 0, NULL, &eventKernel[0]);
if (status != CL_SUCCESS)
    throw "clEnqueueNDRangeKernel failed.";

cout << "    enqueued clEnqueueNDRangeKernel API(add)." << endl;

// request execute kernel
status = clEnqueueNDRangeKernel(queue, kernelSub,
    1, NULL, globalSize, localSize, 0, NULL, &eventKernel[1]);
if (status != CL_SUCCESS)
    throw "clEnqueueNDRangeKernel failed.";

cout << "    enqueued clEnqueueNDRangeKernel API(sub)." << endl;

// get results
cl_event eventRead[2];
status = clEnqueueReadBuffer(queue, memC, CL_FALSE, 0,
    sizeof(c), c, 1, &eventKernel[0], &eventRead[0]);
if (status != CL_SUCCESS)
    throw "clEnqueueReadBuffer failed.";

cout << "    enqueued clEnqueueReadBuffer API(add)." << endl;

status = clEnqueueReadBuffer(queue, memD, CL_FALSE, 0,
```

```
                sizeof(d), &d, 1, &eventKernel[1], &eventRead[1]);
        if (status != CL_SUCCESS)
            throw "clEnqueueReadBuffer failed.";

        cout << "    enqueued clEnqueueReadBuffer API(sub)." << endl;


        status = clWaitForEvents(2, eventRead);
        if (status != CL_SUCCESS)
            throw "clWaitForEvents failed.";
        cout << "    clEnqueueReadBuffer event cleared." << endl << endl;

        verify(N, a, b, c, d);

        clReleaseMemObject(memD);
        clReleaseMemObject(memC);
        clReleaseMemObject(memB);
        clReleaseMemObject(memA);
        clReleaseKernel(kernelSub);
        clReleaseKernel(kernelAdd);
    }
    catch (char* str)
    {
        cerr << str << endl;
        return -1;
    }
    return 0;
}
```

ホストプログラムは、これまでに紹介した処理1と処理2を、2つのカーネルをタスク並列で起動します。その後、処理3を行います。OpenCLの制御は、以前開発したクラスを使用します。APIを用いて記述しても良いのですが、同じことを繰り返し記述する必要があるためクラスを採用します。クラスの詳細については「OpenCLサポートクラス」を参照してください。

まず、処理に必要な1次元配列a、b、c、およびd用のバッファオブジェクトを生成します。a、bは入力に、c、dは出力に使用するバッファオブジェクトです。次に、生成したバッファオブジェクトをsetKernelArgメソッドで各カーネルに渡します。以降に、同期の関連を図に示します。

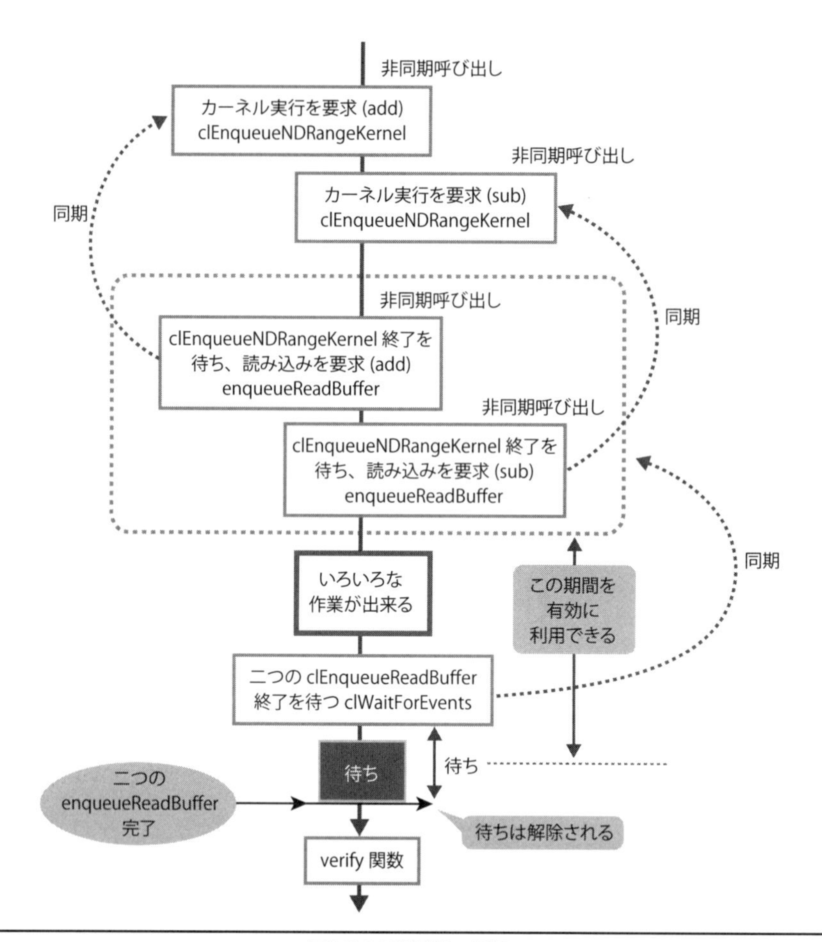

図12.25●同期の関連

次に２つのカーネルを、clEnqueueNDRangeKernel API で実行要求します。本プログラムは、タスク並列の例です。OpenCL 1.2 まではカーネルをタスクで起動する場合、clEnqueueTask API を使用します。しかし、OpenCL 2.0 では、この API は廃止されました。clEnqueueNDRangeKernel API を clEnqueueTask API と等価に使うには、次数を 1、そしてグローバルワークサイズとローカルワークサイズを 1 に設定します。この例では、カーネル実行を非同期で呼び出します。そこで clEnqueueNDRangeKernel API の最後の引数に、cl_event である eventKernel を指定します。この eventKernel は配列になっており、配列の加算を行うカーネルと、減算を行うカーネルを別々に管理します。

カーネルが処理した結果を読み込むのが、clEnqueueReadBuffer API です。実行結果を読み出す API も非同期呼び出しを使用します。このため、第７引数に１を、第８引数に

clEnqueueNDRangeKernel APIで取得したイベントオブジェクトeventKernelを指定します。eventKernelは配列になっているのは先に説明した通りです。clEnqueueReadBuffer APIに、これらのイベントオブジェクトを指定しますが、読み込む値とタスクの作業を取り違えないようにしてください。eventKernelに与えるインデックス番号は、clEnqueueNDRangeKernel APIと対応していなければなりません。この例では、0が加算、1が減算を求めるカーネルを管理します。さらに、clEnqueueReadBuffer API自体が非同期呼び出しです。clEnqueueReadBuffer APIを非同期呼び出しにするには、第3引数にCL_FALSEを指定します。本APIを非同期呼び出しするため、バッファオブジェクトの読み込みが完了しなくても制御が戻ってきます。これによって、バッファオブジェクトの転送と並行して、ホストプログラムは別の作業を行うことができます。clEnqueueReadBuffer APIの完了を管理するため、最後の引数にイベントオブジェクトeventReadを指定します。このオブジェクトもeventKernel同様に配列です。このオブジェクトを参照することによって、clEnqueueReadBufferの完了を知ることができます。

オブジェクト読み込みを行うclEnqueueReadBuffer APIの完了を、clWaitForEvents APIで管理します。これが完了したのち、結果を検査するverify関数を呼び出します。このclWaitForEvents APIで同期しないと、ホストメモリの内容は不定です。

以降にカーネルのリストを示します。1次元配列の加算と減算を行う2つのカーネルが収められています。それぞれ加算を行うカーネルがadd、減算を行うカーネルがsubです。タスク並列を使うため、カーネル内でループします。

リスト12.16●070 async/05 OpenCL/Sources/addSubTask.cl

```
__kernel void
add(__global const float *a,
    __global const float *b,
    __global float *c,
    const int N)
{
    for(int i = 0; i < N; i++)
    {
        c[i] = a[i] + b[i];
    }
}

__kernel void
sub(__global const float *a,
    __global const float *b,
    __global float *d,
    const int N)
{
```

```
    for(int i = 0; i < N; i++)
    {
        d[i] = a[i] - b[i];
    }
}
```

このプログラムを、実行した様子を示します。

```
C:¥>addSubClTask addSubTask.cl
    enqueued clEnqueueNDRangeKernel API(add).
    enqueued clEnqueueNDRangeKernel API(sub).
    enqueued clEnqueueReadBuffer API(add).
    enqueued clEnqueueReadBuffer API(sub).
    clEnqueueReadBuffer event cleared.

passed.
```

verify 関数でデータを調査し、問題がなく正常終了します。

なお、先の図は clWaitForEvents API 呼び出し後に、clEnqueueReadBuffer API が完了していますが、clWaitForEvents API 呼び出し前に、clEnqueueReadBuffer API が完了している場合もあります。そのような場合を図で示します。

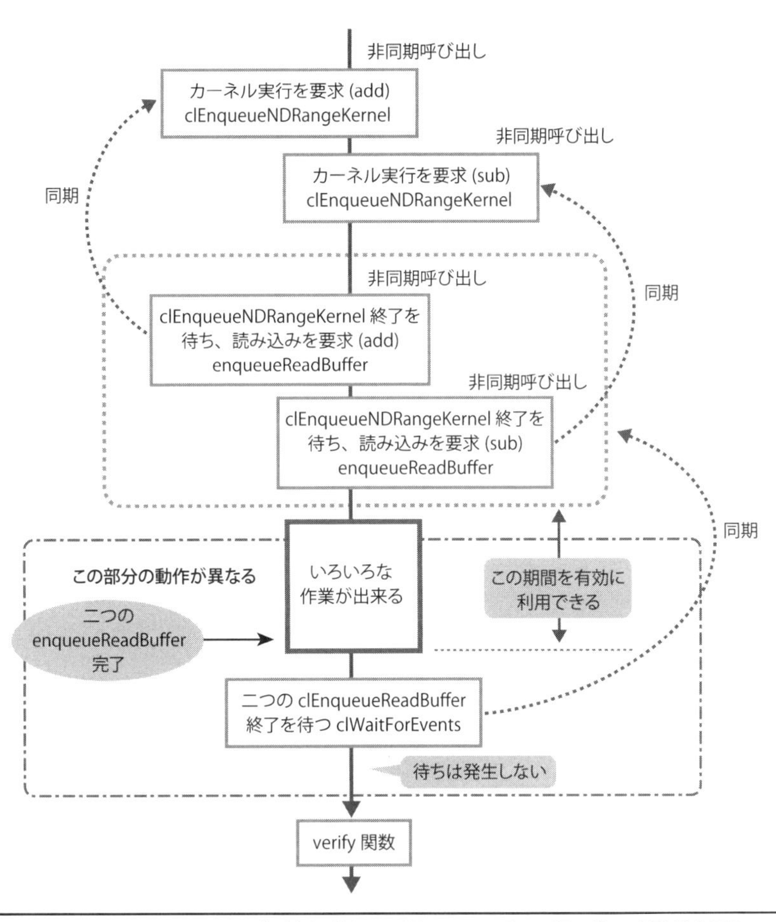

図12.26●clWaitForEvents API呼び出し前に、clEnqueueReadBuffer APIが完了している場合

この図に示すような場合、clWaitForEvents API 呼び出し前に clEnqueueReadBuffer API が完了しているため、待ちは発生しません。clWaitForEvents API 呼び出しは、すぐに制御を戻します。

12.6.2 非同期コマンドキュー

前節のプログラムは同期コマンドキューを使いました。この例のように各カーネル間に相関がない場合、キューに送った順通りカーネルが動作する必要はありません。そこで、先のプログラムを非同期コマンドキューへ書き換えてみます。以降に、書き換えたホスト側のプログラムを示します。以降に、ソースリストの一部を示します。

リスト12.17●070 async/05 OpenCL/Sources/addSubClTaskOOO.cpp（一部分）

```
    ⋮
    clUtils.preloadProgram(argv[1]);
    //cl_command_queue queue = clUtils.getCmdQueue();
    cl_command_queue queue = clUtils.getOutOfOrderQueue();
    cl_kernel kernelAdd = clUtils.createKernel(clAddProc);
    cl_kernel kernelSub = clUtils.createAddtionalKernel(clSubProc);

    // create memory object(a, b, c, d)
    cl_mem memA = clUtils.createInBuffer(sizeof(a), a);
    cl_mem memB = clUtils.createInBuffer(sizeof(b), b);
    cl_mem memC = clUtils.createOutBuffer(sizeof(c));
    cl_mem memD = clUtils.createOutBuffer(sizeof(d));


    // set kernel parameters
    clUtils.setKernelArg(kernelAdd, 0, sizeof(cl_mem), (void *)&memA);
    clUtils.setKernelArg(kernelAdd, 1, sizeof(cl_mem), (void *)&memB);
    clUtils.setKernelArg(kernelAdd, 2, sizeof(cl_mem), (void *)&memC);
    clUtils.setKernelArg(kernelAdd, 3, sizeof(cl_int), (void *)&N);

    clUtils.setKernelArg(kernelSub, 0, sizeof(cl_mem), (void *)&memA);
    clUtils.setKernelArg(kernelSub, 1, sizeof(cl_mem), (void *)&memB);
    clUtils.setKernelArg(kernelSub, 2, sizeof(cl_mem), (void *)&memD);
    clUtils.setKernelArg(kernelSub, 3, sizeof(cl_int), (void *)&N);
    ⋮
```

先のプログラムは、同期コマンドキューを使用しています。本プログラムは、同期コマンドキューを非同期実行コマンドキューへ変更します。以降に、本プログラムの動作概念を図で示します。1行変更するだけですが、キューへ送った処理通り処理される保証はなくなります。以降に、プログラムの動作概念を示します。

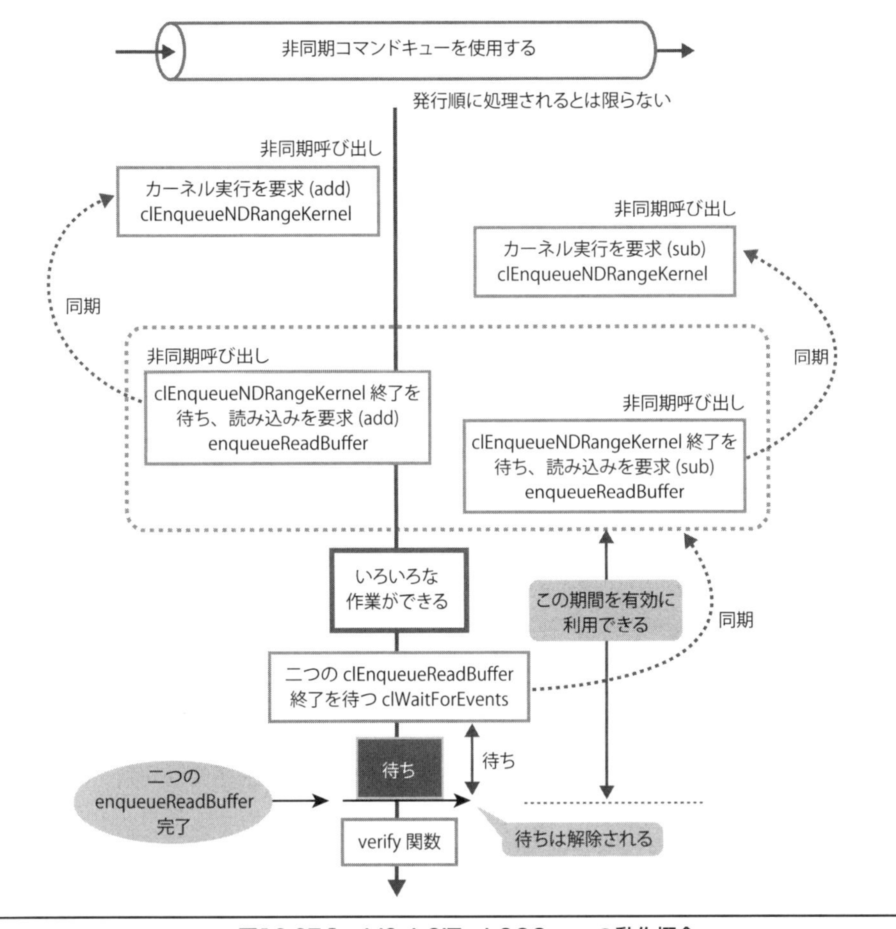

図12.27●addSubClTaskOOO.cppの動作概念

2つのカーネルを実行要求しますが、非同期コマンドキューを使いますので、キューイングした順番とカーネルの実行順に規則性はなく、かつ並行に実行されます。カーネルが処理した結果を読み込む clEnqueueReadBuffer API も非同期で呼び出します。このため、これらの要求は、同期する必要がある関係を除き、実行順は不定です。各コマンド間の同期は前節で説明した通りです。カーネルも実行結果も前節と、同様なため、以降の説明は省略します。

12.6.3 データ並列と非同期

先のプログラムはタスク並列を使用したため、カーネル内でループしています。本節で紹介するプログラムは、データ並列で非同期コマンドキューを使います。このため、カーネルプログラムも、前節のものと異なります。まず、ホストプログラムのソースリストの一部を以降に示します。

リスト12.18●070 async/05 OpenCL/Sources/addSubClDataOOO.cpp（一部分）

```
    :
    ClUtils clUtils;

    clUtils.preloadProgram(argv[1]);
    //cl_command_queue queue = clUtils.getCmdQueue();
    cl_command_queue queue = clUtils.getOutOfOrderQueue();
    cl_kernel kernelAdd = clUtils.createKernel(clAddProc);
    cl_kernel kernelSub = clUtils.createAddtionalKernel(clSubProc);

    // create memory object(a, b, c, d)
    cl_mem memA = clUtils.createInBuffer(sizeof(a), a);
    cl_mem memB = clUtils.createInBuffer(sizeof(b), b);
    cl_mem memC = clUtils.createOutBuffer(sizeof(c));
    cl_mem memD = clUtils.createOutBuffer(sizeof(d));


    // set kernel parameters
    clUtils.setKernelArg(kernelAdd, 0, sizeof(cl_mem), (void *)&memA);
    clUtils.setKernelArg(kernelAdd, 1, sizeof(cl_mem), (void *)&memB);
    clUtils.setKernelArg(kernelAdd, 2, sizeof(cl_mem), (void *)&memC);

    clUtils.setKernelArg(kernelSub, 0, sizeof(cl_mem), (void *)&memA);
    clUtils.setKernelArg(kernelSub, 1, sizeof(cl_mem), (void *)&memB);
    clUtils.setKernelArg(kernelSub, 2, sizeof(cl_mem), (void *)&memD);


    // request execute kernel
    cl_event eventKernel[2];
    const size_t globalSize[] = { N };
    cl_int status = clEnqueueNDRangeKernel(queue, kernelAdd,
        1, NULL, globalSize, 0, 0, NULL, &eventKernel[0]);
    if (status != CL_SUCCESS)
        throw "clEnqueueNDRangeKernel failed.";

    cout << "    enqueued clEnqueueNDRangeKernel API(add)." << endl;

    // request execute kernel
    status = clEnqueueNDRangeKernel(queue, kernelSub,
        1, NULL, globalSize, 0, 0, NULL, &eventKernel[1]);
```

```
        if (status != CL_SUCCESS)
            throw "clEnqueueNDRangeKernel failed.";

        cout << "    enqueued clEnqueueNDRangeKernel API(sub)." << endl;

        // get results
        cl_event eventRead[2];
        status = clEnqueueReadBuffer(queue, memC, CL_FALSE, 0,
            sizeof(c), c, 1, &eventKernel[0], &eventRead[0]);
        if (status != CL_SUCCESS)
            throw "clEnqueueReadBuffer failed.";

        cout << "    enqueued clEnqueueReadBuffer API(add)." << endl;

        status = clEnqueueReadBuffer(queue, memD, CL_FALSE, 0,
            sizeof(d), &d, 1, &eventKernel[1], &eventRead[1]);
        if (status != CL_SUCCESS)
            throw "clEnqueueReadBuffer failed.";

        cout << "    enqueued clEnqueueReadBuffer API(sub)." << endl;


        status = clWaitForEvents(2, eventRead);
        if (status != CL_SUCCESS)
            throw "clWaitForEvents failed.";
        cout << "    clEnqueueReadBuffer event cleared." << endl << endl;

        verify(N, a, b, c, d);
          ⋮
```

タスク並列からデータ並列に変更したため、カーネルに渡す引数が 1 つ減るくらいで同期などは前節と同様です。以降にカーネルのリストを示します。1 次元配列の加算と減算を行う 2 つのカーネルが収められています。それぞれ加算を行うカーネルが add、減算を行うカーネルが sub です。データ並列を使うため、カーネル内ではイテレータを記述するだけです。以降に、ソースリストを示します。

リスト12.19●070 async/05 OpenCL/Sources/addSubData.cl

```
__kernel void
add(__global const float *a,
    __global const float *b,
    __global float *c)
```

```
{
    int i = get_global_id(0);
    c[i] = a[i] + b[i];
}

__kernel void
sub(__global const float *a,
    __global const float *b,
    __global float *d)
{
    int i = get_global_id(0);
    d[i] = a[i] - b[i];
}
```

このプログラムを、実行した様子を示します。

```
C:¥>addSubClData000 addSubData.cl
    enqueued clEnqueueNDRangeKernel API(add).
    enqueued clEnqueueNDRangeKernel API(sub).
    enqueued clEnqueueReadBuffer API(add).
    enqueued clEnqueueReadBuffer API(sub).
    clEnqueueReadBuffer event cleared.

passed.
```

verify 関数でデータを調査し、問題がなく正常終了します。

12.6.4 非同期プログラム・間違った例

非同期を使用する際には、十分注意しないと障害を埋め込んでしまいます。以降に clWaitForEvents API 呼び出しを間違った位置に置き、正常に動作しない場合の動作の概念を示します。

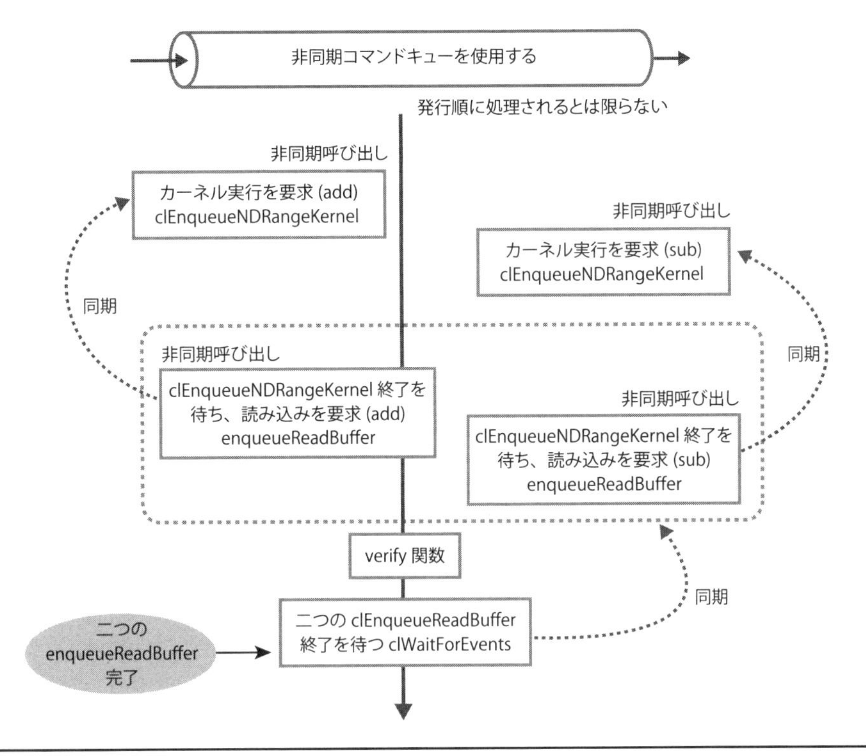

図12.28●正常動作しない非同期プログラム

clEnqueueNDRangeKernel や clEnqueueReadBuffer API の引数に与える同期の引数などを間違っても、簡単に同期処理は破綻します。ここでは最も分かりやすい clWaitForEvents API の位置を verify 関数の後で行い、同期が破綻する例を示します。ここで示したように同期の位置を変更すると、カーネルの実行などは完了していますが、clEnqueueReadBuffer API の完了を保証できていません。このため、デバイス側の 1 次元配列 c や d は更新されていますが、ホスト側の c や d は更新されているとは限らず、verify 関数がエラーを検出する可能性が高くなります。

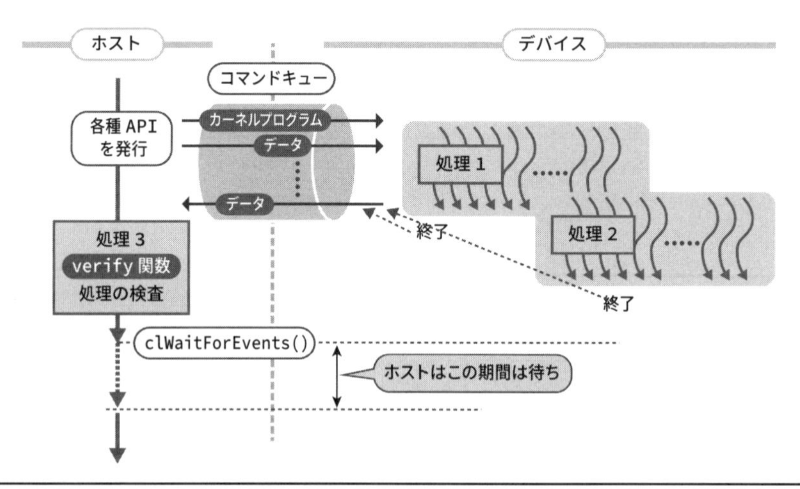

図12.29●ホスト側のデータが更新されるとは限らない

以降に、ソースリストの一部を示します。

リスト12.20●070 async/05 OpenCL/Sources/addSubClDataOOOError.cpp（一部分）

```
    :
    status = clEnqueueReadBuffer(queue, memD, CL_FALSE, 0,
        sizeof(d), &d, 1, &eventKernel[1], &eventRead[1]);
    if (status != CL_SUCCESS)
        throw "clEnqueueReadBuffer failed.";

    cout << "    enqueued clEnqueueReadBuffer API(sub)." << endl;


    verify(N, a, b, c, d);

    status = clWaitForEvents(2, eventRead);
    if (status != CL_SUCCESS)
        throw "clWaitForEvents failed.";
    cout << "    clEnqueueReadBuffer event cleared." << endl << endl;

    clReleaseMemObject(memD);
    clReleaseMemObject(memC);
    clReleaseMemObject(memB);
    clReleaseMemObject(memA);
    clReleaseKernel(kernelSub);
    clReleaseKernel(kernelAdd);
}
```

```
    catch (char* str)
    {
        cerr << str << endl;
        return -1;
    }
    return 0;
}
```

本プログラムは、先のプログラムと、ほとんど同じですが、verify 関数の実行前にclWaitForEvents API でデバイス側と同期を取らず、verify 関数のあとで同期処理を行っています。これでは、処理 1 と処理 2 の結果をデバイスからホストへ転送している前や途中で、verify 関数が非同期に並列動作します。このため、処理 1 と処理 2 の結果がホストへ反映される前に、verify 関数が動作し、エラーを検出する可能性が高くなります。verify 関数は、処理 1 と処理 2 のデータがホストへ転送されるまで非同期に並列動作します。このため、本プログラムは正常に終了する場合もあれば、エラーが発生する場合があります。このプログラムを、実行した様子を示します。

```
C:¥>addSubClDataOOOError addSubData.cl
    enqueued clEnqueueNDRangeKernel API(add).
    enqueued clEnqueueNDRangeKernel API(sub).
    enqueued clEnqueueReadBuffer API(add).
    enqueued clEnqueueReadBuffer API(sub).
error: cc = 11, c[0] = 0
    clEnqueueReadBuffer event cleared.
```

使用した環境では、ほぼエラーになります。データ転送量が多いため、verify 関数が始まる前にデータ転送が完了する可能性は低いためです。しかし、あくまでも非同期ですので、必ずエラーになるとは限らず、動作が不定になることに変わりありません。

13 OpenMPのリファレンス

OpenMPの指示文や実行時ライブラリに、どのようなものがあるのか詳細を解説します。なるべく、詳細を解説しますが、本書はOpenMPのリファレンスではありませんので、入門書で解説すると混乱するような指示文、指示句、および実行時ライブラリは省略しました。もし、リファレンスが必要なら、OpenMPのウェブサイト（http://openmp.org/）に、OpenMP Application Program Interfaceなどの資料がありますので、そちらを参照してください。

13.1 指示文

本節では主要なOpenMP指示文の構文と意味を説明します。OpenMPの指示文は#pragmaを使用して指定します。もし、OpenMPをサポートしていない、あるいはコンパイルオプションでOpenMPを有効にしていないとき、OpenMP指示文はコンパイラによって無視されます。OpenMPの指示文は、#pragma ompに続いて指定します。以降に指示文の構文を示します。

```
#pragma omp 指示文名 [ 指示句[[,] 指示句] ...]
```

各指示文には1つの指示文名しか指定できません。指示句の順序は重要ではありません。いくつかの指示句には括弧を付けてリストを指定することができます。なお、指示句は指示節と呼ばれる場合もありますが、本書は指示句で統一します。

用語

本節では「構文」を使用していますが、他の章では「指示文」を使用します。本章で使用する「構文」と「指示文」は同じものを指します。文献によって、これらの用語は混在して使用されています。続く節の「指示句」は「節」と表現される場合もあります。これらも同じものを指します。混同しがちですが同じものを指しますので、適宜読み替えてください。

13.1.1 parallel構文

parallel構文は、並列実行の開始を指示します。

```
#pragma omp parallel [指示句[[,] 指示句] ...]
    処理ブロック
```

指示句に指定できるのは、if (スカラー値)、num_threads (整数式)、default (shared | none)、private (リスト)、firstprivate (リスト) です。なお、OpenMPのバージョンや処理系の違いがあり、主要な指示句以外はサポートされない場合もあります。プログラムがparallel構文に遭遇すると、並列リージョンを実行するために、複数のスレッドが生成されます。スレッドの生成数は、明示的に指定されたときはその値が、明示的に指定されていない場合はCPUコア数などによってシステムが自動的に決定します。parallel構文に遭遇すると、そのスレッドが新しい並列リージョンを実行するマスタースレッドとなり、スレッド番号は必ず0になります。並列リージョンが開始されると、そのリージョンが存在する期間は、スレッド数は一定で増減しません。スレッド番号はマスタースレッドが0であり、生成されたスレーブスレッドは1から全スレッド数をnとした場合、連番でn－1までの番号を与えられます。

parallel構文に遭遇すると、スレッドを生成し並列実行が開始されますが、これらのスレッドの同期は、parallel構文に続くブロックの最後にバリアがあるのと同等に扱われます。もちろん、明示的にバリアを設けても構いません。

13.1.2 for 構文

for 構文は、関連付けられた for ループの繰り返しがスレッドに並列処理されることを指定します。繰り返し処理は parallel 構文で指定した、並列リージョンに存在しているスレッドで分割処理されます。

```
#pragma omp for [ 指示句 [[,] 指示句 ] ...]
for ループ
```

指示句に指定できるのは、private (リスト)、firstprivate (リスト)、lastprivate (リスト)、reduction (オペレータ : リスト)、schedule (種類 [, チャンクサイズ])、collapse (n)、ordered、nowait です。なお、OpenMP のバージョンや、処理系の違いがあり、主要な指示句以外はサポートされていない場合もあります。これらについては指示句の節で解説します。ループ構文に関連付けられる for ループには制限があります。for ループすべてが並列化されるとは限りません。基本的に、ループの回数を知ることができない、あるいはループインデックスを増加（減少）させる式がループ中に変化するもの、ループ内から一定の条件によってループを抜けるようなものは並列化できません。

13.1.3 sections 構文

sections 構文は、並列実行するブロックをそれぞれ定義するのに使用します。すでにループと section 指示文の例を説明したため、概要は理解できていると思います。以降に sections 構文を示します。

```
#pragma omp sections [ 指示句 [[,] 指示句 ] ...]
{
    [ #pragma omp section]
        処理ブロック
    [ #pragma omp section]
        処理ブロック
    ......
}
```

指示句に指定できるのは、private (リスト)、firstprivate (リスト)、lastprivate (リスト)、reduction (オペレータ : リスト)、nowait です。なお、OpenMP のバージョンや処理系の違いがあり、主要な指示句以外はサポートされていない場合もあります。

sections 構文内の処理ブロックは、section 指示文で始まります。ただし、最初のブロックの section 指示文は省略可能です。通常はプログラムのメンテナンス性や可読性を考えると省略しない方が良いでしょう。nowait 指示句が指定されない限り、sections 構文の最後にバリアがあるものとして処理されます。

13.1.4 single 構文

single 構文は、関連付けられた構造化ブロックが 1 つのスレッドだけで実行されることを指定します。そのブロックを実行しない他のスレッドは nowait 指示句が指定されていない場合、single 構文の終わりにバリアがあるものとして、関連付けられたブロックが終了するまで待ちます。以降に single 構文を示します。

```
#pragma omp single [ 指示句 [[,] 指示句 ] ...]
    処理ブロック
```

指示句に指定できるのは、private (リスト)、firstprivate (リスト)、copyprivate (リスト)、nowait です。

13.1.5 parallel for 構文

parallel for 構文は、1 つのループ構文だけで構成される parallel 構文を指定するための省略形です。以降に parallel for 構文を示します。

```
#pragma omp parallel for [ 指示句 [[,] 指示句 ] ...]
    処理ブロック
```

指示句に指定できるのは、parallel または for 指示文で許されている指示句で、nowait 以外ならすべて指定できます。この構文は、parallel 指示文と for 指示文を連続して指定したのと同等です。

13.1.6 parallel sections 構文

parallel sections 構文は、1 つの sections 構文だけから形成される parallel 構文を指定するための省略形です。以降に parallel sections 構文を示します。

```
#pragma omp parallel sections [指示句[[,] 指示句] ...]
{
    [ #pragma omp section]
        処理ブロック
    [ #pragma omp section]
        処理ブロック
    ……
}
```

指示句に指定できるのは、parallel または sections 指示文で許されている指示句で、nowait 以外ならすべて指定できます。この構文は、parallel 指示文と sections 指示文を連続して指定したのと同等です。

13.1.7 master 構文

master 構文は、マスタースレッドによって実行される構造化ブロックを指定します。以降に master 構文を示します。

```
#pragma omp master
    処理ブロック
```

処理ブロックをマスタースレッドのみが実行します。

13.1.8 critical 構文

critical 構文は、一度に 1 つのスレッドだけが関連したブロックを実行するように制限します。以降に critical 構文を示します。

```
#pragma omp critical [(名前)]
    処理ブロック
```

オプションの名前で critical 構文を識別します。つまり、同じ名前の critical 構文に関連付けられたブロックの処理が終わるまで、同じ名前に関連付けられた critical 構文は待ちに入ります。つまり排他的な処理を行いたいときに使用します。名前を指定していない critical 構文は、すべて未指定の名前（unspecified name）として処理されます。critical 構文は、すべてのスレッドの中ですべての同じ名前の critical 構文について、排他的に動作します。

13.1.9 barrier 構文

barrier 構文は、この構文が現れた位置に明示的なバリアを指定します。以降に barrier 構文を示します。

```
#pragma omp barrier
```

並列リージョンを実行しているチームのすべてのスレッドを同期させます。すべてのスレッドは barrier 構文に遭遇すると、他のすべてのスレッドが barrier 構文を実行するまで待機します。

13.1.10 atomic 構文

atomic 構文は、特定の記憶域を複数のスレッドが、同時にアクセスしないように制御します。以降に atomic 構文を示します。

```
#pragma omp atomic
    式
```

atomic 構文に指定できる式を以降に示します。

```
x binop= expr
x++
++x
x--
--x
```

x はスカラー型でなければなりません。expr は、x のオブジェクトを参照しないスカラー型の式です。binop は +、*、-、/、&、^、|、<<、または >> のいずれかです。これらは、オーバーロードされた演算子であってはなりません。critical 構文と置き換えることができる場合も多いですが、

atomic 構文の方が最適化の点で優れています。critical 構文はブロックを対象とすることができますが、atomic 構文は式しか対象にできません。

13.1.11 flush 構文

flush 構文は、指定された変数をすべてのスレッドで同じメモリビューを持つようにします。以降に flush 構文を示します。

```
#pragma omp flush [(リスト)]
```

リストに指定した変数の値をフラッシュします。リストに指定した値がすべてフラッシュされるまで制御は戻ってきません。リストにポインタを指定すると、ポインタが指定した値ではなく、ポインタ自体がフラッシュされます。リストを指定していない場合、すべての変数がフラッシュされます。

13.1.12 ordered 構文

並列処理される for ループ内のコードを順次実行するように指定します。以降に ordered 構文を示します。

```
#pragma omp ordered
    処理ブロック
```

ループを実行しているスレッドは、ループの繰り返しの順序で順番に ordered リージョンを実行します。ループを実行しているスレッドは、自分以前のスレッドが ordered リージョンを実行している場合、その ordered リージョンの入り口で待ちます。ordered 構文は、for、または parallel for 指示文の範囲内に含まれるように指定する必要があります。ordered を指定すると、順序は守られますが、代わりに性能を犠牲にする可能性があります。

13.1.13 threadprivate構文

threadprivate構文は、リストに指定した項目が並列リージョンのスレッドに対してプライベート変数として扱われることを指定します。以降にthreadprivate構文を示します。

```
#pragma omp threadprivate (リスト)
```

リストに指定された変数は、private指示句で指定したプライベート変数と同様、他のスレッドの変数とは別物です。リストに指定する項目は、グローバル変数、または静的変数でなければなりません。

13.2 simd関連の構文

simd構文は、OpenMP 4で導入された主要機能の1つです。

13.2.1 simd構文

ループをSIMD（Single Instruction, Multiple Data）命令を使用して同時に実行されるループに変換します。つまり、SIMD命令を使用して複数のループの繰り返しを、同時に実行するようにベクトル化します。

```
#pragma omp simd [指示句[[,] 指示句] ...]
    for-loops
```

指示句に指定できるのは、safelen (長さ)、linear (リスト [: リニアステップ])、aligned (list[: アライメント])、private (リスト)、lastprivate (リスト)、reduction (オペレータ : リスト)、collapse(n) です。

simd構文は、SIMD命令を使用して、関連するループの複数の反復を同時に実行できるようにします。collapse指示句の整数値は、simd構文に関連付けられるループの数を示します。nocollapse指示句を指定すると、その直後のループのみ関連付けられます。collapse指示句やnocollapse指示句を指定するときは、forループ間に干渉するOpenMPのコードがあってはなりません。

標準的なループ形式（canonical loop form）

simd ディレクティブは関連する for ループの構造に制限を設けます。具体的には、関連するすべての for ループは標準的なループ形式でなければなりません。

simd 構文では、SIMD 命令を使用して関連するループの複数の反復を同時に実行することができます。collapse 指示句は、この構文に関連するループの数を指定するために使用します。collapse 指示句の値は、定数の正の整数式でなければなりません。collapse 句が存在しない場合、ループ構造に関連付けられている唯一のループは、構文の直後にあります。

複数のループが simd 構文に関連付けられている場合、関連するすべてのループの反復が 1 つの大きな反復空間にまとめられ SIMD 命令で実行されます。すべての関連するループ内の反復の順次実行は、縮小された反復空間内の反復の順序を決定します。折り畳まれたループの反復回数を計算するために使用される整数型は、実装定義です。

safelen 指示句は、SIMD 命令で同時に 2 つの反復ができない場合、大きな反復空間を指定します。一般的に、2、4、6、8、もしくは 16 を指定します。safelen 指示句の引数は、定数の正の整数式でなければなりません。任意の時点で同時に実行される反復回数は、実装定義です。

aligned 指示句は、各リスト項目が指すオブジェクトが、aligned 指示句のアライメントに指定された値のバイト数に整列されることを宣言します。aligned 指示句に指定する値は、定数で正の整数式でなければなりません。aligned 指示句に値が指定されていない場合、SIMD 命令の実装定義のデフォルトアライメントが想定されます。

13.2.2 declare simd 構文

SIMD ループからの単一呼び出しから、SIMD 命令を使用して複数の引数を処理できる 1 つ以上のバージョンの作成を可能にするために、simd 構文を関数に適用できます。declare simd 構文は宣言的構文です。関数に対して複数の simd 構文が宣言されている可能性があります。

この構文は、SIMD ループから一度の呼び出しで、SIMD 命令を使用して複数の引数を処理できる関数バージョンを作成します。

```
#pragma omp declare simd [ 指示句 [[,] 指示句 ] ...]
    関数定義または宣言
```

指示句に指定できるのは、simdlen (長さ)、linear (リスト [: リニアステップ])、aligned (list[:

アライメント])、uniform (リスト)、inbranch、notinbranch です。

関数に対して宣言 simd 構文を使用すると、SIMD ループからの単一呼び出しから複数の引数を同時に処理するために使用できる関連関数の SIMD バージョンを作成できます。この構文の指示句に現れる式は、関数の宣言または定義の引数の範囲で評価されます。

declare simd 構文に複数の SIMD 宣言が含まれている場合、各宣言に対して 1 つ以上の SIMD バージョンが作成されます。SIMD バージョンが作成された場合、関数の同時引数の数は simdlen 指示句によって決定されます。simdlen 指示句が使用されている場合、その値は関数の引数の数に対応します。simdlen 指示句の値は、定数の正の整数式でなければなりません。それ以外の場合、関数の同時引数の数は実装定義です。

aligned 指示句は、各リスト項目が指すオブジェクトが、aligned 指示句のアライメントに指定された値のバイト数に整列されることを宣言します。aligned 指示句に指定する値は、定数で正の整数式でなければなりません。aligned 指示句に値が指定されていない場合、SIMD 命令の実装定義のデフォルトアライメントが想定されます。

inbranch 指示句は、関数が SIMD ループの条件文の中から常に呼び出されることを指定します。notinbranch 指示句は、関数が SIMD ループの条件文の内部から決して呼び出されないことを指定します。いずれの句も指定されていない場合、SIMD ループの条件文の内部から関数が呼び出される場合と呼び出されない場合があります。

13.2.3 Loop SIMD 構文

Loop SIMD 構文は、SIMD 命令を使用して同時に実行できるループを指定し、それらの反復もチーム内のスレッドによって並行して実行されます。

```
#pragma omp for simd [ 指示句 [[,] 指示句 ] ...]
for-loops
```

この構文は、simd 構文に適用される任意の指示句と一致する方法で、関連する for ループを SIMD ループに変換します。生成される SIMD チャンクと残りの反復は、for 構文に適用される任意の指示句と一致する方法で、並列領域の暗黙のタスクにわたって分配されます。指示句は、これまでに現れたもので新しいものはありません。

13.3 target 関連の構文

ここで説明する構文は、デバイス（≒ アクセラレータ ≒ GPU）へオフロードするものです。アクセラレータを利用した並列処理を勉強したい人は、まず CUDA や OpenCL、そして OpenACC を学習すると良いでしょう。ここでは、簡単に OpenMP におけるオフロードの方法について説明します。

13.3.1 target data 構文

ホストからターゲットデバイスへ変数をマッピングして、デバイスのデータ環境を作成します。

```
#pragma omp target data [ 指示句 [ [,] 指示句 ] ... ]
    structured-block
```

指示句に指定できるのは、device (整数値)、map ([map-type:] list)、if (スカラー値) です。

ホスト上のデータからデバイス上のデータへマッピングを定義します。device 指示句が指定されない場合、デフォルトデバイスは default-device-var（内部制御変数：ICV、Internal Control Variables）によって決定されます。if 指示句が存在し、if 指示句の式が false（= 0）と評価されると、デバイスはホストになります。マッピングは、1 つまたは複数の map 指示句で定義されます。map 指示句に指定する map-type は次のいずれかです。

alloc

各リスト項目に対応する未定義の値の新しい変数をデバイス上で作成します。

to

各リスト項目に対応する新しい変数がデバイス上で作成され、ホスト上のそのリスト項目で初期化されます。

from

デバイス上の各リスト項目の値がホストにコピーされます。

tofrom

各リスト項目に対応する変数がデバイス上で作成され、ホスト上の変数で初期化されます。ターゲット領域の最後に、デバイス上の変数はホスト上の変数にコピーされます。

13.3.2 target 構文

デバイスデータ環境を作成し、同じデバイス上で構文を実行します。

```
#pragma omp target [ 指示句 [[,] 指示句 ] ...]
    structured-block
```

指示句に指定できるのは、device (整数値)、map ([map-type:] リスト)、if (スカラー値)、depend (dependence-type: リスト) です。

デバイスのデータ環境を作成し、デバイス側で構造化ブロックの処理を行います。この構文に到達したら、デバイス側の処理が完了するまで、ホストは待機します。if 指示句が false (= 0) と評価された場合、またはターゲットデバイスが利用できない場合、構造化ブロックはホストで実行されます。ホストはオフロード部分が完了するまで待機します。nowait 指示句を指定すると、オフロード部分の完了を待たずにホストは処理を継続します。depend 指示句は、以前のタスクへの依存性を作成します。詳細は OpenMP のドキュメントを参照してください。

13.3.3 target update 構文

指定されている指示句に応じて、デバイスとホスト間で対応するリスト項目を、指定された指示句に従って、元のリスト項目と一致させます。

```
#pragma omp target update [ 指示句 [[,] 指示句 ] ...]
```

指示句に指定できるのは、device (整数値)、if (スカラー値)、from (リスト)、to (リスト)、nowait、depend (dependence-type: リスト) です。

to または from 指示句の各リスト項目には、対応するリスト項目と元のリスト項目があります。対応するリスト項目がデバイス環境に存在しない場合、その動作は不定です。対応するリスト項目が存在するなら、デバイス環境内の対応する各リスト項目は、ホストとデバイス間でデータがコピーされます

from 指示句は、デバイスからホストへデータをコピーします。to 指示句は、ホストからデバイスへデータをコピーします。to 指示句または from 指示句に表示されるリスト項目には、配列が含まれる場合があります。デバイスは device 指示句に指定されます。device 指示句が存在しない場合、デバイスは内部制御変数 default-device-var によって決定されます。if 指示句が存在し、if 指示句の式が false (= 0) と評価されると、コピーは行われません。ホストはオフロード部分が完了するまで待機します。nowait 指示句を指定すると、オフロード部分の完了を待たず

にホストは継続処理します。depend 指示句は、以前のタスクへの依存性を作成します。詳細はOpenMP のドキュメントを参照してください。

13.3.4　declare target 構文

declare target 構文は、変数や関数がデバイスにマップされることを指定します。declare target 構文は、宣言構文です。

```
#pragma omp declare target
    declarations-definition-seq
#pragma omp end declare target
```

declare target 構文と end declare target 構文の変数宣言と関数宣言は、各リスト項目が変数または関数名である暗黙のリストを形成します。

リストが関数の場合、ターゲット領域から呼び出せるデバイス固有のバージョンの関数が作成されます。リストが変数である場合、元の変数は、すべてのデバイスの初期デバイスデータ環境内の対応する変数にマップされます。元の変数が初期化されている場合、デバイスデータ環境内の対応する変数は同じ値で初期化されます。

13.3.5　team 構文

スレッドチームを複数作成し、各チームのマスタースレッドの構造化ブロックを実行します。

```
#pragma omp teams [指示句[[,] 指示句] ...]
    structured-block
```

指示句に指定できるのは、num_teams (整数式)、thread_limit (整数式)、default(shared | none)、private (リスト)、firstprivate (リスト)、shared (リスト)、reduction (reduction-identifier: リスト) のいずれかです。

ホストが teams 構文に出会うと、スレッドチームのリーグが作成されます。num_teams 指示句で構築するスレッドチーム数を指定し、thread_limit 指示句は各チームで開始するグループの最大スレッド数を指定します。thread_limit 指示句は 1 つのみ使用できます。num_teams 指示句を指定しない場合、1 が指定されたのと同じです。各チームには、一意のチーム番号（0 ～チーム数 1）が割り当てられます。この番号は、omp_get_team_num 関数で取得できます。omp_get_thread_num 関数を使用すると、チーム内の各スレッドの ID を取得できます。スレッド ID

は0～スレッド数－1の値を持ち、マスタースレッドは0です。この構文は少々複雑ですので、詳細はOpenMPのドキュメントを参照してください。

13.3.6 distribute構文

この構文は、1つ以上のループの反復をすべてのスレッドチームのマスタースレッド間で共有するか指定します。

```
#pragma omp distribute [指示句[[,] 指示句] ...]
for-loops
```

指示句に指定できるのは、private (リスト)、firstprivate (リスト)、collapse (n)、dist_schedule (kind[, chunk_size]) のいずれかです。

この構文は、teams構文内の緊密な入れ子構造の1つ以上のループに関連付けられます。collapse指示句を使用すると、omp for構文でcollapse指示句を指定した場合と同様に、複数のループを1つの反復シーケンスに結合できます。collapse指示句を指定しない場合、この構文は直後のループにのみ適用されます。詳細はOpenMPのドキュメントを参照してください。

13.3.7 distribute simd構文

この構文は、チーム領域のマスタースレッド間で分散され、SIMD命令を使用して同時に実行されるループを指定します。

```
#pragma omp distribute simd [指示句[[,] 指示句] ...]
for-loops
```

指示句に指定できるのは、distribute構文またはsimd構文で使用できる指示句のいずれかです。指示句の意味と制限は、それぞれの構文における場合と同じです。

distribute simd構文は、チーム領域のマスタースレッド間で分散されるループを指定します。SIMD命令を使用して同時に実行します。詳細はOpenMPのドキュメントを参照してください。

13.3.8 Distribute Parallel Loop 構文

distribute parallel for 構文は、複数のチームのメンバーである複数のスレッドによって並列に実行できるループを指定します。

```
#pragma omp distribute parallel for [指示句[[,] 指示句] ...]
for-loops
```

指示句に指定できるのは、同じ意味と制限を持つ distribute または parallel loop で受け入れられる指示句のいずれかになります。

この構文は、複数のチームのメンバーである複数のスレッドによって並列に実行できるループを指定します。詳細は OpenMP のドキュメントを参照してください。

13.3.9 Distribute Parallel Loop SIMD 構文

distribute parallel for simd 構文は、複数のチームのメンバーである複数のスレッドによって、SIMD 命令を使用して同時に実行されるループを指定します。

```
#pragma omp distribute parallel for simd [clause[[,] clause]...]
for-loops
```

指示句に指定できるのは、distribute 構文または parallel for simd 構文で使用できる指示句のいずれかです。指示句の意味と制限は、それぞれの構文における場合と同じです。

この構文は、複数のチームのメンバーである複数のスレッドによって並列に実行されるループを指定します。ループは、SIMD 命令を使用して同時に実行されます。詳細は OpenMP のドキュメントを参照してください。

13.4 指示句

OpenMP の主要な指示文をひと通り説明しましたので、今度は指示句を説明します。

13.4.1 default 指示句

default 指示句は、並列リージョン内で参照される変数のデータ共有属性を指定します。以降に default 指示句の構文を示します。

```
default (shared | none)
```

shared が指定された場合、並列リージョン内のすべての変数を shared 指示句が指定されているかのように処理します。none は、並列リージョン内のすべての変数が private、shared、reduction、firstprivate あるいは lastprivate のいずれかの指示句でスコープが設定されていない場合、エラーとなります。

たとえば、default 指示句に none を指定したのに、private、shared、reduction、firstprivate あるいは lastprivate のいずれの指示句も指定しないと、コンパイル時にエラーとなります。

13.4.2 shared 指示句

shared 指示句は、並列リージョンで使用される変数を共有変数にすることを宣言します。以降に shared 指示句の構文を示します。

```
shared (リスト)
```

リストに指定された変数は、共有変数と扱われ、すべてのスレッドは同一記憶域を使用します。通常、何も指定せず並列リージョンから変数を参照すると、共有変数として扱われます。

13.4.3 private 指示句

private 指示句は、並列リージョンで使用される変数をプライベート変数とすることを宣言します。以降に private 指示句の構文を示します。

```
private ( リスト )
```

リストに指定された変数は、プライベート変数となり、すべてのスレッドへ別々の記憶域が割り当てられます。各スレッドの変数は初期化されず、初期値は不定です。また、並列リージョンを抜けてきたときも、変数の値は引き継がれません。

13.4.4 firstprivate 指示句

firstprivate 指示句は、並列リージョンで使用される変数をプライベート宣言し、並列リージョンへ入る直前の値で初期化します。以降に firstprivate 指示句の構文を示します。

```
firstprivate ( リスト )
```

リストに指定された変数は、プライベート変数となり、すべてのスレッドへ別々の記憶域が割り当てられるのは、private 指示句と同じです。firstprivate 指示句は、private 指示句のスーパーセットです。firstprivate 指示句のリストに指定されたすべての変数は、並列リージョンへ入る前のオリジナルの値を、各インスタンスにコピーします。

13.4.5 lastprivate 指示句

lastprivate 指示句は、並列リージョンで使用される変数をプライベート宣言し、最後の値をオリジナルへコピーします。以降に lastprivate 指示句の構文を示します。

```
lastprivate ( リスト )
```

リストに指定された変数は、プライベート変数となり、すべてのスレッドへ別々の記憶域が割り当てられるのは、private 指示句と同じです。lastprivate 指示句は、private 指示句のスーパーセットです。lastprivate 指示句のリストに指定されたすべての変数は、並列リージョンの最後の値が、オリジナルの変数へコピーされます。

private 指示句は、各スレッドの変数は初期値も不定、オリジナルの変数も不定でしたが、firstprivate 指示句を指定すると、各スレッドの変数は初期化できます。さらに lastprivate 指示句を指定すると、オリジナルの変数に並列リージョンの最後の値を引き継ぎます。firstprivate 指示句と lastprivate 指示句に同じ変数を指定することもできます。

13.4.6 reduction 指示句

reduction 指示句は、1 つの演算子とリストを指定します。リストに指定したプライベート変数が、各スレッドのインスタンスとして生成され、演算子に従って初期化されます。並列リージョンの終了後、オリジナル変数は指定された演算子に従って更新されます。以降に reduction 指示句の構文を示します。

```
reduction (operator: リスト)
```

reduction 指示句は、漸化計算のいくつかの形式を並列に実行するために使用します。リストに指定した変数は、あたかも private 指示句が使用されたかのように、スレッドごとにインスタンスが生成されます。これらは、演算子に従って初期化されます。reduction 指示句に対応するブロックの終わりで、指定した演算子を使用してそれぞれのインスタンスと最終値の組み合わせによって更新されます。

表13.12●指定した変数の演算子による初期値

operator	初期値	operator	初期値
+	0	|	0
*	1	^	0
-	0	&&	1
&	～0	||	0

13.4.7 copyin 指示句

copyin 指示句は、マスタースレッドの threadprivate に指定した変数の値を、並列リージョンへ入る前にプライベート変数にコピーします。以降に copyin 指示句の構文を示します。

```
copyin (リスト)
```

変数へのコピーは、関連付けられた構造化ブロックの実行開始前に行われます。

13.4.8 copyprivate 指示句

copyprivate 指示句は、あるスレッドが取得した値を、他のすべてのスレッドのプライベート変数に設定します。以降に copyprivate 指示句の構文を示します。

```
copyprivate (リスト)
```

copyprivate 指示句は、プライベート変数の値を他スレッドのインスタンスにブロードキャストする仕組みを提供します。これは、簡単に共有変数を使用できないときに利用します。例えば、再帰呼び出しなどで有効です。共有変数で処理を完結できない場合、この指示句を使用します。copyprivate 指示句は、single 指示文にのみ指定することができます。

13.4.9 if 指示句

if 指示句は、ループを並列実行するか逐次実行するかを指定します。以降に if 指示句の構文を示します。

```
if (式)
```

式の評価が true（0 以外の値）の場合、並列リージョン内が並列実行されます。式の評価が false（0）の場合、並列リージョンは逐次処理されます。逐次処理されることは、言い換えるとシングルスレッドで実行されることを意味します。

13.4.10 nowait 指示句

nowait 指示句は、並列リージョンにある暗黙のバリアを無効にします。以降に nowait 指示句の構文を示します。

```
nowait
```

for 指示文などで、スレッドが並列動作している場合、対応するブロックの最後には暗黙のバリアが存在します。言い換えると、すべてのスレッドが終了するまで、ブロックの最後で待ちます（同期処理）。このようなとき、CPU 時間を無駄にするときがあります。そのようなときには、nowait 指示句を指定します。nowait 指示句は、for、sections、および single 指示文に指定できます。

13.4.11 num_threads 指示句

num_threads 指示句は、対応する並列ブロックのスレッド数を設定します。以降に num_threads 指示句の構文を示します。

```
num_threads ( 整数 )
```

整数に指定した数がスレッドの数です。num_threads 指示句は、parallel、for、および sections 指示文に指定できます。

13.4.12 schedule 指示句

schedule 指示句は、ループをどのように分散するか指定します。

```
schedule (type[,size])
```

schedule 指示句は、for 指示文に指定できます。type にはスケジュールの種類を指定します。ここで指定できるのは、dynamic、guided、runtime、あるいは static です。size は、割り当てたスレッドが連続で処理する反復回数を整数で指定します。この値は、type に runtime を指定した場合、無視されます。

type に指定する値の意味は次の通りです。schedule 指示句が明示的に指定されなかった場合、既定の schedule は実装で定義されます。

static

size が指定されている場合、各スレッドに静的に反復回数が割り当てられます。割り当ては、スレッド番号順にラウンドロビン方式で割り当てられます。size が指定されていない場合、各スレッドに均等に反復回数が割り当てられるのが通常です。

dynamic

この type が指定された場合、動的なスケジュールがなされます。size が指定されている場合、指定された size に分割されます。size が省略されている場合、既定値は 1 です。static と異なり、割り当てを待機しているスレッドは、制御を受け取り、size に達するまで反復処理します。スレッドは、割り当てられた処理を実行し、完了したら、次の割り当てを待機します。static に比べ、スレッドが効率的に割り当てられますが、オーバーヘッドは大きくなります。

guided

dynamic よりさらに複雑なスケジュールがなされます。size が指定されている場合、size が徐々に小さくなりながらスレッドに割り当てられます。負荷は、よりバランス良く配分されますが、オーバーヘッドは大きくなります。size が 1 の場合、残りの反復処理をスレッド数で割ったおよその値が反復回数になります。size は 1 に向かって指数的に小さくなります。size が指定されていない場合、既定値は 1 です。

runtime

runtime が指定されている場合、スケジュール方法は実行時に決定されます。runtime を指定した場合、size は指定できません。

13.4.13 map 指示句

map 指示句は、現在のホスト環境の変数を、関連付けられたデバイス環境にマップします。

```
map ([map-type:] リスト )
```

map 指示句に指定されたリスト項目は、デバイス環境に同様の項目が作成されます。map 指示句に指定されるリスト項目には、部分配列が含まれる場合があります。リスト項目に対応するものがデバイス環境に存在する場合、そのデータを使用します。

作成される新しい項目は、新しいデバイス環境のリスト項目に対応します。初期化と割り当ては、map-type で指定されている内容に従います。

map-type は to、from、tofrom、または alloc のいずれかです。リストの項目がデバイスのデータ環境に存在しない場合は、新しい項目が装置データ環境に作成されます。map-type が to または tofrom の場合は、この新しい項目が、ホスト環境内のリストにある元のリスト項目の値で初期化されます。map-type が from または alloc の場合、装置データ環境内のリスト項目の初期値は未定義です。

target 領域の終了時、この構文が最初に検出されたときにリスト項目がデバイス環境に作成された場合、リスト項目がデバイス環境から解放されます。さらに、map-type が from または tofrom の場合、デバイス環境内のリスト項目が解放される前に、ホストの項目が、デバイス内の対応するリスト項目の値で更新されます。

すでにリスト項目がデバイス環境に存在する場合、デバイス内の項目の割り付けカウントは、構文の始まりで 1 つ増加、構文の終わりで 1 つ減少します。

map-type が to または tofrom の場合、元のリスト項目値が、必ずデバイス環境にコピーされます。これは、リスト項目に関してデバイス環境内に新しい項目が作成されたかどうかとは無関係に行われます。map-type が from または tofrom の場合、リスト項目値が、必ずデバイス環境から元のリスト項目にコピーされます。これは、構文の終了時に、デバイス環境から解放されるかどうかとは無関係に行われます。

13.5 実行時ライブラリ

OpenMP の主要な実行時関数を説明します。

13.5.1 omp_get_num_procs

omp_get_num_procs 関数は、関数の呼び出し時点で使用できるプロセッサ数を返します。この関数のプロトタイプ宣言を次に示します。

```
int omp_get_num_procs (void);
```

13.5.2 omp_set_dynamic

omp_set_dynamic 関数は、内部制御変数 dyn-var の値を設定することによって、後続の並列リージョンで使用できるスレッド数の動的調整を有効または無効にします。この関数のプロトタイプ宣言を次に示します。

```
void omp_set_dynamic (int dynamic_threads);
```

dynamic_threads に、以降の並列リージョンで使用できるスレッド数を実行時に調整できるかどうかを示す値を指定します。値が 0 以外の場合、スレッド数を動的に調整します。値が 0 の場合、スレッド数を動的に調整しません。スレッド数の動的調整をサポートしない処理系では、この関数を実行しても何の効果もありません。

13.5.3 omp_get_dynamic

omp_get_dynamic 関数は、スレッド数の動的調整が有効か無効かを決定する内部制御変数 dyn-var の値を返します。以降に omp_get_dynamic 関数のプロトタイプ宣言を示します。

```
int omp_get_dynamic (void);
```

スレッド数の動的調整が有効である場合、この関数は true（0 以外の値）を返します。それ以外の場合は false（0）を返します。実装がスレッド数の動的調整をサポートしていなければ、この関数は常に false を返します。

13.5.4 omp_set_num_threads

omp_set_num_threads 関数は、指定した値を内部制御変数 nthreads-var に設定し、num_threads 指示句の指定されていない parallel 指示文が生成するスレッド数に影響を与えます。この関数のプロトタイプ宣言を次に示します。

```
void omp_set_num_threads (int num_threads);
```

num_threads に渡す値は正の整数でなければなりません。それ以外の場合、動作は実装依存となります。この関数は、スレッド数の動的調整が有効になっていないと効果はありません。この関数の呼び出しは OMP_NUM_THREADS 環境変数より優先されます。この関数の呼び出し、または OMP_NUM_THREADS 環境変数の設定によって指定されるスレッド数の既定値は、num_threads 指示句を指定することにより明示的にオーバーライドされます。

13.5.5 omp_get_num_threads

omp_get_num_threads 関数は、並列リージョン内の現チームのスレッド数を返します。プロトタイプ宣言を次に示します。

```
int omp_get_num_threads (void);
```

この関数は、並列リージョンを実行しているスレッド数を返します。プログラムの逐次リージョンから呼び出すと、1 が返ります。

13.5.6 omp_get_max_threads

omp_get_max_threads 関数は、num_threads 指示句のない並列リージョンで使用できるスレッド数の上限値を返します。この関数のプロトタイプ宣言を次に示します。

```
int omp_get_max_threads (void);
```

後続の並列処理リージョンが num_threads 指示句を使用し、特定のスレッド数を要求すると、スレッド数の下限に対する保証は破棄されます。この関数を使用すると、後続の並列処理で使用するメモリなどを効率的に割り付けることができます。

13.5.7 omp_get_thread_num

omp_get_thread_num 関数は、この関数を呼び出したスレッドのスレッド番号を返します。プロトタイプ宣言を次に示します。

```
int omp_get_thread_num (void);
```

omp_get_thread_num 関数は、この関数が結合している並列リージョンを実行するスレッドの、スレッド番号を返します。スレッド番号は、0 から omp_get_num_threads により返される値より 1 小さい値までの連続した整数です。マスタースレッドのスレッド番号は必ず 0 です。この関数を並列リージョン以外から呼んだ場合、返却値は 0 になります。

13.5.8 omp_in_parallel

omp_in_parallel 関数は、並列処理リージョン内から呼ばれた場合に true（0 以外の値）を返します。それ以外の場合には false（0）を返します。この関数のプロトタイプ宣言を次に示します。

```
int omp_in_parallel (void);
```

13.5.9 omp_set_nested

omp_set_nested 関数は、ネスト並列を有効または無効にします。この値は、内部制御変数 nest-var に設定されます。

```
void omp_set_nested (int nested);
```

ネスト並列をサポートする環境で omp_set_nested の引数に 0 を指定するとネスト並列が無効になります。それ以外の値を指定するとネスト並列は有効になります。環境がネスト並列をサポートしていない場合、この呼び出しに意味はありません。

13.5.10 omp_get_nested

omp_get_nested 関数は、ネスト並列が有効か無効かを調べます。細かく説明すると、ネスト並列が有効か無効かを決定する nest-var 内部制御変数の値を返します。

```
int omp_get_nested (void);
```

ネスト並列が有効である場合、この関数は 0 以外を返します。それ以外の場合は 0 を返します。実装がネスト並列をサポートしていなければ、この関数は常に 0 を返します。

13.5.11 omp_set_schedule

omp_set_schedule 関数は、スケジュールの元として使用する内部制御変数 run-sched-var の値を設定します。この値を変更すると適用されるスケジュールに影響します。

```
void omp_set_schedule (omp_sched_t kind, int modifier);
```

この関数に渡される最初の引数は、有効なスケジュール種別（runtime を除く）か、実装固有のスケジュールです。有効な値はヘッダファイルに定数を定義しています（以下の enum 参照）。これは、標準的なスケジュールタイプのいずれか、または、他の実装特有のものであっても構いません。static、dynamic、および guided のスケジュールタイプの場合、chunk_size は第 2 引数の値に設定され、第 2 引数の値が 1 未満の場合はデフォルトの chunk_size に設定されます。スケジュール型 auto の場合、2 番目の引数は意味を持ちません。実装固有のスケジュール型の場合、2 番目の引数の値と関連する意味は実装定義です。

```
typedef enum omp_sched_t {
    omp_sched_static = 1,
    omp_sched_dynamic = 2,
    omp_sched_guided = 3,
    omp_sched_auto = 4
} omp_sched_t;
```

13.5.12 omp_get_schedule

omp_get_schedule 関数は runtime スケジュールが指定されたときに適用されるスケジュールを返します。

```
void omp_get_schedule (omp_sched_t * kind, int * modifier);
```

この関数は、関数と結合されている並列リージョンを実行するチームの、内部制御変数 run-sched-var の値を返します。第 1 引数 kind は使用されるスケジュールです。これは、標準のスケジュールタイプ、あるいは実装固有のスケジュールタイプです。第 2 引数の説明は omp_set_schedule 関数と同様です。

13.5.13 omp_get_thread_limit

omp_get_thread_limit 関数は、デバイスで使用可能な OpenMP スレッドの最大数を返します。

```
int omp_get_thread_limit (void);
```

この関数は、内部制御変数 thread-limit-var に格納されているデバイス上で使用可能な OpenMP スレッドの最大数を返します。この関数が返すのは、デバイス上のすべてのスレッドです。この関数が返す値は、任意の構成、または関数に対応する特定の領域には関係しません。

13.5.14 omp_set_max_active_levels

omp_set_max_active_levels 関数は、内部制御変数 max-active-levels-var を設定することによってデバイス上のネストされたアクティブな並列領域の数を制限します。

```
void omp_set_max_active_levels (int max_levels);
```

サポートする並列レベルの数より多い値を引数に指定した場合、max-active-levels-var 内部制御変数の値には実装がサポートする並列レベルが設定されます。この関数は、プログラムの逐次部分から呼び出された場合にだけ上記の効果があります。明示的な並列リージョン内から呼び出された場合、この関数の効果は実装依存です。

この引数に渡される引数の値は負でない整数でなければなりません。負の整数である場合の引数の振舞いは実装依存となります。

13.5.15 omp_get_max_active_levels

デバイス上のネストされたアクティブな並列リージョンの最大数を返します。

```
int omp_get_max_active_levels (void);
```

この関数は、デバイス上のネストされたアクティブな並列リージョンの最大数を決定する内部制御変数 max-active-levels-var の値を返します。

13.5.16 omp_get_level

omp_get_level 関数は、内部制御変数 levels-var の値を返します。

```
int omp_get_level (void);
```

この関数は、すべての並列リージョンが現在のデバイス上の最も外側の初期タスク領域によって囲まれるように、現在のタスクを囲む入れ子にされた並列リージョンの数を返します。

13.5.17 omp_get_ancestor_thread_num

omp_get_ancestor_thread_num 関数は、現在のスレッドのネストされたレベルについて、現在のスレッドの祖先のスレッド番号を返します。

```
int omp_get_ancestor_thread_num (int level);
```

この関数は、現在のスレッドの与えられたネストレベル、または現在のスレッドのスレッド番号にある祖先のスレッド番号を返します。要求されたネストレベルが0の範囲外で、現在のスレッドのネストレベルが omp_get_level 関数から返された場合、この関数は 1 を返します。引数に 0 を指定すると、関数は常に 0 を返します。level へ omp_get_level() を指定すると、関数は omp_get_thread_num 関数と同じ動作を行います。詳細については OpenMP のドキュメントを参照してください。

13.5.18 omp_get_team_size

omp_get_team_size 関数は、現在のスレッドの与えられたネストされたレベルに対して、先祖または現在のスレッドが属するスレッドチームのサイズを返します。

```
int omp_get_team_size (int level);
```

この関数は、祖先または現在のスレッドが属するスレッドチームのサイズを返します。level = 0 の値でこの関数を呼び出すと、関数は常に 1 を返します。level = omp_get_level() の場合、この関数は omp_get_num_threads 関数と同等です。詳細については OpenMP のドキュメントを参照してください。

13.5.19 omp_get_active_level

omp_get_active_level 関数は、内部制御変数 active-level-vars の値を返します。

```
int omp_get_active_level (void);
```

この関数は、すべての並列リージョンが現在のデバイス上の最も外側の初期タスク領域によって囲まれるように、現在のタスクを囲む入れ子にされたアクティブな並列リージョンの数を返します。詳細についてはOpenMPのドキュメントを参照してください。

13.5.20 omp_in_final

omp_in_final関数は、最終的なタスク領域で実行されるとtrue（0以外の値）を返します。それ以外の場合はfalse（0）を返します。

```
int omp_in_final (void);
```

この関数は、囲むタスク領域がfinalである場合にtrue（0以外の値）を返します。それ以外の場合はfalse（0）を返します。詳細についてはOpenMPのドキュメントを参照してください。

13.5.21 omp_get_proc_bind

omp_get_proc_bind関数は、proc_bind指示句を指定しない後続のネストされた並列リージョンに使用されるスレッドアフィニティ（スレッド類縁性）ポリシーを返します。スレッド類縁性ポリシーは、omp.hで定義されています。

```
omp_proc_bind_t omp_get_proc_bind (void);
```

この関数が返す値は、有効なアフィニティ（類縁性）ポリシーの種類の1つでなければなりません。以降に、omp.hで定義されているものを示します。

```
typedef enum omp_proc_bind_t {
    omp_proc_bind_false = 0,
    omp_proc_bind_true = 1,
    omp_proc_bind_master = 2,
    omp_proc_bind_close = 3,
    omp_proc_bind_spread = 4
} omp_proc_bind_t;
```

この関数は、内部制御変数bind-varの最初の要素の値を返します。詳細についてはOpenMPのドキュメントを参照してください。

13.5.22 omp_set_default_device

omp_set_default_device 関数は、内部制御変数 default-device-var の値を割り当てることによって、デフォルトのターゲットデバイスを制御します。

```
void omp_set_default_device (int device_num );
```

この関数は、現在のタスクの内部制御変数 default-device-var の値を引数で指定された値に設定します。ターゲット領域内から呼び出された場合、この関数の効果は指定されていません。

13.5.23 omp_get_default_device

omp_get_default_device 関数は、デフォルトのターゲットデバイスを返します。

```
int omp_get_default_device (void);
```

この関数は、現在のタスクの内部制御変数 default-device-var の値を返します。ターゲット領域内から呼び出された場合、この関数の効果は指定されていません。

13.5.24 omp_get_num_devices

omp_get_num_devices 関数は、ターゲットデバイスの数を返します。

```
int omp_get_num_devices (void);
```

ターゲット領域内から呼び出された場合、この関数の効果は指定されていません。

13.5.25 omp_get_num_teams

omp_get_num_teams 関数は、現在のチームリージョンのチーム数を返します。

```
int omp_get_num_teams (void);
```

この関数は、チームリージョン以外から呼び出された場合 1 を返します。

13.5.26　omp_get_team_num

omp_get_team_num 関数は、呼び出しスレッドのチーム番号を返します。

```
int omp_get_team_num (void);
```

チーム番号は、0 〜 (この関数が返す値 - 1) の間の整数です。この関数は、チームリージョン以外から呼び出された場合 0 を返します。

13.5.27　omp_is_initial_device

omp_is_initial_device 関数は、現在のタスクがホストデバイス上で実行されている場合は true（0 以外の値）を返し、それ以外の場合は false（0）を返します。

```
int omp_is_initial_device (void);
```

13.5.28　omp_init_lock と omp_init_nest_lock

これらの関数は、ロック変数を初期化する唯一の手段を提供します。

```
void omp_init_lock (omp_lock_t *lock);
void omp_init_nest_lock (omp_nest_lock_t *lock);
```

これらの関数は、どのタスクもロック変数を所有していない状態で、ロック変数をアンロック状態へ初期化します。さらに、ネスト可能なロック変数のネスト数はゼロに設定します。

13.5.29　omp_destroy_lock と omp_destroy_nest_lock

これらの関数は、ロック変数が未初期化であることを保証します。

```
void omp_destroy_lock (omp_lock_t *lock);
void omp_destroy_nest_lock (omp_nest_lock_t *lock);
```

詳細については OpenMP のドキュメントを参照してください。

13.5.30 omp_set_lock と omp_set_nest_lock

これらの関数は、ロック変数の状態を設定します。これらの関数を呼び出したタスクのリージョンは、ロック変数の状態が設定されるまでサスペンドされます。

```
void omp_destroy_lock (omp_lock_t *lock);
void omp_destroy_nest_lock (omp_nest_lock_t *lock);
```

どちらの関数も初期化されていない状態の、ロック変数にアクセスするプログラムは不適合です。これらの関数は、指定されたロック変数が使用可能になるまで関数を実行しているタスクを中断させ、使用可能になったらロック変数を設定します。ロック変数が解除されていれば、単純なロックを利用できます。ロック変数の所有権は、関数を実行するタスクに付与されます。

ネスト可能なロック変数の設定は、ロックされていない場合、または関数を実行しているタスクがすでに所有している場合に設定できます。詳細については OpenMP のドキュメントを参照してください。

13.5.31 omp_unset_lock と omp_unset_nest_lock

これらの関数は、ロックを解除する手段を提供します。

```
void omp_unset_lock (omp_lock_t *lock);
void omp_unset_nest_lock (omp_nest_lock_t *lock);
```

単純なロックの場合、omp_unset_lock 関数はロックを解除します。ネスト可能なロックの場合、omp_unset_nest_lock 関数はネストカウントをデクリメントし、結果のネストカウントがゼロであればロックを解除します。どちらの関数でも、ロックが解除された場合、およびロックが使用できずタスクが中断された場合、別のタスクが選択され、ロックの所有権が与えられます。

13.5.32 omp_test_lock と omp_test_nest_lock

これらの関数は、ロック変数を設定しようとしますが、関数を実行しているタスクの実行を中断しません。

```
int omp_test_lock (omp_lock_t *lock);
int omp_test_nest_lock (omp_nest_lock_t *lock);
```

これらの関数は、omp_set_lock および omp_set_nest_lock と同じ方法でロックを設定しようとしますが、関数を実行しているタスクの実行を中断しません。単純なロックの場合、ロックが正常に設定された場合、omp_test_lock 関数は true（0 以外の値）を返します。それ以外の場合は false（0）を返します。

13.5.33 omp_get_wtime

omp_get_wtime 関数は、経過時間を秒単位で返します。

```
double omp_get_wtime (void);
```

この関数は、「過去の時間」から経過したウォールクロック時間（秒）に等しい値を返します。実際の「過去の時間」は任意ですが、アプリケーションプログラムの実行中は変更されないことが保証されています。返される時間は「スレッドごとの時間」なので、アプリケーションに参加するすべてのスレッドでグローバルに一貫性がある必要はありません。

13.5.34 omp_get_wtick

omp_get_wtick 関数は、omp_get_wtime が使用するタイマーの精度を返します。

```
double omp_get_wtick (void);
```

この関数は、omp_get_wtime が使用するタイマーの連続するクロック・ティック間の秒数に等しい値を返します。

13.6 環境変数

OpenMPで使用される環境変数を説明します。環境変数の名前は大文字でなければなりません。環境変数に指定する値は、大文字小文字の区別はありません。また、前後に空白があっても構いません。プログラムが開始した後に、環境変数の値が変更されても、それは無視されます。

13.6.1 OMP_SCHEDULE

OMP_SCHEDULEはランタイムスケジュールタイプとチャンクサイズを設定します。OMP_SCHEDULEは、スケジュールタイプがランタイムのfor指示文、parallel for指示文のみに適用されます。ランタイム以外のスケジュールタイプを持つfor指示文、parallel for指示文については、この環境変数は無視されます。チャンクサイズを設定する場合、値は正の整数でなければなりません。チャンクサイズが指定されていない場合、static以外は1とされます。staticの場合、ループ反復領域が、そのループに適用されるスレッド数で分割された値に設定されます。

13.6.2 OMP_NUM_THREADS

OMP_NUM_THREADSは実行中に使用できるスレッド数を設定します。この変数は、実行中に使用されるスレッド数の既定値を設定します。ただし、omp_set_num_threads関数を呼び出すか、num_threads指示句で明示的に指定した場合、その値が優先されます。OMP_NUM_THREADSへ指定する値は、正の整数でなければなりません。OMP_NUM_THREADSに値が指定されていない場合、指定されている値が正の整数でない場合、あるいはシステムがサポートしている最大スレッド数を超えている場合、結果は実装に依存します。構文例を以降に示します。

```
export OMP_NUM_THREADS=value
```

この構文例はbashを使用したときの例です。Windowsでは、環境変数の設定はsetを利用してください。以降も同じです。

13.6.3 OMP_DYNAMIC

OMP_DYNAMICは、スレッド数の動的調整を有効または無効にします。ただし、omp_set_

dynamic 関数を使用して、スレッド数の動的調整を有効または無効に指定している場合、そちらが優先されます。設定する値は、TRUE、または FALSE です。TRUE の場合、最適なスレッド数が実行時に選ばれます。FALSE の場合、動的調整は無効になり、既定値が使用されます。構文例を以降に示します。

```
export OMP_DYNAMIC=value
```

13.6.4 OMP_NESTED

OMP_NESTED 環境変数は、内部制御変数 nest-var の初期値にその値を設定することにより、ネスト並列を制御します。この環境変数の値は true または false でなければなりません。この環境変数が true に設定された場合にネスト並列は有効になります。この環境変数が false に設定された場合、ネスト並列は使用できません。OMP_NESTED の値が true でも false でもない場合のプログラムの振舞いは実装依存です。

13.6.5 OMP_STACKSIZE

OMP_STACKSIZE 環境変数は、内部制御変数 stacksize-var に値を設定することにより、OpenMP の実装が生成したスレッドのスタックサイズを制御します。この環境変数は、初期スレッドのスタックサイズは制御できません。この環境変数の値は以下の形式です。

```
size | sizeB | sizeK |sizeM | sizeG
```

size は、OpenMP の実装が生成するスレッドのスタックサイズを指定する正の整数です。B、K、M、および G は、それぞれ、バイト、キロバイト、メガバイト、およびギガバイトを指定する文字です。このうちの 1 つを指定する場合、size との間に空白があっても構いません。

size だけが指定され、B、K、M、G のどれも指定されなかった場合、size はキロバイトと見なされます。OMP_STACKSIZE が上記の形式に合っていない、または実装が要求サイズのスタックを提供できない場合のプログラムの振舞いは、実装依存です。構文例を以降に示します。

```
export OMP_STACKSIZE=value
```

13.6.6 OMP_WAIT_POLICY

OMP_WAITPOLICY 環境変数は、内部制御変数 wait-policy-var に値を設定することにより、待機しているスレッドの期待する振舞いについて OpenMP の実装にヒントを提供します。OpenMP に準拠している実装では、この環境変数の設定に従わなくても構いません。この環境変数の値は以下の形式です。

```
ACTIVE | PASSIVE
```

ACTIVE は、スレッドが待機しているときに、主にアクティブでプロセッササイクルを消費して待機していることを指定します。例えば、OpenMP の実装は待機しているスレッドをスピンさせておくことができます。PASSIVE は、スレッドが待機しているときに、主に非活動状態で、プロセッササイクルを消費しないで待機していることを指定します。例えば、OpenMP の実装は待機しているスレッドから、他のスレッドにプロセッサの実行スレッドを切り替えたり、待機スレッドをスリープさせたりすることができます。ACTIVE と PASSIVE の振舞いの詳細は実装依存です。

13.6.7 OMP_MAX_ACTIVE_LEVELS

OMP_MAX_ACTIVE_LEVELS 環境変数は、内部制御変数 max-active-levels-var に値を設定することにより、ネストしている活動状態の並列リージョンの最大数を制御します。この環境変数の値は、負でない整数でなければなりません。OMP_MAX_ACTIVE_LEVELS の値が実装でサポートしているネストした活動状態の並列レベルの最大値より大きい場合や、負の整数であった場合のプログラムの振舞いは実装依存です。

13.6.8 OMP_THREAD_LIMIT

OMP_THREAD_LIMIT 環境変数は、内部制御変数 thread-limit-var に値を設定することにより、OpenMP プログラムを実行する OpenMP スレッドの数を設定します。この環境変数の値は、正の整数でなければなりません。OMP_THREAD_LIMIT で指定した値が実装でサポートしているスレッド数より大きい場合や、正の整数でない場合のプログラムの振舞いは実装依存です。構文例を以降に示します。

```
export OMP_THREAD_LIMIT=value
```

13.6.9 OMP_CANCELLATION

OMP_CANCELLATION 環境変数は、内部制御変数 cancel-var に値を設定することにより、OpenMP の取り消しを制御します。この環境変数の値は true または false でなければなりません。true に設定すると、CANCEL 構文と取り消しポイントが有効になり、取り消しが要求されます。false に設定すると、取り消しは無効になり、CANCEL 構文と取り消しポイントは実質的に無視されます。

13.6.10 OMP_DISPLAY_ENV

OMP_DISPLAY_ENV 環境変数は、ランタイムに、OpenMP のバージョン番号と環境変数に関連付けられた内部制御変数の値を name = value のペアとして表示するように指示します。ランタイムは、環境変数を処理した後、およびユーザーが呼び出す前に、この情報を一度表示します。環境変数 OMP_DISPLAY_ENV の値は、次のいずれかの値に設定できます。

```
TRUE | FALSE | VERBOSE
```

TRUE は、ランタイムに、_OPENMP バージョンマクロ（または openmp_version Fortran パラメータ）の値と環境変数の初期内部制御変数値で定義された OpenMP バージョン番号を表示するように指示します。VERBOSE は、ランタイム変数の値は、ベンダー固有の環境変数によって変更される可能性があります。環境変数 OMP_DISPLAY_ENV が FALSE、未定義、または TRUE または VERBOSE 以外の値の場合、ランタイムは情報を表示しません。

表示は「OPENMP DISPLAY ENVIRONMENT BEGIN」で始まり、_OPENMP バージョンマクロの値、内部制御変数値が NAME '=' VALUE の形式で続きます。NAME はマクロまたは環境変数名に対応し、オプションとしてブラケット付きのデバイスタイプが前に付いています。VALUE は、この環境変数に関連付けられたマクロまたは内部制御変数の値に対応します。値は一重引用符で囲む必要があります。表示は「OPENMP DISPLAY ENVIRONMENT END」で終了します。

13.6.11 OMP_DEFAULT_DEVICE

OMP_DEFAULT_DEVICE 環境変数は、内部制御変数 default-device-var の初期値を設定することによって、デバイス構成で使用するデバイス番号を設定します。この環境変数の値は、負でない整数値でなければなりません。

14 OpenACC のリファレンス

OpenACC は、OpenMP などと同様にディレクティブ（指示文）を指定することでプログラムの動作を指示します。本書は Fortran には言及しませんので、C/C++ 言語で使用する #pragma について解説します。基本的には、C/C++ 言語の #pragma を理解すれば FORTRAN も同様に理解できます。多少の違いはありますが、どちらか一方を理解すれば十分です。コンパイラが OpenACC をサポートしていないか無効の場合、その #pragma は無視され、通常の逐次プログラムとして解釈されます。

ディレクティブの構文

C/C++ 言語の OpenACC ディレクティブは #pragma を使用します。以降に構文を示します。

```
#pragma acc directive-name [clause [[,] clause] ...]
```

- directive-name：ディレクティブ
- clause：節

区切りは C/C++ 言語の pragma の規定通りです。FORTRAN では以下のような構文を使用します。

```
!$acc directive-name [clause [[,] clause] ...]
```

本書ではFORTRANの記述については解説しませんので、FORTRANを利用する人はOpenACCの仕様書を参照してください。

14.1 Accelerator Computeディレクティブ

ホストからデバイス側に処理をオフロードするためのディレクティブはparallelディレクティブとkernelsディレクティブです。

14.1.1 parallelディレクティブ（構文）

このディレクティブは、デバイス側[※1]で並列実行を開始させるためのディレクティブです。

```
#pragma acc parallel  [clause [[,] clause] ...]
{
  ブロック
}
```

parallelディレクティブには次に示すclause（節）を指定できます。

- async [(int-expr)]
- wait [(int-expr-list)]
- num_gangs(int-expr)
- num_workers(int-expr)
- vector_length(int-expr)
- device_type(device-type-list)　[OpenACC 2.0]
- if(condition)
- reduction(operator : var-list)
- copy(var-list)
- copyin(var-list)
- copyout(var-list)
- create(var-list)

※1　アクセラレータ側とも言う、たいていの場合GPU。

- present(var-list)
- present_or_copy(var-list)
- present_or_copyin(var-list)
- present_or_copyout(var-list)
- present_or_create(var-list)
- deviceptr(var-list)
- private(var-list)
- firstprivate(var-list)
- default(none or present) [OpenACC 2.0]

ここで、

int-expr	整数式
int-expr-list	整数式のリスト
device-type-list	デバイスタイプのリスト
operator : var-list	リダクションを参照のこと
condition	条件
var-list	変数のリスト

です。

説明

プログラムが parallel ディレクティブに出会うと、その対象ブロックをオフロードします。デバイス側で実行するために、1 つ以上の gang が生成されます。そして、gang 当たりの worker、worker 当たりの vector が決まります。gang、worker、そして vector については明示的に指定できますが、自身が使用するシステムやアプリケーションの性質などを把握し、かつ OpenACC に慣れるまではコンパイラやシステムに任せるのが無難です。

async 節が指定されていない場合、並列領域の最後でデータや制御の同期が行われます。async 節が指定されていないときは、すべてのカーネル（ブロック内の処理）が終了するまでホスト側は停止します。

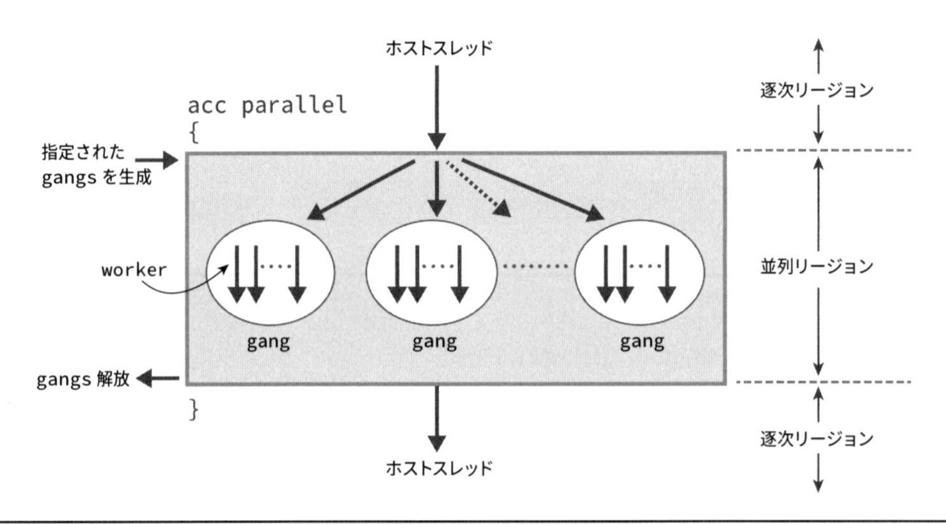

図14.1●parallelディレクティブの動作

14.1.2 kernelsディレクティブ

このディレクティブは、デバイス側で実行するカーネルを指定するためのディレクティブです。

```
#pragma acc kernels [clause [[,] clause] ...]
{
  ブロック
}
```

kernelsディレクティブには次に示すclause（節）を指定できます。

- async [(int-expr)]
- wait [(int-expr-list)]
- device_type(device-type-list)　[OpenACC 2.0]
- if(condition)
- copy(var-list)
- copyin(var-list)
- copyout(var-list)
- create(var-list)

- present(var-list)
- present_or_copy(var-list)
- present_or_copyin(var-list)
- present_or_copyout(var-list)
- present_or_create(var-list)
- deviceptr(var-list)
- default(none) 〔OpenACC 2.0〕

説明

kernels ディレクティブで指定したブロックを、デバイス側のカーネルに分解しコンパイルします。ネストされたループは異なるカーネルに分解されるのが一般的です。

async 節が指定されていない場合、並列領域の最後でデータや制御の同期が行われます。async 節が指定されていないときは、すべてのカーネル（ブロック内の処理）が終了するまでホスト側は停止します。

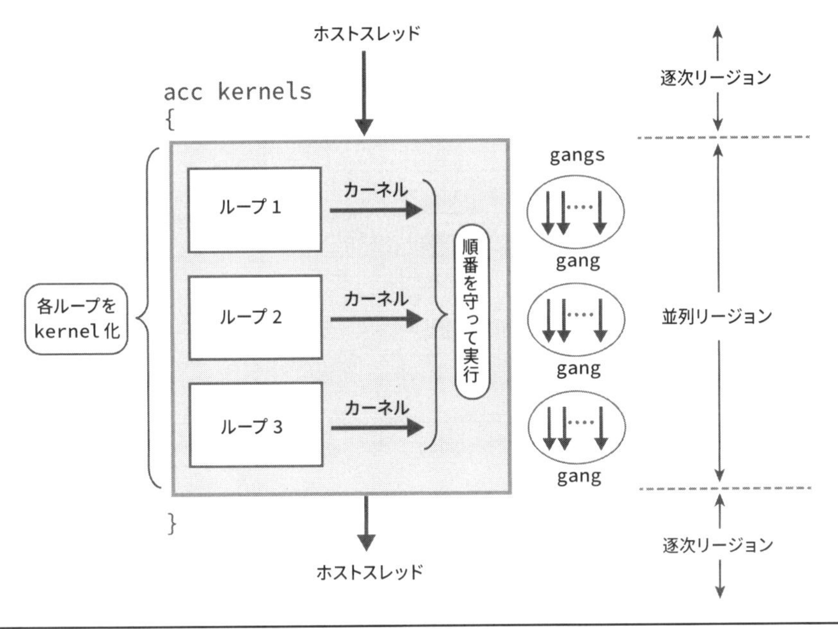

図14.2●kernelsディレクティブの動作

14.1.3 parallelディレクティブとkernelsディレクティブの節

parallelディレクティブとkernelsディレクティブに指定できる節（clause）を対比して、表で示します。節の違いで、両ディレクティブの用法の違いも想像できるでしょう。

表14.13●parallelディレクティブとkernelsディレクティブに指定できる節

parallelディレクティブ	kernelsディレクティブ	備考
async [(int-expr)]	async [(int-expr)]	後述。
wait [(int-expr-list)]	wait [(int-expr-list)]	後述。
num_gangs(int-expr)		後述。
num_workers(int-expr)		後述。
vector_length(int-expr)		後述。
device_type(device-type-list)	device_type(device-type-list)	OpenACC 2.0。後述。
if(condition)	if(condition)	後述。
reduction(operator : var-list)		後述。
copy(var-list)	copy(var-list)	
copyin(var-list)	copyin(var-list)	
copyout(var-list)	copyout(var-list)	
create(var-list)	create(var-list)	
present(var-list)	present(var-list)	
present_or_copy(var-list)	present_or_copy(var-list)	
present_or_copyin(var-list)	present_or_copyin(var-list)	
present_or_copyout(var-list)	present_or_copyout(var-list)	
present_or_create(var-list)	present_or_create(var-list)	
deviceptr(var-list)	deviceptr(var-list)	
private(var-list)		後述。
firstprivate(var-list)		後述。
default(none or present)	default(none)	OpenACC 2.0。後述。

これらのうちの主要な節（clause）について解説します。いくつかの節は両ディレクティブの片方にしか指定できません。初心者が理解しておく必要性の高いものは丁寧に説明しますが、そうでないものは簡便に説明するか省略します。

データの管理を行うcopy、copyin節などのデータの転送や割り付けに関する節については、次節「dataディレクティブ」で解説します。それ以外については、OpenACCの理解が進んだときに、OpenACCの仕様書を参照してください。また、各節の詳細を知りたい場合もOpenACC

の仕様書を参照してください。

if 節

if 節は、parallel や kernels ディレクティブではオプションです。もし if 節がなければ、コンパイラはデバイス上で実行するためのコードを生成します。if 節が現れると、デバイス上で実行可能なコードとホストで実行可能な 2 つのコードを生成します。1 つはデバイスで実行するためのコード、もう 1 つはホストで実行するためのコードです。if の条件が真であれば、デバイス上で、そうでなければホストで実行します。条件が真とは、C/C++ の場合は条件判定が 0 以外のとき、Fortran では .true. であるときです。

async 節

async 節は、parallel や kernels ディレクティブではオプションです。async 節を指定した場合、対応するブロックは非同期に処理されます。async 節が存在しない場合、対応するブロックが実行されるまでホストの処理は待たされます。つまり、async 節が存在しない場合、オフロードされる部分は同期して動作します。

async 節が存在し引数が指定されている場合、引数は整数の式でなければなりません。この整数は、非同期で実行される処理の待機や同期を取る際に、wait 指示文などと対にして使用されます。なお、async 節は引数なしで指定することもできます。そのような場合、プログラムで使用されている async 引数と異なる値を使用します。

同じ引数値を持つ非同期処理は、ホスト側が実行する順にデバイス上で実行されます。つまり、ホストとは非同期ですが、同じ引数値を持つ非同期処理はデバイス上の処理順は保証されます。異なる引数値を持つ非同期処理は、非同期にデバイス上で実行されます。ホストが複数のスレッドを持ち、それぞれで同じデバイスを共有している場合、より複雑になりますので、そのようなケースは OpenACC の仕様書を参照してください。

wait 節

wait 節は、オプションの節です。wait 節は async 節と対になって非同期の処理を同期させるのに使用します。wait 節を指定した場合、非同期実行キュー（async 節に指定した値）のすべての処理が完了するまで待機します。wait 節が存在し引数が指定されている場合、引数は整数の式でなければなりません。この整数は、対象となる async 節で指定した値と同じでなければなりません。同じ引数値を持つ非同期処理は、ホスト側が実行する順にデバイス上で実行されます。つまり、ホストとは非同期ですが、デバイス上の処理順は順序が保証されます。異なる引数値を持つ非同期処理は、非同期にデバイス上で実行されます。なお、wait 節は引数なしで指定することもできます。そのような場合、対応する非同期実行キューすべての処理が完了するまで待機します。ホストが複数のスレッドを持ち、それぞれで同じデバイスを共有している場合、より複雑になりますので、そのようなケースはOpenACCの仕様書を参照してください。

num_gangs節

num_gangs節は、parallelディレクティブのみに許される節です。与えられた整数（式）は、並列領域を実行する並列gangの数を定義します。num_gangs節が与えられていない場合、実装依存となりそのデフォルトが使用されます。

num_workers節

num_workers節は、parallelディレクティブのみに許される節です。与えられた整数（式）は、その領域を実行するgang内のワーカー数を定義します。num_workers節が与えられていない場合、実装依存となりそのデフォルトが使用されます。

vector_length節

vector_length節は、parallelディレクティブのみに許される節です。与えられた整数（式）は、ワーカー内のベクトルまたはSIMD演算で使うベクトル長です。vector_length節が与えられていない場合、実装依存となりそのデフォルトが使用されます。このベクトル長は、loopディレクティブ上のvector節を指定したループに対して適用されます。また、コンパイラによる自動ベクトル化されるループに対しても適用されます。

private節

private節は、parallelディレクティブのみに許される節です。コンパイラは、private節のリスト上に記述された変数のコピーが、各gangに作られることを宣言します。OpenMPを習得している人は、OpenMPのprivateと同じように考えて良いです。

firstprivate節

firstprivate節は、parallelディレクティブのみに許される節です。コンパイラは、firstprivate節のリスト上に記述された変数のコピーが、各gangに作られることを宣言します。そして、そのコピーは、parallel構文に出会ったときに、ホストの値で初期化されます。OpenMPを習得している人は、OpenMPのfirstprivateと同じように考えて良いです。

reduction 節

reduction 節は、parallel ディレクティブのみに許される節です。本節は、1 つ以上のスカラー変数のリダクション処理を指定します。配列は指定できないので注意してください。各変数は、各 gang に対し、プライベートな変数を作成し、初期化を行います。その領域の最後で、その値はリダクション処理により集合されます。この集合された値は、オリジナル変数へ設定されます。リダクションの結果は領域の最後で有効となります。以下に、リダクション可能な処理を列挙します。C/C++ においては、int、float、double、complex データ型の演算がサポートされます。FORTRAN では、integer、real、double precision、complex のデータ型がサポートされます。OpenMP を習得している人は、OpenMP の reduction と同じように考えて良いです。

表14.14●reduction可能な処理

C/C++		FORTRAN	
演算子	初期値	演算子	初期値
+	0	+	0
*	1	*	1
max	least	max	least
min	largest	min	largest
&	~0	iand	all bits on
|	0	ior	0
^	0	ieor	0
&&	1	.and.	.true.
||	0	.or.	.false.
		.eqv.	.true.
		.neqv.	.false

device_type 節（OpenACC 2.0）

device_type 節は、オプションの節です。この節を使って複数の異なるデバイスに対して節を指定できます。device_type 節への引数の指定方法は、デバイスをコンマで区切り指定します。任意のデバイスを指定するにはアスタリスクで指定します。本書はデバイス特有な指定は行いませんので、詳細については OpenACC の仕様書を参照してください。

default 節（OpenACC 2.0）

default 節は、オプションの節です。default(none) は、コンパイラに対してデータの属性を暗黙に決定しないように知らせます。対象となるのは、parallel ディレクティブと kernels ディレクティブに data 節で明示的に指定したものだけでなく、parallel ディレクティブと kernels ディレクティブでコンパイラが自動的に解釈したデータ、さらに declare ディレクティブで指定されたデータも含みます。また、default(present) を指定した場合、parallel ディレクティブと kernels ディレクティブで使用している変数や配列に対し、これらが present 節が暗黙に指定されたものとして扱います。詳細については OpenACC の仕様書を参照してください。

14.2 data ディレクティブ

このディレクティブは、デバイス側で実行する部分の入り口で、ホスト側からデバイス側へデータ転送を、出口でデバイス側からホスト側へのデータ転送を指定します。

データがどのように管理されるか、また data ディレクティブなどについて解説します。

```
#pragma acc data [clause [[,] clause] ...]
{
  ブロック
}
```

data ディレクティブには次に示す clause（節）を指定できます。

- if(condition)
- copy(var-list)
- copyin(var-list)
- copyout(var-list)
- create(var-list)
- present(var-list)
- present_or_copy(var-list)
- present_or_copyin(var-list)
- present_or_copyout(var-list)
- present_or_create(var-list)
- deviceptr(var-list)

ここで、

condition	条件
var-list	変数のリスト

です。

データはデバイス側とホスト側に割り付けられ、必要に応じてホストからデバイス（H → D）、デバイスからホスト（D → H）へ転送されます。data ディレクティブは、オフロードする部分で、ホストとデバイス間でメモリ転送、またデバイス側にメモリ割り付けなどを指示します。デバイスのメモリに割り付けるのは、スカラー、配列、部分配列などです。このディレクティブは、データがオフロードする部分の入り口でホスト側からデバイス側に転送されるものなのか、オフロードする部分の出口でデバイス側からホスト側へ転送するものなのかを含めて定義するのに使用します。

OpenACC 2.0 以降では、「ホストメモリ」を「ローカルメモリ」と呼ぶようになりました。本書では、細かい用語の使用法にはこだわらず、分かりやすい解説を目指します。「ローカルメモリ」とは、「ローカルなスレッド」がアクセスするメモリを指します。ローカルなスレッドとは、OpenACC ディレクティブの指すブロックを実行するスレッドです。先に説明しましたように、たいていの場合デバイス側（アクセラレータ）のスレッドを指しますが、ホストのスレッドで実行される場合もあります。OpenACC 2.0 以降でネストされた並列領域がサポートされたことにより、ホスト側のメモリだけの概念ではなくなったため、この用語が使われます。少しややこしいので、OpenACC に慣れるまでは余計なことは考えず、基本的に OpenACC ディレクティブが指す部分はデバイス側へオフロードされ、当然オフロードされる処理が使用するメモリはデバイス側、それ以外はホスト側で実行され、使用されるメモリもホスト側のメモリと考えておくと良いでしょう。最初から細かい部分まで考慮すると、理解を阻害するでしょう。

図に示すように、data ディレクティブに続くブロックを、データ領域と呼びます。一般的にデータ領域の入り口と出口でデータ転送が発生します。

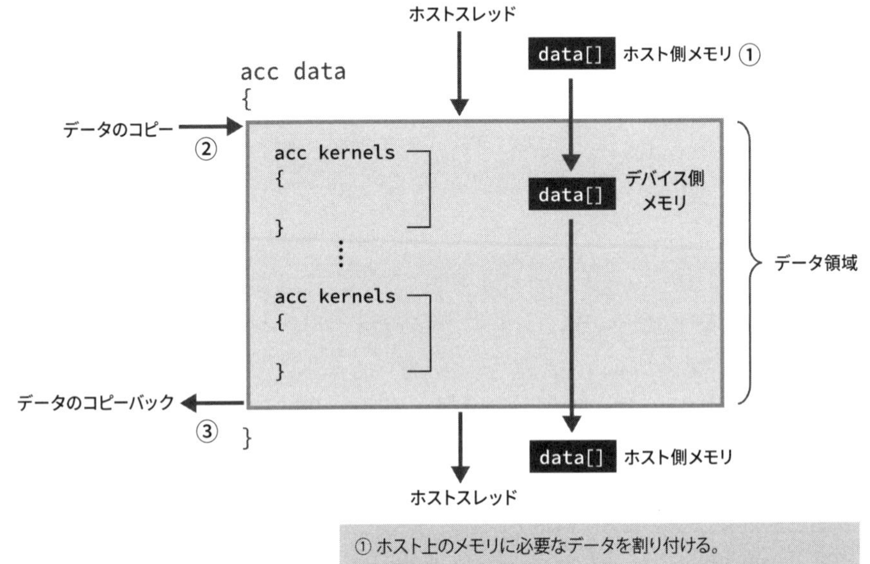

図14.3●dataディレクティブの役割

14.2.1 指定可能な節

data ディレクティブなどに指定できる節を解説します。初心者が理解しておく必要性の高いものは丁寧に説明しますが、そうでないものは概要を説明するか、あるいは省略します。OpenACC の理解が進み、各節の詳細を知りたい場合は OpenACC の仕様書を参照してください。

if 節

if 節はオプションの節です。if 節がない、あるいは条件が真の場合、デバイス側にメモリ割り付けやデータ移動のコードを生成します。条件が真とは、C/C++ の場合は条件判定が 0 以外のとき、FORTRAN では .true. であるときです。if 節が存在し条件が真でない場合、メモリ割り付けやデータ移動のコードは生成しません。

copy 節

copy 節は、指定された変数、配列などをデバイスとホスト間でデータ転送する必要があることを示します。オフロードする領域へ入る前にホストからデバイスへ転送し、領域が完了したときにデバイスからホストへ転送します。部分配列が指定された場合、その部分のみが転送されます。data ディレクティブや Accelerator Compute ディレクティブで copy 節が指定された場合、指定された変数、配列などをデバイスへ割り付け、さらにホストからデバイスへ転送し、オフロードされた処理が完了したときに（データ領域の終了時に）にデバイスからホストへデータ転送します。もし、デバイスがローカルスレッドとメモリを共有する場合、本節に指定したデータは共有され、データはデバイスに割り付けされず転送も行われません。このため、ホストで処理される場合、データの管理に間違いがあっても問題が顕在化しません。

copyin 節

copyin 節は、指定された変数、配列などをホストからデバイスへ転送する必要があることを示します。オフロードする領域へ入る前にホストからデバイスへデータを転送します。copyin 節に指定した変数、配列、部分配列などは、デバイス側で当該配列などの値が変更されても、デバイスからホストへのコピーバックは行われません。部分配列が指定された場合、その部分のみが転送されます。data ディレクティブや Accelerator Compute ディレクティブで copyin 節が指定された場合、指定された変数、配列などをデバイスへ割り付け、さらにホストからデバイスへデータを転送します。もし、デバイスがローカルスレッドとメモリを共有する場合、本節に指定したデータは共有され、データはデバイスに割り付けされず転送も行われません。

copyout 節

copyout 節は、指定された変数、配列などをデバイスからホストへ転送する必要があることを示します。オフロードする領域が完了したときにデバイスからホストへデータを転送します。copyout 節に指定した変数、配列、サブ配列などは、ホストで変更されていても、ホストからデバイスへの転送は行われません。サブ配列（部分配列）が指定された場合、その部分のみが転送されます。data ディレクティブや compute ディレクティブで copyout 節が指定された場合、本節に指定された変数、配列などをデバイスへ割り付けますが転送は行いません。当該データ領域が完了したら、デバイスからホストへデータを転送します。もし、デバイスがローカルスレッドとメモリを共有する場合、本節に指定したデータは共有され、データはデバイスに割り付けされず転送も行われません。

create 節

create 節は、指定された変数、配列などをデバイスで割り付ける必要があることを示し、データ転送は行いません。オフロードする領域へ入る前に create 節に指定した変数、配列、サブ配列などを、デバイス側で割り付けます。これらの配列などは、ホストの値はデバイス側で必要とせず、また、当該配列などの値が変更されても、デバイスからホストへのコピーバックは行われません。完全にデバイス側で使用するだけです。dataディレクティブやparallelディレクティブやkernelsディレクティブで本節が指定された場合、その領域の入り口で当該データの割り付けが行われます。また、当該領域が完了すると、当該データの解放が行われます。もし、デバイスがローカルスレッドとメモリを共有する場合、本節に指定したデータは共有され、データはデバイスに割り付けされません。

present節

present節は、指定された変数、配列などがすでにデバイス上に存在することを示します。すでに変数、配列などがデバイス側に存在していてもコンパイラは認識できない場合があります。そのようなときにpresent節の指定がないと無駄な割り付けやデータ転送が発生します。指定した変数、配列などがデバイス上に存在しないと、プログラムはエラーを起こします。もし、「データライフタイム」内で、部分配列を指定する場合、present節は同じ部分配列あるいは、部分配列の適切なサブセットである部分配列を指定しなければなりません。もし、present節で指定した部分配列がデータライフタイム内に指定された部分配列の部分ではない配列要素を含むものであった場合、ランタイムエラーとなりプログラムは終了します。なお、present節の指定を行わなかった場合、無駄な処理が行われますがプログラムは正常に動作します。

present_or_copy節

present_or_copy節は、pcopyと略すことができます。present_or_copy節に指定された変数、配列などがすでにデバイス上に存在するかテストし、存在するなら何も行いません。もし、デバイス上に存在しないなら、copyと同じ動作を行います。デバイス上に存在する場合、present節へ指定した場合と同様です。ホストとデバイスのメモリが共有されている場合、指定された変数、配列などに対し特別な処理は行いません。

present_or_copyin節

present_or_copyin節は、pcopyinと略すことができます。present_or_copyin節に指定された変数、配列などがすでにデバイス上に存在するかテストし、存在するなら何も行いません。もし、デバイス上に存在しないなら、copyinと同じ動作を行います。デバイス上に存在する場合、present節へ指定した場合と同様です。ホストとデバイスのメモリが共有されている場合、指定された変数、配列などに対し特別な処理は行いません。

present_or_copyout 節

present_or_copyout 節は、pcopyout と略すことができます。present_or_copyout 節に指定された変数、配列などがすでにデバイス上に存在するかテストし、存在するなら何も行いません。もし、デバイス上に存在しないなら、pcopyout と同じ動作を行います。デバイス上に存在する場合、present 節へ指定した場合と同様です。ホストとデバイスのメモリが共有されている場合、指定された変数、配列などに対し特別な処理は行いません。

present_or_create 節

present_or_create 節は、pcreate と略すことができます。present_or_create 節に指定された変数、配列などがすでにデバイス上に存在するかテストし、存在するなら何も行いません。もし、デバイス上に存在しないなら、create と同じ動作を行います。デバイス上に存在する場合、present 節へ指定した場合と同様です。ホストとデバイスのメモリが共有されている場合、指定された変数、配列などに対し特別な処理は行いません。

14.2.2 data 指示句におけるサブ配列（部分配列）の指定方法

まず、配列を data ディレクティブ、あるいは copy 節などに指定する場合の基本的な考えを示します。配列を転送する場合、添字の長さ（各次元の要素数）の指定方法が、配列のメモリ割り付け方法によって異なります。まず、malloc などで動的に割り付けられた配列を data ディレクティブで指定する場合、その次元の長さは明示的に指定しなければなりません。静的に宣言されたグローバルな配列は、コンパイラがそのサイズを理解できるためメモリを転送するコードをコンパイラが生成できます。ところが、動的に割り付けられた配列の大きさは、実行時にならないと大きさが分かりません。このため、プログラマが明示的に、コンパイラに長さを指示しなければなりません。もし、動的に割り付けた配列の長さを明示的に指定しない場合、コンパイラはエラーメッセージをコンパイル時に出力します。もちろん、静的に割り付けた配列の長さを明示的に指定しても構いませんが、ケアレスミスの元となりかねませんので、静的に割り付けてコンパイラが長さを把握している配列は、名前だけを指定することを推奨します。

さて、本節の主題に移りましょう。配列を data ディレクティブ、あるいは copy 節などに指定するとき、その一部[※2]だけを転送すれば良い場合があります。そのような場合は、ブラケット内に開始位置と、長さを指定します。例えば以降に示すような形式です。

a[5:n]　最初の 5 が配列の開始位置で、「:」に続く n が長さです。この指定した範囲が転送の対象となります。

※2　部分配列、あるいはサブ配列と呼ぶ。

a[:n]　最初の値を指定しなかった場合、開始位置は 0 と解釈します。
a[5:]　2 番目の引数がない場合、指定された位置から配列の最後までが対象となります。

ある特定の部分だけを指定するには、最初の書式を使用します。例えば、部分配列 a[5:n] は、要素 a[5]、a[6]、…、a[5+n-1] を意味します。

深く考えず配列名を指定すると、特定の部分のみ更新すれば良い場合でも毎回配列すべてのデータ転送が発生します。プログラム上の誤りではありませんが、大幅に性能低下する可能性がありますので、よく考えてプログラミングしましょう。

14.3 enter data と exit data ディレクティブ（OpenACC 2.0）

データがどのように管理されるか、また data ディレクティブなどについて解説します。ここでは、enter data ディレクティブと exit data ディレクティブについて詳細を解説します。

```
#pragma acc enter data [clause [[,] clause] ...]
```

enter ディレクティブには次に示す clause（節）を指定できます。

- async [(int-expr)]
- wait [(int-expr-list)]
- if(condition)
- copyin(var-list)
- create(var-list)

```
#pragma acc exit data [clause [[,] clause] ...]
```

exit ディレクティブには次に示す clause（節）を指定できます。

- async [(int-expr)]
- wait [(int-expr-list)]

- if(condition)
- finalize
- copyout(var-list)
- delete(var-list)

ここで、

int-expr	整数式
int-expr-list	整数式のリスト
condition	条件
var-list	変数のリスト

です。

enter data ディレクティブは、データの解放を指示する exit data ディレクティブに到達するまでの間、あるいはプログラムが終了するまで、デバイス側にスカラー、配列、部分配列を割り付けるために指定します。enter data ディレクティブで、データ領域の入り口でホストからデバイスへ転送されるものか、あるいは exit data ディレクティブの時点でデバイスからホストへ転送されるものなのかを指示するのに使用します。データのライフタイムは、enter data ディレクティブから、それに対応する exit data ディレクティブまでの間、もしくはプログラムが終了するまでです。そのデータのライフタイム中に現れる OpenACC ディレクティブにおいては、その対象となるデータは present 節と同じ状態として扱われます。

14.3.1　指定可能な節

enter data ディレクティブと exit data ディレクティブに指定できる clause（節）を対比して表で示します。節の違いで、両ディレクティブの用法の違いも想像できるでしょう。

表14.15●enter dataディレクティブとexit dataディレクティブに指定できる節

enter data ディレクティブ	exit data ディレクティブ
async [(int-expr)]	async [(int-expr)]
wait [(int-expr-list)]	wait [(int-expr-list)]
if(condition)	if(condition)
copyin(var-list)	

enter data ディレクティブ	exit data ディレクティブ
create(var-list)	
	finalize
	copyout(var-list)
	delete(var-list)

enter data と exit data ディレクティブに指定できる節を解説します。初心者が理解しておく必要性の高いものは丁寧に説明しますが、そうでないものは簡便に説明するか省略します。OpenACC の理解が進み、各節の詳細を知りたい場合は OpenACC の仕様書を参照してください。

if 節

if 節はオプションの節です。if 節については 14.2 節「data ディレクティブ」で解説済みです。if 節がない、あるいは条件が真の場合、デバイス側にメモリ割り付け、データ移動、そして割り付けを終了のコードを生成します。条件が真とは、C/C++ の場合は条件判定が 0 以外のとき、FORTRAN では .true. であるときです。if 節が存在し条件が真でない場合、デバイス側へのメモリ割り付け、データ移動、そして割り付けを終了のコードは生成しません。

async 節と wait 節

async 節と wait 節については 14.1 節「Accelerator Compute ディレクティブ」で解説済みですが、ここでは、データ転送や割り付けからの観点で解説します。async 節は parallel ディレクティブ、kernels ディレクティブ、enter data ディレクティブ、exit data ディレクティブ、update ディレクティブあるいは wait ディレクティブとともに指定可能な節です。async 節が指定されていないとき、ホストは当ディレクティブが終了するまで待ちます。wait 節の場合は、対応する非同期実行キューの処理が完了するまで待ちます。詳細は、OpenACC の仕様書を参照してください。

data 節

copyin、copyout、create などのデータ転送や割り付けに関しては、14.2 節「data ディレクティブ」を参照してください。データ領域へ入るときに、すでに当該データがデバイス上に存在していた場合、データは生成されませんが、内部的にそのデータに対する「参照カウント」を 1 つ増加させます。exit data ディレクティブに指示されると、データの「参照カウント」を 1 つ減らし、そのカウントがゼロであればデータはデバイスから削除されます。

finalize 節

指定されたデータの「参照カウント」をゼロにセットして、データを削除します。

delete 節

delete 節は、exit data ディレクティブで使用されます。ここで指定された変数、配列、部分配列などはホストメモリへのコピーバックが行われず、デバイスの割り付けを終了します。もし、デバイスがホストと共有するメモリを有するものであるときは、delete 節は何も行いません。

14.4 loop ディレクティブ

loop ディレクティブは、このディレクティブの直後に続くループに適用します。loop ディレクティブはループを並列実行するときの種類を指定できます。また、プライベート配列や変数の指定やリダクションを指定できます。

```
#pragma acc loop [clause [[,] clause] ...]
  for loop
```

loop ディレクティブには次に示す clause（節）を指定できます。

- collapse(n)
- gang [(gang-arg-list)]
- worker [([num:] int-expr)]
- vector [([length:] int-expr)]
- seq
- auto 〔OpenACC 2.0〕
- tile(size-expr-list) 〔OpenACC 2.0〕
- device_type(device-type-list) 〔OpenACC 2.0〕
- independent
- private(var-list)
- reduction(operator : var-list)

このディレクティブは、kernelsディレクティブを使用した場合は任意です。しかし、parallelディレクティブを使用した場合、このloopディレクティブを指定したループがオフロードを開始する場所となるため必須です。

kernelsディレクティブの後でloopディレクティブを使用した場合、コンパイラは自動的に並列実行単位をハードウェアの並列演算コアにマッピングします。プログラムの特性によっては、コンパイラが自動的に決定した値が最適とは限りません。そのような場合、使用者は明示的に各種「節」や、その引数を指示して最適な値に変更することができます。性能チューニングは、gang/vector値を試行錯誤して、性能変化があるか観察する必要があります。これらはプログラムの特性やアクセラレータの構成に依存するため、一般解は存在しません。本書は、特定のプログラムやハードウェアに依存しないため、このような細かなチューニングについては言及しません。

14.4.1 指定可能な節

loopディレクティブに指定できるclause（節）を解説します。初心者が理解しておく必要性の高いものは丁寧に説明しますが、そうでないものは簡便に説明するか省略します。OpenACCの理解が進み、各clause（節）の詳細を知りたい場合はOpenACCの仕様書を参照してください。

collapse節

collapse節は、タイトに連続したループを1つにまとめて並列化します。collapse節はcollapse (n)と指定します。このnが本節に続くn個のループをまとめることを指定します。もし、collapse節が存在しないなら、直後のループだけがディレクティブの対象です。もし、1つ以上のループがloopディレクティブに関連付けられているなら、そのすべてのループのイテレーション（反復）は、他の節を含めてスケジューリングされます。collapse節に関連付けられたループのトリップカウントは、計算可能で不変でなければなりません。なお、ディレクティブのgang、worker、vector節が各ループに適用されるか、あるいは、collapse節によって線形化されたイテレーション空間（linearized iteration space of the loops）へ適用されるかは、実装依存です。

gang節、worker節、vector節

これらは、階層化されたアクセラレータ内の実行単位を指定するものです。少々複雑ですので、OpenACCの入門者が最初から、これらを自身で指定して最高の性能を得るには、相当の学習期間と試行錯誤が必要なことはもちろん、プログラムの特性や実装されているアクセラレータ

の特性も十分に理解している必要があります。上級者になるまではコンパイラに任せる方が無難でしょう。変にいじるより、コンパイラオプションでターゲットのハードウェアを教えることを忘れない方が良いでしょう。このような背景から、入門時に混乱を招きかねないこれらの節の詳細の説明は本書では省きます。OpenACC に精通してきた頃に本節の詳細を知りたくなったら OpenACC のリファレンスを読むのが賢明でしょう。

seq 節

seq 節は、対応したループ（1 つまたは複数）をアクセラレータが逐次的に実行することを指示するものです。この節は、いかなる自動並列化やベクトル化を無効にします。特に理由もなく指定すると性能を大きく低下させます。データ間に依存関係などがあるとき以外は指定しないでください。

auto（OpenACC 2.0）節

auto 節は、コンパイラにループの gang、worker、vector 並列性を適用できるかの判断を任せます。各ループが gang、worker あるいは、vector 節を含む loop ディレクティブが存在する場合、コンパイラは適用できる並列化が制限される可能性があります。この節は、対象のループが独立であることをコンパイラに伝える訳ではありません。このため、ループに independent 節が指定されていない限り、コンパイラは任意の並列性を適用できません。ループが parallel ディレクティブ内にあり、暗黙にデータ独立であることが自明な場合などのように、そのループがデータ独立である場合は、auto 節の機能を実施することができます。kernels ディレクティブ内では、gang、worker、vector あるいは seq 節を含まない loop ディレクティブは、デフォルトで auto 節を持つものとして扱われます。

independent 節

kernels ディレクティブ内では、independent 節はコンパイラに対して、このループはデータ独立であることを知らせます。これによって、コンパイラは非同期に実行するコードを生成します。parallel ディレクティブ内では、independent 節は seq 節を有していない loop ディレクティブ上でデータ独立であることを暗黙に宣言します。

［制約］reduction 節内の変数を除いて、任意の変数あるいは配列要素が他のイテレーションからアクセスされる場合、kernel ディレクティブ内のループに対して independent 節を使用することはプログラミングエラーです。

private 節

private 節は、すでに 14.1 節「Accelerator Compute ディレクティブ」で解説済みです。引数に指定した変数や配列をループの各イテレーションに生成します。

reduction 節

reduction 節は、すでに 14.1 節「Accelerator Compute ディレクティブ」で解説済みです。詳細については、Accelerator Compute ディレクティブの説明か OpenACC のリファレンスを参照してください。

14.5 実行時ライブラリ

OpenACC の主要な実行時ライブラリを説明します。これらのライブラリを使用する場合、逐次プログラムとソースを共用できない場合があります。それを避けるには、_OPENACC プリプロセッサ変数を用いて条件付きのコンパイルを指定すると、逐次処理とのソース共用で問題は起きません

14.5.1 acc_get_num_devices

acc_ge_num_devices 関数は、引数に与えられたアクセラレータ型で、ホストに接続されているデバイス数を返します。この関数のプロトタイプ宣言を次に示します。

```
int acc_get_num_devices (acc_device_t);
```

この関数は、ホストに接続された特定のアクセラレータ型のデバイス数を返します。引数は、どのような種類のデバイスをカウントするかを示します。

制限

この関数は、並列領域またはカーネル領域内で呼び出すことはできません。

14.5.2 acc_set_device_type

acc_set_device_type 関数は、並列領域またはカーネル領域を実行するときに使用するデバイスの型をランタイムに通知します。この機能を利用すると、異なるアクセラレータを切り替えながら使用できます。この関数のプロトタイプ宣言を次に示します。

```
void acc_set_device_type (acc_device_t);
```

この関数は、使用可能なデバイスの中で使用するデバイスの型をランタイムに通知します。

制限

- この関数は、並列領域、またはカーネル領域内で呼び出すことはできません。
- 指定されたデバイスタイプが利用可能でない場合、動作は実装定義です。プログラムが中断することもあります。

14.5.3 acc_get_device_type

acc_get_device_type 関数は、並列領域を実行するのに使用するデバイスの型を取得します。この関数のプロトタイプ宣言を次に示します。

```
acc_device_t acc_get_device_type (void);
```

この関数は、並列領域またはカーネル領域を実行するために使用されるデバイスの型を取得します。デバイスの型は、acc_set_device_type 関数の呼び出し、環境変数、またはプログラムのデフォルト動作によって選択されている可能性があります。

制限

- この関数は、並列領域またはカーネル領域内で呼び出すことはできません。
- デバイスの型がまだ選択されていない場合は、acc_device_none という値が返されます。

14.5.4 acc_set_device_num

acc_set_device_num 関数は、どのデバイスを使用するかをランタイムに指示します。この関数のプロトタイプ宣言を次に示します。

```
void acc_set_device_num (int, acc_device_t);
```

この関数は、指定されたタイプの中でどのデバイスを使用するかをランタイムに通知します。1 番目の引数が負の場合、ランタイムは実装定義のデフォルトの動作に戻ります。2 番目の引数の値がゼロの場合、選択されたデバイス番号は、接続されているすべてのアクセラレータタイプに使用されます。

制限

- この関数は、並列領域またはデータ領域内で呼び出すことはできません。
- 1 番目の引数が、そのデバイスタイプの acc_get_num_devices 関数で得られた値以上の場合、動作は実装定義です。
- この関数を呼び出すと、そのデバイス番号を指定して acc_set_device_type を呼び出すことを意味します。

14.5.5 acc_get_device_num

acc_get_device_num 関数は、並列領域またはカーネル領域を実行するために使用される、指定されたデバイス型のデバイス番号を返します。この関数のプロトタイプ宣言を次に示します。

```
int acc_get_device_num (acc_device_t);
```

この関数は、並列領域またはカーネル領域などを実行するために使用される、指定されたデバイス型のデバイス番号に対応する整数を返します。

制限

- この関数は、並列領域またはカーネル領域内で呼び出すことはできません。

14.5.6 acc_async_test

acc_async_test 関数は、関連するすべての非同期操作の完了をテストします。この関数のプロトタイプ宣言を次に示します。

```
int acc_async_test (int);
```

この関数の引数は、async 節で指定した引数でなければなりません。その値が 1 つまたは複数の async 節に現れ、そのような非同期操作がすべて完了した場合、この関数は 0 以外の値を返します。非同期操作が完了していない場合、この関数は 0 を返します。これは、このスレッドによって開始されたすべての一致する非同期操作が完了した場合に限ります。他のスレッドによって開始されたすべての一致する非同期操作が完了したという保証はありません。

14.5.7 acc_async_test_all

acc_async_test_all 関数は、すべての非同期操作の完了をテストします。この関数のプロトタイプ宣言を次に示します。

```
int acc_async_test_all ();
```

すべての未処理の非同期操作が完了した場合、この関数は 0 以外の値を返します。いくつかの非同期操作が完了していない場合、この関数は 0 を返します。これは、このスレッドによって開始されたすべての一致する非同期操作が完了した場合に限ります。他のスレッドによって開始されたすべての一致する非同期操作が完了したという保証はありません。

14.5.8 acc_wait

acc_wait 関数は、関連するすべての非同期操作の完了を待ちます。この関数のプロトタイプ宣言を次に示します。

```
void acc_wait (int);
```

この関数の引数は、async 節で指定した引数でなければなりません。その値が 1 つ以上の async 節に現れた場合、最新の非同期操作が完了するまでこの関数は戻りません。2 つ以上のスレッドが同じアクセラレータを共有する場合、この関数は、このスレッドによって開始されたすべての一致する非同期操作が完了した場合にのみ戻ります。他のスレッドによって開始されたすべての一致する非同期操作が完了したという保証はありません。バージョン 1.0 との互換性のために、この関数は acc_async_wait と記述することもできます。

14.5.9 acc_wait_async

acc_wait_async 関数は、別の非同期キューに以前にエンキューされた操作に対して、ある非同期キューで待機操作をエンキューします。この関数のプロトタイプ宣言を次に示します。

```
void acc_wait_async (int, int);
```

acc_wait_async 関数は、async 節を持つ wait ディレクティブと同じです。第 2 引数に関連付けられた適切なキューに待機操作をエンキューし、第 1 引数に関連付けられたキューにエンキューされた操作を待機します。詳細は、OpenACC のドキュメントを参照してください。

14.5.10 acc_wait_all

acc_wait_all 関数は、すべての非同期操作の完了を待ちます。この関数のプロトタイプ宣言を次に示します。

```
void acc_wait_all ();
```

この関数は、すべての非同期操作が完了するまで戻りません。2 つ以上のスレッドが同じアクセラレータを共有する場合、この関数は、このスレッドによって開始されたすべての非同期操作が完了した場合にのみ戻ります。他のスレッドによって開始されたすべての非同期操作が完了したという保証はありません。バージョン 1.0 との互換性のために、この関数は acc_async_wait_all と記述することもできます。

14.5.11 acc_wait_all _async

acc_wait_all_async 関数は、他のすべての非同期キューで以前にエンキューされた操作の 1 つの非同期キューに対する待機操作をエンキューします。この関数のプロトタイプ宣言を次に示します。

```
void acc_wait_all_async (int);
```

この関数は、他のすべての非同期キューの値を含む async 節を持つ wait ディレクティブと同等です。引数は、async 節で指定されている値でなければなりません。この関数は、他のキューごとに適切なキューに待機操作をエンキューします。詳細は、OpenACC のドキュメントを参照してください。

14.5.12 acc_init

acc_init 関数は、そのデバイスタイプのランタイムを初期化します。これは、パフォーマンス統計を収集する際に、初期コストを計算コストから分離するために使用できます。この関数のプロトタイプ宣言を次に示します。

```
void acc_init (acc_device_t);
```

この関数は、暗黙的に acc_set_device_type も呼び出します。

制限

- この関数は、カーネル領域内などから呼び出すことはできません。
- 指定されたデバイス型が利用可能でない場合、動作は実装定義です。プログラムが中断することもあります。
- 関数が acc_shutdown 呼び出しを介さずに複数回呼び出され、デバイス型の引数と異なる値を持つ場合、その動作は実装定義です。

14.5.13 acc_shutdown

acc_shutdown 関数は、指定されたアクセラレータへの接続をシャットダウンし、ランタイムリソースを解放するように指示します。この関数のプロトタイプ宣言を次に示します。

```
void acc_shutdown (acc_device_t);
```

この関数は、プログラムをデバイスから切断します。

制限

- この関数は、並列領域などの実行中に呼び出すことはできません。

14.5.14 acc_on_device

acc_on_device 関数は、プログラムが特定のデバイス上で実行されているかプログラムに通知します。この関数のプロトタイプ宣言を次に示します。

```
int acc_on_device (acc_device_t);
```

acc_on_device 関数は、コードがホスト上で実行されているのか、デバイス上で実行されているかを判断するのに使用します。これは、必要に応じて異なるパスを実行するために使用できます。この関数にコンパイル時の定数引数がある場合、コンパイル時に定数に評価されます。引数は、定義されたアクセラレータ型の 1 つでなければなりません。引数が acc_device_host で、並列領域の外、またはアクセラレータ関数の外、またはホストプロセッサ上で実行される並列領域またはアクセラレータ関数内でない場合、この関数は 0 以外を返します。引数がホスト以外（例えば acc_device_nvidia）の場合、0 が返されます。引数がアクセラレータの場合、そのアクセラレータで実行される並列領域またはアクセラレータ関数では、この関数は 0 以外を返します。それ以外の場合、0 を返します。引数が acc_device_default の場合、結果は未定義です。

14.5.15 acc_malloc

acc_malloc 関数はデバイスにメモリを割り当てます。この関数のプロトタイプ宣言を次に示します。

```
d_void* acc_malloc (size_t);
```

この関数を使用して、デバイスにメモリを割り当てることができます。この関数から割り当てられたポインタは、ポインタのターゲットがアクセラレータに常駐していることをコンパイラに伝えるために、deviceptr 節で使用できます。

14.5.16 acc_free

acc_free 関数は、デバイス上のメモリを解放します。この関数のプロトタイプ宣言を次に示します。

```
void acc_free (d_void*);
```

この関数は、デバイス上に割り当てられているメモリを解放します。引数は、acc_malloc の呼び出しによって得られたポインタ値でなければなりません。

14.5.17 acc_copyin

acc_copyin 関数は、指定されたホストメモリに対応するデバイス上のメモリを割り当て、そのデータをデバイスメモリにコピーします（shared memory accelerator の場合は何もしない）。この関数のプロトタイプ宣言を次に示します。

```
void* acc_copyin (h_void*, size_t);
```

acc_copyin 関数は、copyin 節付きの data 節と同等です。引数はデータへのポインタとバイト長です。この関数は、acc_malloc 関数と同様に、割り当てられた領域へのポインタを返します。この関数から割り当てられたポインタは、ポインタのターゲットがアクセラレータに常駐していることをコンパイラに伝えるために、deviceptr 節で使用できます。メモリはデバイスに割り当てられ、データはホストメモリから新しく割り当てられたデバイスメモリにコピーされます。この関数を呼び出すと、指定されたデータのライフタイムが開始します。詳細は 14.2 節「data ディレクティブ」の説明を参照してください。

14.5.18 acc_present_or_copyin

acc_present_or_copyin 関数は、データがすでにデバイスに存在するかテストします。存在しなければ、指定されたホストメモリに対応するデバイス上のメモリを割り当て、そのデータをデバイスメモリにコピーします（shared memory accelerator の場合は何もしない）。この関数のプロトタイプ宣言を次に示します。

```
void* acc_present_or_copyin (h_void*, size_t);
void* acc_pcopyin (h_void*, size_t);
```

acc_present_or_copyin 関数は、present_or_copyin 節を持つ enter data ディレクティブと同等です。引数は acc_copyin 関数と同じです。データがすでにデバイスに存在する場合、またはデバイスがメモリを共有している場合、何も実行されません。データが存在しない非共有メモリデバイスでは、メモリがデバイス上に割り当てられ、データは新たに割り当てられたデバイスメモリにコピーされます。後者の場合、この関数を呼び出すと、指定されたデータのライフタイムが開始します。詳細は 14.2 節「data ディレクティブ」の説明を参照してください。

14.5.19 acc_create

acc_create 関数は、デバイスのメモリに、ホストと対応するように割り当てます（shared memory accelerator の場合は何もしない）。この関数のプロトタイプ宣言を次に示します。

```
void* acc_create (h_void*, size_t);
```

acc_create 関数は、create 節を指定した enter data ディレクティブと同等です。引数はデータへのポインタとバイト長です。この関数は、acc_malloc と同様に、割り当てられた領域のポインタを返します。この関数から割り当てられたポインタは、ポインタのターゲットがアクセラレータに常駐していることをコンパイラに伝えるために、deviceptr 節で使用できます。この関数を呼び出すと、指定されたデータのライフタイムが開始します。詳細は 14.2 節「data ディレクティブ」の説明を参照してください。

14.5.20 acc_present_or_create

acc_present_or_create 関数は、データがすでにデバイスに存在するかテストします。存在しなければ、ホストメモリに対応するように、デバイス上のメモリに割り付けます（shared memory accelerator の場合は何もしない）。この関数のプロトタイプ宣言を次に示します。

```
void* acc_present_or_create (h_void*, size_t);
void* acc_pcreate (h_void*, size_t);
```

acc_present_or_create 関数は、present_or_create 節を持つ enter data ディレクティブと同等です。引数は、acc_create 関数と同じです。データがすでにデバイスに存在する場合は、何も実行されません。データが存在しない非共有メモリデバイスでは、メモリがデバイスに割り当てられます。この関数を呼び出すと、指定されたデータのライフタイムが開始します。詳細は 14.2 節「data ディレクティブ」の説明を参照してください。

14.5.21 acc_copyout

acc_copyout 関数は、デバイスメモリから対応するホストメモリにデータをコピーし、デバイスメモリからそのメモリを解放します（shared memory accelerator の場合は何もしない）。この関数のプロトタイプ宣言を次に示します。

```
void acc_copyout (h_void*, size_t);
```

acc_copyout 関数は、copyout 節を持つ exit data ディレクティブと同等です。引数はデータへのポインタとバイト長です。この関数を呼び出すと、デバイスからホストメモリにデータがコピーされ、デバイスのメモリは解放されます。この関数を呼び出すと、指定されたデータのライフタイムが終了します。データがデバイス上または指定されたデータのデータ領域内に存在しない場合、この関数を呼び出すと実行時エラーが発生します。詳細は 14.2 節「data ディレクティブ」の説明を参照してください。

14.5.22 acc_delete

acc_delete関数は、指定されたホストメモリに対応するデバイスのメモリを解放します（shared memory acceleratorの場合は何もしない）。この関数のプロトタイプ宣言を次に示します。

```
void acc_delete (h_void*, size_t);
```

acc_delete関数は、delete節を指定したexit dataディレクティブと同等です。引数はacc_copyoutと同じです。この関数を呼び出すと、指定されたホストメモリに対応するアクセラレータメモリの割り当てが解除され、データのライフタイム存続期間が終了します。データがデバイス上または指定されたデータのデータ領域内に存在しない場合、この関数を呼び出すと実行時エラーが発生する場合があります。

14.5.23 acc_update_device

acc_update_device関数は、ホストメモリの内容とデバイスのメモリ内容を一致させます（shared memory acceleratorの場合は何もしない）。この関数のプロトタイプ宣言を次に示します。

```
void acc_update_device (h_void*, size_t);
```

acc_update_device関数は、device節を指定したupdateディレクティブと同等です。引数はデータのポインタとバイト長です。非共有メモリデバイスでは、ホストメモリのデータが対応するデバイスメモリにコピーされます。データがデバイスに存在しない場合、この関数を呼び出すのは実行時エラーです。詳細は14.2節「dataディレクティブ」の説明を参照してください。

14.5.24 acc_update_self

acc_update_self関数は、ホストメモリの内容とデバイスのメモリ内容を一致させます（shared memory acceleratorの場合は何もしない）。この関数のプロトタイプ宣言を次に示します。

```
void acc_update_self (h_void*, size_t);
```

acc_update_self 関数は、self 節を持つ update ディレクティブと同等です。引数はデータへのポインタとバイト長です。最初の引数は、組込み型の連続した配列セクションです。2 番目の引数では、最初の引数は変数または配列要素で、2 番目の引数はバイト単位の長さです。ホストメモリのデータが対応するデバイスメモリで更新されます。データがデバイスに存在しない場合、この関数を呼び出すのは実行時エラーです。詳細は 14.2 節「data ディレクティブ」の説明を参照してください。

14.5.25　acc_map_data

acc_map_data 関数は、以前に割り当てられたデバイスのデータを指定されたホストにマップします。この関数のプロトタイプ宣言を次に示します。

```
void acc_map_data (h_void*, d_void*, size_t);
```

acc_map_data 関数は、データのライフタイムを開始するためにデバイスに新しいメモリを割り付ける代わりに、使用するアドレスを引数として指定する点を除いて、create 節を持つ enter data ディレクティブに似ています。最初の引数はホストのメモリアドレスで、その後に対応するデバイスのメモリアドレスとバイト長が続きます。この呼び出しの後、ホストのデータがデータ節に現れると、指定されたデバイスメモリが使用されます。デバイスにすでに存在する場合、acc_map_data 関数を呼び出すのはエラーです。すでにホストデータにマップされているデバイスアドレスで acc_map_data 関数を呼び出すことは定義されていません。デバイスアドレスは、acc_malloc 関数の呼び出しの結果であってもよく、他のデバイス固有の API 関数からのものでも構いません。

14.5.26　acc_unmap_data

acc_unmap_data 関数は、デバイスデータから指定されたホストデータをアンマップします。この関数のプロトタイプ宣言を次に示します。

```
void acc_unmap_data (h_void*);
```

acc_unmap_data 関数は、デバイスメモリが割り当て解除されないことを除いて、delete 句を持つ exit data ディレクティブと似ています。引数はホストデータへのポインタです。この関数を呼び出すと、指定したホストデータのライフタイムが終了します。デバイスのメモリは割り当て解除されません。acc_map_data関数を使用して、そのホストアドレスがデバイスメモリにマップされていない限り、ホストアドレスでacc_unmap_data関数を呼び出すと動作は未定義です。

14.5.27 acc_deviceptr

acc_deviceptr関数は、特定のホストアドレスに関連付けられたデバイスポインタを返します。この関数のプロトタイプ宣言を次に示します。

```
d_void* acc_deviceptr (h_void*);
```

この関数は、ホストアドレスに関連付けられたデバイスポインタを返します。引数は、現在のデバイス上で有効な有効期間を持つホスト変数または配列のアドレスです。データがデバイスに存在しない場合、関数はNULL値を返します。

14.5.28 acc_hostptr

acc_hostptr関数は、特定のデバイスアドレスに関連付けられたホストポインタを返します。この関数のプロトタイプ宣言を次に示します。

```
h_void* acc_hostptr (d_void*);
```

acc_hostptr関数は、デバイスアドレスに関連付けられたホストポインタを返します。引数は、acc_deviceptr、acc_createまたはacc_copyinから返されたデバイス変数または配列のアドレスです。デバイスアドレスがNULLまたは任意のホストアドレスに対応しない場合、関数はNULL値を返します。

14.5.29 acc_is_present

acc_is_present関数は、ホスト変数または配列領域がデバイス上に存在するかテストします。この関数のプロトタイプ宣言を次に示します。

```
int acc_is_present (h_void*, size_t);
```

acc_is_present関数は、指定されたホストデータがデバイスに存在するかテストします。最初の引数はデータへのポインタで、2番目の引数はバイト長です。指定されたデータが完全に存在すれば、0以外を返し、そうでなければ0を返します。バイト長が0の場合、関数は0以外を返します。指定されたアドレスがデバイス上にまったく存在しない場合、動作は未定義です。

14.5.30 acc_memcpy_to_device

acc_memcpy_to_device 関数は、ホストメモリからデバイスメモリにデータをコピーします。この関数のプロトタイプ宣言を次に示します。

```
void acc_memcpy_to_device (d_void* dest, h_void* src, size_t bytes);
```

acc_memcpy_to_device 関数は、データを src のホストアドレスから dest のデバイスアドレスにコピーします。宛先アドレスは、acc_malloc または acc_deviceptr から返されるようなデバイスアドレスでなければなりません。

14.5.31 acc_memcpy_from_device

acc_memcpy_from_device 関数は、デバイスメモリからホストメモリにデータをコピーします。この関数のプロトタイプ宣言を次に示します。

```
void acc_memcpy_from_device (h_void* dest, d_void* src, size_t bytes);
```

acc_memcpy_from_device 関数は、データを src のデバイスアドレスから dest のホストアドレスにコピーします。ソースアドレスは、acc_malloc または acc_deviceptr から返されるデバイスアドレスでなければなりません。

15 OpenCLのリファレンス

15.1 OpenCL API

以降に、主要なOpenCL APIを説明します。

15.1.1 clGetPlatformIDs

利用可能なOpenCLプラットフォームのリストを取得します。

```
cl_int clGetPlatformIDs (
    cl_uint          num_entries,
    cl_platform_id   *platforms,
    cl_uint          *num_platforms)
```

引数

num_entries

取得できるプラットフォームIDのエントリの数を指定します。取得したプラットフォームIDはplatforms引数へ格納されます。platformsがNULL以外なら、num_entriesは0以上でなければなりません。

***platforms**

取得したプラットフォーム ID のリストが格納されます。本引数が NULL のとき、この引数は無視されます。格納される OpenCL プラットフォーム ID 数は、num_entries 引数の値と有効な OpenCL プラットフォーム数の小さい方が採用されます。

***num_platforms**

有効なプラットフォーム数を返します。本引数が NULL の場合、この引数は無視されます。

返却値

成功：CL_SUCCESS
失敗：CL_INVALID_VALUE、CL_OUT_OF_HOST_MEMORY など。

通常は !=CL_SUCCESS で判断します（以降同様）。

15.1.2 clGetDeviceIDs

指定した platform 引数で利用可能なデバイスのリストを取得します。

```
cl_int clGetDeviceIDs (
    cl_platform_id   platform,
    cl_device_type   device_type,
    cl_uint          num_entries,
    cl_device_id     *devices,
    cl_uint          *num_devices)
```

引数

platform

取得対象のプラットフォーム ID を指定します。通常は、clGetPlatformIDs で取得した値を使用します。あるいは NULL を指摘できます。NULL を指定した場合、実装依存です。

device_type

取得する OpenCL のデバイスタイプを指定します。この値を使えば特定のデバイスタイプ、あるいはすべての有効なデバイスを問い合わせることができます。以降に指定可能な device_type を示します。

CL_DEVICE_TYPE_CPU

ホスト CPU を OpenCL デバイスとして取得します。

CL_DEVICE_TYPE_GPU

GPU を OpenCL デバイスとして取得します。

CL_DEVICE_TYPE_ACCELERATOR

専用の OpenCL アクセラレータを OpenCL デバイスとして取得します（例えば IBM CELL Blade など）。

CL_DEVICE_TYPE_CUSTOM

OpenCL C をサポートしない専用のアクセラレータを OpenCL デバイスとして取得します。

CL_DEVICE_TYPE_DEFAULT

システムのデフォルトデバイスを OpenCL デバイスとして取得します（CL_DEVICE_TYPE_CUSTOM に分類されるデバイスはデフォルトデバイスにはなれません）。

CL_DEVICE_TYPE_ALL

CL_DEVICE_TYPE_CUSTOM に分類されるデバイス以外のすべてのデバイスを OpenCL デバイスとして取得します。

num_entries

取得できるデバイス ID のエントリの数を指定します。デバイス ID は *devices 引数へ格納されます。devices 引数が NULL 以外なら、本引数は 0 以上でなければなりません。

***devices**

取得したデバイスIDのリストが格納されます。NULLを指定すると、本引数は無視されます。格納されるデバイス ID 数は、num_entries 引数の値と有効なデバイス数の小さい方が採用されます。

***num_devices**

device_type に一致する OpenCL デバイスの数です。NULL を指定すると無視されます。

返却値

成功：CL_SUCCESS

失敗：CL_INVALID_PLATFORM など。

15.1.3 clCreateContext

コンテキストを生成します。

```
cl_context clCreateContext (
    const cl_context_properties     *properties,
    cl_uint                         num_devices,
    const cl_device_id              *devices,
    void                            (CL_CALLBACK *pfn_notify)(
                                        const char      *errinfo,
                                        const void      *private_info,
                                        size_t          cb,
                                        void            *user_data),
    void *user_data,
cl_int *errcode_ret)
```

引数

***properties**

プロパティ名と、それに対応する値のリストを指定します。プロパティ名の直後に対応する値が続きます。リストは 0 で終端します。本引数に NULL を指定すると、どのプラットフォームが選択されるかは実装依存です。

num_devices

*devices 引数に渡したデバイスの数を指定します。

***devices**

clGetDeviceIDs あるいは clCreateSubDevices で取得したユニークなデバイス ID、あるいはサブデバイス ID のリストを指すポインタを指定します。

pfn_notify

コールバック関数を指定します。このコールバック関数は、コンテキスト内で発生したエラー情報を通知するために使用されます。コールバック関数は非同期的に呼び出されますので、スレッドセーフに実装してください。本引数が NULL のとき、コールバック関数は登録されません。本コールバック関数に対する引数を示します。

***errinfo**

エラー文字列に対するポインタです。

***private_info**

エラーをデバッグする際に有用となる付加的情報へのポインタです。内容はバイナリデータです。

cb

*private_info 引数のサイズが格納されます。

***user_data**

ユーザーが与えたデータへのポインタです。

***user_data**

*pfn_notify コールバック関数が呼び出されたときに、コールバックの本引数に渡されます。NULL を指定することもできます。

***errcode_ret**

適切なエラーコードを返します（成功時 CL_SUCCESS、失敗時 CL_INVALID_PLATFORM など）。NULL を指定するとエラーコードは返されません。

返却値

コンテキストの生成に成功すると、有効なコンテキストを返します。そうでない場合は NULL を返します。NULL が返った場合、errcode_ret を参照するとエラーの原因を推察することができます。

15.1.4 clCreateCommandQueueWithProperties

指定したデバイスのコマンドキューを生成します。

```
cl_command_queue clCreateCommandQueue (
    cl_context                  context,
    cl_device_id                device,
    const cl_queue_properties   *properties,
    cl_int                      *errcode_ret)
```

引数

context

有効なコンテキストを指定します。

device

対象とするデバイス ID を指定します。デバイスはコンテキストと関連付けられたものでなければなりません。指定するデバイスは、clCreateContext API で指定したデバイスリスト内のデバイス、あるいは clCreateContextFromType API を利用してコンテキストを作成したときに指定したデバイスタイプと同じデバイスタイプの、どちらでも指定できます。

1
2
3
4
5
6
7
8
9
10
11
12
13
14
15

***properties**

コマンドキューのプロパティと対応する値のリストを指定します。各プロパティ名の直後には、対応する目的の値が続きます。リストは 0 で終了します。サポートされているプロパティのリストを次に示します。

CL_QUEUE_PROPERTIES

プロパティ値は cl_command_queue_properties です。これはビットフィールドで、以降に示す値の組み合わせで設定します。

CL_QUEUE_OUT_OF_ORDER_EXEC_MODE_ENABLE

コマンドキュー内にキューイングされたコマンドを指定順（インオーダ）、または順不同（アウトオブオーダ）で実行するか決定します。この値が設定されている場合、コマンドキュー内のコマンドは順不同で実行されます。それ以外の場合は、コマンドが順番に実行されます。

CL_QUEUE_PROFILING_ENABLE

コマンドキュー内のコマンドのプロファイリングを有効または無効にします。これを設定すると、コマンドのプロファイリングが有効になります。それ以外の場合、コマンドのプロファイリングは無効になります。

CL_QUEUE_ON_DEVICE

デバイスキューであることを示します。この値が設定されている場合は、CL_QUEUE_OUT_OF_ORDER_EXEC_MODE_ENABLE も設定する必要があります。

CL_QUEUE_ON_DEVICE_DEFAULT

デフォルトのデバイスキューであることを示します。これは CL_QUEUE_ON_DEVICE でのみ使用できます。CL_QUEUE_PROPERTIES が指定されていない場合は、指定されたデバイスに対してインオーダ・ホスト・コマンド・キューが作成されます。

CL_QUEUE_SIZE

プロパティ値は cl_uint です。デバイスキューのサイズをバイト単位で指定します。CL_QUEUE_ON_DEVICE が CL_QUEUE_PROPERTIES に設定されている場合にのみ指定できます。この値は CL_DEVICE_QUEUE_ON_DEVICE_MAX_SIZE 以下の値でなければなりません。最高のパフォーマンスを得るには、CL_DEVICE_QUEUE_ON_DEVICE_PREFERRED_SIZE 以下の値にする必要があります。

CL_QUEUE_SIZE が指定されていない場合、デバイスキューは CL_DEVICE_QUEUE_ON_DEVICE_PREFERRED_SIZE のサイズで作成されます。

サポートされているプロパティとその値がプロパティで指定されていない場合、そのデフォルト値が使用されます。プロパティは NULL にすることができます。この場合、サポートされているコマンドキュープロパティのデフォルト値が使用されます。

***errcode_ret**

適切なエラーコードを返します（成功時はCL_SUCCESS、失敗時はCL_INVALID_CONTEXTなど）。NULLを指定すると、エラーコードは返されません。

返却値

コマンドキューの作成が成功すると、有効なコマンドキューを返します。そうでない場合はNULLを返します。NULLが帰った場合、*errcode_retを参照するとエラーの原因を推察することができます。

15.1.5 clCreateCommandQueue

指定したデバイスのコマンドキューを生成します。OpenCL 1.2までは、コマンドキューの生成はclCreateCommandQueue APIを使用しました。OpenCL 2.0から、このAPIはclCreateCommandQueueWithPropertiesへ変更されました。異なるのは関数名と第3引数です。

```
cl_command_queue clCreateCommandQueue (
    cl_context                  context,
    cl_device_id                device,
    cl_command_queue_properties properties,
    cl_int                      *errcode_ret)
```

引数

context

clCreateCommandQueueWithPropertiesと同様です。

device

clCreateCommandQueueWithPropertiesと同様です。

properties

clCreateCommandQueueWithPropertiesと異なり、コマンドキューのプロパティを指定するビットフィールドです。有効な値を以下に示します。

CL_QUEUE_OUT_OF_ORDER_EXEC_MODE_ENABLE

このプロパティを設定すると、コマンドキュー内のコマンドはアウトオブオーダ（順不同）で実行されます。そうでないときはインオーダ（順序通り）で実行されます。

CL_QUEUE_PROFILING_ENABLE

このプロパティを設定すると、コマンドのプロファイリングが有効になります。そうでない場合、プロファイリングは無効です。

***errcode_ret**

clCreateCommandQueueWithProperties と同様です。

返却値

clCreateCommandQueueWithProperties と同様です。

15.1.6 clCreateProgramWithSource

指定のコンテキストに、ソースコードからプログラムオブジェクトを作成します。

```
cl_program clCreateProgramWithSource (
    cl_context     context,
    cl_uint        count,
    const char     **strings,
    const size_t   *lengths,
    cl_int         *errcode_ret)
```

引数

context

有効なコンテキストを指定します。

count

*lengths 引数に格納される配列数を指定します。

****strings**

count 個のポインタを要素に持つ配列を指定します。各ソースコードの文字列が NULL 文字終端になっているかどうかは任意です。

***lengths**

strings 配列内の各文字列の文字数を指定する配列です。本引数のある要素が 0 のとき、対応するソースコードは NULL 文字終端になっているものとみなされます。本引数が NULL のとき、strings 引数内のすべての文字列が NULL 文字終端になっているものとみなします。この配列に含まれる各値は、終端文字を除いた長さを指定します。

***errcode_ret**

適切なエラーコードを返します（成功時は CL_SUCCESS、失敗時は CL_INVALID_CONTEXT など)。NULL を指定すると、エラーコードは返されません。

返却値

プログラムオブジェクトの生成に成功すると、有効なプログラムオブジェクトを返します。そうでない場合は NULL を返します。NULL が返った場合、*errcode_ret を参照するとエラーの原因を推察することができます。

15.1.7 clBuildProgram

コンテキスト内でプログラムオブジェクトと関連付けられたデバイス用のプログラムを、ソースコードあるいはバイナリからビルド（コンパイルとリンク）します。引数に指定する program は clCreateProgramWithSource あるいは clCreateProgramWithBinary API を呼び出して生成したものでなければなりません。

```
cl_int clBuildProgram (
    cl_program          program,
    cl_uint             num_devices,
    const cl_device_id  *device_list,
    const char          *options,
    void                (CL_CALLBACK *pfn_notify)(
                            cl_program  program,
                            void        *user_data),
    void                *user_data)
```

引数

program

プログラムオブジェクトを指定します。

num_devices

*device_list 引数に含まれるデバイスの数を指定します。

***device_list**

program 引数と関連付けられたデバイスリストへのポインタを指定します。NULL が指定された場合、program 引数と関連付けられたすべてのデバイス用のプログラムがビルドされます。NULL でない場合、このリストで指定されたデバイス用の実行可能プログラムがビルドされます。

***options**

実行可能プログラムをビルドする際に適用するビルドオプションを指定します。オプションは NULL で終端された文字列です。

***pfn_notify**

コールバック関数を指定します。実行可能プログラムがビルドされたときに、登録した関数が成功失敗に関わらず呼び出されます。この引数がNULLでないとき、本APIはプログラムのビルド完了を待つことなく、すぐに制御を戻します。本引数がNULLの場合は、ビルドが完了するまで制御を戻しません。コールバック関数は非同期的に呼び出されますので、スレッドセーフに実装してください。NULLのとき、コールバック関数は登録されません。以降に本コールバック関数に対する引数を示します。

program

プログラムオブジェクトです。

***user_data**

ユーザーが与えたデータへのポインタです。

***user_data**

*pfn_notify コールバック関数が呼び出されたときに、コールバックの *user_data 引数として渡されます。NULLを指定することもできます。

返却値

成功：CL_SUCCESS
失敗：CL_INVALID_PROGRAM など。

15.1.8 clCreateKernel

カーネルオブジェクトを生成します。

```
cl_kernel clCreateKernel (
    cl_program program,
    const char *kernel_name,
    cl_int *errcode_ret)
```

引数

program

正常にビルドされ実行可能なプログラムオブジェクトを指定します。

***kernel_name**

__kernel 修飾子を付けて宣言されたカーネルの関数名を指定します。

***errcode_ret**

適切なエラーコードを返します（成功時はCL_SUCCESS、失敗時はCL_INVALID_VALUEなど)。NULLを指定すると、エラーコードは返されません。

返却値

カーネルオブジェクトの生成に成功すると、有効なカーネルオブジェクトを返します。そうでない場合はNULLを返します。NULLが返った場合、*errcode_retを参照するとエラーの原因を推察することができます。

15.1.9 clCreateBuffer

メモリオブジェクトを生成します。

```
cl_mem clCreateBuffer (
    cl_context     context,
    cl_mem_flags   flags,
    size_t         size,
    void           *host_ptr,
    cl_int         *errcode_ret)
```

引数

context

有効なコンテキストを指定します。

flags

メモリオブジェクトを確保するのに使用されるメモリ領域やバッファオブジェクトがどのように使われるかを示すビットフィールドです。値を以下に示します。

CL_MEM_READ_WRITE

メモリオブジェクトはカーネルによって読み書きされます。これがデフォルトです。

CL_MEM_WRITE_ONLY

メモリオブジェクトはカーネルから書き込みだけ行われます。読み込まれることはありません。CL_MEM_WRITE_ONLYを指定して作成したバッファオブジェクトやイメージオブジェクトを、カーネルが読み込んだ場合、何が起きるかは未定義です。CL_MEM_READ_WRITEとCL_MEM_WRITE_ONLYは排他的な関係です。同時に指定することはできません。

CL_MEM_READ_ONLY

メモリオブジェクトはカーネルから読み込みだけ行われます。書き込まれることはありません。CL_MEM_READ_ONLYを指定して作成したバッファオブジェクトやイメージオブジェクトへ、カーネルが書き込んだ場合、何が起きるかは未定義です。

CL_MEM_READ_WRITE や CL_MEM_WRITE_ONLY と CL_MEM_READ_ONLY は排他的な関係です。同時に指定することはできません。

CL_MEM_USE_HOST_PTR

このフラグは、*host_ptr が NULL でないときのみ有効です。このフラグは、アプリケーションが OpenCL 実装に対して、*host_ptr が指すメモリをメモリオブジェクトとして使用するよう要求します。OpenCL は、*host_ptr が指す領域に保存されているバッファの内容をデバイスメモリにキャッシュでき、キャッシュの複製は、カーネルを実行する際に用いることができます。

同じ *host_ptr あるいはオーバーラップする領域に対して作成されたバッファオブジェクトに対して操作を行う OpenCL コマンドの結果は未定義です。

なお、CL_MEM_USE_HOST_PTR を指定する場合、メモリのアライメントに関し制限があります。

CL_MEM_ALLOC_HOST_PTR

このフラグは、ホストがアクセス可能なメモリ領域からメモリを確保するよう求めていることを意味します。

CL_MEM_ALLOC_HOST_PTR と CL_MEM_USE_HOST_PTR は排他的な関係です。同時に指定することはできません。

CL_MEM_COPY_HOST_PTR

このフラグは、*host_ptr が NULL でないときのみ有効です。このフラグは、メモリオブジェクトのメモリを確保し *host_ptr が指すメモリからデータをコピーすることを要求します。

CL_MEM_COPY_HOST_PTR と CL_MEM_USE_HOST_PTR は相互に排他的です。CL_MEM_COPY_HOST_PTR は CL_MEM_ALLOC_HOST_PTR と一緒に指定して、ホストがアクセス可能なメモリに確保した cl_mem オブジェクトの内容を初期化できます。

CL_MEM_HOST_WRITE_ONLY

このフラグは、ホストが書き込みだけできることを指示します。これによって、ホストからの書き込みが最適化されます。

CL_MEM_HOST_READ_ONLY

このフラグは、ホストが読み込みだけできることを指示します。CL_MEM_HOST_WRITE_ONLY と CL_MEM_HOST_READ_ONLY は排他的な関係です。同時に指定することはできません。

CL_MEM_HOST_NO_ACCESS

このフラグは、ホストがメモリオブジェクトを、読み込みも書き込みも行わないことを指示します。

CL_MEM_HOST_WRITE_ONLY や CL_MEM_HOST_READ_ONLY は CL_MEM_HOST_NO_ACCESS と排他的な関係です。同時に指定することはできません。

size

バッファオブジェクトのサイズをバイトで指定します。

***host_ptr**

確保済みのバッファを指すポインタです。本引数が指すバッファのサイズは size 引数以上の値でなければなりません。

***errcode_ret**

適切なエラーコードを返します（成功時は CL_SUCCESS、失敗時は CL_INVALID_CONTEXT など）。NULL を指定すると、エラーコードは返されません。

返却値

バッファオブジェクトの生成に成功すると、有効なバッファオブジェクトを返します。そうでない場合は NULL を返します。NULL が返った場合、*errcode_ret を参照するとエラーの原因を推察することができます。

15.1.10 clSetKernelArg

カーネルに渡す引数を設定します。

```
cl_int clSetKernelArg (
    cl_kernel    kernel,
    cl_uint      arg_index,
    size_t       arg_size,
    const void   *arg_value)
```

引数

kernel

カーネルオブジェクトを指定します。

arg_index

引数のインデックスを指定します。カーネルの引数が n 個ある場合、最初の引数を 0 として始まる n – 1 までのインデックスでカーネルの引数を識別させます。例えばカーネルのコードが以降に示すように記述されているとします。

```
__kernel void
add(__global const float *A,
    __global const float *B,
    __global float *C)
{
    *C=*A+*B;
}
```

引数のインデックスは、A が 0、B が 1、C が 2 です。

arg_size

引数のサイズを指定します。__local 修飾子付で宣言された引数については、指定したサイズは、__local 引数のために確保しなければならないバッファのサイズです。

***arg_value**

引数に値として渡すデータへのポインタを指定します。本引数を指す（もしくは本引数が指す）引数データは複製され、関数から制御が返った後は、アプリケーションは本引数のポインタを再利用できます。本 API を呼び出した後に、本引数が指す引数データを更新してからカーネルを起動しても、引数の値は本 API を呼び出したときの値です。指定した引数値は、本 API を呼び出して引数値を変更するまで、すべてのカーネル実行要求 API（clEnqueueNDRangeKernel および clEnqueueTask）の呼び出しで利用されます。引数がメモリオブジェクトであるときにはオブジェクトへのポインタを指定します。

返却値

成功：CL_SUCCESS
失敗：CL_INVALID_KERNEL など。

通常は !=CL_SUCCESS で判断します。

15.1.11 clEnqueueNDRangeKernel

カーネルを実行するコマンドをキューイングします。

```
cl_int clEnqueueNDRangeKernel (
    cl_command_queue   command_queue,
    cl_kernel          kernel,
    cl_uint            work_dim,
    const size_t       *global_work_offset,
    const size_t       *global_work_size,
    const size_t       *local_work_size,
    cl_uint            num_events_in_wait_list,
    const cl_event     *event_wait_list,
    cl_event           *event)
```

引数

command_queue

有効なコマンドキューを指定します。

kernel

有効なカーネルオブジェクトを指定します。

work_dim

ワークアイテムの次元数を指定します。

***global_work_offset**

ワークアイテムIDを算出するときのオフセット値です。NULLを指定すると0が使われます。

***global_work_size**

各次元のグローバルワークアイテム数を指定します。

***local_work_size**

各次元のローカルワークアイテム数を指定します。

num_events_in_wait_list

*event_wait_list 引数で指定したイベントオブジェクトの数を指定します。

***event_wait_list**

このコマンドが実行される前に完了していなければならないイベントを指定します。本引数がNULLのとき、本引数は0でなければなりません。本引数に指定したイベントが完了しない限り、本カーネルは実行されません。つまり、他のイベントと同期させたいときに使用します。

***event**

このカーネル実行を識別するイベントオブジェクトが返されます。本引数が NULL のとき、このカーネル実行に関するイベントは作成されません。

返却値

成功：CL_SUCCESS
失敗：CL_INVALID_PROGRAM_EXECUTABLE など。

COLUMN

OpenCL 2.0 以降のタスク並列

OpenCL 1.2 までは、タスク並列を使用するために clEnqueueTask API を使用しました（OpenCL 2.0 から、この API は廃止されました）。

clEnqueueTask は、work_dim = 1、global_work_offset = NULL、global_work_size [0] を 1、local_work_size [0] を 1 に設定して clEnqueueNDRangeKernel を呼び出すのと同じですので、OpenCL 2.0 でタスク並列を使用したい場合、上記の引数を指定して clEnqueueNDRangeKernel API を使用します。

15.1.12 clEnqueueReadBuffer

バッファオブジェクトからホストメモリへ読み込むためのコマンドをキューイングします。

```
cl_int clEnqueueReadBuffer (
    cl_command_queue   command_queue,
    cl_mem             buffer,
    cl_bool            blocking_read,
    size_t             offset,
    size_t             size,
    void               *ptr,
    cl_uint            num_events_in_wait_list,
    const cl_event     *event_wait_list,
    cl_event           *event)
```

引数

command_queue

有効なコマンドキューを指定します。

buffer

有効なバッファオブジェクトを指定します。

blocking_read

非同期読み込みを行うか、同期読み込みを行うかを指定します。同期読み込みを行いたい場合、CL_TRUEを、非同期読み込みを行いたい場合、CL_FALSEを指定します。CL_TRUEを指定すると、バッファがホストメモリに読み込まれるまで、本APIは制御を戻しません。CL_FALSEを指定した場合、バッファの読み込みが完了していなくても制御が戻りますので、バッファの内容が更新されているとは限りません。非同期読み込みを行う場合、イベントを取得し本APIが完了しているかイベントをチェックする必要があります。

offset

バッファオブジェクトから読み取るオフセット（バイト単位）を指定します。

size

バッファオブジェクトから読み取るデータのサイズ（バイト単位）を指定します。

***ptr**

データを読み込むホストメモリのポインタを指定します。

num_events_in_wait_list

*event_wait_listで指定したイベントオブジェクトの数を指定します。

***event_wait_list**

このコマンドが実行される前に完了していなければならないイベントを指定します。本引数がNULLのとき、num_events_in_wait_list引数は0でなければなりません。本引数に指定したイベントが完了しない限り、本コマンドは実行されません。つまり、他のイベントと同期させたいときに使用します。

***event**

このカーネル実行を識別するイベントオブジェクトが返されます。本引数がNULLのとき、このカーネル実行に関するイベントは作成されません。

返却値

成功：CL_SUCCESS

失敗：CL_INVALID_COMMAND_QUEUEなど。

15.1.13 clReleaseMemObject

メモリオブジェクトの参照カウントを 1 減らします。カウンタが 0 になったらオブジェクトを破棄します。

```
cl_int clReleaseMemObject (cl_mem memobj)
```

引数

memobj

メモリオブジェクトを指定します。

返却値

成功：CL_SUCCESS
失敗：CL_INVALID_MEM_OBJECT など。

通常は !=CL_SUCCESS で判断します。

15.1.14 clReleaseKernel

カーネルオブジェクトの参照カウントを 1 減らします。カウンタが 0 になったらオブジェクトを破棄します。

```
cl_int clReleaseKernel (cl_kernel kernel)
```

引数

kernel

カーネルオブジェクトを指定します。

返却値

成功：CL_SUCCESS
失敗：CL_INVALID_KERNEL など。

15.1.15 clReleaseProgram

プログラムオブジェクトの参照カウントを1減らします。カウンタが0になったらオブジェクトを破棄します。

```
cl_int clReleaseProgram (cl_program program)
```

引数

program

プログラムオブジェクトを指定します。

返却値

成功：CL_SUCCESS
失敗：CL_INVALID_PROGRAM など。

15.1.16 clReleaseCommandQueue

コマンドキューオブジェクトの参照カウントを1減らします。カウンタが0になり、コマンドキューオブジェクトにキューされたコマンドがすべて終了すると、コマンドキューオブジェクトは破棄されます。

```
cl_int clReleaseCommandQueue (cl_command_queue  command_queue)
```

引数

command_queue

コマンドキューオブジェクトを指定します。

返却値

成功：CL_SUCCESS
失敗：CL_INVALID_COMMAND_QUEUE など。

15.1.17 clReleaseContext

コンテキストオブジェクトの参照カウントを 1 減らします。カウンタが 0 になったらオブジェクトを破棄します。

```
cl_int clReleaseContext (cl_context  context)
```

引数

context

コンテキストオブジェクトを指定します。

返却値

成功：CL_SUCCESS
失敗：CL_INVALID_CONTEXT など。

15.1.18 clFlush

コマンドキューに入っているすべてのコマンドをデバイスへ渡します。ただし、これらのコマンドはデバイスに渡されるだけで、本コマンドから制御が返ってきても、コマンドが終了しているとは限りません。他のコマンドと同期したい場合は、本コマンドではなく同期機構を使用してください。

```
cl_int clFlush (cl_command_queue  command_queue)
```

引数

command_queue

有効なコマンドキューを指定します。

返却値

成功：CL_SUCCESS
失敗：CL_INVALID_COMMAND_QUEUE など。

備考

コマンドキューにキューイングされたすべてのブロッキングコマンドは、コマンドキューの暗黙的なフラッシュを実行します。これらのブロッキングコマンドには、以下のものがあります。

clEnqueueReadBuffer、clEnqueueReadBufferRect、clEnqueueReadImageなどですが、細かな注意点がありますので詳細はOpenCLの仕様書を参照してください。clEnqueueWriteBuffer、clEnqueueWriteBufferRect、clEnqueueWriteImageを同期呼び出し（CL_TRUE）に指定しブロッキングしたときも暗黙的なフラッシュを実行します。clEnqueueMapBuffer、clEnqueueMapImageに同期呼び出し（CL_TRUE）に指定したときも同様です。そして、clWaitForEvents呼び出しでも、コマンドキューの暗黙的なフラッシュを実行します。clFlushで同期しているプログラムを見かけますが、本コマンドから制御が返ってきてもコマンドが終了しているとは限らないため、同期したい場合はイベントなどで正確に同期するようにしましょう。

15.1.19 clGetPlatformInfo

指定したOpenCLプラットフォームに関する情報を取得します。

```
cl_int clGetPlatformInfo (
    cl_platform_id     platform,
    cl_platform_info   param_name,
    size_t             param_value_size,
    void               *param_value,
    size_t             *param_value_size_ret)
```

引数

platform

clGetPlatformIDsによって返されたプラットフォームIDです。

param_name

取得するプラットフォーム情報を識別する定数です。この指定を行った呼び出しで返されるparam_valueは、char[]の形式です。

CL_PLATFORM_PROFILE

OpenCLプロファイルの文字列です。実装でサポートされているプロファイル名を返します。返されるプロファイル名は、次のいずれかの文字列です。

FULL_PROFILE

実装がOpenCL仕様をサポートしている場合（コア仕様の一部として定義された機能で、拡張機能をサポートする必要はありません）

EMBEDDED_PROFILE

実装がOpenCL埋め込みプロファイルをサポートしている場合、埋め込みプロファイルはOpenCLの各バージョンのサブセットとして定義されています。

CL_PLATFORM_VERSION

OpenCLのバージョンを示す文字列です。このバージョン文字列の形式は次の通りです。OpenCL<space><major_version.minor_version><space><platform-specific information>

CL_PLATFORM_NAME

プラットフォーム名の文字列です

CL_PLATFORM_VENDOR

プラットフォームベンダの文字列です。

CL_PLATFORM_EXTENSIONS

プラットフォームでサポートされている拡張名をスペースで区切られたリストを返します。ここで定義されている拡張機能は、このプラットフォームに関連するすべてのデバイスでサポートされている必要があります。

param_value_size

*param_value によって指示されたメモリのサイズをバイト単位で指定します。このサイズは、param_name で指定された戻り値のサイズ以上でなければなりません。

***param_value**

本引数で指定した値が返されるメモリを指すポインタです。本引数が NULL の場合、無視されます。

***param_value_size_ret**

取得したデータの実際のサイズ（バイト数）が返されます。本引数が NULL の場合、無視されます。

返却値

成功：CL_SUCCESS

失敗：CL_INVALID_PLATFORM、など。

15.1.20 clGetDeviceInfo

OpenCL デバイスに関する情報を取得します。

```
cl_int clGetDeviceInfo (
    cl_device_id     device,
    cl_device_info   param_name,
    size_t           param_value_size,
    void             *param_value,
    size_t           *param_value_size_ret)
```

引数

device

clGetPlatformIDs によって返されたプラットフォーム ID です。

param_name

取得するデバイス情報を識別する定数です。

CL_DEVICE_NAME

戻り値の型は char [] です。デバイス名文字列です。

CL_DEVICE_MAX_COMPUTE_UNITS

戻り値の型は cl_uint です。OpenCL デバイス上の並列計算コアの数です。最小値は 1 です。

CL_DEVICE_MAX_WORK_ITEM_DIMENSIONS

戻り値の型は cl_uint です。データ並列実行モデルで使用されるグローバルおよびローカルワークアイテム ID を指定する最大次元数です（clEnqueueNDRangeKernel を参照してください）。最小値は 3 です。

CL_DEVICE_SVM_CAPABILITIES

デバイスがサポートするさまざまな共有仮想メモリ（SVM）タイプについて説明します。粗粒度 SVM 割り当ては、すべての OpenCL 2.0 デバイスでサポートされる必要があります。これは、以下の値の組み合わせを記述するビットフィールドです。

CL_DEVICE_SVM_COARSE_GRAIN_BUFFER

粗粒度バッファ（Coarse-Grainedbuffer）をサポートします。粗粒度バッファは clSVMAlloc API で割り付けます。バッファの一貫性は、同期ポイントで保証されます。ホストは clEnqueueMapBuffer API および clEnqueueUnmapMemObject API を呼び出す必要があります。

CL_DEVICE_SVM_FINE_GRAIN_BUFFER

細粒度バッファ（Fine-Grainedbuffer）をサポートします。細粒度バッファはclSVMAlloc API で割り付けます。メモリの一貫性は、clEnqueueMapBuffer API およびclEnqueueUnmapMemObject API を必要としません。

CL_DEVICE_SVM_FINE_GRAIN_SYSTEM

malloc を使用して割り当てられたメモリを含む、ホストの仮想メモリ全体の共有をサポートします。同期ポイントでメモリの一貫性が保証されます。

CL_DEVICE_MAX_WORK_ITEM_SIZES

戻り値の型は size_t [] です。clEnqueueNDRangeKernel に対するワークグループの各次元で指定できるワークアイテムの最大数です。size_t[n] のエントリを返します。n は、CL_DEVICE_MAX_WORK_ITEM_DIMENSIONS のクエリによって返された値です。最小値は（1,1,1）です。

CL_DEVICE_MAX_WORK_GROUP_SIZE

戻り値の型は size_t です。データ並列を使用し、カーネルを実行するワークグループ内の作業項目の最大数です（clEnqueueNDRangeKernel を参照してください）。最小値は 1 です。

param_value_size

*param_value によって指示されたメモリのサイズをバイト単位で指定します。このサイズは、param_name で指定された戻り値のサイズ以上でなければなりません。

***param_value**

本引数で指定した値が返されるメモリを指すポインタです。本引数が NULL の場合、無視されます。

***param_value_size_ret**

取得したデータの実際のサイズ（バイト数）が返されます。本引数が NULL の場合、無視されます。

返却値

成功：CL_SUCCESS
失敗：CL_INVALID_PLATFORM など。

備考

CL_DEVICE_PROFILE は、OpenCL フレームワークによって実装されたプロファイルを返します。返されるプラットフォームプロファイルが FULL_PROFILE の場合、OpenCL フレームワークは FULL_PROFILE であるデバイスをサポートし、EMBEDDED_PROFILE であるデバイスもサポートします。

CL_DEVICE_COMPILER_AVAILABLE は CL_TRUE であるため、コンパイラはすべてのデバイスで使用できる必要があります。

15.1.21 clGetProgramBuildInfo

プログラムをビルドしたときの情報を取得します。

```
cl_int clGetProgramBuildInfo (
    cl_program              program,
    cl_device_id            device,
    cl_program_build_info   param_name,
    size_t                  param_value_size,
    void                    *param_value,
    size_t                  *param_value_size_ret)
```

引数

program

プログラムオブジェクトです。

device

プログラムオブジェクトと関連付けられたデバイスオブジェクトです。

param_name

取得する情報の種別です。

param_value_size

*param_value の大きさです。CL_PROGRAM_BUILD_LOG を指定すると、ビルド時のログを文字列で取得します。

***param_value**

取得した情報が格納されるアドレスです。NULL を指定すると情報は取得されません。

***param_value_size_ret**

実際に *param_value に格納した値の大きさです。NULL を指定すると情報は取得されません。

返却値

成功：CL_SUCCESS
失敗：CL_INVALID_DEVICE など。

通常は !=CL_SUCCESS で判断します。

15.1.22 clEnqueueFillBuffer

バッファオブジェクトを特定のパターンで塗りつぶします。

```
cl_int clEnqueueFillBuffer (
    cl_command_queue  command_queue,
    cl_mem            buffer,
    const void        *pattern,
    size_t            pattern_size,
    size_t            offset,
    size_t            size,
    cl_uint           num_events_in_wait_list,
    const cl_event    *event_wait_list,
    cl_event          *event)
```

引数

command_queue

有効なコマンドキューを指定します。

buffer

バッファオブジェクトです。

***pattern**

塗りつぶすデータパターンを指すポインタです。

pattern_size

*pattern が指すデータパターンのサイズです。

offset

塗りつぶしを行う開始位置です。バッファオブジェクトの先頭アドレスからバイト数で指定します。この値は、pattern_size の整数倍でなければなりません。

size

塗りつぶしを行う領域をバイト数で指定します。この値は、pattern_size の整数倍でなければなりません。

num_events_in_wait_list

*event_wait_list で指定したイベントオブジェクトの数を指定します。

***event_wait_list**

このコマンドが実行される前に完了していなければならないイベントを指定します。本引数が NULL のとき、num_events_in_wait_list は 0 でなければなりません。本引数に指定したイベントが完了しない限り、本コマンドは実行されません。つまり、他のイベントと同期させたいときに使用します。

***event**

このコマンド実行を識別するイベントオブジェクトが返されます。本引数が NULL のとき、このコマンド実行に関するイベントは作成されません。

返却値

成功：CL_SUCCESS

失敗：CL_INVALID_COMMAND_QUEUE など。

通常は !=CL_SUCCESS で判断します。

15.1.23 clEnqueueWriteBuffer

ホストメモリからバッファオブジェクトに書き込むコマンドをキューイングします。

```
cl_int clEnqueueWriteBuffer (
    cl_command_queue   command_queue,
    cl_mem             buffer,
    cl_bool            blocking_write,
    size_t             offset,
    size_t             cb,
    void               *ptr,
    cl_uint            num_events_in_wait_list,
    const cl_event     *event_wait_list,
    cl_event           *event)
```

引数

command_queue

有効なコマンドキューを指定します。

buffer

有効なバッファオブジェクトを指定します。

blocking_write

非同期書き込みを行うか、同期書き込みを行うかを指定します。同期書き込みを行いたい場合、CL_TRUE を、非同期書き込みを行いたい場合、CL_FALSE を指定します。CL_TRUE を指定すると、ホストメモリがバッファに書き込まれるまで、本 API は制御を戻しません。CL_FALSE を指定した場合、書き込みが完了していなくても制御が戻りますので、ホスト側でメモリの内容を変更してはなりません。非同期書き込みを行う場合、イベントを取得し本API が完了しているかイベントをチェックする必要があります。

offset

書き込むバッファオブジェクト内のバイト単位のオフセットです。

cb

書き込まれるデータのサイズ（バイト単位）です。

***ptr**

データが書き込まれるホストメモリ内のバッファへのポインタです。

num_events_in_wait_list

*event_wait_list で指定したイベントオブジェクトの数を指定します。

***event_wait_list**

このコマンドが実行される前に完了していなければならないイベントを指定します。本引数が NULL のとき、num_events_in_wait_list 引数は 0 でなければなりません。本引数に指定したイベントが完了しない限り、コマンドは実行されません。つまり、他のイベントと同期させたいときに使用します。

***event**

このカーネル実行を識別するイベントオブジェクトが返されます。本引数が NULL のとき、このカーネル実行に関するイベントは作成されません。

返却値

成功：CL_SUCCESS

失敗：CL_INVALID_COMMAND_QUEUE など。

15.1.24 clWaitForEvents

イベントに関連付けたコマンドが終了するまで待ちます。

```
cl_int clWaitForEvents (
    cl_uint          num_events,
    const cl_event   *event_list)
```

引数

num_events

*event_list で指定するイベントオブジェクトの数を指定します。

***event_list**

このコマンドが完了を待つイベントを指定します。num_eventsで指定した数のイベントを指定しなければなりません。本引数に指定したイベントが完了しない限り、本API呼び出しはブロックされます。つまり、他のイベントと同期させたいときに本APIを使用します。

返却値

成功：CL_SUCCESS
失敗：CL_INVALID_VALUEなど。

15.1.25 clEnqueueBarrierWithWaitList

コマンドキューへ、指定したイベントの終了を待つバリアコマンドをキューします。指定したすべてのイベントが終了するまで、このバリアコマンドに続くコマンドは実行がブロックされます。

```
cl_int clEnqueueBarrierWithWaitList (
    cl_command_queue   command_queue,
    cl_uint            num_events_in_wait_list,
    const cl_event     *event_wait_list,
    cl_event           *event)
```

引数

command_queue

有効なコマンドキューを指定します。

num_events_in_wait_list

*event_wait_listで指定したイベントオブジェクトの数を指定します。

***event_wait_list**

このコマンドが実行される前に完了していなければならないイベントを指定します。本引数がNULLのとき、num_events_in_wait_listは0でなければなりません。この引数にNULLを指定した場合、これ以前に発行したコマンドがすべて完了するまで本コマンドは待ちに入ります。それ以外の場合、本引数に指定したイベントが完了しない限り、本コマンドは実行されません。つまり、本コマンドに続くコマンドを、他のイベントと同期させたいときに使用します。

***event**

このコマンド実行を識別するイベントオブジェクトが返されます。本引数がNULLのとき、このコマンド実行に関するイベントは作成されません。

返却値

成功：CL_SUCCESS

失敗：CL_INVALID_COMMAND_QUEUE など。

15.1.26 clCreateImage

一次元、二次元、三次元イメージオブジェクト、一次元、二次元イメージアレイを生成します。

```
cl_mem clCreateImage (
    cl_context              context,
    cl_mem_flags            flags,
    const cl_image_format   *image_format,
    const cl_image_desc     *image_desc,
    void                    *host_ptr,
    cl_int                  *errcode_ret)
```

引数

context

有効な OpenCL コンテキストを指定します。

flags

イメージオブジェクトを確保するのに使用されるメモリ領域やイメージオブジェクトがどのように使われるかを示すビットフィールドです。詳細は、clCreateBuffer の説明を参照してください。

***image_format**

イメージフォーマットを表す構造体へのポインタです。cl_image_format 構造体については後述します。

***image_desc**

イメージのデータを表す構造体へのポインタです。cl_image_desc 構造体については後述します。

***host_ptr**

確保済みのバッファを指すポインタです。

***errcode_ret**

適切なエラーコードを返します（成功時 CL_SUCCESS、失敗時 CL_INVALID_CONTEXT など）。NULL を指定すると、エラーコードは返されません。

返却値

イメージオブジェクトの生成に成功すると、有効なイメージオブジェクトを返します。そうでない場合は NULL を返します。NULL が返った場合、*errcode_ret を参照するとエラーの原因を推察することができます。

15.1.27 clEnqueueFillImage

イメージオブジェクトを指定の色で塗りつぶします。

```
cl_int clEnqueueFillImage (
    cl_command_queue   command_queue,
    cl_mem             image,
    const void         *fill_color,
    const size_t       *origin,
    const size_t       *region,
    cl_uint            num_events_in_wait_list,
    const cl_event     *event_wait_list,
    cl_event           *event)
```

引数

command_queue

有効なコマンドキューを指定します。

image

有効なイメージオブジェクト、あるいはイメージアレイを指定します。

***fill_color**

塗りつぶす色を指定します。4 つのコンポーネントからなるベクトル型です。ベクトル型の型は image_format 構造体の image_channel_data_type メンバに指定した型で決定されます。

***origin**

塗りつぶしの開始点を指定します。

***region**

塗りつぶしの範囲を指定します。

num_events_in_wait_list

このコマンドが実行される前に完了していなければならないイベントの数を指定します。

***event_wait_list**

このコマンドが実行される前に完了していなければならないイベントを指定します。本引数がNULLのとき、num_events_in_wait_listは0でなければなりません。本引数に指定したイベントが完了しない限り、本カーネルは実行されません。つまり、他のイベントと同期させたいときに使用します。

***event**

このカーネル実行を識別するイベントオブジェクトが返されます。本引数がNULLのとき、このカーネル実行に関するイベントは作成されません。

返却値

成功：CL_SUCCESS

失敗：CL_INVALID_COMMAND_QUEUEなど。

15.1.28 clEnqueueReadImage

一次元、二次元、三次元のイメージオブジェクト、あるいは一次元、二次元のイメージアレイを読み込みます。

```
cl_int clEnqueueReadImage (
    cl_command_queue   command_queue,
    cl_mem             image,
    cl_bool            blocking_read,
    const size_t       *origin,
    const size_t       *region,
    size_t             row_pitch,
    size_t             slice_pitch,
    void               *ptr,
    cl_uint            num_events_in_wait_list,
    const cl_event     *event_wait_list,
    cl_event           *event)
```

引数

command_queue

有効なコマンドキューを指定します。

image

有効なイメージオブジェクト、あるいはイメージアレイを指定します。

blocking_read

非同期読み込みを行うか、同期読み込みを行うかを指定します。同期読み込みを行いたい場合、CL_TRUE を、非同期読み込みを行いたい場合、CL_FALSE を指定します。CL_TRUE を指定すると、バッファがホストメモリに読み込まれるまで、本 API は制御を戻しません。CL_FALSE を指定した場合、バッファの読み込みが完了していなくても制御が戻ります。このため、CL_FALSE を指定した場合、バッファの内容が更新されているとは限りません。非同期読み込みを行う場合、イベントを取得し、本 API が完了しているかイベントをチェックする必要があります。

***origin**

読み込み開始点を指定します。

***region**

読み込み範囲を指定します。

row_pitch

1 ラインのバイト数を指定します。*ptr 引数に NULL を指定する場合、0 でなければなりません。*ptr 引数が NULL でない場合、0 か「image_width ×ピクセルのバイト数」以上の値を指定します。*ptr 引数が NULL でなく、この値が 0 の場合、「image_width ×ピクセルのバイト数」が適用されます。この値に 0 以外を指定する場合、ピクセルのバイト数の整数倍でなければなりません。

slice_pitch

三次元イメージオブジェクトの各二次元イメージオブジェクトをバイト数で指定します。あるいは、一次元、二次元イメージアレイの各イメージオブジェクトのサイズを指定します。上記の row_pitch と同じような考えで、アレイの 1 要素のサイズを指定します。前記と同様で 0 を指定することもできます。詳細は OpenCL の仕様書を参照してください。

***ptr**

データを読み込むホストメモリのポインタを指定します。

num_events_in_wait_list

このコマンドが実行される前に完了していなければならないイベントの数を指定します。

***event_wait_list**

このコマンドが実行される前に完了していなければならないイベントを指定します。本引数が NULL のとき、num_events_in_wait_list は 0 でなければなりません。本引数に指定したイベントが完了しない限り、本カーネルは実行されません。つまり、他のイベントと同期させたいときに使用します。

***event**

このカーネル実行を識別するイベントオブジェクトが返されます。本引数が NULL のとき、このカーネル実行に関するイベントは作成されません。

返却値

成功：CL_SUCCESS
失敗：CL_INVALID_COMMAND_QUEUE など。

15.1.29 clEnqueueMapBuffer

バッファオブジェクト領域をホストアドレス空間にマップするコマンドをキューイングし、このマップされた領域へのポインタを返します。

```
void * clEnqueueMapBuffer (
    cl_command_queue    command_queue,
    cl_mem              buffer,
    cl_bool             blocking_map,
    cl_map_flags        map_flags,
    size_t              offset,
    size_t              cb,
    cl_uint             num_events_in_wait_list,
    const cl_event      *event_wait_list,
    cl_event            *event,
    cl_int              *errcode_ret)
```

引数

command_queue

有効なコマンドキューを指定します。

buffer

有効なバッファオブジェクトを指定します。

blocking_map

非同期マップを行うか、同期マップを行うかを指定します。同期マップを行いたい場合、CL_TRUE を、非同期マップを行いたい場合、CL_FALSE を指定します。CL_TRUE を指定すると、バッファがマップされるまで、本 API は制御を戻しません。CL_FALSE を指定した場合、マップが完了していなくても制御が戻りますので、返されたポインタを使用することはできません。非同期マップを行う場合、ポインタを使用する前にイベントを取得し本 API が完了しているかイベントをチェックする必要があります。

map_flags

読み込みや書き込みを指定するビットフィールドです。CL_MAP_READを指定すると読み込み用で、CL_MAP_WRITEを指定すると書き込み用です。マップするリージョンは、offsetとcbで指定します。

offset

バッファオブジェクトからマップするオフセット（バイト単位）を指定します。

cb

バッファオブジェクトからマップするサイズ（バイト単位）を指定します。

num_events_in_wait_list

*event_wait_listで指定したイベントオブジェクトの数を指定します。

***event_wait_list**

このコマンドが実行される前に完了していなければならないイベントを指定します。本引数がNULLのとき、num_events_in_wait_list引数は0でなければなりません。本引数に指定したイベントが完了しない限り、本カーネルは実行されません。つまり、他のイベントと同期させたいときに使用します。

***event**

このカーネル実行を識別するイベントオブジェクトが返されます。本引数がNULLのとき、このカーネル実行に関するイベントは作成されません。

***errcode_ret**

適切なエラーコードを返します。NULLを指定するとエラーコードは返されません。

返却値

成功：CL_SUCCESS

失敗：CL_INVALID_COMMAND_QUEUEなど。

15.1.30 clEnqueueUnmapMemObject

ホストアドレス空間にマップされたバッファオブジェクト領域をアンマップするコマンドをキューイングします。

```
void * clEnqueueUnmapMemObject (
    cl_command_queue    command_queue,
    cl_mem              memobj,
    void                *mapped_ptr,
    cl_uint             num_events_in_wait_list,
    const cl_event      *event_wait_list,
    cl_event            *event)
```

引数

command_queue

有効なコマンドキューを指定します。

memobj

有効なメモリオブジェクトです。

***mapped_ptr**

clEnqueueMapBufferまたはclEnqueueMapImage API呼び出しで返されたメモリオブジェクトのアドレスです。

num_events_in_wait_list

*event_wait_listで指定したイベントオブジェクトの数を指定します。

***event_wait_list**

このコマンドが実行される前に完了していなければならないイベントを指定します。本引数がNULLのとき、num_events_in_wait_list引数は0でなければなりません。本引数に指定したイベントが完了しない限り、本カーネルは実行されません。つまり、他のイベントと同期させたいときに使用します。

***event**

このコマンドを識別するイベントオブジェクトを返します。この引数にNULLを指定できますが、その場合、アプリケーションはこのコマンドのステータスを照会することも、完了を知ることもできません。そのような場合は、clEnqueueBarrierを使用すると良いでしょう。

返却値

成功：CL_SUCCESS

失敗：CL_INVALID_COMMAND_QUEUEなど。

15.1.31 clGetDeviceInfo

OpenCL デバイスに関する情報を取得します。

```
cl_int clGetDeviceInfo (
    cl_device_id     device,
    cl_device_info   param_name,
    size_t           param_value_size,
    void             *param_value,
    size_t           *param_value_size_ret)
```

引数

device

device は、clGetDeviceIDs によって返されたデバイスか、clCreateSubDevices で作成されたサブデバイスです。デバイスがサブデバイスの場合、そのサブデバイスの特定の情報が返されます。

param_name

問い合わせるデバイス情報を識別する列挙定数です。ここでは、CL_DEVICE_SVM_CAPABILITIES についてのみ解説します。CL_DEVICE_SVM_CAPABILITIES は、デバイスがサポートするさまざまな共有仮想メモリ（SVM）メモリ割り当てタイプについて値を返します。

CL_DEVICE_SVM_COARSE_GRAIN_BUFFER

粗粒度バッファ（Coarse-Grainedbuffer）をサポートします。粗粒度バッファは clSVMAlloc API で割り付けます。バッファの一貫性は、同期ポイントで保証されます。ホストは clEnqueueMapBuffer API および clEnqueueUnmapMemObject API を呼び出す必要があります。

CL_DEVICE_SVM_FINE_GRAIN_BUFFER

細粒度バッファ（Fine-Grainedbuffer）をサポートします。細粒度バッファは clSVMAlloc API で割り付けます。メモリの一貫性は、clEnqueueMapBuffer API および clEnqueueUnmapMemObject API を必要としません。

CL_DEVICE_SVM_FINE_GRAIN_SYSTEM

malloc を使用して割り当てられたメモリを含む、ホストの仮想メモリ全体の共有をサポートします。同期ポイントでメモリの一貫性が保証されます。

CL_DEVICE_SVM_ATOMICS

細粒度バッファ（Fine-Grainedbuffer）をサポートするホストおよびすべての OpenCL

デバイスでメモリの一貫性を提供する OpenCL 2.0 アトミック操作をサポートします。

param_value_size

*param_value に指定したメモリのサイズをバイト単位で指定します。このサイズは、返される戻り値のサイズ以上でなければなりません。

***param_value**

取得した値が返されるメモリ位置を示すポインタです。NULL を指定すると、値は返されません。

***param_value_size_ret**

取得したデータの実際のサイズ（バイト単位）が返されます。*param_value に NULL を指定したときは無視されます。

返却値

成功：CL_SUCCESS

失敗：CL_INVALID_DEVICE など。

15.1.32 clSVMAlloc

共有仮想メモリ（SVM）バッファを割り当てます。

```
void * clSVMAlloc (
    cl_context          context,
    cl_svm_mem_flags    flags,
    size_t              size,
    unsigned int        alignment)
```

引数

context

SVM バッファの作成に使用される有効な OpenCL コンテキストです。

flags

割り当ておよび使用情報を指定するために使用されるビットフィールドです。指定可能な値は次の通りです。

CL_MEM_READ_WRITE

SVM バッファがカーネルによって読み書きされることを指定します。これがデフォルトです。

CL_MEM_WRITE_ONLY

SVM バッファがカーネルによって書き込まれるが、読み込まれないことを指定します。CL_MEM_READ_WRITE そして、CL_MEM_WRITE_ONLY は相互に排他です。

CL_MEM_READ_ONLY

SVM バッファオブジェクトがカーネル内で使用されている場合、読み取り専用メモリオブジェクトであることを指定します。CL_MEM_READ_WRITE、CL_MEM_WRITE_ONLY、CL_MEM_READ_ONLY は、互いに排他です。

CL_MEM_SVM_FINE_GRAIN_BUFFER

細粒度バッファ（Fine-Grainedbuffer）を要求するときに指定します。

CL_MEM_SVM_ATOMICS

このフラグは、CL_MEM_SVM_FINE_GRAIN_BUFFER を指定している場合にのみ有効です。これは、SVM アトミック操作がこの SVM バッファ内のメモリアクセスの可視性を制御できることを示すために使用されます。

size

割り付ける SVM バッファのサイズです（バイト単位）。

alignment

割り付けるバッファに必要なバイト単位の最小アライメントです。OpenCL デバイスがサポートしている最大のデータ型までの 2 の累乗でなければなりません。フルプロファイルの場合、最大のデータ型は long16 です。埋め込みプロファイルの場合、デバイスが 64 ビット整数をサポートする場合は long16 です。それ以外の場合は int16 です。0 が指定された場合、OpenCL 実装でサポートされている最大のデータ型のサイズに等しいデフォルトの配置が使用されます。

返却値

SVM バッファの割り当てが成功した場合に有効な NULL 以外の共有仮想メモリアドレスを返します。それ以外の場合は、NULL ポインタ値を返します。clSVMAlloc API は次の場合に失敗します。

1. context が有効なコンテキストではない。
2. flags に CL_MEM_SVM_FINE_GRAIN_BUFFER が含まれていないのに、CL_MEM_SVM_ATOMICS が含まれている。
3. 引数で説明した flags の指定で説明したルールを守っていない。
4. flags に CL_MEM_SVM_FINE_GRAIN_BUFFER または CL_MEM_SVM_ATOMICS が指定されているが、デバイスでサポートしていない。

5. 指定した flags の値が無効である、前述の定義された値と一致しない。
6. size 値が 0 あるいは、CL_DEVICE_MAX_MEM_ALLOC_SIZE より大きい。
7. alignment が 2 の累乗ではないか、または OpenCL デバイスが指定された配置をサポートしていない。
8. リソースの割り当てに失敗した。

備考

CL_MEM_SVM_FINE_GRAIN_BUFFER が指定されていない場合、バッファは粗粒度の SVM 割り当てとして作成します。同様に、CL_MEM_SVM_ATOMICS が指定されていない場合、SVM アトミック操作をサポートせずにバッファを作成します。

clSVMAlloc を呼び出すだけでは、共有メモリ領域の整合性は提供されません。ホストが SVM アトミック操作を使用できない場合、ホストは同期ポイントで OpenCL の保証されたメモリ一貫性に頼らなくてはなりません。カーネルと共有するバッファを初期化するために、ホストはバッファを作成し、その結果の仮想メモリポインタを使用してバッファの内容を初期化することができます。紹介したプログラムで、このような操作を行っています。

SVM を効率的に使用するには、ホストと仮想メモリポインタを含むバッファを共有するすべてのデバイスが同じエンディアンである必要があります。clSVMAlloc に渡されたコンテキストにエンディアンが混在するデバイスがあり、OpenCL 実装がその混在エンディアンのために SVM を実装できない場合、clSVMAlloc は失敗します。

15.1.33 clEnqueueSVMMap

SVM バッファのマップをエンキューします。

```
cl_int clEnqueueSVMMap (
    cl_command_queue   command_queue,
    cl_bool            blocking_map,
    cl_map_flags       map_flags,
    void               *svm_ptr,
    size_t             size,
    cl_uint            num_events_in_wait_list,
    const cl_event     *event_wait_list,
    cl_event           *event)
```

引数

command_queue

有効なコマンドキューを指定します。

blocking_map

非同期マップを行うか、同期マップを行うかを指定します。同期マップを行いたい場合、CL_TRUE を、非同期マップを行いたい場合、CL_FALSE を指定します。CL_TRUE を指定すると、バッファがマップされるまで、本 API は制御を戻しません。CL_FALSE を指定した場合、マップが完了していなくても制御が戻りますので、返されたポインタを使用することはできません。非同期マップを行う場合、イベントを取得し本 API が完了しているかイベントをチェックする必要があります。マップが完了したら、アプリケーションは *svm_ptr および size で指定された領域の内容にアクセスできます。

map_flags

割り当ておよび使用情報を指定するために使用されるビットフィールドです。以降に、指定可能な値を示します。

CL_MAP_READ

このフラグは、マップされている領域が読み取りのためにマップされることを指定します。clEnqueueMap {Buffer | Image} コマンドが完了すると、返されたポインタにマップされている領域の最新の値であることを保証します。

CL_MAP_WRITE

このフラグは、マップされている領域が書き込み用にマップされていることを指定します。clEnqueueMap {Buffer | Image} コマンドが完了すると、返されたポインタはマップされている領域が最新の値であることを保証します。

CL_MAP_WRITE_INVALIDATE_REGION

このフラグは、マップされている領域が書き込み用にマップされていることを指定します。マップされている領域の内容は破棄されます。マップされている領域がホストによって上書きされている場合が一般的です。clEnqueueMap {Buffer | Image} によって返されたポインタが、マッピングされている領域が最新の値であることを保証します。CL_MAP_ READ または CL_MAP_WRITE と CL_MAP_WRITE_INVALIDATE_REGION は互いに排他です。

***svm_ptr**

ホストによって更新される領域のポインタです。本引数が clSVMAlloc を使用して割り当てられている場合は、command_queue が作成されたのと同じコンテキストから本引数を割り当てる必要があります。そうでない場合、動作は未定義です。

size

ホストによって更新される領域のバイトサイズです。*svm_ptr が clSVMAlloc を使用して割り当てられている場合は、command_queue が作成されたのと同じコンテキストから *svm_ptr を割り当てる必要があります。そうでない場合、動作は未定義です。

num_events_in_wait_list、*event_wait_list、および *event については、これまでの API の説明で解説済みです。

返却値

成功：CL_SUCCESS
失敗：CL_INVALID_COMMAND_QUEUE など。

備考

SVM バッファのマップコマンドをエンキューします。clEnqueueSVMMap API および clEnqueueSVMUnmap API は、これらの呼び出しで指定された SVM バッファの領域の同期ポイントとして機能します。

15.1.34 clEnqueueSVMUnmap

ホストが *svm_ptr で指定された領域の更新を完了し、以前の clEnqueueSVMMap の呼び出しで指定された領域をアンマップするコマンドをエンキューします。

```
cl_int clEnqueueSVMUnmap (
    cl_command_queue   command_queue,
    void               *svm_ptr,
    cl_uint            num_events_in_wait_list ,
    const cl_event     *event_wait_list ,
    cl_event           *event )
```

引数

command_queue

有効なコマンドキューを指定します。

***svm_ptr**

lEnqueueSVMMap API へ指定したポインタです。本引数が clSVMAlloc を使用して割り当てられている場合は、command_queue が作成されたのと同じコンテキストから本引数を割り当てる必要があります。そうでない場合、動作は未定義です。

num_events_in_wait_list、*event_wait_list、および *event については、ここまでの API の説明で解説済みです。また、同期や非同期の章で実際の使用法も解説済みですので、説明は省略します。

返却値

成功：CL_SUCCESS
失敗：CL_INVALID_COMMAND_QUEUE など。

15.1.35 clSetKernelArgSVMPointer

カーネルの特定の引数値として SVM ポインタを設定します。

```
cl_int clSetKernelArgSVMPointer (
    cl_kernel     kernel,
    cl_uint       arg_index,
    const void    *arg_value)
```

引数

kernel

有効なカーネルオブジェクトを指定します。

arg_index

引数のインデックスです。カーネルへの引数は、引数は 0 から n-1 のインデックスで参照されます。ここで、n はカーネルによって宣言された引数の総数です。最初の引数のインデックスが 0 です。

***arg_value**

arg_index で指定された引数の引数値として使用する SVM バッファのポインタです。指定された SVM ポインタは、カーネルの clSetKernelArgSVMPointer の呼び出しによって引数値が変更されるまで、カーネルをエンキューするすべての API 呼び出し（clEnqueueNDRangeKernel）によって使用される値です。SVM ポインタは、グローバルまたは定数メモリへのポインタであると宣言された引数に対してのみ使用できます。SVM ポインタの値は、引数の型に従って整列させる必要があります。例えば、引数がグローバル float4 *p と宣言されている場合、p のために渡される SVM ポインタ値は、最小で float4 に揃えられなければなりません。引数値として指定された SVM ポインタ値は、clSVMAlloc によって返されるポインタであってもよく、ポインタ + SVM 領域内のオフセットであっても構いません。

返却値

成功：CL_SUCCESS
失敗：CL_INVALID_KERNEL など。

備考

OpenCL によって管理される内部状態が一貫している場合、複数のホストスレッドによって同時に呼び出されたときに、OpenCL API 呼び出しはスレッドセーフであるとみなされます。スレッドセーフである OpenCL API 呼び出しは、アプリケーションが複数のホストスレッドでこれらの関数を呼び出すことを可能にし、これらのホストスレッド間で相互排除を実装する必要はありません。

cl_kernelArg、clSetKernelArgSVMPointer、clSetKernelExecInfo、および clCloneKernel のすべての OpenCL API 呼び出しは、cl_kernel オブジェクトの状態を変更するものを除きスレッドセーフです。

clSetKernelArg、clSetKernelArgSVMPointer、clSetKernelExecInfo および clCloneKernel は、任意のホストスレッドから安全に呼び出して、これらの API 呼び出しの任意の組み合わせに対する同時呼び出しが異なる cl_kernel オブジェクトで動作する限り、安全に再呼び出しすることができます。clSetKernelArg、clSetKernelArgSVMPointer、clSetKernelExecInfo または clCloneKernel が同じ cl_kernel オブジェクトの複数のホストスレッドから同時に呼び出された場合、cl_kernel オブジェクトの状態は未定義です。OpenCL コールバック関数から呼び出すことができる OpenCL API については、追加の制限がありますので、詳細は OpenCL の仕様書を参照してください。

割り込みまたはシグナルハンドラから呼び出される OpenCL API の動作は、実装定義です。

カーネル引数を設定してから clEnqueueNDRangeKernel でカーネルを使用するまでの間に競合が発生する場合があります。別のホストスレッドは、ホストスレッドがカーネル引数を設定してからカーネルをエンキューし、間違ったカーネル引数がエンキューされるときに、カーネル引数を変更する可能性があります。複数のホストスレッド間で cl_kernel オブジェクトを共有しようとするのではなく、各ホストスレッドのカーネル機能用に cl_kernel オブジェクトを追加することを強く推奨します。

15.1.36 clSVMFree

clSVMAlloc を使用して割り当てられた SVM を解放します。

```
void clSVMFree (
    cl_context   context,
    void         *svm_pointer)
```

引数

context

SVM バッファの作成に使用される有効な OpenCL コンテキストです。

***svm_pointer**

clSVMAlloc の呼び出しによって返された値でなければなりません。NULL が渡された場合、何もしません。

返却値

なし

備考

clSVMFree は、*svm_pointer を解放する前に *svm_pointer を使用していた以前にエンキューされたコマンドが終了するのを待ちません。*svm_pointer を解放する前に、*svm_pointer を使用するエンキューされたコマンドが終了したことを確認するのは、アプリケーションの責任です。これは、clFinish、clWaitForEvents、clEnqueueReadBuffer などのブロッキング操作をエンキューするか、またはエンキューされたコマンドに関連付けられたイベントでコールバックを登録することによって、同期することができます。

*svm_pointer が解放された後の動作は定義されていません。さらに、*svm_pointer で clCreateBuffer を使用してバッファオブジェクトを作成する場合は、*svm_pointer が解放される前に、まずバッファオブジェクトを解放する必要があります。

clEnqueueSVMFree API は、clSVMAlloc または共有システムメモリポインタを使用して割り当てられた共有仮想メモリバッファを解放するためにコールバックをエンキューするためにも使用できます。

15.2 OpenCL 構造体

15.2.1 image_format 構造体

image_format 構造体はイメージオブジェクトのフォーマット情報を保持します。

```
typedef struct _cl_image_format {
    cl_channel_order  image_channel_order;
    cl_channel_type   image_channel_data_type;
} cl_image_format;
```

image_channel_order

チャンネル数とチャンネルレイアウトを指定します。指定できる値を以降に示します。イメージオブジェクトに含まれるデータは要素が 4 のベクトル型です。このベクトル型のどこに値が格納されるかを示します。

CL_R、CL_Rx

フォーマットは (R, 0, 0, 1) です。

CL_A

フォーマットは (0, 0, 0, A) です。

CL_INTENSITY

フォーマットは (I, I, I, I) です。image_channel_data_type は CL_UNORM_INT8、CL_UNORM_INT16、CL_SNORM_INT8、CL_SNORM_INT16、CL_HALF_FLOAT、CL_FLOAT の値でなければなりません。

CL_LUMINANCE

フォーマットは (L, L, L, 1) です。image_channel_data_type は CL_UNORM_INT8、CL_UNORM_INT16、CL_SNORM_INT8、CL_SNORM_INT16、CL_HALF_FLOAT、CL_FLOAT の値でなければなりません。

CL_RG、CL_RGx

フォーマットは (R, G, 0, 1) です。

CL_RA

フォーマットは (R, 0, 0, A) です。

CL_RGB、CL_RGBx

フォーマットは (R, G, B, 1) です。image_channel_data_type は CL_UNORM_

SHORT_565、CL_UNORM_SHORT_555、CL_UNORM_INT_101010 の値でなければなりません。

CL_RGBA

フォーマットは (R, G, B, A) です。

CL_ARGB、CL_BGRA

フォーマットは (R, G, B, A) です。image_channel_data_type は CL_UNORM_INT8、CL_SNORM_INT8、CL_SIGNED_INT8、CL_UNSIGNED_INT8 の値でなければなりません。

image_channel_data_type

要素の型を定義します。型と説明を次に示します。

CL_SNORM_INT8

正規化された、符号付き 8 ビット整数です。

CL_SNORM_INT16

正規化された、符号付き 16 ビット整数です。

CL_UNORM_INT8

正規化された、符号なし 8 ビット整数です。

CL_UNORM_INT16

正規化された、符号なし 16 ビット整数です。

CL_UNORM_SHORT_565

正規化された、5-6-5 3 チャンネル RGB です。image_channel_order は CL_RGB か CL_RGBx でなければなりません。

CL_UNORM_SHORT_555

正規化された、x-5-5-5 4 チャンネル xRGB です。image_channel_order は CL_RGB か CL_RGBx でなければなりません。

CL_UNORM_INT_101010

正規化された、x-10-10-10 4 チャンネル xRGB です。image_channel_order は CL_RGB か CL_RGBx でなければなりません。

CL_SIGNED_INT8

正規化されていない、符号付き 8 ビット整数です。

CL_SIGNED_INT16

正規化されていない、符号付き 16 ビット整数です。

CL_SIGNED_INT32

正規化されていない、符号付き 32 ビット整数です。

CL_UNSIGNED_INT8

正規化されていない、符号なし 8 ビット整数です。

CL_UNSIGNED_INT16

正規化されていない、符号なし 16 ビット整数です。

CL_UNSIGNED_INT32

正規化されていない、符号なし 32 ビット整数です。

CL_HALF_FLOAT

16 ビット浮動小数点数です。

CL_FLOAT

単精度浮動小数点数です。

15.2.2 cl_image_desc 構造体

cl_image_desc 構造体はイメージやイメージオブジェクトの情報を保持します。

```
typedef struct _cl_image_desc {
    cl_mem_object_type image_type,
    size_t             image_width;
    size_t             image_height;
    size_t             image_depth;
    size_t             image_array_size;
    size_t             image_row_pitch;
    size_t             image_slice_pitch;
    cl_uint            num_mip_levels;
    cl_uint            num_samples;
    cl_mem             buffer;
} cl_image_desc;
```

image_type

イメージの型を指定します。指定できる値は、CL_MEM_OBJECT_IMAGE1D、CL_MEM_OBJECT_IMAGE1D_BUFFER、CL_MEM_OBJECT_IMAGE1D_ARRAY、CL_MEM_OBJECT_IMAGE2D、CL_MEM_OBJECT_IMAGE2D_ARRAY または CL_MEM_OBJECT_IMAGE3D です。

image_width

画像の幅をピクセル値で指定します。この引数は、二次元のイメージオブジェクトあるいはイメージアレイの場合、≦ CL_DEVICE_IMAGE2D_MAX_WIDTH でなければなりません。

三次元イメージオブジェクトの場合、≦ CL_DEVICE_IMAGE3D_MAX_WIDTH でなければなりません。一次元イメージオブジェクトの場合、≦ CL_DEVICE_IMAGE_MAX_BUFFER_SIZE でなければなりません。

image_height

画像の高さをピクセル値で指定します。この引数は、二次元と三次元のイメージオブジェクト、あるいは二次元のイメージアレイのみで使用します。二次元のイメージオブジェクトあるいは二次元のイメージアレイの場合、≦ CL_DEVICE_IMAGE2D_MAX_HEIGHT でなければなりません。三次元イメージオブジェクトの場合、≦ CL_DEVICE_IMAGE3D_MAX_HEIGHT でなければなりません。

image_depth

画像の深さをピクセル値で指定します。この引数は、三次元のイメージオブジェクトのみで使用します。そして、指定した値は、1 ≦指定した値≦ CL_DEVICE_IMAGE3D_MAX_DEPTH でなければなりません。

image_array_size

イメージアレイに含まれるイメージオブジェクトの数を指定します。一次元または二次元のイメージアレイのみで使用します。そして、指定した値は、1 ≦指定した値≦ CL_DEVICE_IMAGE_MAX_ARRAY_SIZE でなければなりません。

image_row_pitch

1 ラインのバイト数を指定します。*host_ptr 引数（API の引数）に NULL を指定する場合、0 でなければなりません。*host_ptr 引数が NULL でない場合、0 か「image_width ×ピクセルのバイト数」以上の値を指定します。*host_ptr 引数が NULL でなく、この値が 0 の場合、「image_width ×ピクセルのバイト数」が適用されます。この値に 0 以外を指定する場合、ピクセルのバイト数の整数倍でなければなりません。

image_slice_pitch

三次元イメージオブジェクトの各二次元イメージオブジェクトをバイト数で指定します。あるいは、一次元、二次元イメージアレイの各イメージオブジェクトのサイズを指定します。上記の image_row_pitch と同じような考えで、アレイの 1 要素のサイズを指定します。上記と同様で 0 を指定することもできます。詳細は OpenCL の仕様書を参照してください。

num_mip_levels

0 を指定してください。

num_samples

0 を指定してください。

buffer

image_type が CL_MEM_OBJECT_IMAGE1D_BUFFER の場合、有効なバッファオブジェク

トを指定してください。そうでない場合、NULL を指定してください。

15.3 OpenCL 組込み関数

15.3.1 read_imagef 組込み関数

イメージオブジェクトから要素を読み込みます。引数によって、動作は異なります。組み合わせは多数考えられますので、詳細については OpenCL の仕様書を参照してください。

```
float4 read_imagef (
    image2d_t   image,
    sampler_t   sampler,
    int2        coord)

float4 read_imagef (
    image2d_t   image,
    sampler_t   sampler,
    float2      coord)
```

引数

image

イメージオブジェクトを指定します。

sampler

サンプラーを指定します。

coord

座標を指定します。

返却値

読み出された要素です。

15.3.2 write_imagef 組込み関数

引数で与えられた色の値を、当てられた座標位置でイメージオブジェクトに書き込みます。引数によって、動作は異なります。組み合わせは多数考えられますので、詳細については OpenCL の仕様書を参照してください。

```
void write_imagef (
    image2d_t   image,
    int2        coord,
    float4      color)
```

引数

image

イメージオブジェクトを指定します。

coord

座標を指定します。

color

書き込む値を指定します。

返却値

なし。

参考文献、参考サイト、参考資料

1. 東京大学情報基盤センターウェブサイト、https://www.itc.u-tokyo.ac.jp/
2. 星野哲也、大島聡史、『GPU プログラミング入門』スライド、東京大学情報基盤センター
3. 星野哲也、大島聡史、『GPU プログラミング入門』OpenACC 編スライド、第 58 回お試しアカウント付き並列プログラミング講習会、東京大学情報基盤センター
4. 星野哲也、大島聡史、『GPU プログラミング入門』スライド、第 67 回お試しアカウント付き並列プログラミング講習会、東京大学情報基盤センター
5. 情報基盤センター広報 全国共同利用版 広報記事『OpenMP 入門 1 ～ 3』、九州大学情報基盤研究開発センターウェブサイト、http://ri2t.kyushu-u.ac.jp/
6. 『インテル ® コンパイラ OpenMP* 入門 デュアルコア / マルチコア対応アプリケーション開発』、インテル ® C++ コンパイラ 16.0 ユーザー・リファレンス・ガイド、Intel 社ウェブサイト
7. 『インテル ® C++ コンパイラ 16.0 ユーザー・リファレンス・ガイド』、エクセルソフト株式会社ウェブサイト
8. 米 Intel 社、『Intel® Developer Zone』ウェブサイト、https://software.intel.com/en-us/
9. 米 NVIDIA 社ウェブサイト、https://www.nvidia.com/
10. 米 Intel 社、『Tutorial: Using Shared Virtual Memory』
11. 米 Intel 社、『OpenCL™ 2.0 Shared Virtual Memory Overview』
12. “The OpenACC™ Application Programming Interface Version 1.0”, November 2011.
13. “The OpenACC™ Application Programming Interface Version 2.0”, June 2013/Corrected, August 2013.
14. OpenACC-Standard.org, “The OpenACC® Application Programming Interface Version 2.5”, October 2015.
15. PGI 社ウェブサイト、https://www.pgroup.com/
16. “The OpenACC(TM) Application Programming Interface Version 1.0”, November, 2011, 日本語版（2012/10/19）
17. OpenMP ウェブサイト、http://www.openmp.org
18. “OpenMP Application Program Interface Version 4.0”, July 2013.
19. “OpenMP Application Program Interface Examples Version 4.0.0”, November 2013.
20. Khronos OpenCL Working Group/Editors: Lee Howes and Aaftab Munshi, “The OpenCL Specification Version: 2.0 Document Revision: 29”.
21. Khronos OpenCL Working Group/Editor: Lee Howes, “The OpenCL Specification Version: 2.1 Document Revision: 23”.

22. Khronos OpenCL Working Group Revision: v2.2-3 / Editor: Alex Bourd, "The OpenCL Specification Version: 2.2", May 12, 2017.
23. "Intel® SDK for OpenCL™ Applications 2016 R3"、米 Intel 社 .
24. Khronos OpenCL Registry、各種仕様書、https://www.khronos.org/registry/OpenCL/
25. OpenCL 2.0 勉強会 #1：Shared Virtual Memory などの OpenCL のバッファー関連まとめ / http://proc-cpuinfo.fixstars.com/2015/06/svmopencl-html/ SVM が良くまとめられている。
26. 藤本典幸、『GPU を用いた超並列高速計算入門―II―低水準 GPU プログラミング』
27. Intel 社ウェブサイト / http://www.intel.co.jp/、IA-32、IA-64 などの解説
28. 『Intel® C++ Compiler XE 13.1 User and Reference Guides』、インテル社ウェブサイト、http://www.intel.co.jp/
29. http://www.xlsoft.com/jp/index.html（インテル (R) Advanced Vector Extensions（インテル (R) AVX）の組込み関数、上記の翻訳）
30. Intel® 64 and IA-32 Architectures Software Developer's Manual, August 2012
31. Intel® 64 and IA-32 Architectures Software Developer's Manual Volume 1: Basic Architecture, 253665-044US August 2012
32. Intel® 64 and IA-32 Architectures Software Developer's Manual Volume 2 (2A, 2B & 2C): Instruction Set Reference, A-Z, 325383-044US August 2012
33. Intel® 64 and IA-32 Architectures Software Developer's Manual Volume 3 (3A, 3B & 3C): System Programming Guide, 325384-044US August 2012
34. IA-32 Intel® Architecture Software Developer's Manual Volume 2B: Instruction Set Reference, N-Z
35. Intel® 64 and IA-32 Architectures Software Developer's Manual Combined Volumes: 1, 2A, 2B, 2C, 3A, 3B and 3C
36. Intel® 64 and IA-32 Architectures Software Developer's Manual
37. マイクロソフト社ウェブサイト、http://www.microsoft.com/
38. 北山洋幸、『AVX 命令入門』、カットシステム
39. 北山洋幸、『64 ビットアセンブラ入門』、カットシステム
40. 北山洋幸、『OpenMP 入門 マルチコア CPU 時代の並列プログラミング』、秀和システム
41. 北山洋幸、『OpenACC 基本と実践―GPU プログラミングをさらに身近に』、カットシステム
42. 北山洋幸、『OpenMP 基本と実践―メニーコア CPU 時代の並列プログラミング手法』、カットシステム
43. 北山洋幸、『OpenCL2 入門―メニーコア CPU&GPGPU 時代の並列処理』、カットシステム

索引

■ 著者プロフィール

北山 洋幸（きたやま・ひろゆき）

鹿児島県南九州市知覧町出身、富士通株式会社、日本ヒューレット・パッカード株式会社（旧　横河ヒューレット・パッカード株式会社）、米国 Hewlett-Packard 社（出向）、株式会社 YHP システム技術研究所を経て有限会社スペースソフトを設立。

メインフレームのシステムソフトウェア開発やコンパイラの開発、そしてメインフレーム用プロセッサシミュレータ開発に携わる。その後、周辺機や、初期のパーソナルコンピュータ、イメージングシステム、メディア統合の研究・開発に従事する。海外の R&D で長期の開発も経験する。その後、コンサルティング分野に移り、通信、リアルタイムシステム、信号処理・宇宙航空機、電力などのインフラ、LSI の論理設計など、さまざまな研究に参加する。並行して多数の印刷物に寄稿する。現在は、本業を減らし、日々地域猫との交流を楽しんでいる。

主な著訳書
書籍、月刊誌、辞典、コラム・連載など執筆多数。

パーソナルな環境で実践的に学ぶ
並列コンピューティングの基礎

2019 年 7 月 10 日　　初版第 1 刷発行

著　者　　北山 洋幸
発行人　　石塚 勝敏
発　行　　株式会社 カットシステム
〒 169-0073 東京都新宿区百人町 4-9-7　新宿ユーエストビル 8F
TEL（03）5348-3850　　FAX（03）5348-3851
URL　http://www.cutt.co.jp/
振替　00130-6-17174
印　刷　　シナノ書籍印刷 株式会社

本書に関するご意見、ご質問は小社出版部宛まで文書か、sales@cutt.co.jp 宛に e-mail でお送りください。電話によるお問い合わせはご遠慮ください。また、本書の内容を超えるご質問にはお答えできませんので、あらかじめご了承ください。

Printed in Japan　ISBN978-4-87783-467-8